Ella Kensington

Robin und das Positive Fühlen

Autoren:

Das Schweizer Unternehmen Ella Kensington ist der größte Anbieter von wissenschaftlich fundierten Glücksseminaren und Glückstrainings im deutschsprachigen Raum. Das *Ella-Camp* in Spanien hat seit seiner Gründung im Jahr 2000 Tausenden von begeisterten Besuchern die Glückskonzepte aus *Mary* und anderen Kensington-Bestsellern nahe gebracht.

http://www.ella.org

Von Ella Kensington außerdem erschienen:
Mary
Mysterio
Die sieben Botschaften unserer Seele
Die Glückstrainer
Glücksgefühle bis zum Abwinken
Glücksmomente

Ella Kensington

Robin

und das Positive Fühlen

Eine Entdeckungsreise
zur Quelle unserer Emotionen

Ella Kensington Verlag

Die Deutsche Bibliothek – CIP-Einheitsaufnahme
Ein Titeldatensatz für diese Publikation ist bei der
Deutschen Bibliothek erhältlich.

Ella Kensington
Robin und das Positive Fühlen; Eine Entdeckungsreise
zur Quelle unserer Emotionen

Walchwil: Ella Kensington Verlag, 2009

ISBN 978-3-905765-36-6

1. Auflage

Produktion und Herstellung:
NEUNPLUS1 – Verlag + Service GmbH, Berlin
Umschlaggestaltung: Böning Design, München
Satz: Karin Suhrke, Berlin

Printed in Germany

© 2009
Ella Kensington Verlag, Walchwil

Die Schreibweise entspricht den Regeln der neuen
Rechtschreibung.

Dieses Werk ist urheberrechtlich geschützt und darf –
auch auszugsweise – nur mit ausdrücklicher Genehmigung
des Autors vervielfältigt oder kommerziell genutzt werden.

Stell dir vor, du hieltest eine magische Fernbedienung in deiner Hand. Eine ihrer Tasten ist für dein eigenes Lebensglück bestimmt. Du drückst sie und bist von diesem Augenblick an für alle Zeiten der glücklichste Mensch auf der Welt.

Danach stellst du fest, dass diese Fernbedienung noch eine weitere interessante Taste hat. Drückst du diese, werden alle anderen Menschen genauso glücklich sein wie du.

Dieses Buch ist den großen Seelen gewidmet, die ohne lange zu überlegen auch die zweite Taste drücken würden.

Prolog

Kennst du das Gefühl, dass in deinem Leben etwas Wichtiges fehlt? Etwas, das dem Ganzen einen Sinn geben würde. Einen Sinn, der ganz entschieden darüber hinausgehen sollte, jeden Morgen zur Arbeit zu fahren und jeden Abend vor dem Fernseher zu sitzen.

Nun, ich hatte dieses Gefühl schon mein gesamtes Leben lang. Nie wäre ich jedoch auf die Idee gekommen, dass ich diesen Sinn tatsächlich irgendwann einmal finden sollte. Und wäre mir bewusst gewesen, welche Verantwortung ich dadurch für die gesamte Menschheit übernehmen müsste, ich hätte auf dem Absatz kehrtgemacht und mich für den Rest meines Lebens irgendwo in einem Heizungskeller versteckt. Dabei hatte alles so harmlos angefangen.

Ich spielte gedankenverloren mit den Füßen im feinen Sand, den ich immer wieder zwischen meinen Zehen hindurch rieseln ließ, während ich die ersten wärmenden Sonnenstrahlen in vollen Zügen genoss. Um auch innerlich richtig anzukommen, hatte ich mich nach einem langen Flug erst einmal an den Strand gesetzt. Es war noch sehr früh am Morgen und daher kaum jemand auf den Beinen. Nur eine kleine Gruppe von Joggern lief den langen Sandstand entlang und umquerte gelegentlich eine Palme, die malerisch über das Wasser ragte.

Die Schönheit des Strandes war fast unwirklich. Palmen und schneeweißer Sand, so weit das Auge reichte. Der Himmel war strahlend blau, und die großen Wellen, die majestätisch auf den Strand zurollten, schimmerten in einem wunderschönen Türkis. Es wehte ein angenehm warmer Wind, der meine Haut umschmeichelte wie ein zartes Seidentuch, und die Luft roch nach Meer, ein Duft, den ich über alles liebe.

So saß ich also an einem der schönsten Strände der Welt, lauschte dem beruhigenden Rauschen der Wellen und dachte über die Gründe nach, die mich hierher geführt hatten. Hierher nach Hawaii, wo alles beginnen sollte.

Es war die Suche nach wahrer Liebe. Einer Liebe, die ich bisher nur ein einziges Mal hatte erleben dürfen und nach der ich mich seit über zwanzig Jahren Tag für Tag verzehrte.

Ich war dreizehn, als ich das erste Mal die Sehnsucht nach Liebe in mir verspürte. Doch irgendwie wollte es mit den Mädels nicht so recht klappen. Zwar lernte ich sie schnell kennen, da ich ihnen rein optisch offensichtlich gefiel, aber jedes Mal, wenn sich daraufhin etwas entwickeln wollte, war ich urplötzlich nicht mehr in der Lage, etwas für sie zu empfinden.

Am Anfang dachte ich, dass es wohl an den Mädels liegen musste. Sie waren eben einfach nicht die Richtigen für mich gewesen. Nachdem mir jedoch mehrere Male hintereinander dasselbe passiert war, wurde mir klar, dass vielmehr mit mir irgendetwas nicht stimmte. Es war doch nicht normal, dass die Gefühle jedes Mal ohne ersichtlichen Grund schlagartig wieder verschwunden waren! Den anderen Jungs aus meiner Klasse passierte das ja auch nicht.

Mir war klar, dass ich nie eine Freundin haben würde, wenn ich dieses Problem nicht in den Griff bekäme. Aber ich wusste nicht, was ich dagegen tun sollte. Und es war mir peinlich, mit irgendjemandem darüber zu sprechen. Also versuchte ich es einfach aufs Neue mit den Mädels. Doch es passierte wieder und wieder. Und mit jedem Mal fühlte ich mich verzweifelter und leerer. War ich wirklich dazu verdammt, alleine zu bleiben?

Als ich fünfzehn war, konnte ich meine unerfüllbare Sehnsucht nach Liebe kaum noch ertragen. Ich war unfähig, die wahre Liebe im wirklichen Leben zu finden, deshalb flüchtete ich mehr und mehr in eine Phantasiewelt.

Von meiner Traumfrau hatte ich mittlerweile eine sehr klare Vorstellung. Ich wusste genau, wie sie aussah, wie ihre liebreizende Stimme klang, wie sie roch und sich anfühlte. Ich wusste alles von ihr! Und ich wusste auch genau, wie es sein würde, wenn wir uns das erste Mal begegneten. Unsere Blicke würden sich treffen, und vom ersten Augenblick an wäre uns beiden klar, dass wir den Rest unseres Lebens miteinander verbringen würden. Unsere Liebe würde grenzenlos sein und nicht von dieser Welt. Alles wäre von diesem Moment an richtig und gut, und das ganze Leben nur noch einfach und schön!

Ich redete mir ein, dass diese Traumfrau vielleicht wirklich existierte – jene Frau, bei der ich in der Lage sein würde, Liebe zu empfinden! Ich müsste sie nur finden, dann wäre alles gut. Also suchte ich unaufhörlich nach ihr – Tag für Tag. Ich schaute mich in der Schule um, fuhr am Nachmittag mit meinem Fahrrad die ganze Stadt ab, ging abends in Discotheken oder Kneipen, die ich eigentlich noch gar nicht aufsuchen durfte, und ließ keine Veranstaltung aus, auf der ich meine große Liebe womöglich finden könnte.

Unterschwellig spürte ich natürlich, dass ich mir selbst etwas vormachte, aber die Suche nach ihr lenkte mich von meiner Einsamkeit ab und spendete mir ein wenig Trost. Es war jedenfalls besser, als jeden Tag untätig zu Hause zu sitzen und an meiner Sehnsucht zu Grunde zu gehen. Daher suchte ich weiter nach ihr. Und jeden Abend, wenn ich zu Bett ging, stellte ich mir vor, wie es sein würde, mit ihr zusammen zu sein. Ich malte mir aus, wie sie in meinem Arm liegen würde, wie wir uns zärtlich und liebevoll in die Augen schauen und uns gegenseitig unsere Liebe gestehen würden. Ja, in meiner Phantasie, da konnte ich lieben!

Doch dann, eines Nachts im Traum stand sie plötzlich vor mir! Es war der schönste Traum, den ich jemals in meinem Leben geträumt hatte. Unsere Blicke trafen sich, und es war sofort um uns beide geschehen. Sie hieß Jenny und liebte mich mehr, als jemals zuvor eine Frau einen Mann geliebt hatte. Und genauso liebte ich sie – aufrichtig und von ganzem Herzen! Als wir uns das erste Mal ganz fest im Arm hielten, war uns beiden sofort klar, dass wir uns nie wieder loslassen würden. Ich war der glücklichste Mann auf der Welt. Endlich hatte ich sie gefunden.

Als ich am Morgen aufwachte, musste ich leider schmerzlich erkennen, dass alles nur ein Traum gewesen war. Es tat weh, aber ich fand mich schließlich damit ab.

Doch in der nächsten Nacht träumte ich erneut von ihr. Und mein Traum ging genau an der Stelle weiter, an der er in der vorangegangenen Nacht geendet hatte! Wieder war ich überglücklich mit meiner Jenny. Wieder hielten wir uns stundenlang in den Armen und schworen uns ewige Liebe – eine leidenschaftliche, grenzenlose Liebe, wie sie die Welt noch nicht gesehen hatte.

Wir waren uns einig, dass wir unsere Beziehung anders leben wollten als alle anderen. Wir waren füreinander bestimmt, und niemals würden wir zulassen, dass irgendetwas zwischen uns käme. Und wir würden auch niemals so tun, als sei es normal, dass einem die Zeit die Leidenschaft abgewöhnt. Unser Feuer der Liebe würde bis in alle Ewigkeit brennen!

Nach einigen Wochen hatte ich das Interesse am wirklichen Leben komplett verloren. Ich träumte nämlich jede Nacht von meiner Jenny! Ich hatte keine Lust mehr auf Schule und den ganzen anderen Mist. Ich wollte nur noch mit meiner Traumfrau zusammen sein und schlief deshalb, wann immer es mir möglich war und so lange ich konnte.

Meine Mutter versuchte vehement, mich dazu zu bewegen, dass ich mein Zimmer verließ. Doch warum sollte ich das tun?! Ich wusste, wo mein Glück zu finden war, und wartete nur darauf, endlich wieder einschlafen zu können.

Doch dann geschah das Unfassbare! Nach vielen Wochen des Glücks verschwand Jenny plötzlich und ohne Vorwarnung aus meinen Träumen! In den ersten beiden Nächten versuchte ich noch Ruhe zu bewahren und redete mir ein, dass sie in der nächsten Nacht sicher wieder da sein würde. Doch auch in der dritten Nacht erschien sie nicht.

Mir wurde allmählich der Ernst der Lage bewusst. Ich wollte nicht wahrhaben, dass ich sie verloren hatte, und rief im Schlaf verzweifelt wieder und wieder ihren Namen. Doch es war vergebens. Meine Welt brach zusammen.

Mein Schmerz war so groß, dass ich an dem darauffolgenden Tag nicht in der Lage war, zur Schule zu gehen; und da Jenny in meinen Träumen weiterhin verschwunden blieb, ging ich die nächsten beiden Wochen auch nicht hin! Stattdessen lag ich Tag und Nacht im Bett und versuchte einzuschlafen, in der Hoffnung, dass ich Jenny vielleicht doch wieder begegnen würde. Doch meine Traumfrau tauchte nicht mehr auf. Ich hatte sie offenbar tatsächlich verloren.

Meine Mutter wusste derweil nicht mehr, was sie tun sollte. Ich weigerte mich beständig aufzustehen und weinte pausenlos verzweifelt in mein Kissen hinein. Schließlich rief sie unseren Hausarzt, der mir irgendwelche Pillen verschrieb. Diese Tabletten benebelten meinen Verstand und machten mich benommen, aber sie dämpften andererseits auch meinen Schmerz. Dennoch war ich nicht in der Lage aufzustehen. Der Arzt war schließlich auch mit seinem Latein am Ende und empfahl meiner Mutter, mit mir einen Spezialisten aufzusuchen.

In der darauffolgenden Nacht, es war einen Tag vor Weihnachten, stand Jenny in meinem Traum plötzlich wieder vor mir! Es fühlte sich an, als sei sie nie weg gewesen. Ich war überglücklich. Ich umarmte sie mit all meiner Liebe und hielt sie ganz fest. Von nun an würde alles wieder gut werden.

„Du musst jetzt ganz stark sein", begann sie dann jedoch mit trauriger Stimme zu mir zu sprechen.

„Nein, das kann ich nicht!", rief ich völlig verzweifelt und klammerte mich an sie. „Ich flehe dich an: Bleib bei mir! Ich kann ohne dich nicht leben! Ich halte das nicht aus. Bitte, tu mir das nicht an!"

Jenny rannen Tränen übers Gesicht. „Ich darf das nicht tun! Unsere Liebe zerstört dich. Deshalb muss ich gehen. Es gibt keinen anderen Weg. Doch wir werden uns wiedersehen, das verspreche ich dir! Ich werde zu dir zurückkommen, und zwar in der realen Welt. Ich werde nicht Jenny heißen und auch nicht so aussehen wie jetzt. Auch werde ich mich nicht an dich erinnern können. Aber ich werde dich finden! Und dann werden wir wieder zusammen sein."

Panik erfasste mich. „Aber wie sollen wir uns finden, wenn du dich nicht an mich erinnern wirst und ich dich nicht erkennen kann?!"

Sie legte beide Hände um mein Gesicht und schaute mich mit überzeugender Gewissheit an. „Du wirst mich erkennen! Der Boden unter meinen Füßen wird leuchten bei jedem Schritt, den ich gehe! Wenn du das siehst, wirst du wissen, dass ich es bin." Daraufhin küsste sie mich ein letztes Mal liebevoll und verschwand im Nichts.

Seitdem sind jetzt zweiundzwanzig Jahre vergangen, doch Jenny tauchte nie wieder auf! In den ersten Jahren beobachtete ich den Boden unter den Füßen aller Frauen. Jenny hatte nicht gesagt, wie alt sie in der Realität wäre und auch nicht, wie sie aussehen würde, also schaute ich bei jeder. Mit zwanzig hörte ich dann allmählich damit auf und zwang mich zu akzeptieren, dass Jenny nur ein schöner Traum gewesen war.

Seitdem hatte ich nie wieder eine echte Liebesbeziehung. Ich versuchte es zwar noch ein paar Mal mit realen Frauen, konnte jedoch erneut die Gefühle nicht erwidern, die mir entgegengebracht wurden. Daraufhin beschloss ich, mich wenigstens lieben zu lassen. Zu Anfang dachte ich noch, dass dies auf jeden Fall besser sei, als vollkommen alleine zu bleiben. Doch dann wurde mir bewusst, wie sehr meine Partnerinnen unter meiner Unfähigkeit zu lieben litten. Daher hakte ich das Thema Partnerbeziehung schließlich endgültig ab.

Stattdessen suchte ich Erfüllung in der Musik. Ich war inzwischen Sänger und trat mit meiner Band fast jeden Abend in verschiedenen kleineren Clubs in London auf. Wir waren wirklich gut, und die Leute jubelten uns zu, doch zum Leben reichte es leider nur gerade eben so, und die wahre Erfüllung hatte ich mit diesem Job wider Erwarten auch nicht gefunden.

Als wir anfingen, hatten wir noch hohe Ideale. Wir wollten mit unserer Musik etwas bewegen und die Menschen wachrütteln. Wir wollten ihnen klar machen, dass es auf unserer Welt Dinge gab, die wir endlich alle gemeinsam anpacken und in Ordnung bringen sollten.

Es war eine schöne Zeit. Wir waren eine eingeschworene Bande und gingen miteinander durch dick und dünn. Dass wir nur sehr wenig Geld hatten, war uns egal. Wir besaßen etwas viel Wertvolleres: einen Sinn im Leben. Und außerdem hatten wir uns!

Es war schön, an diese Zeit zurückzudenken. Gleichzeitig tat es aber auch weh! Anstatt für eine bessere Welt kämpften wir mittlerweile nur noch darum, das Geld für die nächste Miete zusammenzubekommen. Johnny hatte ich schon ewig nicht mehr nüchtern gesehen, Jack versuchte Abend für Abend, eine andere ins Bett zu kriegen und Jim bemühte sich redlich, möglichst wenig Zeit zu Hause bei seiner Frau und seinem kleinen Kind verbringen zu müssen. Ja und ich, ich wusste schon längst nicht mehr, warum ich das alles mitmachte.

Was war bloß aus uns geworden?! Wie hatte es so weit kommen können? Wo waren all unsere Träume geblieben? Und wann hatten wir damit begonnen, uns selbst zu belügen? Sollte das wirklich schon alles gewesen sein?

Vor nunmehr genau elf Monaten und achtzehn Tagen geschah dann das mit Abstand Schlimmste, was einem Mann in den Dreißigern überhaupt passieren kann: Ich bekam auf einen Schlag alles, was ich mir jemals zuvor gewünscht hatte!

Morgens um neun – für mich noch mitten in der Nacht – klingelte plötzlich jemand wieder und wieder an meiner Wohnungstür. Ich schleppte meine müden Knochen gereizt aus dem Bett, um nachzusehen, wer mich da so penetrant um meinen wohl verdienten Schlaf bringen wollte. Wütend öffnete ich die Tür und blickte verwundert in die Augen dreier feiner Männer, deren Anzüge mehr gekostet haben durften als meine gesamte Wohnungseinrichtung.

„Will Robins?", fragte einer der Männer mich direkt.

„Wer will das denn wissen?", entgegnete ich noch immer etwas ungehalten, gleichzeitig aber auch sehr verwundert.

In der Folge stellte sich heraus, dass es sich bei den drei Männern um die Nachlassverwalter meines leiblichen Vaters handelte, dessen

13

Existenz mir meine Mutter Zeit ihres Lebens verheimlicht hatte. An diesem Morgen sollte ich 82 Millionen Dollar erben, und ich wusste auch sofort, was ich damit anfangen würde!

Mein ganzes Leben lang hatte ich schon davon geträumt, meine eigenen Songs zu schreiben – Songs über wahre Liebe und Leidenschaft. Meine Band hielt jedoch von meiner Herzi-brechi-Schmerzi-Musik, wie sie sie abfällig nannten, rein gar nichts. Sie fanden meine Songs einfach nur peinlich und weigerten sich, sie zu spielen. Ich hätte ja parallel zu meiner Band eine Solokarriere gestartet, doch dafür hatte mir schlicht und ergreifend einfach immer das Geld gefehlt – bis jetzt!

Noch am gleichen Tag griff ich mir ein Stück Papier und schrieb mir die Seele aus dem Leib. Da war Musik in mir, die seit Jahren darauf drängte, sich endlich ins Leben zu ergießen! Die Worte flossen mir nur so aus den Fingern. Ich packte all meine unerfüllte Sehnsucht nach wahrer Liebe in diesen Song, all mein Herzblut. Als ich fertig war, war es mir fast schon selbst ein wenig peinlich, einen derart sentimentalen Song geschrieben zu haben.

Als Nächstes kaufte ich mir den teuersten Anzug, den ich finden konnte, heftete einen Scheck über eine Million englische Pfund an das handgeschriebene Papier und betrat damit unangemeldet ein renommiertes Tonstudio. Normalerweise wäre ich hier nicht einmal am Pförtner vorbeigekommen, doch mein Scheck öffnete mir wie von Zauberhand die verschlossensten Türen.

Als wir mit der Produktion fertig waren, konnte ich es selbst kaum glauben, wie perfekt meine Stimme zu diesem Song passte. Natürlich konnte ich das niemandem sagen, aber ich erschauerte regelrecht, wenn ich mich selbst singen hörte!

Das Studio empfahl mir einen genialen Agenten, der dafür sorgen sollte, dass ich mit meinem Song bekannt würde. Und genau das tat er. Mein Song schlug ein wie eine Bombe! Wir drehten daraufhin eines der aufwendigsten Musikvideos, das jemals produziert wurde. Den gigantischen Preis dafür zahlte ich gerne, denn das Ergebnis dieses Videos war, dass ich in zahlreichen Ländern mit meinem Song wochenlang auf Platz 1 der Charts stand. Ich war praktisch über Nacht berühmt geworden und hatte dabei sehr viel mehr Geld verdient, als ich in den Song und das Video investiert hatte. Die hübschesten Frauen lagen mir jetzt zu Füßen. Frauen, die mich zuvor überhaupt nicht angesehen hatten! In der Garage meiner imposanten neuen Villa standen mehrere nagelneue Sportwagen, und im Hafen lag eine zwanzig Millionen teure Motorjacht, die ich mein Eigen nennen durfte. Ja, das Leben konnte wirklich schön sein!

Der einzige Wehrmutstropfen waren die Jungs von meiner Band, die bedingt durch unsere nächtlichen Auftritte meine einzigen Freunde waren. Wir arbeiteten dann, wenn andere schliefen, und gingen ins Bett, wenn diese aufstanden. Doch leider gab es jetzt immer größere Unstimmigkeiten wegen unserer Musik. Ich wollte die Jungs gerne an meinem Erfolg teilhaben lassen, doch dazu müssten sie natürlich bereit sein, meine Musik zu spielen, die sie ja als peinlich bezeichneten.

Vermutlich lag es an meiner Arroganz, die das viele Geld und der Erfolg in mir ausgelöst hatten, dass wir uns überwarfen und die Jungs immer mehr Abstand von mir nahmen. Es schmerzte mich sehr, doch war es nicht zu ändern. Ich musste mir wohl oder übel neue Freunde suchen.

Der Rückzug der Jungs läutete eine Wende in meinem neuen glücklichen Leben ein. Immer öfter kam es vor, dass ich mich nicht mehr wirklich glücklich fühlte. Meine so genannten neuen Freunde, die ich auf den langweiligen Partys der Reichen und Schönen kennen lernte, waren nicht wirklich das Gelbe vom Ei. Es machte mir auch nicht mehr so viel Spaß, den ganzen Tag lang mit meinen Sportwagen oder mit meiner Jacht herumzufahren. Und meine tolle Villa mit all ihren Bediensteten entlockte mir ebenfalls immer weniger Begeisterung. Das alles war einfach nicht wirklich von Wert, wenn man es nicht mit jemandem teilen konnte. Mir wurde bewusst, dass ich meinen wertvollsten Besitz aus eigenem Verschulden verloren

15

hatte – meine einzigen wirklichen Freunde, die einzigen Menschen, die mir wirklich etwas bedeuteten. Leider merkte ich das erst, als es schon zu spät war.

Es gab Tage, an denen ich meinen gesamten Reichtum und meine Berühmtheit sofort gegen mein altes Leben eingetauscht hätte. Und diese Tage wurden immer häufiger – sehr viel häufiger!

Auf den langweiligen Partys erzählte ich trotzdem jedem, dass mein Leben traumhaft sei. Ich weiß gar nicht genau, warum ich das eigentlich tat. Vielleicht war es mir peinlich, dass ich es trotz meines Reichtums und meines Erfolges nicht schaffte, glücklich zu sein; oder war es etwa der idiotische Versuch, mir selbst etwas vorzumachen? Ich wusste einfach nicht mehr weiter. Ich war reich und erfolgreich, da musste man doch einfach glücklich sein!

Inzwischen fühlte ich mich sehr alleine in meiner schönen teuren Villa und tröstete mich mit ständig neuen Affären. Doch auch die vermochten es nicht, die Leere in mir zu füllen – ganz im Gegenteil! Ich fühlte mich danach jedes Mal nur noch einsamer.

Ich nahm mir vor, einen neuen Song zu schreiben, und versuchte mir einzureden, dass dies genau das sei, wonach meine Seele verlangte. Doch alles, was ich anfing, wurde einfach nur schlecht. Nach einigen Wochen gab ich den Kampf schließlich frustriert auf.

Auf den Partys erzählte ich weiterhin völlig überschwänglich, wie unbeschreiblich glücklich mich mein Reichtum und mein Erfolg machten. In Wahrheit aber lag ich jeden Morgen depressiv im Bett, schaffte es nicht, meinen Arsch hochzukriegen, und grübelte stundenlang darüber nach, was ich aus meinem Leben machen sollte. Irgendwie erschien mir alles so sinnlos. Ich trank in dieser Zeit sehr viel, wehrte mich jedoch gegen den Gedanken, es wie viele meiner neuen Freunde mit Drogen zu versuchen.

Eines Abends war ich wieder einmal mit meiner Corvette unterwegs. Ich heizte wie ein Gestörter über die Landstraße, um meine Gefühle zu betäuben. Es geschah mitten im Wald, dass ich in einer scharfen

Rechtskurve plötzlich die Kontrolle über den Wagen verlor. Ich driftete aus der Kurve, knallte mit dem Heck gegen einen Baum und überschlug mich mehrere Male.

Wenige Sekunden später hing ich kopfüber in meinem Sicherheitsgurt. Ich war benommen, aber wie durch ein Wunder unverletzt. Vermutlich war der Schock der Grund dafür, dass ich in diesem Moment zum ersten Mal seit sehr vielen Jahren ehrlich zu mir selbst war. Plötzlich wusste ich, warum ich nicht glücklich war. Ich wusste, worin die Leere bestand, die ich nicht mehr ertragen konnte. Ich hatte es die ganze Zeit gewusst, aber ich hatte es nicht wahrhaben wollen. Ich verzehrte mich noch immer nach Liebe – nach der einzigen und wahren Liebe! Die Liebe, über die ich meinen Song geschrieben hatte. Die Liebe, die ich ein einziges Mal in meinen Träumen mit Jenny hatte erleben dürfen. Die Liebe, die das Einzige war, wofür es sich wirklich zu leben lohnte. Die Liebe, zu der ich nicht fähig war!

Die richtige Frage

Stephen, einer meiner neuen Freunde, hatte auf einer Party von diesem Camp erzählt und dabei erwähnt, dass hier schon viele Menschen die Fähigkeit zur wahren Liebe erlangt hätten. Stephen war zwar ein Esoterik-Freak, dem man nicht alles glauben durfte, aber was er mir erzählte, hatte mir irgendwie Hoffnung gegeben. Außerdem war es wirklich langsam an der Zeit, dass etwas passierte – so wie bisher konnte ich nicht weitermachen. Ich hatte nichts zu verlieren, also packte ich kurzerhand meinen Koffer und setzte mich in den nächsten Flieger nach Hawaii.

Das so genannte Camp war in vier Ressorts unterteilt, in denen jeweils eine andere Sprache gesprochen wurde – Englisch, Spanisch, Französisch und Deutsch. Jedes Ressort hatte seinen eigenen Strandabschnitt. Ich entschied mich für den deutschen Teil, da kaum jemand wusste, dass ich bedingt durch meine zweisprachige Herkunft akzentfrei deutsch sprach. Ich wollte Zeit für mich haben und in Ruhe gelassen werden von den Paparazzi, die mich zu Hause auf Schritt und Tritt verfolgten. Im deutschen Ressort würde man mich sicherlich sehr viel weniger vermuten als im englischen. Damit man mich nicht so leicht erkennen sollte, hatte ich mir sogar den Kopf kahl rasiert und ein kleines Bärtchen wachsen lassen.

„Du suchst den Weg?!", riss mich plötzlich ein alter Mann mit stark chinesischem Akzent aus meinen Gedanken. Ich schaute ihn verwundert, aber freundlich an; unsicher, ob er wirklich mich gemeint hatte.

Der alte chinesische Mann war ein seltsamer Anblick hier auf Hawaii. Er lief barfuss am Strand entlang, bekleidet mit einem feinen bordeauxroten chinesischen Seidengewand. Sein Kopf war kahl, dafür zierte ein langer luftiger Bart sein schmales Kinn. Mit seinem großen Strohhut auf dem Rücken sah er aus, als wäre er gerade einem alten chinesischen Kung-Fu-Film entsprungen. So stand er vor mir und schaute mir mit forschendem Blick tief in die Augen.

„Du suchst den Weg!", stellte er abermals überzeugt fest.

„Tut das nicht jeder irgendwie?!", fragte ich leicht überfordert von der Situation.

Er lächelte und schüttelte amüsiert den Kopf. „Nein!"

Ich war verwundert und verwirrt über die Selbstsicherheit, mit der er dies behauptete. „Und wieso meinst du, dass ich ihn suche?"

„Ich erkenne einen Suchenden, wenn ich ihm begegne. Und du bist ein Suchender!"

Ich wusste nicht, was ich von diesem Mann halten sollte. Er wirkte nicht wie ein Spinner. Auch wollte er mir offensichtlich nichts verkaufen. Aber er konnte doch nicht wirklich wissen, dass ich auf der Suche nach der Liebe war – oder etwa doch?! „Und du? Hast du den richtigen Weg gefunden?", fragte ich sicherheitshalber, um keine Chance zu verpassen.

„Das habe ich!", entgegnete er ohne weitere Erklärung und schaute mich weiterhin lächelnd an.

So langsam glaubte ich zu wissen, was der alte Mann von mir wollte. Er suchte einfach jemanden zum Plaudern – um ein wenig über das Leben zu philosophieren. Ihm war vermutlich einfach nur langweilig. „Und welcher ist der richtige Weg?", fragte ich, um ihm den Gefallen zu tun.

„Das musst du selbst herausfinden! Ich bin nur hier, um dir die richtigen Fragen zu stellen", antwortete er freundlich.

„Und welches ist die richtige Frage?", hakte ich verwirrt von dieser seltsamen Antwort nach.

„Die Frage ist, ob die Liebe der Schlüssel zum Glück oder das Glück der Schlüssel zur Liebe ist. Denk darüber nach!", meinte er höflich lächelnd und setzte seinen Strandspaziergang fort. „Du bist hier an einem wahrhaft magischen Ort!", rief er mir noch einmal zu, als er ein paar Schritte gegangen war.

Ich war sehr irritiert von diesem alten Mann, während ich ihm nachschaute. Wieso hatte er mir ausgerechnet diese Frage gestellt?! Hatte die Concierge an der Rezeption vielleicht doch die Wahrheit gesagt, als sie mir prophezeite, ich würde hier stets zum rechten Zeitpunkt auf die richtigen Menschen treffen, um meinen persönlichen Weg zum Glück zu finden? Das wäre die Camp-Magie, hatte sie erklärt, und so würde es schon seit vielen Jahren laufen. Gab es diese Camp-Magie etwa tatsächlich?! Ich konnte mir das beim besten Willen nicht vorstellen. Aber warum fragte der alte Mann mich dann ausgerechnet nach der Liebe? Konnte dies Zufall sein?

„Ist die Liebe der Schlüssel zum Glück oder das Glück der Schlüssel zur Liebe?", ging mir seine Frage erneut durch den Kopf. Ich dachte spontan an die Zeit zurück, als ich gerade meinen Song geschrieben hatte. Für kurze Zeit war ich so glücklich mit mir und meinem Leben gewesen, dass ich am liebsten die ganze Welt umarmt hätte, um sie an meinem Glück teilhaben zu lassen. Ich hatte unglaublich viel Zuneigung zu anderen Menschen empfunden. Demnach hatte mein Glück offenbar eine positive Auswirkung auf meine Fähigkeit zu lieben gehabt.

Bisher war ich eigentlich immer sicher gewesen, dass ich automatisch glücklich sein würde, könnte ich erst einmal richtig lieben. Doch so sehr ich es auch versucht hatte, es war mir mit Ausnahme von Jenny nie wirklich gelungen. Möglicherweise war es anders herum ja tatsächlich einfacher?! Glückliche Menschen konnten vermutlich leichter lieben als unglückliche. Das erschien mir irgendwie logisch zu sein. Möglicherweise sollte ich also doch erst einmal etwas dafür tun, glücklicher zu werden, und im Anschluss daran an meiner Liebe arbeiten.

Der Beschluss

Diese Überlegung beschäftigte mich so sehr, dass ich erst gar nicht richtig zur Kenntnis nahm, wie sich ein Mann, den ich auf Ende dreißig schätzte, fast schon unverschämt dicht neben mich setzte. Der Strand war fast menschenleer, er aber hielt vielleicht gerade einmal einen Meter Abstand zu mir!

„Hast du schon einmal beschlossen, einfach mal für eine Weile ohne jeglichen Grund glücklich zu sein?", sprach er mich dabei plötzlich an, als sei dies das Normalste der Welt.

Ich konnte im ersten Moment nicht recht glauben, dass er tatsächlich mich meinte, und schaute ihn daher reichlich verwirrt an.

„Einfach mal sinnlos glücklich, meine ich", fügte er hinzu und reagierte damit auf meinen irritierten Blick so, als hätte ich ihn zuvor nicht richtig verstanden.

„Nicht wirklich", antwortete ich ähnlich überfordert wie zuvor von dem alten Chinesen.

Daraufhin stand er auf, nahm sein Badetuch und setzte sich, ohne auch nur den geringsten Höflichkeitsabstand einzuhalten, direkt neben mich! „Ich bin immer auf der Suche nach neuen und einfachen Methoden zum Glücklichsein. Hast du Lust, mit mir mal eine komplett neue Methode auszuprobieren? Lass uns jetzt für die nächsten fünf Minuten einfach mächtig gut drauf sein! Abgemacht?!", fragte er und streckte mir seine Hand entgegen, um die Vereinbarung mit einem Handschlag zu besiegeln. Aus einem Reflex heraus gab ich ihm meine Hand. „Dann ist das jetzt beschlossene Sache!", sagte er zufrieden, als wäre diese Aktion eben das Selbstverständlichste auf der Welt gewesen. Glücklich lächelnd schaute er aufs Meer hinaus.

So etwas hatte ich ja noch nie erlebt! Dieser Typ war wohl offensichtlich komplett verstrahlt!

„Hallo Liebling", begrüßte eine außergewöhnlich attraktive Frau meinen seltsamen Nachbarn mit einem Kuss.

„Wir beide probieren gerade etwas aus", antwortete er nach dem Kuss begeistert und deutete dabei auf mich.

Sie schaute mich lächelnd an, während sie sich zu ihrem Freund setzte und mir dabei die Hand entgegenstreckte. „Hallo, ich bin Mary."

„Robin", schwindelte ich, wie ich es mir ausgedacht hatte.

„Ich bin übrigens Michael", stellte sich jetzt mein vermeintlicher Übungspartner ebenfalls vor.

„Was habt ihr denn ausprobiert?", wollte Mary mit großem Interesse wissen.

„Ella hat mir das unglaubliche Glückspotenzial eines Beschlusses deutlich gemacht. Das ist der blanke Wahnsinn!", schwärmte er völlig aus dem Häuschen. „Unser Einfluss auf unsere Stimmungslage ist viel größer, als wir bisher dachten. Wir können uns sehr oft einfach entscheiden, wie wir drauf sein wollen – und das ohne jeglichen Grund! Es gibt nur eine wichtige Regel zu beachten: Hör auf, es zu wollen – tu es!"

„Hör auf es zu wollen – tu es?!", wiederholte Mary mit fragender Stimme.

„Eine Entscheidung bezieht sich darauf, was wir wollen. Bei einem Beschluss ist das jedoch anders. Wir beschließen nicht, etwas zu wollen. Wir beschließen, etwas zu tun oder zu sein. Und genau darin liegt die grandiose Macht dieser Glücksmethode.

Versuch einmal, deine Gedanken und Gefühle genau nachzuverfolgen, wenn du dir vornimmst, die nächste Stunde mit sehr schönen Gefühlen verbringen zu wollen. Was ist das Erste, was dein Gehirn bei diesem Wunsch tut?"

„Ich fange an zu überlegen", antwortete Mary.

„Und genau da liegt das Problem! Anstatt es zu tun, fängst du an zu überlegen, wie du es anstellen sollst, was du dazu noch brauchst, ob es in Ordnung ist und so weiter. Bei einem Beschluss sieht das jedoch

22

komplett anders aus. Beschließe jetzt und hier, dass du gut drauf bist. Tu es einfach! Sei ab jetzt gut drauf! Merkst du was?!"

„Es kommen tatsächlich gute Gefühle, wenn ich das tue!", stimmte sie entgegen meiner Erwartung begeistert zu. „Ich bin gar nicht dazu gekommen, lange nachzudenken. Es kamen sofort gute Gefühle auf. Das ist echt klasse!"

„Der Beschluss ist der letzte Schritt eines erfolgreichen Entscheidungsprozesses. Wir beschließen normalerweise erst dann etwas, wenn wir es vollständig durchdacht haben. Die Macht des Beschlusses liegt nun darin, dass du damit so tun kannst, als hättest du einen Grund dafür, glücklich zu sein."

So dumm war das gar nicht, was dieser Michael da von sich gab. Im Gegenteil! Es hörte sich sogar so an, als hätte er wirklich Ahnung von der Materie.

Mir fiel die Concierge wieder ein. Seltsam war das schon: Gerade hatte ich darüber nachgedacht, etwas für mein Glück zu tun, da saß ich auch schon neben jemandem, der sich offensichtlich ziemlich gut mit dem Thema auskannte. Aber vermutlich kannten sich hier viele Menschen auf diesem Gebiet aus. Sie kamen ja alle hierher, weil sie sich über das Glücklichsein austauschen wollten. So magisch war die Begegnung mit Mary und Michael dann wohl vermutlich doch nicht.

Ich wandte mich den beiden nun jedenfalls sehr viel direkter zu, um mein Interesse zu bekunden. Michael reagierte auch sofort darauf. „Wie ist es dir denn eben mit dem Beschluss ergangen?", wollte er von mir wissen.

„Ich muss gestehen, dass ich es nicht wirklich gemacht habe", antwortete ich ehrlich. „Ich würde es jedoch sehr gerne noch einmal versuchen."

„Okay, was genau wollen wir beschließen?", fragte Mary.

„Wir könnten zum Beispiel beschließen, für die nächsten – sagen wir – zehn Minuten zufrieden mit uns selbst zu sein", schlug Michael vor.

„Einverstanden", stimmte ich zu.

„Es ist also beschlossene Sache?", vergewisserte er sich noch einmal bei Mary. „Dann gebt mir die Hand drauf!"

Nachdem wir das getan hatten, und ich mich wieder bequem auf mein Badetuch gelegt hatte, dachte ich noch einmal an die Regel, die er genannt hatte: „Hör auf, es zu wollen – tu es!"

Ich konzentrierte mich einen Augenblick und sagte dann mit großer Bestimmtheit zu mir selbst: „Ich bin jetzt für die nächsten zehn Minuten zufrieden mit mir selbst!" Und tatsächlich spürte ich fast in der gleichen Sekunde ein Gefühl von Zufriedenheit in mir aufsteigen. Es war unglaublich! Diese Gefühle kamen einfach so – ganz von alleine! Ich musste mit einem Mal daran denken, dass ich mich als Persönlichkeit ganz in Ordnung fand. Ich hatte nie jemandem etwas Böses getan. Und auch mit meinem Aussehen war ich sehr zufrieden.

Während ich so dalag und über mich nachdachte, spürte ich, dass meine Zufriedenheit immer größere Kreise zog. Vor allem, als ich mich daran erinnerte, was ich in der ersten Stunde seit meiner Ankunft bereits alles gelernt hatte. Das Glück war vermutlich der richtige Weg zur Liebe. Kaum war mir das klar geworden, hatte ich auch schon begonnen, diesen Weg zu beschreiten. Besser konnte es doch gar nicht mehr laufen!

Ich verspürte Hoffnung und gleichzeitig auch die tiefe Zufriedenheit, die ich für die Dauer von zehn Minuten zu fühlen beschlossen hatte. Diese Gefühle waren so schön, dass ich gar nicht mehr wagte, meine Augen zu öffnen. Ich wollte einfach nur hier liegen bleiben und mein Glück genießen. Schon lange hatte ich mich nicht mehr so glücklich gefühlt!

Nach einer Weile hörte ich, wie Mary und Michael aufstanden und ihre Sachen zusammenpackten. Doch auch davon wollte ich meine Gefühle jetzt nicht unterbrechen lassen. Ich dachte, dass ich den beiden im Camp sicher noch öfter über den Weg laufen würde.

Die beiden verabschiedeten sich dann einfühlsam mit einem leisen und zurückhaltenden „Ciao Robin!", da sie mich nicht aus meinen Gefühlen herausreißen wollten. Ich lächelte dankbar, hielt die Augen dabei jedoch geschlossen, um meine Gefühle nicht zu verlieren.

Das Gefühl der positiven Beurteilung

Ich wusste nicht mehr genau, wie lange ich so dagelegen hatte. Irgendwie hatte ich das Zeitgefühl verloren. Mittlerweile war der Strand jedenfalls schon ziemlich belebt. Ich hörte viele Menschen um mich herum. Als ich die Augen öffnete und mich wieder aufsetzte, bemerkte ich eine junge Frau, die ein paar Meter von mir entfernt auf ihrem Badetuch lag und mich sehr genau musterte. Ein Schrecken fuhr mir durch die Glieder, denn sie hatte mich offensichtlich erkannt!

Jetzt musste ich mir schnell etwas einfallen lassen, denn ich hatte zur Genüge erlebt, wie Menschen sich verhielten, wenn sie erkannten, wer ich in Wirklichkeit war. Niemand würde mich in meiner wahren Identität weiterhin als ganz normalen Camp-Teilnehmer betrachten und sich zwanglos mit mir über das Glück austauschen. Dessen konnte ich sicher sein. Die Leute würden mich nicht mehr als einen von ihnen akzeptieren.

Nachdem ich die junge Frau ebenfalls direkt angesehen hatte, stand sie auf und kam zu mir herüber. „Weißt du eigentlich, wem du ähnlich siehst?", fragte sie mich dann fasziniert, während sie sich neben mich kniete.

„Brad Pitt", antwortete ich erleichtert darüber, dass sie mich für einen Doppelgänger hielt, und gespielt scherzend, um ihr das Gefühl zu geben, dass ich unmöglich Will Robins sein konnte.

„Ja genau!", ging sie auf meinen Scherz ein und lächelte amüsiert. „Aber das war eigentlich nicht das, was ich dich fragen wollte. Ich wollte dich fragen, ob du schon eine Synergiegruppe hast?"

„Eine Synergiegruppe?", wiederholte ich ahnungslos und nahm erleichtert einen Schluck Wasser von der Flasche, die ich zum Strand mitgenommen hatte.

„Hier im Camp ist es üblich, dass man sich in Synergiegruppen zusammentut, um sich gegenseitig bei der Umsetzung zu unterstützen", begann sie zu erklären. „Synergie heißt es deshalb, weil es darum geht, sich ohne Anstrengung gegenseitig zu bereichern. Nicht nur durch das, was man tut, sondern einfach schon alleine dadurch, wie man ist. Es sollte so gut zusammenpassen, dass man einander automatisch inspiriert und bereichert. Keiner aus der Gruppe muss dabei etwas für die anderen tun. Jeder macht das, was er selbst für richtig und gut hält. Und wenn es wirklich passt, dann ist dies automatisch auch für die anderen eine Bereicherung."

„Das hört sich gut an", meinte ich nachdenklich. „Aber um solche Leute zu finden, braucht es vermutlich Jahre."

Sie setzte sich etwas bequemer in den Schneidersitz, während sie mir selbstbewusst lächelnd antwortete: „Nicht, wenn man es seiner Intuition überlässt! Die braucht nur wenige Sekunden!", erklärte sie fasziniert und überzeugend. „Ich habe mich in der letzten Zeit ein wenig mit Gehirnforschung beschäftigt. Unser Verstand verarbeitet demnach etwa vierzig Informationen pro Sekunde. Unsere Intuition hingegen 400 Milliarden!", betonte sie begeistert. „Dieses unglaubliche Potenzial gilt es systematisch zu nutzen."

„Und wie nutze ich es?", fragte ich beeindruckt.

„Indem du dich darauf konzentrierst, das Ergebnis deines intuitiven Denkprozesses wahrzunehmen", begann sie zu erklären. „Mehr geht nicht. Der Verarbeitungsprozess der Intuition in unserem Gehirn ist zehn Milliarden mal schneller, als wir bewusst mitverfolgen können. Wir haben also keine Chance, dabei zuzuschauen. Bevor wir überhaupt anfangen, über ein Thema nachzudenken, hat die Intuition schon längst ein Ergebnis geliefert. Und dieses Ergebnis gilt es ernst zu nehmen. Die meisten Menschen überhören die Botschaft ihrer Intuition leider ständig, weil sie zu sehr mit ihrem Verstand beschäftigt sind. Es ist kaum zu fassen, welches unglaubliche Potenzial sie dabei verschenken!

Menschen, die ihre Intuition wahrnehmen können, sind daher sehr viel erfolgreicher als andere. Und zwar auf allen Ebenen!", betonte sie überzeugend. „Sie erkennen zum Beispiel den passenden Beziehungspartner sehr viel schneller. Das Gleiche gilt für ein gutes

Geschäft oder eine gute Idee. Sie erkennen einfach grundsätzlich sehr viel schneller, ob etwas gut oder schlecht für sie ist."

Ich lehnte mich interessiert zu ihr vor. „Und wie nehme ich das Ergebnis meiner Intuition wahr?"

„Das ist ganz einfach", erklärte sie erfreut über mein Interesse. „Ich habe hierzu gerade ein Seminar absolviert. Achte einfach auf deine Körperempfindungen! Das ist der leichteste Weg."

„Auf welche Körperempfindungen?"

„Wenn deine Intuition etwas als gut oder schlecht empfindet, dann spürst du das im Körper. Diese Empfindungen sind ziemlich deutlich, wenn man weiß, wo sie passieren und wie sie sich genau anfühlen. Die meisten von ihnen empfinden wir in der Brust- und Magengegend. Du kennst bestimmt die Aussage ,Ich hatte Wut im Bauch'. Das ist ganz wörtlich gemeint! Wir spüren die Wut als Körperempfindung im Bauch. Eine Handbreit höher in der Brust nehmen wir zum Beispiel Liebe wahr." Sie legte beide Hände auf die Mitte ihres Brustkorbes, um diese Stelle exakt zu bezeichnen. „Viele Menschen sagen, dass ihnen das Herz aufgeht, wenn sie Liebe empfinden", erklärte sie weiter und machte mit ihren Händen eine öffnende Geste. „Auch das ist wörtlich gemeint. Diese Worte beschreiben die tatsächlichen Körperempfindungen."

„Das ist echt interessant", stellte ich beeindruckt fest. „Mir wäre nie in den Sinn gekommen, dass diese Redewendungen echte körperliche Zustände beschreiben. Wie kann ich diese Körperempfindungen jetzt nutzen, um meine Intuition wahrzunehmen?"

„Das ist ganz einfach! Du brauchst nur auf zwei Empfindungen im Körper zu achten. Die eine nimmst du wahr, wenn deine Intuition etwas als gut beurteilt, die andere, wenn sie etwas schlecht findet. Mithilfe dieser beiden Empfindungen für gut und schlecht können wir später auch herausfinden, ob wir als Synergiepartner gut zusammenpassen oder nicht."

„Was muss ich jetzt genau tun?", fragte ich ungeduldig nach.

„Denk bitte zunächst einmal an einen Lebensumstand, den du im Moment als schlecht beurteilst!", bat sie freundlich.

Ich dachte daran, dass ich es echt übel fand, es mir zu Hause mit meinen Freunden verdorben zu haben.

„Und jetzt achte einmal auf deinen Brustkorb und deine Magengegend! Hat sich dort irgendetwas verändert?"

„Ich spüre einen flauen Druck auf meine Magengegend. Ich bin jedoch nicht ganz sicher, ob der eben nicht auch schon da war."

„Dann lass uns das mal überprüfen!", schlug sie lächelnd vor. „Denk jetzt an etwas, das du wirklich richtig gut findest! Nimm eine Sache, bei der du Freude, Begeisterung, Zufriedenheit, Dankbarkeit oder Liebe empfindest."

„Ich finde es richtig klasse, dass ich hierher gekommen bin. Darüber bin ich echt froh. Geht das?"

„Perfekt!", meinte sie anerkennend. „Dann denk bitte jetzt einmal daran, dass du es richtig gut findest, hier zu sein, und achte auf deine Magengegend. Verändert sich hier etwas?"

„Der Druck verschwindet tatsächlich", erkannte ich sofort.

„Jetzt achte einmal auf deinen Brustkorb, während du daran denkst, dass es klasse ist, hierher gekommen zu sein. Was spürst du dort?"

Ich atmete tief ein, um nachzuspüren, doch ich bemerkte nichts Nennenswertes. „Nichts Besonderes", antwortete ich daher schulterzuckend.

„Dann denk jetzt bitte noch einmal an das Negative von eben! Verändert sich dadurch irgendetwas im Brustkorb? Achte dabei auf deine Atmung!"

Ich atmete erneut tief ein, doch so richtig durchschnaufen konnte ich gar nicht. „Es fühlt sich irgendwie eng an, wenn ich an das Negative denke. So, als wäre ein starrer Panzer um meinen Brustkorb herumgelegt, der mir das Atmen erschwert", erklärte ich weiter.

„Und jetzt denke noch einmal an das Positive und achte auf deine Atmung!", bat sie erwartungsvoll.

„Das ist unglaublich!", erwiderte ich beeindruckt. „Ich kann auf einmal wieder richtig frei durchatmen. Ich hätte nicht gedacht, dass der Unterschied so deutlich ist!"

„Wir können also schon einmal festhalten: Das Positive fühlt sich weit, das Negative eng an", fasste sie sichtlich erfreut von meiner Begeisterung zusammen. „Aber es passiert noch mehr, wenn du etwas positiv oder negativ beurteilst. Fühle einmal in deinen Körper hinein! Spüre das Gewicht deines Körpers! Und jetzt denk bitte noch einmal an das Positive. Dein Körper wird weit und weich. Das hast du ja schon erkannt. Aber da ist noch ein anderes Gefühl in deinem Körper. Was meinst du? Wird dein Körper eher leicht oder eher schwer, wenn du an das Positive denkst?"

„Ich denke, er wird eher leicht", spekulierte ich unsicher.

„Lass uns auch das anhand des Negativen überprüfen", schlug sie vor. „Denk noch einmal an das Negative. Wird dein Körper jetzt leichter oder schwerer?"

„Eindeutig schwerer!", erkannte ich sofort. „Die Schwere zieht richtig runter!"

„Und jetzt denke wieder an das Positive! Wo zieht es dich jetzt hin?"

„Voll nach oben!", sagte ich beeindruckt und musste dabei grinsen.

„Warum lächelst du?", hakte sie sofort erfreut nach.

„Keine Ahnung!", gab ich verwirrt zu.

„Spüre einmal in dein Gesicht hinein, wenn du an das Negative denkst", bat sie daraufhin erwartungsvoll.

Ich tat, worum sie mich gebeten hatte, und spürte sofort, wie es meine Mundwinkel buchstäblich nach unten zog. Genauer gesagt fühlte es sich an, als würde mir das gesamte Leben aus dem Gesicht gezogen. Das Gewebe in meinem Gesicht wurde unsagbar schwer. „Das zieht einem ja glatt die Kraft aus dem Gesicht!", sagte ich fassungslos.

„Ich weiß!", erklärte sie fast ein wenig mitfühlend. „Denk jetzt wieder an das Positive! Was passiert dann mit deinem Gesicht?"

29

„Das Leben kehrt sofort zurück", stellte ich erfreut fest und musste unwillkürlich wieder lächeln.

„Was du als das Leben bezeichnest, müsste sich wie eine angenehme Ansammlung von Lebensenergie anfühlen, die leicht und sanft nach oben zieht", erklärte sie. „Du spürst sie bei einer Positivbeurteilung im gesamten Körper – vom Scheitel bis zur Sohle. Die meisten Menschen spüren diese Energie und ihre sanfte Zugkraft nach oben jedoch am Anfang nur in der Magen- und Herzgegend und im Gesicht."

„Das fühlt sich irgendwie gut an", bemerkte ich erfreut.

„Das sollte es auch", meinte sie lächelnd, „denn es ist zusammen mit der Weite das Körpergefühl, das du hast, wenn du etwas intuitiv gut findest. Im Gegensatz dazu fühlen sich der Mangel an Lebensenergie, der alles schwer nach unten zieht, und die starre Enge, eher schlecht an, was ja auch klar ist, denn es ist ja das Körpergefühl, das dir signalisieren soll, dass etwas schlecht ist."

„Daran kann ich also erkennen, ob meine Intuition etwas gut oder schlecht findet!", stellte ich erfreut fest. „Bei gut zieht die Lebensenergie hoch – alles wird leicht und weit, und bei schlecht zieht der Mangel an Lebensenergie schwer nach unten und es wird eng. Das ist ja wirklich einfach."

„Und genauso einfach werden wir jetzt herausfinden, ob wir als Synergiepartner gut zusammenpassen würden", kündigte sie zuversichtlich an. „Geben wir der Intuition also jetzt alles, was sie braucht, um eine Entscheidung treffen zu können."

„Und was braucht die Intuition?"

„Einen Händedruck zum Beispiel. Wir wissen schon, wie der andere aussieht und wie sich seine Stimme anhört. Jetzt wäre noch wichtig, wie er sich anfühlt."

„Ein Händedruck also", wiederholte ich und streckte meine Hand aus. „Ich bin Robin!"

„Juli", erwiderte sie, hielt meine Hand und schaute mir in die Augen. „Und jetzt sag ganz ehrlich: Fühlst du die Weite, die Leichtigkeit und den Zug der Lebensenergie nach oben, oder zieht dein Körper schwer nach unten in die Enge?"

„Ich denke, es zieht hoch", sagte ich unsicher und ließ ihre Hand los.

„Aber du bist dir noch nicht wirklich sicher", erkannte sie sofort. „Deine Empfindung ist noch zu undeutlich. Eines ist noch wichtig zu wissen: Nachdem man die Körperempfindung der Intuition kennen gelernt hat, gibt es zwei mögliche Reaktionen. Die einen empfinden sie zunächst nur noch ganz schwach, wenn sie bewusst ihre Aufmerksamkeit darauf lenken, bei den anderen dagegen verstärken sich die Empfindungen dadurch sogar. Bei manchen Menschen werden sie richtig stark.

Möglicherweise gehörst du zu den Menschen, bei denen die Empfindungen erst einmal schwächer werden. Aber das ist nicht weiter schlimm. Das reguliert sich von selbst. Ich denke, dass wir trotzdem noch eine Antwort von deiner Intuition kriegen werden, was unsere Synergie betrifft. Vielleicht wird die Antwort deiner Intuition ja deutlicher, wenn wir ihr noch mehr Informationen geben. Mir war die Antwort meiner Intuition ehrlich gesagt auch noch nicht deutlich genug.

Okay, dann kommt jetzt der wichtigste Schritt. Menschen müssen sich riechen können! Wenn es hierbei nicht passt, geht gar nichts. Damit meine ich nicht, dass man das Rasierwasser des anderen mögen sollte. Es geht genau genommen sogar um einen Geruch, den man bewusst gar nicht wahrnimmt. Und dieser bewusst nicht riechbare Geruch ist das wichtigste Kriterium für unsere Intuition."

„Das heißt, ich soll jetzt an dir schnuppern?!", fragte ich grinsend.

Juli lachte. „So ähnlich. Du sollst mich einfach umarmen! Dabei können wir einander noch intensiver spüren und uns gleichzeitig riechen. Danach wissen wir ziemlich sicher, ob es sich gut anfühlt und ob wir es mit der Synergie versuchen sollten."

„Hier erlebt man Dinge!", meinte ich amüsiert. „Ich soll dich jetzt einfach umarmen?"

„Klar, allerdings mit der richtigen Frage im Hinterkopf!", betonte sie. „Würden wir beide uns hier im Camp auf unserem Weg zum Glück ohne Anstrengung gegenseitig bereichern? Das ist die Frage, die wir uns stellen sollten. Es geht nicht darum, ob wir als Paar zusammenpassen würden, sondern darum, ob es in der Synergie passt."

„Ich bin nicht auf der Suche nach einer Partnerin", bekräftigte ich lächelnd. „Da brauchst du dir keine Sorgen zu machen. Ich habe im Moment ganz andere Probleme."

„Dann können wir ja jetzt loslegen", erklärte sie entschlossen und stand auf.

Ich stand also ebenfalls auf, um sie zu umarmen. Obwohl wir das zu Anfang eher zurückhaltend taten, spürte ich trotzdem sofort einen leichten Zug der Lebensenergie nach oben. Mein Brustkorb fühlte sich dabei weit, aber auch nach vorne hin irgendwie offen an. Es war fast, als würde ihr mein Herz innerlich zulächeln.

Juli kam mir in diesem Moment etwas näher und umarmte mich ein wenig inniger. Ich nahm sie daraufhin ebenfalls offener in den Arm und schloss die Augen, um meine Körperempfindungen noch deutlicher spüren zu können. Kurz darauf fühlte ich, wie sich ihr Atemrhythmus meinem anglich. Es war, als würden wir in eine Art Gleichtakt geraten. Das war auf eine sehr seltsame Art und Weise überaus angenehm.

Dann wurden die Energieansammlung in meiner Brust und der damit verbundene Zug nach oben plötzlich deutlich stärker. Ich war erstaunt über die Intensität dieser Empfindung. So deutlich hätte ich die Antwort meiner Intuition nicht erwartet. Offenbar gehörte ich wohl doch zu den Menschen, bei denen das Bewusstsein der Körperempfindungen die Gefühle deutlich verstärken. Mir eröffnete sich eine völlig neue Welt der Emotionen. Ich fühlte mich, als würde ich mit Juli gemeinsam aufsteigen – so als wären wir gerade zusammen vom Boden abgehoben! Mein gesamter Körper wurde dabei unglaublich weit, weich und leicht.

32

Dann geschah etwas, was mich emotional völlig überforderte. Die Lebensenergie, die ich bis dahin nur in meiner Brust gespürt hatte, begann plötzlich meinen gesamten Körper zu durchströmen. Sie kam von unten und jagte auf ihrem Weg nach oben wie Starkstrom durch jede Zelle meines Körpers, um schließlich an meiner Schädeldecke wieder auszutreten. Meine Brust bebte förmlich vor Energie, die von Sekunde zu Sekunde stärker wurde! Ich wollte diese Gefühle stoppen, doch irgendwie ging es nicht. Auch konnte ich nicht verhindern, dass mein Körper anfing zu zittern.

Plötzlich erinnerte ich mich daran, wie es einst gewesen war, Jenny im Arm zu halten. Diese Erinnerungen übermannten mich so sehr, dass ich mich nach wenigen Augenblicken regelrecht in diese Zeit zurückversetzt fühlte. Ich vergaß für einen Moment, wo ich mich in Wirklichkeit befand und wen ich tatsächlich im Arm hatte. Ich war in diesem Moment ganz bei Jenny. Unwillkürlich drückte ich sie überglücklich fest an mich und bildete mir dabei ein, wie sie meine innige Umarmung erwiderte. Ein Schauer jagte mir daraufhin durch den gesamten Körper. Es war, als würden alle meine Körperzellen vor Verzückung und Liebe frohlocken.

Plötzlich wurde mir auf erschreckende Weise bewusst, dass ich nicht Jenny, sondern nur eine Stellvertreterin im Arm hielt. Ich wollte dieses junge Mädchen nicht dazu missbrauchen und hatte keine Ahnung, wie das passiert sein konnte. Ich war völlig verwirrt und löste augenblicklich die Umarmung. Juli schaute mich daraufhin fassungslos an. Ich versuchte schnell, mich zu entschuldigen.

„Es tut mir leid. Ich weiß auch nicht, wie das passieren konnte. Ich wollte dir nicht zu nahe treten." Plötzlich bemerkte ich, dass Juli feuchte Augen hatte. Hatte sie etwa geweint?!

„Die positive Beurteilung meiner Intuition wurde unglaublich stark", versuchte sie mit ihren Gefühlen ringend zu erklären und trocknete unterdessen hastig ihre Tränen. „Ich gehöre zu den Menschen, bei denen die bewusste Aufmerksamkeit das Körperempfinden verstärkt. So stark wie eben war es jedoch glaube ich noch nie."

„Bei mir war es auch unglaublich intensiv", erwiderte ich, verschwieg aber, dass ich dabei an Jenny gedacht hatte. „Offenbar gehöre auch ich zu den Menschen, bei denen sich die Gefühle verstärken. Ich hätte jedoch nicht gedacht, dass das so heftig werden kann. Auf jeden Fall ist mir deutlich klar geworden, dass ich es sehr gerne mit dir in der Synergie versuchen würde. Wie war es denn bei den anderen Leuten, die du umarmt hast?"

„Du warst der erste", antwortete sie wieder etwas gefasster. „Ich bin zwar schon zwei Tage hier, aber ich habe mich bisher noch nicht so richtig getraut, auf jemanden zuzugehen. Es war auch ziemlich komisch, muss ich gestehen. Aber jetzt, im Nachhinein betrachtet, bin ich froh, dass ich es getan habe."

„Das bin ich auch", stimmte ich ihr erfreut zu. „Außerdem war diese Sache mit der Intuition sehr wichtig für mich. Bis jetzt habe ich dieses tolle Potenzial nie genutzt, obwohl es genial einfach ist. Ich danke dir, dass du mir das beigebracht hast."

„Gern geschehen! Ich muss jedoch noch dazusagen, dass es nicht allen Leuten so leicht gelingt wie dir. Du bist hier vermutlich eher die Ausnahme. In meinem Kurs hat das niemand so schnell hingekriegt. Falls du die Technik also weitergeben willst, dann erwarte von den Leuten nicht, dass sie sie innerhalb von zehn Minuten gelernt haben. Menschen, die eher selten etwas als positiv beurteilen, und Menschen, die keinen so guten Draht zu ihrem Körperempfinden haben, kommen oft nur sehr schwer in diese Wahrnehmungen hinein.

Bei den meisten Menschen passiert erst einmal das Gleiche wie bei mir damals. Die bewusste Aufmerksamkeit, die man auf die Körperempfindungen lenkt, lässt die Gefühle zunächst verschwinden. Wenn dies der Fall ist, dann heißt es üben, üben, üben! Manche brauchen Tage, bis sie ihre Körperempfindungen aufrecht halten können, obwohl sie bewusst hinspüren. Aber bis jetzt hat es früher oder später noch jeder gelernt, der es wirklich wollte."

34

„Ich werde daran denken", versprach ich. „Wie viele Leute brauchen wir denn eigentlich für eine Gruppe?"

„Das kann man so direkt nicht sagen. Manche Synergiegruppen sind schon mit zwei Personen vollständig, andere sind es erst mit vier oder fünf Mitgliedern."

„Und wie finden wir das am besten heraus?"

„Indem wir es ausprobieren! Möglicherweise spricht uns auch der eine oder andere ganz intuitiv an. So wie es mir ging, als ich dich heute hier liegen sah."

„Dann schlage ich vor, wir schauen uns einfach ein wenig hier im Camp um und spüren nach, bei wem es hochzieht."

„Gute Idee! Wenn du willst, können wir sofort damit anfangen", stimmte Juli erfreut zu. „Ich stelle dir am besten gleich mal ein paar der Leute vor, die ich in den letzten beiden Tagen hier kennen gelernt habe. Vielleicht ist ja der eine oder andere für unsere Gruppe dabei. Sie sind gerade im Wasser und toben in den Wellen herum. Hast du nicht vielleicht auch Lust, mit ins Wasser zu gehen? Die Wellen sind hier echt klasse!"

Doktor Sorglos und der Tunesier

Das Wasser war angenehm warm. Dennoch zierte sich Juli beim Reingehen wie eine junge Katze. Der Strand fiel auf den ersten Metern relativ steil ins Wasser ab. Der Sand war hier sehr weich und etwas grober. Millimeter für Millimeter tastete sie sich vor und versuchte, bei jeder Welle zu vermeiden, dass sie nass gespritzt würde, was ziemlich schwierig war, da die meisten Wellen genau an dieser Stelle brachen.

Ich empfand diese Art, ins Wasser zu gehen, als Quälerei. Zwar amüsierte es mich, Juli dabei zuzuschauen, aber für mich war das nichts. Ich wollte die Sache so schnell wie möglich hinter mich bringen.

Also richtete ich meinen Blick aufs Meer hinaus und fasste mir ein Herz. Dann rannte ich los, was Juli erst mal zurückschrecken ließ, da sie Angst hatte, sie könne ein paar Spritzer abkriegen. Bereits nach ein paar Metern plumpste ich der Länge nach ins Wasser, weil mir eine Welle die Beine weggezogen hatte.

Ich drehte mich lachend zu Juli um, die gerade wieder damit begann, ihre Quälerei fortzusetzen. Ihr Verhalten verlockte sehr dazu, sie nass zu spritzen. Mir war jedoch klar, dass sie das vermutlich überhaupt nicht lustig finden würde, und ließ es deshalb lieber.

Das Wasser wurde einige Meter weiter draußen wieder flacher und reichte mir dort etwa bis zur Badehose. Der Sand war nun fester und feinkörniger. Bereits hier konnte man im Ansatz die gewaltige Kraft der Wellen erspüren, die Juli mir versprochen hatte. In mir kam Vorfreude auf die richtig großen Wellen auf. Ich konnte es kaum erwarten, sie endlich mit meinem Körper zu surfen.

Juli kämpfte am Strand währenddessen noch immer mit dem Wasser. Das konnte noch eine Ewigkeit dauern! „Ich geh schon mal vor!", rief ich ihr deshalb zu und lief den Wellen bis zu der Stelle entgegen, an der sich mehrere Leute mit dem Bodysurfen versuchten.

Ich stand mitten im Gewühl und wartete gemeinsam mit den anderen auf die besten Wellen. Gelegentlich kamen Brecher auf uns zugerollt, bei denen es einem angst und bange wurde. Dabei spürte ich jedes Mal für eine Sekunde, wie die Lebensenergie aus meinem Körper entwich, sich dadurch ein flauer Druck auf meinem Magen ausbreitete und wie sich die beklemmende Enge um meinen Brustkorb legte. Doch diese Empfindungen verschwanden sofort wieder, wenn die Welle dann da war und ich in sie hineinsprang. Dann machte es einfach nur Spaß! Juli hatte es nun endlich auch geschafft, zu uns zu kommen, und sprang jetzt ebenfalls in die Wellen.

In der halben Stunde, in der ich mit ihr und ihren Leuten im Wasser herumtobte, hatte ich mehr Spaß, als ich mit meiner zwanzig Millionen teuren Luxusjacht je gehabt hatte. Ich war unendlich froh, hierher gekommen zu sein. Hier konnte ich wieder ich selbst sein, ohne von den Menschen als Berühmtheit auf einen sehr einsamen Sockel gestellt zu werden. Das war wohl das Unangenehmste an der Berühmtheit. Man gehörte von einem Tag auf den anderen nicht mehr dazu. Die Leute ließen einen, ohne es selbst zu merken, einfach nicht mehr dazugehören, so sehr man sich auch darum bemühte. Man war jetzt etwas Besseres! Was blieb, waren die anderen Promis, mit denen man das gleiche Schicksal teilte. Doch ehrlich gesagt gehörte ich auch dort nicht dazu, was ich auf jeder Party aufs Neue feststellen musste. Ich konnte mit diesen Menschen einfach nichts anfangen. Deshalb hoffte ich wirklich sehr, dass mich hier niemand erkennen und die Paparazzi nicht auf mich aufmerksam würden. Das hätte alles im Keim erstickt, was so gut für mich begonnen hatte.

Als Juli und ich ziemlich erschöpft von der Anstrengung in den Wellen zurück an den Strand kamen, nahm ich mein Badetuch und setzte mich zu ihr und ihren Leuten in die Runde. Sie saßen alle recht nahe beieinander, um sich bei der lauten Geräuschkulisse der starken Brandung besser unterhalten zu können. Ich fand es sehr komisch, so eng in einem Kreis vollkommen fremder Menschen zu sitzen, und fühlte mich ein wenig unbehaglich. Doch nur so würde ich herausfinden können, ob vielleicht jemand von ihnen gut in unsere Synergiegruppe passte. Alleine durch das Herumspielen im Wasser konnte ich das jedenfalls nicht beurteilen.

Während wir so in der Runde saßen, stellte ein großer hagerer Mann aus der Gruppe, den ich auf Ende vierzig schätzte, eine interessante Frage in den Raum. „Wer war der glücklichste Mensch, den ihr in eurem Leben bisher kennen gelernt habt? Ich meine richtig kennen gelernt – nicht den Dalai Lama oder sonst jemanden, den ihr aus dem Fernsehen kennt und der so aussieht, als wäre er sehr glücklich. Ich meine jemanden, den ihr wirklich kennt!"

Juli ergriff das Wort. „Ich habe einmal in Tunesien einen Mann kennen gelernt, den ich als ungewöhnlich glücklich empfand. Der ist mir spontan eingefallen, als du fragtest. Er war zumindest der zufriedenste Mensch, den ich bisher kennen gelernt habe."

„Und was war sein Geheimnis? Wie hat er es angestellt, so zufrieden zu sein?"

„Das habe ich mich damals auch gefragt. Er erzählte mir dann von einer Lebensweisheit, die er von seinem Vater bereits als kleiner Junge gelernt hatte. Sie hieß: ‚Sei zufrieden mit dem, was du hast, und du bekommst immer mehr dazu! Wenn du krank bist und jeder Knochen in deinem Körper tut weh, nur dein kleiner Finger nicht, dann danke Allah dafür, dass dein kleiner Finger gesund ist. Beschwer dich nicht über das, was nicht gut ist. Danke stattdessen für alles, was gut ist.'

Und genau das hat er von klein auf getan. Jeden Abend vor dem Schlafengehen dankte er Allah für alles, was in seinem Leben in Ordnung war. Anfangs war das noch nicht besonders viel – seine Familie war sehr arm – aber es wurde schnell immer mehr. Als ich ihn kennen lernte, besaß er schon einen eignen Laden, in dem er alles verkaufte, was Touristen haben wollten, und verdiente damit gutes Geld. Er war der glücklichste Mensch, den ich bisher in meinem Leben kennen gelernt habe. Er war immer zufrieden."

Der hagere Mann nickte nachdenklich. „Logisch, er wusste ja, dass die Dankbarkeit für sein Glück verantwortlich ist. Wenn ich mit diesem Glauben aufgewachsen wäre, dann wäre ich auch immer zufrieden gewesen. Ich werde mir das mal durch den Kopf gehen lassen, vielleicht ist der Trick mit der Dankbarkeit gar nicht so schlecht."

Der Mann, der rechts neben mir saß, ergriff als Nächster das Wort: „Der glücklichste Mensch, den ich kenne, ist ein alter Kollege von mir, der innerhalb von zwei Jahren drei Herzinfarkte hatte", meinte er ganz ernsthaft. Die Gruppe lachte über diesen Widerspruch. „Im Ernst", bekräftigte er seine Aussage. „Nach seinem dritten Herzinfarkt machte ihm der Arzt unmissverständlich klar, dass er den vierten nicht überleben würde. Er erklärte ihm ausführlich, wie der Stress einen Herzinfarkt verursacht, und wies dabei auf die schlechten Gefühle als Hauptstressfaktor hin, die mein Kollege bis dahin nie so richtig ernst genommen hatte. Gefühle waren in seiner Welt nie besonders wichtig gewesen. Doch drei Infarkte in zwei Jahren sprachen eine eindeutige Sprache. Offenbar waren die Gefühle wohl doch nicht so nebensächlich!

Die Erklärungen des Arztes hatten eine so durchschlagende Wirkung, dass mein Kollege sich von diesem Augenblick an nie wieder schlechte Gefühle machte – niemals!", betonte er noch einmal fassungslos den Kopf schüttelnd. „Nicht einmal, als sein Haus abbrannte! Seine Familie war fix und fertig. Er dagegen meinte nur: ‚Ach ja. Scheiße passiert halt. Und außerdem zahlt das alles die Versicherung!'

Nach kurzer Zeit erhielt er von mir und meinen Kollegen den Spitznamen Doktor Sorglos. Und dieser Name passte hervorragend zu ihm. Ich kenne keinen einzigen Menschen, der so wenig schlechte Gefühle in seinem Leben hat. Er hatte beschlossen, sich keine Stressgefühle mehr zu machen, und diesen Beschluss zog er konsequent durch."

Ich wurde plötzlich hellwach! Der Manager hatte beschlossen, sich nie wieder Stressgefühle zu machen. Hieß das etwa, dass er seit diesem Beschluss nie wieder unglücklich war? Genügte ein einziger Beschluss, um das zu bewerkstelligen?! Und der Mann aus Tunesien ... War er nicht

39

auch nur deshalb so glücklich und zufrieden, weil er ebenfalls einen Beschluss gefasst hatte?! Er glaubte, dass Zufriedenheit der Schlüssel zum Glück sei. Das war der Grund für seinen Beschluss, immer zufrieden zu sein. Hatte der Beschluss wirklich so viel Macht?!

Juli war ebenfalls beeindruckt und fasziniert von dieser Geschichte: „An seiner Stelle hätte ich mir ehrlich gesagt auch keinen Stress mehr gemacht, denn jede Form von Stress hätte mich mein Leben kosten können."

„Ich hätte mir wahrscheinlich so viel Stress damit gemacht, dass ich mir keinen Stress mehr machen darf, dass ich vermutlich sofort den vierten Herzinfarkt bekommen hätte", erklärte der Mann, der die Frage ursprünglich gestellt hatte.

„Vielleicht, vielleicht aber auch nicht", meinte ich nachdenklich. „Ich denke, wenn man einen wirklich bedeutenden Grund für einen alles bestimmenden Beschluss hat, dann zieht man diesen auch gnadenlos durch."

In diesem Moment durchfuhr mich plötzlich ein erschreckender Gedanke. Mir wurde gleichzeitig heiß und kalt. Das könnte tatsächlich der Grund für all meine Probleme sein! Der Grund, warum ich nicht in der Lage war zu lieben. Ich hatte womöglich bereits als Jugendlicher einen alles bestimmenden Beschluss gefasst. Einen Beschluss, der mir jedoch alles andere als Glück bescherte. Den Beschluss, wirkliche Liebe niemals zuzulassen!

Ich hatte keine Ahnung, warum ich das getan haben könnte, doch genau so fühlte es sich an. Also versuchte ich augenblicklich, diesen Beschluss rückgängig zu machen. „Ich werde ab sofort die Liebe zulassen!", sagte ich mir überaus bestimmt, woraufhin plötzlich Angstgefühle in mir aufstiegen. Nun verstand ich gar nichts mehr! Was war denn das jetzt?!

Ich versuchte es erneut: „Ich werde die Liebe ab sofort zulassen!" Meine Angstgefühle wurden jetzt noch stärker. Irgendetwas in mir hatte offenbar tatsächlich Angst vor der Liebe – und zwar panische Angst!

Ich musste jetzt unbedingt diesen Michael wiederfinden. Möglicherweise wusste er, wie man solch einen Beschluss wieder rückgängig macht – oder diese Ella, die ihm von dem Beschluss erzählt hatte.

Wenn mir das tatsächlich gelingen würde, hätte ich bereits an meinem ersten Tag hier im Camp mein größtes Lebensproblem gelöst und würde endlich glücklich sein können! Ich wagte kaum, das zu hoffen, und war völlig aus dem Häuschen.

Juli erkannte sofort, was emotional mit mir los war. Ich wollte ihr den wirklichen Grund für meine Aufregung jedoch nicht sagen, denn dafür kannten wir uns noch zu wenig. Deshalb erzählte ich ihr nur überaus begeistert von der Begegnung mit Mary und Michael und davon, dass wir angefangen hatten, mit Beschlüssen herumzuexperimentieren. Juli war daraufhin sofort bereit, die beiden mit mir gemeinsam suchen zu gehen.

Wir packten also kurzerhand unsere Badesachen zusammen und gingen zum Camp. Ich war sehr aufgewühlt, denn ich wusste, wenn das klappen würde, wäre dies der erste Tag eines neuen viel glücklicheren Lebens für mich!

Der Weg vom Strand zur Bungalowanlage führte an einer Tropic-Bar und einem großen Teich voller Seerosen vorbei. Ich ließ meinen Blick gründlich über die Bar schweifen. Dort saßen viele Leute, die leuchtend bunte Cocktails schlürften, doch Mary und Michael konnte ich nicht ausmachen.

Die Bungalowanlage, die Camp genannt wurde, war recht groß. Es würde nicht einfach sein, die beiden hier zu finden. Vierzig Bungalows waren im Halbkreis einer am anderen um einen verspielt gestalteten zentralen Swimmingpool herum angeordnet, der inmitten eines tropischen Gartens voller Palmen und Blumen lag, den man nicht gerade leicht überblicken konnte.

Im Pool waren sie schon mal nicht. Wir gingen rasch einmal um den Pool herum, um die Liegewiese abzusuchen. Hier lagen sicherlich fünfzig Leute oder mehr, doch Mary und Michael waren nicht unter

41

ihnen. Auch saßen sie nicht auf einer der ebenerdigen Terrassen, die sich vor jedem der vierzig Bungalows befanden.

Ich fing langsam an, nervös zu werden. Ich musste die beiden jetzt unbedingt finden, denn die Sache mit meinem Beschluss zerriss mich innerlich fast vor Aufregung.

Nach einer endlos erscheinenden Suche bekamen wir endlich eine wertvolle Information. Das Camp verfügte wohl über ein Messageboard, auf dem alle Campteilnehmer mit den Nummern der Bungalows, in denen sie wohnten, aufgelistet waren. Wir fanden dieses Messageboard in der Tropic-Bar und endlich auch die Bungalownummer von Mary und Michael – Nr. 36!

Aufgewühlt lief ich schnellen Schrittes zurück zur Bungalowanlage. Juli folgte mir brav überall hin, obwohl sie keinerlei Ahnung hatte, warum ich eigentlich so einen Stress machte.

Auf der Terrasse saßen zwei Männer – offensichtlich die Mitbewohner der beiden. „Mary und Michael sind in der Küche", erfuhren wir von ihnen. „Sie kochen gerade. Ihr könnt ruhig einfach reingehen. Das ist hier so üblich."

War ich vielleicht froh, das zu hören! Ich brannte darauf, den beiden endlich meine Frage stellen zu können. Mein Herz hämmerte bis in den Hals hinauf. Ich hatte jedoch nicht vor, ihnen von meiner Angst vor der Liebe und meinem Beschluss zu erzählen. Das ging nur mich etwas an. Ich würde irgendwie anders herausfinden, was ich tun könnte.

„Euch beide haben wir gesucht", erklärte ich hastig, als wir die Küche betraten. „Ich muss euch unbedingt etwas erzählen!"

Mary lächelte freundlich. „Was hältst du davon, wenn du das bei Tisch tust?! Wenn ihr Hunger habt, könnt ihr gerne mit uns essen – du und deine Begleiterin. Wir haben sowieso wieder viel zu viel gekocht. Ich bin übrigens Mary", sagte sie an Juli gewandt und reichte ihr zur Begrüßung die Hand.

„Juli", gab meine Begleitung kurz zurück und gab ihr die Hand. „Danke, dass wir bei euch mitessen dürfen."

„Wenn ihr wollt, könnt ihr schon mal den Tisch decken, dann geht es noch schneller", schlug Michael vor. „Wir sind mit euch dann zu viert. Unsere Leute wollten gerade zum Strand gehen. Ich bin Michael", stellte er sich Juli ebenfalls vor.

Schon wieder warten! Ich war kurz davor, mein größtes Lebensproblem zu lösen, und musste warten! Ich hätte schreien können!

Juli führte mich ins Esszimmer und zeigte mir, wo das Geschirr war. Offenbar waren alle Bungalows gleich aufgebaut, denn sie wusste genau, wo alles zu finden war. Wir nahmen das Geschirr aus dem Esszimmerschrank und deckten den Tisch auf der Terrasse, auf der ein großer massiver Holztisch und sechs Rattanstühle standen. Es fiel mir verdammt schwer, mich so unwichtigen Tätigkeiten wie Tischdecken oder Essen zu widmen. Doch Mary und Michael konnten natürlich nicht wissen, was in mir vorging.

Als wir dann endlich saßen, konnte ich nicht mehr an mich halten. Es platzte einfach so aus mir heraus. „Weißt du eigentlich, wie unglaublich die Sache mit dem Beschluss ist, auf die du heute Morgen gestoßen bist?!", fragte ich Michael fassungslos, noch bevor er den ersten Bissen zu sich genommen hatte.

„Ich ahne es!", antwortete Michael ruhig und fing an zu essen.

„Und da kannst du einfach in aller Seelenruhe essen?!", fragte ich verständnislos.

Mary lachte amüsiert. „Du bist ja ganz aus dem Häuschen. Dann schieß mal los mit deiner Entdeckung!"

„Wie es aussieht, hat der Beschluss eine so große Macht auf unser Leben, dass ein einziger dafür sorgen kann, dass man sein gesamtes Leben danach ausrichtet. Ein einziger Beschluss kann ausreichen, damit man nie wieder unglücklich ist. Genauso kann ein einziger auch genügen, damit man niemals glücklich wird!", erklärte ich dramatisch und machte eine theatralische Pause, um dem Gesagten mehr Bedeutung zu verleihen.

„Das wäre wirklich mal ein Grund, ein wenig aus dem Häuschen zu sein", sagte Michael daraufhin neugierig.

43

Ich erzählte ihm begeistert von dem Mann aus Tunesien und Doktor Sorglos und davon, dass beide seit zig Jahren permanent glücklich waren. Und das nur wegen einem einzigen Beschluss. Einem starken Beschluss wohlgemerkt, für den jeder der beiden einen triftigen Grund hatte. Dann stellte ich möglichst emotionslos meine Frage, damit die drei nicht auf die Idee kommen würden, dass es hier um mich persönlich ging: „Was kann man denn eigentlich tun, wenn jemand solch einen lebensbestimmenden Beschluss gefasst hat, der ihn unglücklich macht? Wie kann man diesen Beschluss wieder rückgängig machen?"

Michael unterbrach das Essen, trank einen Schluck Wasser und schaute mich neugierig an. „Um welchen Beschluss geht es denn genau?"

Ich wich der Antwort aus. „Um keinen bestimmten – einfach um irgendeinen Beschluss. Ich denke, dass viele Menschen solche Beschlüsse gefasst haben, mit denen sie, ohne es zu wissen, ihr Glück boykottieren. Sei es, dass sie beschlossen haben, nicht zu viel Geld zu verdienen oder lieber nicht erfolgreich zu sein. Oder sie haben beschlossen, sich nicht auf die Liebe einzulassen oder am besten erst gar nicht glücklich zu werden. Wie kann man solche Beschlüsse wieder loswerden?"

„Ich denke, man muss sich die Gründe für den jeweiligen Beschluss anschauen. Man kann keinen Beschluss aufheben, solange man glaubt, einen triftigen Grund dafür zu haben."

„Und wenn der Grund eine undefinierbare Angst ist, die man gar nicht so richtig greifen kann? Rein theoretisch, meine ich! Man könnte ja Angst haben vor dem Erfolg oder dem Glück und gar nicht wissen, warum."

Michael legte nachdenklich sein Besteck nieder. „Dann wird es schwierig! Der einfachste Weg besteht sicherlich darin, den Grund für die Angst zu finden. Eine andere Möglichkeit, die recht häufig funktioniert, besteht darin, die Angst unbewusst aus einem anderen Blickwinkel heraus zu betrachten."

„Und wie macht man das?", hakte ich innerlich aufgewühlt nach.

„Du müsstest erst einmal dafür sorgen, dass du dich möglichst glücklich fühlst. Wenn du dann so richtig stark verwurzelt bist in den guten Gefühlen, kannst du dich vorsichtig mit den Situationen konfrontieren, die deine Angst auslösen. Dabei kann es passieren, dass du durch die glücklichen Gefühle unbewusst eine andere Sichtweise annimmst und damit deine Angst als unbegründet entlarvst."

„Danke, das ist eine interessante Methode", erklärte ich möglichst emotionsneutral, innerlich jedoch total aufgewühlt.

Ich hatte am Strand also das richtige Gefühl gehabt. Mary und Michael hatten tatsächlich eine Menge Ahnung von der ganzen Materie. Außerdem waren die beiden sehr nett. Ich müsste das natürlich zuvor noch mit Juli besprechen, aber bei mir zog es total hoch, wenn ich daran dachte, mit den beiden eine Synergiegruppe zu gründen.

Und möglicherweise gab es ja noch jemanden. Nämlich diese Ella, die Michael überhaupt erst auf die Idee mit dem Beschluss gebracht hatte. Offenbar hatte diese Frau noch mehr Ahnung als Mary und Michael. Es wäre toll gewesen, sie auch noch kennen zu lernen und zu schauen, ob es in der Synergie passen könnte.

„Wer ist denn eigentlich diese Ella, die dir von der Macht des Beschlusses erzählt hat?", fragte ich daher Michael.

„Meine innere Stimme", antwortete er, als sei dies das Selbstverständlichste der Welt. „Ich nenne sie Ella. Das Meiste, was wir über das Glück wissen, stammt von Ella."

„Das ist ja unglaublich!", rief Juli fasziniert. „So eine Ella hätte ich auch gerne. Wie bist du zu dieser inneren Stimme gekommen?"

„Mary hat mir geholfen, Ella in mir zu hören. Sie hat mir die Hände aufgelegt, und plötzlich war die Stimme da."

„Das ist ja krass!", sagte Juli überaus beeindruckt und wandte sich an Mary. „Kannst du das bei mir auch machen?"

„Wir können es versuchen", antwortete Mary lächelnd. „Bei Michael war es jedoch sein größtes brachliegendes Talent. Meine Fähigkeit besteht darin, brachliegende Talente in anderen Menschen zu wecken.

Mehr kann ich nicht tun. Ich kann nur wecken, was bereits da ist. Es kann auch sein, dass sich in dir ein anderes Talent versteckt. Das werden wir dann sehen."

„Das wäre genial!", rief Juli überglücklich. „Wann können wir das machen?"

„Von mir aus gleich nach dem Essen", schlug Mary vor. „Lass uns dazu doch einfach noch mal an den Strand gehen und es uns dort irgendwo im Schatten einer Palme gemütlich machen."

Ich hielt das Händeauflegen von Mary eher für esoterischen Unsinn, genau wie die Geschichte von Michaels Ella, doch Juli war über alle Maßen begeistert. Ihre Augen glühten förmlich vor Vorfreude.

Ein bisschen verstrahlt waren sie ja schon – Mary, Michael und offensichtlich auch Juli. Aber für meine Synergiegruppe waren die drei genau die Richtigen, denn alleine durch das, was ich in den letzten Stunden von ihnen gelernt hatte, konnte ich meiner Zukunft wieder mit Hoffnung entgegensehen.

Am liebsten hätte ich mich gleich zurückgezogen und Michaels Methode zum Auflösen meiner Angst ausprobiert. Doch ich fand es sinnvoller, erst einmal die Synergiefrage zu klären.

„Ich wollte euch noch etwas anderes fragen", begann ich also. „Wir haben eine Synergiegruppe gebildet – wir beide." Ich schaute zu Juli rüber, um mich zu vergewissern, dass es wirklich in Ordnung war, die beiden einfach so in unser beider Namen zu fragen. Ich hatte den Eindruck, dass Juli nichts auf der Welt lieber wollte, als mit Mary Synergie zu machen. Sie strahlte mich in diesem Moment auch überaus zustimmend an. „Ich wollte euch fragen, ob ihr nicht vielleicht Interesse habt, mit uns eine Synergiegruppe zu gründen."

„So wie ich das sehe", antwortete Mary mit einem selbstverständlichen Lächeln, „sind wir schon eine Synergiegruppe!"

„Das würde ich auch sagen", stimmte Michael im Plauderton zu und nahm einen weiteren Bissen. „Wir erforschen bereits gemeinsam die Macht des Beschlusses."

46

„Holla, das war aber eine schnelle Entscheidung", rief ich beeindruckt. „Juli und ich mussten uns erst einmal ausgiebig umarmen, um das zu erkennen."

„Ihr musstet euch dazu umarmen?!", fragte Mary verwundert und legte dabei ihr Besteck nieder.

Ich schaute anerkennend zu Juli herüber und erklärte: „Wir haben das rein intuitiv entschieden!"

„Ach so – verstehe!", lächelte Mary und aß weiter.

Das Universum und der ganze Rest

Eigentlich hätte ich mich um meine Angst vor der Liebe kümmern sollen, anstatt mit den drei anderen an den Strand zu gehen, um irgendwelchen esoterischen Unsinn zu machen. Ich kapierte selbst nicht, warum ich es nicht einfach tat. Aber wäre ich ehrlich zu mir gewesen, hätte ich gespürt, dass ich einfach tierisch Schiss davor hatte, es nicht hinzukriegen. Ich schindete also Zeit, indem ich mit zum Strand ging und somit vor mir selbst flüchtete.

Juli war nach dem Essen so aufgeregt, dass sie am liebsten an den Strand gerannt wäre, um endlich zu dem schattigen Plätzchen zu kommen, an dem sie ihre gigantische spirituelle Erfahrung machen sollte. Sie war echt süß in ihrer überschwänglichen Begeisterung.

Wir mussten zunächst ein ganzes Stück gehen, um am Strand wirklich Ruhe zu haben. Unser Strandabschnitt lag in der Mitte der vier Camp-Ressorts. Links neben uns befand sich der spanische Bereich. Mir war deutlich wohler dabei, in diese Richtung zu gehen, denn am Ende des Strandes auf der rechten Seite lag das englischsprachige Ressort, wo man mich vermutlich sofort erkannt hätte.

Etwa zweihundert Meter hinter dem spanischen Ressort wurde es dann deutlich ruhiger. Wir fanden unseren Platz schließlich zwischen drei wunderschönen Palmen, deren Stämme wie übergroße Ananasfrüchte wirkten und die für uns alle angenehmen Schatten spendeten. Vom Meer trennten uns vielleicht dreißig Meter. Es war sehr schön an diesem Platz: die beeindruckenden Palmen, der blaue Himmel, den man durch ihre großen fächerförmigen Palmblätter hindurch sah, der angenehme Wind, der Geruch des Meeres.

„Was muss ich jetzt tun?", fragte Juli aufgeregt, als wir uns gesetzt hatten.

„Gar nichts!", entgegnete Mary. „Du musst dich einfach nur hinlegen."

„Würde es dir was ausmachen, wenn ich den Kopf auf dein Bein lege?", fragte mich Juli und deutete dabei auf ihre langen Haare, die sie offensichtlich nicht durch den Sand schleifen wollte.

„Kein Problem!", erwiderte ich und setzte mich quer hinter sie.

Mary nahm also neben Juli Platz und schloss die Augen, um sich besser konzentrieren zu können. Dann legte sie eine Hand auf Julis Stirn und die andere auf ihren Brustkorb.

Es war seltsam, denn als sie das getan hatte, spürte ich in meinem Kopf eine leichte Ausdehnung. Ich dachte erst, es wäre Einbildung, doch das Gefühl wurde immer stärker. Es kam mir so vor, als würde mein Kopf größer und größer.

Ich war mir unsicher, ob ich etwas sagen sollte, aber vernünftig betrachtet konnte dieses komische Gefühl ja gar nichts mit dem zu tun haben, was Mary mit ihren Händen tat. Erstens glaubte ich sowieso nicht daran, dass Mary tatsächlich irgendetwas auslösen könnte, und zweitens war es ja nicht ich, dem sie die Hände auflegte. Es musste also eine andere Erklärung für mein Gefühl im Kopf geben.

Ich fand aber keine! Mein Kopf hatte sich meinem Gefühl nach inzwischen so weit ausgedehnt, dass ich eigentlich schon gar nicht mehr zwischen die Palmen gepasst hätte. Dieses seltsame Gefühl war nicht unangenehm, es war einfach nur da und irritierte mich. Es dauerte sicherlich an die fünf Minuten, bis so langsam alles wieder normal wurde. Mary nahm im gleichen Augenblick die Hände von Julis Brustkorb und Stirn.

„Das war krass!", berichtete Juli fasziniert. „Ich hatte das Gefühl, dass mein Kopf immer größer und größer würde!"

Als Juli das sagte, haute es mich fast rückwärts um. Das war doch genau das, was ich gespürt hatte! Wie konnte das sein? War ich jetzt ebenfalls komplett verstrahlt oder was?! Ich war mehr als verwirrt – ich war komplett überfordert und wusste nicht, was ich sagen sollte.

„Ist sonst noch irgendetwas passiert?", wollte Mary wissen. „Hast du etwas gesehen oder gehört? Oder gab es noch irgendwelche anderen Gefühle?"

49

„Eigentlich nicht! Da war nur dieses seltsame Gefühl. Aber das war wirklich krass! Mein Kopf war so groß, dass ich kaum hier zwischen die Palmen gepasst hätte."

Das konnte doch wohl nicht wahr sein! Es war wirklich exakt mein Gefühl!

„Hm", überlegte Mary. „Ich habe keine Ahnung, was das genau bedeutet. Wir könnten einfach mal weitermachen und sehen, was passiert."

„Das wäre toll", stimmte Juli dankbar und begeistert zu.

Ich wusste jedoch nicht so recht, ob ich das gut finden sollte. Das alles brachte meine Welt völlig durcheinander.

Als Mary Juli erneut die Hände auflegte, spürte ich augenblicklich wieder die Dehnung meines Kopfes. Er dehnte sich dieses Mal jedoch sehr viel schneller aus als zuvor. Es war, als würde irgendwie Platz gebraucht. Für was, weiß ich nicht. Aber es war eindeutig. Es wurde Platz geschaffen! Kurz darauf schoss mir ein Gedanke durch den Kopf, mit dem ich überhaupt nichts anfangen konnte: ‚Ich brauche diesen Platz für die Struktur aller Gedanken.' Mehr passierte dann glücklicherweise nicht. Für meinen Geschmack war ohnehin schon viel zu viel geschehen!

Nachdem Mary ihre Hände entfernt hatte, ahnte ich schon, was Juli gleich sagen würde: „Dieses Mal ist mein Kopf sehr viel schneller und sogar noch größer geworden – immens groß!", fügte sie beeindruckt hinzu.

„Und hast du schon eine Ahnung, was das bedeuten soll?", wollte Mary wissen.

„Nicht wirklich."

„Vielleicht hast du einfach nur Platz gebraucht", versuchte ich zu scherzen und hoffte, dass sie diese Worte sogleich für Unsinn erklären würde.

„Genau!", erkannte sie jedoch stattdessen begeistert und beunruhigte mich noch mehr. „Es war, als würde ich den Platz brauchen. Für die Struktur aller Gedanken oder so!"

„Ach du Scheiße!", hätte ich beinahe laut ausgerufen. Wieso hatte ich die gleichen Gefühle und Gedanken wie Juli? Und warum hatten wir überhaupt diese seltsamen Gedanken? Nur weil Mary ihr die Hände auf Kopf und Brust gelegt hatte? Wohl kaum! Das konnte ich einfach nicht glauben.

„Die Struktur aller Gedanken?!", sagte Michael plötzlich nachdenklich. „Dabei könnte es sich um die Matrix handeln. Möglicherweise besteht deine Fähigkeit darin, die Matrix wahrzunehmen."

„Was für eine Matrix?!", fragte Juli neugierig.

Ich hoffte, dass Michael nicht das antworten würde, was er dann natürlich doch tat. „Kennst du den Film nicht?!"

„Ich bin nicht so der Film-Fan", antwortete sie.

„Um die Matrix zu beschreiben, muss ich dir ein paar Dinge über das menschliche Gehirn erklären. Die Bilder, die du mit deinen Augen zu sehen glaubst, siehst du in Wirklichkeit gar nicht mit den Augen, sondern mit deinem Sehzentrum im Gehirn. Die Augen wandeln lediglich die Lichtwellen, die auf deine Netzhaut auftreffen, in elektrische Impulse um und leiten diese dann in dein Gehirn weiter – eben in besagtes Sehzentrum. Dort entsteht dann erst das Bild. Die Schallwellen, die deine Ohren erreichen, werden ebenfalls dort nur in elektrische Impulse umgewandelt und ins Gehirn geleitet. Dasselbe geschieht mit deinen Geschmacks- und Geruchsnerven und mit deinem sensorischen Körperempfinden. Alle Nerven deines Körpers leiten einfach nur elektrische Impulse ins Gehirn weiter.

Was würde nun geschehen, wenn jemand eine Technologie entwickeln würde, mit der er dir exakt die gleichen elektrischen Impulse unmittelbar ins Gehirn leiten könnte, die deine Nerven dem Gehirn dann senden, wenn du beispielsweise einen Apfel isst? Dein Gehirn kriegt also genau die gleichen elektrischen Impulse, die deine Augen senden, wenn du den Apfel anschaust. Es bekommt die gleichen Impulse, die deine Ohren dem Gehirn senden, wenn du in den Apfel hineinbeißt. Es kriegt auch die gleichen Impulse, die normalerweise deine Geschmacks-, Geruchs-, Wärme-, Druck- und Schmerznerven dem Gehirn senden würden, wenn du den Apfel zerkaust. Was würde dann also in deinem Kopf passieren?"

„Ich hätte wohl den Eindruck, als würde ich den Apfel tatsächlich essen", schlussfolgerte Juli. „Ich würde ihn schmecken, spüren, riechen, sehen und sogar meine Kaugeräusche hören."

„So ist es! Alles wäre so, wie es immer ist, wenn du einen Apfel isst. Dein Gehirn könnte diese simulierte Realität überhaupt nicht von der wirklichen Realität unterscheiden, denn für dein Gehirn besteht die Realität lediglich aus elektrischen Impulsen oder anders ausgedrückt aus Informationen.

Das Gleiche passiert übrigens im Traum. Im Traum isst du ja auch nicht wirklich einen Apfel, obwohl alles genauso real zu sein scheint wie in Wirklichkeit.

Die Matrix in diesem Film ist eine von Computern generierte Scheinwelt. Die elektrischen Impulse dieser Scheinwelt werden den Menschen direkt ins Gehirn eingespeist, sodass sie glauben, sie erlebten die Welt des 20. Jahrhunderts. In Wirklichkeit sind sie jedoch bereits im 23. Jahrhundert, wo die Welt von Maschinen regiert wird und die Menschen nur noch Sklaven der Maschinen sind.

Natürlich meinte ich eben nicht die Matrix aus diesem Film, als ich vermutete, dass du die Matrix wahrnehmen kannst. Dennoch ist der Film eine sehr gute Metapher für die Wirklichkeit."

„Da steige ich nicht ganz durch", gab Juli verwirrt zu. „Was meinst du mit Metapher für die Wirklichkeit?"

„Die Welt existiert in Wirklichkeit gar nicht! Sie hat mehr mit der Matrix oder mit einem Traum gemeinsam als mit tatsächlicher anfassbarer Realität."

„Ich muss da jetzt noch mal einhaken", meldete sich Juli erneut zu Wort. „Was soll das heißen, dass es die Welt gar nicht wirklich gibt?"

„Mir ist bewusst, dass sich das verrückt anhört, wenn man sich noch nie mit moderner Physik beschäftigt hat. Die Welt ist nicht so, wie sie

52

scheint. Was in unseren Schulen gelehrt wird und somit das materielle Weltbild der meisten Menschen bestimmt, ist die Physik von Isaac Newton. Er starb bereits 1727 in Kensington. Das materielle Weltbild der meisten Menschen ist damit fast dreihundert Jahre alt!"

Juli schüttelte verwundert den Kopf. „Und wieso lernen alle dieses alte Zeug?"

„Weil die Physik des 20. und 21. Jahrhunderts viel zu kompliziert und zu unglaublich ist, um sie in der Schule lehren zu können. Das Weltbild, das wir in der Schule gelernt haben, beruht darauf, dass alle Materie in ihrem Ursprung aus kleinen Elementarteilchen besteht, die man sich wie winzige Kügelchen vorstellte. Seit über hundert Jahren weiß man aber schon, dass das nicht stimmt. Eine Weile nahm man an, dass die Materie in Wirklichkeit aus Energie besteht. Doch das war ebenfalls falsch.

Die Quantenmechanik hat aufgezeigt, dass Energie ein anderer Aggregatzustand von Materie ist. Wie zum Beispiel Wasser ein anderer Aggregatzustand als Eis ist. Eis besteht nicht aus Wasser und Wasser nicht aus Eis. Beides besteht aus dem gleichen Wassermolekül, das nur in einem jeweils anderen physikalischen Zustand vorliegt. Und genauso sieht es mit Materie und Energie aus. Materie und Energie sind ebenfalls ein und dasselbe – nur eben in zwei verschiedenen Zuständen. Man kann aus Energie heute im Labor schon Materie herstellen und aus Materie natürlich Energie, wie unsere Kernkraftwerke beweisen."

„Und was ist dann der Ursprung von Materie und Energie?", fragte Juli fasziniert.

„Die Quantenmechanik hat dies herausgefunden:", erklärte Michael betont geheimnisvoll. „Strukturierte Information! Die allgemeine Bezeichnung in der Physik lautet: Informationswellen!"

„Informationswellen?!", wiederholte ich verwundert.

„Letztendlich bestehen Materie und Energie aus leerem Raum, also scheinbar aus nichts. Und dennoch ist da etwas im leeren Raum! Im Allgemeinen nennen es die Quantenphysiker wie gesagt Informationswellen, ein paar wenige bezeichnen es als Geist oder Gedanken, und ganz Vereinzelte, darunter waren auch Albert Einstein und Max Planck, scheuten sich nicht davor, es Gott zu nennen."

„Und wie nennst du es?", wollte Juli wissen.

Michael lächelte zufrieden. „Ich nenne es Matrix! Das ist für mich die treffendste Metapher, um unsere Realität zu beschreiben. Die Matrix besteht aus Informationen – nichts weiter. Doch im Gegensatz zum Film beinhaltet die reale Matrix alles, was existiert. Es gibt nichts außerhalb der Matrix. Wir sind Bestandteil der Matrix und die Matrix ist Bestandteil von uns. Und alles ist Information. Materie existiert nicht wirklich. Es sieht für uns nur so aus, als gäbe es eine stoffliche Welt. In Wirklichkeit ist dort nur durch Gedanken strukturierte Leere!", betonte er. „Das ist der Grund, warum viele Physiker sagen, wer die Quantenmechanik versteht und daraufhin nicht entsetzt ist, der hat sie nicht wirklich verstanden!"

„Alles besteht lediglich aus Gedanken?", hakte ich noch einmal ungläubig nach. „Das ist wirklich wahr?!"

„Es ist eine gesicherte Erkenntnis aus der modernen Physik, an der kein Wissenschaftler heutzutage noch zweifelt. Genauso sicher wie die Erde eine Kugel und keine Scheibe ist, ist alle Materie, alle Energie, sogar Zeit und Raum im Grunde genommen nur Information.

Denk einmal an deine Träume! Da läuft es genauso ab. Ein Traum ist eine persönliche Matrix. Niemand zweifelt daran, dass ein Traum lediglich aus Informationen besteht. Obwohl wir alles ganz real sehen, hören und anfassen können. Es tut im Traum genauso weh, wenn man sich verletzt, wie in der Realität. Wir riechen im Traum und schmecken im Traum, genau wie wir in der Realität riechen und schmecken. Wir erleben den Traum als materielle Welt mit unseren fünf Sinnen. Und dennoch sagen wir ganz selbstverständlich, diese erlebte Welt bestünde lediglich aus Informationen in unserem Gehirn. Geht es jedoch um die Realität, die wir in unserem Wachzustand wahrnehmen, dann tun wir uns schwer damit, alles, was wir sehen, hören, fühlen, schmecken und

54

riechen können, lediglich als Information zu betrachten. Und dennoch ist es so. Die Forschungsergebnisse der Quantenmechanik legen es nahe, die Realität als eine Art kollektiven Traum zu begreifen."

Juli schüttelt fassungslos den Kopf. „Unglaublich!"

„Das Unglaublichste dabei ist, dass wir alle nachweislich mit der Informationsstruktur der Realität in Wechselwirkung stehen. Alles ist miteinander verschränkt. So nennen das die Physiker. Es bedeutet, dass alles miteinander eine Beziehung hat und so in ständiger Wechselwirkung zueinander steht.

Wenn zwei Teilchen miteinander verschränkt sind, gehören sie für immer und ewig zusammen. Stellt euch mal vor, dass zwei Teilchen umeinander und um sich selbst kreisen – so wie Sonne und Erde. Sie gehören auf diese Art zusammen und bilden eine Einheit. Aber dann wird das eine Teilchen plötzlich nach links und das andere nach rechts geschossen. Sie entfernen sich mit hoher Geschwindigkeit unendlich weit voneinander, dabei drehen sie sich immer noch um sich selbst. Wenn ihr jetzt ein Teilchen auffangen und dadurch anhalten würdet, hielte das zweite ebenfalls wie von Geisterhand an, obwohl niemand anders dabei seine Finger in Spiel hatte. Und das würde simultan im gleichen Augenblick geschehen. Egal, wie weit die Teilchen zuvor auseinandergeflogen sind."

„Und wer will beweisen, dass dies wirklich so ist?", wendete ich skeptisch ein. „Das haben sich doch sicherlich irgendwelche Theoretiker ausgedacht."

„Die Verschränkung der Teilchen wurde experimentell bewiesen. Das Experiment mit dem Entfernen und Anhalten wurde tatsächlich gemacht. Es geschieht wirklich auf diese Weise, so unfassbar das auch klingen mag. Das Unglaublichste an der ganzen Sache ist jedoch, dass absolut alles in unserem Universum miteinander verschränkt ist!

Am Anfang des Universums war der Urknall. Vor dem Urknall gab es nur die Singularität – die Einheit. Alles war eins und damit mit sich selbst verschränkt. Beim Urknall ist dann genau das passiert, was

55

Physiker später mit den verschränkten Teilchen gemacht haben. So wie die Wissenschaftler die beiden Teilchen auseinandergeschossen haben, so hat der Urknall alle Teilchen voneinander weggedrängt. Aber da sie alle aus der gleichen Quelle stammen, sind sie unwiderruflich und für alle Zeiten miteinander verschränkt. Alles hat auf alles in unserem Universum eine Wechselwirkung. Wir haben damit natürlich ebenfalls eine Wechselwirkung mit dem Universum, denn wir sind ja auch mit allem verschränkt.

Mit anderen Worten: Wir beeinflussen die Realität mit allem, was wir tun und denken. Wir können diese Beeinflussung auch nicht abstellen!", betonte Michael. „Sie geschieht mit jedem Gedanken, den wir denken, aufs Neue. Das ist der tatsächliche Stand der Wissenschaft."

„Und du hast uns jetzt wirklich nicht verarscht?!", fragte ich noch einmal fassungslos nach.

„So ähnlich habe ich am Anfang auch reagiert, als ich mich mit der Quantenmechanik beschäftigt habe", erklärte Michael lächelnd. „Herzlich willkommen in der wirklichen Welt!"

Das Positive Fühlen

Juli wollte unbedingt weitermachen, um ihre Wahrnehmung für die Matrix zu entwickeln. Mary meinte jedoch, dass es klug sei, jetzt erst einmal eine Pause einzulegen und zu beobachten, was in den nächsten Tagen passieren würde. Sie konnte nicht genau erklären, warum, aber sie hatte das Gefühl, es könnte Julis Psyche überfordern, wenn sie jetzt zu schnell vorgingen.

Das war ganz und gar nicht das, was Juli hören wollte. Sie konnte ihre Neugier kaum noch im Zaum halten, was ich sehr gut nachempfinden konnte. Vermutlich hätte es ihr viel bedeutet, wenn ich ihr mitgeteilt hätte, dass ich das Gleiche empfunden und gedacht hatte wie sie. Aber ich konnte einfach noch nicht über meine Wahrnehmungen reden. Ich musste das erst einmal selbst alles verarbeiten.

Was da passiert war, hätte eigentlich nicht passieren dürfen. Das allein sprengte ja schon den Rahmen dessen, was ich bisher für möglich gehalten hatte. Und dann noch dieses ganze Zeug über die Quantenphysik: Die Welt sei nicht das, was sie zu sein schien, sondern ein kollektiver Traum und alles nur strukturierte Information. Das war einfach zu heftig! Wenn das wirklich so stimmte, dann konnte ich mich der Meinung der Wissenschaftler nur anschließen: Wer das verstanden hatte, und nicht entsetzt war, der hatte es nicht verstanden! Ich jedenfalls war entsetzt! Das alles überforderte mein Vorstellungsvermögen so sehr, dass ich am liebsten gar nicht mehr darüber nachgedacht hätte.

Ich überlegte deshalb einen Moment lang, ob ich mich jetzt nicht lieber zurückziehen und mich um meine Angst vor der Liebe kümmern sollte. Sofort merkte ich jedoch, dass ich dazu jetzt rein emotional gar nicht in der Lage war. Also blieb ich bei den drei anderen.

Juli stellte noch eine Menge Fragen zu ihrer neuen vermeintlichen Fähigkeit, die Matrix wahrnehmen zu können. Da Mary jedoch nicht mehr viel dazu sagen konnte, beendeten wir dieses Thema glücklicherweise sehr bald. Danach saßen wir noch eine Weile einfach gemütlich zusammen und unterhielten uns über alles Mögliche. Das war genau das Richtige für mich, um meine Nerven wieder zur Ruhe kommen zu lassen.

Auch fand ich es sehr schön, meine Synergiepartner jetzt ein wenig privater kennen zu lernen. Die drei waren wirklich ganz besondere Menschen. Was mich bei Mary und Michael am meisten faszinierte, war die Art, wie sie ihre Beziehung lebten. Die Liebe war ihnen mit Abstand das Wichtigste im Leben. Entsprechend liebevoll gingen sie auch miteinander um. Wenn ich sie so beobachtete, konnte ich mir kaum vorstellen, dass die beiden tatsächlich schon seit mehreren Jahren zusammen sein sollten. Sie waren einerseits wie zwei frisch Verliebte, aber gleichzeitig auch wie ein altes Ehepaar, das bereits sein gesamtes Leben miteinander verbracht hatte und sich aufgrund dessen gegenseitig vollkommen respektierte und verstand. Es war einfach wunderschön, das mitzuerleben, obwohl es mich jedes Mal auch meine eigene unerfüllte Sehnsucht nach Liebe spüren ließ.

Juli schaute mich zwischendurch immer mal wieder gerührt an, wenn Mary und Michael gerade besonders lieb zueinander waren, und signalisierte mir damit, dass sie die beiden ebenfalls total süß fand. Ich konnte förmlich in ihrem Blick lesen, dass sie sich selbst auch genau so eine Beziehung wünschte. Und ich glaubte auch zu erkennen, dass sie dies in meinen Augen ebenfalls sah.

Es war schön, sich so völlig ohne Worte nur mit Blicken zu verstehen. Zu Hause gab es nicht viele Menschen, bei denen es mir so ging. Eigentlich waren da nur die Jungs von meiner Band, die mich seit vielen Jahren in und auswendig kannten. Ich fand es erstaunlich, dass dies zwischen Juli und mir von Anfang an funktioniert hatte.

Und noch erstaunlicher fand ich es, wie unsere Intuition alleine durch eine Umarmung erkannt hatte, wie ähnlich wir uns waren. Wir hatten in so ziemlich allem die gleiche Einstellung, mochten die gleichen Dinge – ja sogar die gleiche Musik, was ich bei unserem großen Altersunterschied echt bemerkenswert fand. Das Krasseste war jedoch ihr Hobby! Sie wollte es zunächst gar nicht erzählen, weil sie sich unsinnigerweise dafür schämte – Singen! Juli sang für ihr Leben gern und nahm regelmäßig Gesangsunterricht.

In diesem Punkt bedauerte ich es sehr, ihr nicht die Wahrheit über mich sagen zu können, da die Gefahr zu groß war, dass sie eins und eins zusammenzählen würde und dann wusste, wer ich in Wirklichkeit war. Also griff ich zu einer Notlüge und erklärte ihr, ich sei ein Singmuffel.

Es wurde Abend. Nachdem wir gemeinsam den Sonnenuntergang bewundert hatten, wollten die drei schließlich zurück zum Camp.

Ich spürte, dass ich mich nun nicht länger davor drücken durfte, es mit meiner Angst aufzunehmen. Ich verabschiedete mich von meinen Begleitern daher unter dem Vorwand, noch eine Weile in Ruhe die Abendstimmung am Strand genießen zu wollen. Juli nannte mir dann noch ihre Bungalownummer für den Fall, dass ich später noch mal Lust hätte, bei ihr vorbeizuschauen, dann brachen die drei in Richtung Bungalowanlage auf.

Ich brauchte jetzt erst einmal richtig starke gute Gefühle, um die Auflösung meiner Angst in Angriff zu nehmen. Während ich aufs Meer hinausschaute, ging mir durch den Kopf, dass ich es mit einem Beschluss versuchen könnte, genauso wie am Morgen mit Mary und Michael.

„Bist du bereit für die nächste Frage?!", hörte ich plötzlich den alten Chinesen sagen. Er war wie aus dem Nichts hinter einer der drei Palmen aufgetaucht. Obwohl ich von seinem Erscheinen sehr irritiert war, freute ich mich gleichzeitig jedoch auch irgendwie darüber, ihn wiederzusehen. „Was genau stimmt mit unserer Welt nicht?", fragte er, ohne wirklich auf eine Antwort von mir zu warten.

Ich dachte sofort an die Erklärungen von Michael über die Quantenphysik. „Die Welt, wie ich sie bisher gesehen habe, existiert gar nicht."

Der alte Chinese schüttelte lächelnd den Kopf. „Das ist zwar eine beeindruckende Tatsache, aber es ist nicht das, was mit der Welt nicht stimmt."

59

„Dann sag du mir, was mit der Welt nicht stimmt!", bat ich freundlich. „Das ist wie gesagt nicht meine Aufgabe", antwortete er ebenso freundlich. „Ich bin nur hier, um dir die richtigen Fragen aufzuzeigen. Beantworten musst du sie selbst." Daraufhin verabschiedete er sich mit einem wohlwollenden Nicken und ließ mich mit mehr als fragendem Gesichtsausdruck zurück.

Ich wusste nicht, was ich von diesem alten Mann halten sollte. Er war also hier, um mir die richtigen Fragen aufzuzeigen. Meinte er das wirklich ernst?! Warum tat er das? Und wieso ausgerechnet mit mir? Oder machte er das Gleiche mit allen Leuten hier am Strand?

Er war jetzt vielleicht einhundert Meter weit weg und schlenderte in gemütlichem Schritt den Strand entlang. Ich stand auf, um hinter ihm her zu gehen, denn ich wollte ihn eine Weile beobachten. Dann würde ich ja sehen, ob er alle möglichen Leute am Strand ansprach.

Er lief gerade um eine Palme herum, die über das Wasser ragte, und machte sich dabei die schöne Seidenhose nass, was ihn offenbar überhaupt nicht störte. Ich folgte ihm schnellen Schrittes, denn hinter der Palme hatte ich ihn aus den Augen verloren. Als ich die Palme erreichte, war er jedoch verschwunden. Er musste durch den Wald gegangen sein, denn am Strand konnte ich ihn nirgends ausmachen. Ich fand das ein wenig seltsam, denn hinter dem Wald gab es eigentlich nichts außer noch mehr Wald!

Wie dem auch sei, er war jedenfalls weg, und da ich schon mal auf den Beinen war, beschloss ich, jetzt besser auch zum Camp zurückzugehen und mich auf mein Zimmer zurückzuziehen. Ich wollte mich meiner Angst vor der Liebe ganz in Ruhe stellen können.

Ich ging gemütlich am Wasser entlang zurück und ließ das Meer und den angenehm kühlenden Wind noch einmal auf mich wirken. Es war bereits dunkel, als ich an meinem Bungalow ankam. Es brannte kein Licht. Offenbar waren meine Mitbewohner alle ausgeflogen. Also würde ich sie wohl erst am nächsten Tag kennen lernen, was mir im Moment sowieso lieber war. Ich nahm gleich die Treppe nach oben in

60

den ersten Stock, wo sich zwei Badezimmer und drei Schlafzimmer befanden. Ich war nicht mehr ganz sicher, welches davon meines war, da ich heute gerade einmal für ein paar Minuten hier gewesen war, um meinen Koffer abzustellen und meine Badesachen herauszunehmen. Mein Schlüssel passte jedoch gleich in die erste versuchte Tür, und so betrat ich mein Zimmer, in dem neben dem Bett aus Bambusholz nur ein Kleiderschrank und ein kleiner Tisch mit zwei gepolsterten Rattansesseln standen.

Ich hatte im Gegensatz zu den beiden anderen Schlafzimmern mein eigenes Bad. Es war klein, aber gemütlich. Ich duschte mir schnell den Sand von der Haut, putzte mir die Zähne und legte mich nur mit einem dünnen Laken bedeckt auf mein Kingsizebett. Es war ziemlich warm in meinem Zimmer. Zwar gab es eine Klimaanlage, aber ich konnte diese Apparate nicht leiden. Stattdessen öffnete ich lieber das Fenster und ließ frische Abendluft herein.

An meinem Bungalow wuchsen in großer Anzahl kleine magentafarbene Blüten, die herrlich dufteten. Alleine schon dieser Duft löste die Leichtigkeit und weiche Weite in meinem Brustkorb aus.

Doch für die Auflösung meiner Angst waren diese Gefühle natürlich noch viel zu schwach. Ich dachte erneut daran, einen Glücksbeschluss zu treffen, so wie ich das am Strand schon hatte tun wollen, bevor der alte Chinese aufgetaucht war. Doch welches Gefühl sollte ich beschließen, um meiner Angst Paroli zu bieten? Welches Gefühl würde stark genug sein? Zufriedenheit mit mir und der Welt, so wie ich sie heute Morgen am Strand erlebt hatte, waren jetzt sicherlich zu wenig. Ich brauchte etwas Stärkeres. Etwas wie Euphorie oder Begeisterung. Genau, das war es! Ich beschloss, begeistert zu sein.

Ich lag also auf meinem Bett und wartete auf die Begeisterung. Doch irgendwie passierte nichts. Ich erinnerte mich an Michaels Worte: „Hör auf, es zu wollen – tu es!" Ich konzentrierte mich also noch einmal stärker auf meinen Beschluss: „Ich bin jetzt für die nächsten zehn Minuten begeistert! Ich will es nicht nur – ich tue es einfach! Ich bin begeistert!"

Mir schossen sofort eine Menge Dinge durch den Kopf, warum ich auch allen Grund dazu hatte, begeistert zu sein. Ich war bereits an meinem ersten Tag der Lösung meines Lebensproblems extrem nahe gekommen. Weiterhin hatte ich bereits sehr viel über das Glück gelernt. Ich war begeistert von Dr. Sorglos und dem Tunesier. Ich war begeistert von der Macht des Beschlusses. Ich war begeistert von der Camp-Magie, die mir viele tolle Antworten und meine Synergiegruppe beschert hatte. Die drei waren wirklich toll! Ich war begeistert von Mary und Michael, die offenbar extrem viel über das Glück wussten. Und von der Art ihrer Beziehung war ich ebenfalls überaus begeistert. Doch am allermeisten begeisterte mich das Erlebnis mit Juli, bei dem ich durch meine Intuition Gefühle erlebt hatte, die ich zuvor noch nicht einmal für möglich gehalten hätte.

Mir ging durch den Kopf, wie es zu diesen starken Gefühlen gekommen war. Möglicherweise war das sogar eine noch bessere Methode, um meine Angst zu besiegen, wurde mir plötzlich klar.

Meine bewusste Konzentration auf die Körperempfindungen der positiven Beurteilung hatte meine Gefühle so stark werden lassen. Genau das Gleiche könnte ich doch jetzt auch wieder tun! Wenn ich einigermaßen nahe an die Gefühle herankommen könnte, die ich bei unserer Umarmung hatte, würde meine Angst vermutlich nicht den Funken einer Chance gegen mich haben.

Ich spürte also motiviert in mich hinein und tat das Gleiche wie am Strand. Ich dachte daran, wie toll ich es fand, hierher gekommen zu sein. Und in der Tat, mein Brustkorb fühlte sich sofort sehr weit, lebendig und leicht an, genau wie ich es erwartet hatte. Am intensivsten spürte ich die sanfte Zugkraft der Lebensenergie nach oben in meiner Brust. Ich hatte zuweilen den Eindruck, diese Energie durch meine Konzentration noch intensivieren zu können und damit auf direktem Wege meine Gefühle zu verstärken. Dieser Gedanke faszinierte mich, doch fehlte mir noch ein wenig die Kontrolle über die Lebensenergie.

Mir fiel die Vorgehensweise von Juli wieder ein, als sie mir die Körperempfindungen gezeigt hatte. Sie hatte mich das Positive mit dem Negativen vergleichen lassen und mir dadurch geholfen, die Empfindungen noch deutlicher zu spüren.

Ich wollte das jetzt noch einmal versuchen und setzte mich dazu auf die Bettkante. Ich hatte das Gefühl, dass es mir im Sitzen besser gelingen würde als im Liegen, warum, wusste ich nicht genau. Ich konzentrierte mich nun also mit aller Kraft auf die Vorstellung, dass die Lebensenergie aus meinem Körper nach unten abgesaugt wird. Sofort spürte ich, wie es meinen Körper bleischwer und kraftlos nach unten zog. Und zwar viel stärker, als ich es je geahnt hätte! Innerhalb weniger Sekunden wurde mir regelrecht schlecht. Ich konnte es kaum glauben! Mein Magen begann tatsächlich zu schmerzen, und ich bekam kaum noch Luft. Und dann wurde es noch schlimmer! Ich verspürte mit einem Mal Herzschmerzen, was mir echt Angst machte.

Sofort stoppte ich meine Vorstellung des Energieabsaugens. Ich stellte mir stattdessen vor, dass die Lebensenergie in meinem Körper wie in einem Generator wieder ganz gewaltig hochgefahren würde. Augenblicklich spürte ich, wie die Energie meinen gesamten Körper leicht und weit machte und mit aller Kraft nach oben zog. Und was dann geschah, haute mir fast die Sicherungen raus! Glückliche Gefühle stiegen in mir auf und wurden durch das schnelle Hochziehen so immens stark, dass ich bestimmt zehn Minuten lang nur fassungslos im Bett sitzen und den Kopf schütteln konnte. Ich kam mir ziemlich bescheuert vor, aber ich konnte einfach nicht damit aufhören, völlig überfordert den Kopf zu schütteln. Das war einfach zu krass!

Wie konnte das solch starke Glücksgefühle auslösen? Gefühle, von denen ich noch nicht einmal gewusst hatte, dass sie überhaupt möglich waren! Und das völlig ohne Grund! Ich hatte doch nur in meiner Panik für einen Moment die Empfindung der Lebensenergie in meinem Körper hochgefahren. Sollte das denn wirklich derart unglaubliche Glückszustände auslösen? War Glücklichsein so einfach?!

Ich wollte es noch einmal ausprobieren und alles genauso machen wie zuvor. Also konzentrierte ich mich erneut auf die Empfindung des

63

Energieabsaugens, das die Zugkraft nach unten auslöste – allerdings nicht mit solch brachialer Gewalt wie beim ersten Mal. Das war mir dann doch zu heftig gewesen. Ich ließ mir nur ein klein wenig meiner Lebensenergie absaugen. Diese Vorstellung funktionierte sehr gut. Ich spürte den zunehmenden Energiemangel und die damit verbundene Schwere in meinem Körper. Gleichzeitig fühlte sich mein Brustkorb dadurch eingeengt an und ein unangenehmer Druck breitete sich auf meiner Magengegend aus. Seltsamerweise hatte ich dabei den Eindruck, als würde es immer dunkler um mich herum. Je mehr Energie ich mir absaugen ließ, desto enger und dunkler wurde es.

Als ich die Lebensenergie in meinem Körper wieder steigerte, wurde es dafür immer heller. Und diese Helligkeit verstärkte das Gefühl der Weite und Leichtigkeit in meinem Brustkorb in ganz erheblichem Maße. Gleichzeitig hatte ich den Eindruck, dabei in die Höhe zu schweben. Die Energie in meiner Brust zog mich nach oben ins Licht. Ein strahlendes Licht, das trotz seiner Intensität kein bisschen blendete.

Ich wiederholte diese Prozedur noch einige Male. Und mit jedem Mal wurden meine Gefühle noch stärker. Es war unglaublich! Ich war mir sicher, dass ich nie zuvor in meinem Leben derart starke Glücksgefühle empfunden hatte.

Dann fing ich an, ein wenig damit herumzuexperimentieren, und merkte schließlich, dass meine Gefühle am schönsten waren, wenn ich meine Lebensenergie nicht ganz senkrecht, sondern leicht schräg nach vorne oben ziehen ließ.

Ich verspürte unglaubliche Dankbarkeit dafür, dass mir Juli diese Methode gezeigt hatte. Mir war bewusst, dass ich diese Dankbarkeit deshalb so überaus deutlich spürte, weil meine Lebensenergie so stark nach oben zog. Mir fiel ein, dass Juli davon gesprochen hatte, dass die Körperempfindungen der positiven Beurteilung am besten mit Freude, Dankbarkeit oder Liebe zu spüren waren. Offenbar wirkte der Mechanismus auch umgekehrt. Die Empfindung meiner Lebensenergie und ihre Zugkraft nach oben brachten Dankbarkeit hervor. Das würde aber auch bedeuten, dass ich auf diese Weise leichter Liebe empfinden könnte, wurde mir da plötzlich klar.

Also versuchte ich es! Ich beschloss einfach, das Gefühl der Liebe zu spüren. Wenige Augenblicke später standen mir die Tränen in den Augen! Es war unglaublich. Ich fühlte tatsächlich Liebe! Die gleiche Liebe, die ich bei der Umarmung mit Juli gespürt hatte. Die Liebe, die ich vor zweiundzwanzig Jahren mit Jenny erlebt hatte. Die Liebe, die ich mein ganzes Leben lang so sehr vermisst hatte! Da war sie – einfach so! Das war zu viel für meine Nerven. Tränen rannen mir übers Gesicht. Kurz darauf schüttelte mich ein Weinkrampf, den ich nicht unterdrücken konnte. Ich heulte wie ein Schlosshund – doch ich weinte vor Glück!

Als ich mich wieder etwas gefangen hatte, wurde mir bewusst, dass ich mich um meine Angst kümmern sollte. Meine Gefühle waren jetzt sicherlich mehr als stark genug dazu. Ich musste mich nun irgendwie mit meiner Angst konfrontieren, hatte Michael erklärt. Und ich wusste auch sofort, wie ich das tun konnte. Ich traf also den gleichen Beschluss wie mittags am Strand. „Ich werde die Liebe zu den Frauen ab sofort zulassen!"

Nach diesen Worten zog es mich mit brachialer Gewalt runter in die dunkle Enge! Ich hatte überhaupt keine Chance, dagegen anzukommen. Innerhalb weniger Sekunden waren in mir nur noch Panikgefühle. Es war mir also nicht gelungen, meine Angst aufzulösen! Ich brauchte offensichtlich Hilfe!

Nach ein paar Minuten klangen meine Angstgefühle dann langsam wieder ab. Ich dachte noch eine Weile darüber nach, dass ich trotz allem zufrieden sein konnte. Ich war schon weit gekommen. Und wenn das mit der Camp-Magie tatsächlich funktionierte, dann würde ich vermutlich schon sehr bald auf jemanden treffen, der mir dabei würde helfen können, meine Angst zu besiegen. Ich hatte ja gerade einmal einen Tag hier verbracht. Da konnte noch so viel passieren!

Hoffnung stieg langsam wieder in mir auf, die sich noch einmal deutlich verstärkte, als ich in meiner Vorstellung die Lebensenergie in meinem Brustkorb wieder stärker nach schräg oben ziehen ließ. Das zu tun fühlte sich so unsagbar gut an, dass ich keinen Tag mehr ohne diese schöne Energie verbringen wollte. Ich legte mich daraufhin ins Bett und genoss meine tollen Gefühle noch eine Weile. Irgendwann muss ich dann wohl eingeschlafen sein.

Ich erwachte plötzlich, als ich von unten aus dem Bungalow das laute Gelächter einiger Leute hörte. Sofort dachte ich wieder an die Gefühle der letzten Nacht. Ich wollte sie zurückhaben und stellte mir erneut das Gefühl vor, dass die Lebensenergie in meinem Brustkorb sanft aber kraftvoll nach oben zieht. Doch dieses Mal wollte es mir nicht so richtig gelingen. Ich spürte kaum etwas.

Vielleicht lag es daran, dass ich lag und nicht saß, dachte ich. In der Nacht hatte ich ja auch schon das Gefühl gehabt, dass es im Sitzen besser klappte als im Liegen. Also setzte ich mich auf. Und siehe da, das zeigte Wirkung! Ich spürte augenblicklich, wie ein glückliches Lächeln auf mein Gesicht gezaubert wurde. Mein Körper wurde wieder ganz leicht und zog nach oben.

Vielleicht lag es aber gar nicht am Sitzen, sondern vielmehr an dem Winkel, in dem ich meine Energie hatte hochziehen lassen, ging mir dann durch den Kopf. Ich hatte sie in steilem Winkel nach oben zum Himmel ziehen lassen, als ich lag. Vielleicht müsste ich sie aber nicht zum Himmel, sondern in Richtung Kopf ziehen lassen, was im Sitzen natürlich das Gleiche bedeutete, im Liegen jedoch nicht! Neugierig versuchte ich es. Ich legte mich wieder ins Bett und stellte mir die Zugkraft meiner Lebensenergie schräg nach oben Richtung Kopf vor. Es funktionierte! Ich hatte also Recht gehabt: nicht zum Himmel, sondern zum Kopf!

Gut gelaunt stand ich auf, duschte schnell, zog mich an und ging hinunter ins Wohnzimmer, um endlich meine Mitbewohner kennen zu lernen.

Der Raum war einfach, aber gemütlich mit gepolsterten Rattanmöbeln eingerichtet. Es gab einen Esszimmertisch für sechs Personen und eine schlichte Couch-Garnitur, bestehend aus drei Zweiteilern und einem zentralen quadratischen Holztisch. Davon abgesehen stand hier, genau wie im Bungalow von Mary und Michael, nur noch der Geschirrschrank. An den Wänden hingen einige geschmackvolle Bilder und an der hohen Decke über den Tischen drehten sich in mäßigem Tempo zwei große Deckenventilatoren. Sie gaben dem ganzen Raum seine besondere Note.

Hier lernte ich nun also meine Mitbewohner kennen. Es waren vier an der Zahl und alle von ihnen Frauen! Ich war der einzige Mann im Haus. Die Mädels waren so um die dreißig. Beatrice war offensichtlich die Älteste der vier. Ich schätzte sie auf Ende dreißig. Sie war sehr groß für eine Frau und recht kräftig. Daher wirkte sie rein äußerlich sehr resolut und gehörte zu den Frauen, bei denen man sich als Mann überlegt, die Straßenseite zu wechseln, wenn sie einem im Dunkeln in einem unbelebten Wohnviertel entgegenkommen. Wenn man genau hinsah, erkannte man jedoch, dass sich hinter ihrer resoluten Fassade ein sehr herzlicher Kern verbarg.

Claudia war eine schlanke sportliche Blondine mit durchtrainierter Figur. Sie erinnerte mich an die Cheerleader, die man in amerikanischen Filmen beim Herumturnen bewundern konnte. Ich hätte Claudia sofort zugetraut, dass sie aus dem Stand einen Salto rückwärts machen konnte.

Andrea dagegen war eher klein und pummelig, aber eine richtige Frohnatur, die ständig ein Lächeln auf den Lippen hatte.

Stefanie, die vierte im Bunde, war zierlich und elegant. Sie sah aus wie eine junge Vollblut-Geschäftsfrau. Die legeren Klamotten, die sie hier im Camp trug, passten irgendwie gar nicht zu ihr. Sie wirkte darin wie verkleidet. Man konnte ihren Bewegungen deutlich ansehen, dass sie es gewohnt war, enge konservative Kostüme zu tragen.

Die vier waren jedenfalls alle sehr gut drauf. Ich war in diesem Haus von Anfang an mehr als akzeptiert, das merkte ich gleich. Und keine fragte mich, ob ich wüsste, wem ich ähnlich sehe!

„Junger Mann", sagte Andrea zu mir und zog einen Stuhl vom Tisch, um ihn mir anzubieten. „Möchten Sie sich nicht setzen?!"

„Einen Kaffee vielleicht?", fragte Beatrice übertrieben höflich.

„Sehr gerne", antwortete ich in überzogen vornehmem Tonfall, um den Spaß mitzumachen.

„Was macht der junge Herr denn eigentlich so beruflich?", wollte Stefanie wissen, während mir Beatrice Kaffee eingoss.

„Er betreibt ein Sonnenstudio", antwortete ich, wie ich es mir zurechtgelegt hatte. Da ich bedingt durch meine nächtlichen Auftritte in den Londoner Clubs nur selten die Sonne sah, hatte ich mir angewöhnt, relativ häufig auf die Sonnenbank zu gehen, was meiner Haut deutlich anzusehen war. Daher dachte ich, dass man mir diesen Beruf sehr leicht abkaufen würde. Mir war natürlich klar gewesen, dass früher oder später jemand nach meinem Beruf fragen würde.

„Und ein bisschen Bodybuilding, wie es aussieht", ergänzte Andrea lächelnd. „Der junge Herr legt wohl viel Wert auf sein Äußeres."

„Das ist in seinem Beruf auch sehr hilfreich", antwortete ich vornehm lächelnd.

Andrea stemmte ihre Arme energisch in die Hüften und schaute mich skeptisch an. „Das machst du doch nicht nur für den Beruf!", sagte sie vorwurfsvoll. „Los sag schon! Wie heißt sie, und wieso ist sie nicht mitgekommen?"

Ich musste erst einmal lachen. Mir war klar, dass diese Frage nur ein Trick war, um herauszufinden, ob ich eine Partnerin hatte oder nicht. „Ja, ich bin Single!", antwortete ich direkt, um ihren Versuch auffliegen zu lassen. „Und ich bin schwul, wie ihr vermutlich schon erkannt habt. Alle gut aussehenden Männer sind schwul!", fügte ich lächelnd hinzu.

„Du und schwul?!", rief Beatrice ungläubig. „Das kannst du einer alten Oma erzählen, die ihr Gebiss nicht mehr alleine einsetzen kann! Du und schwul!", wiederholte sie noch einmal in amüsiertem Tonfall.

„Na gut, ich bin nicht schwul. Aber ich sehe gut aus! Wenigstens was das betrifft, bin ich bei der Wahrheit geblieben", scherzte ich weiter.

Andrea nahm sich einen Stuhl und setzte sich neben mich. „Da hast du Recht! Ein Glück, dass du nicht mein Typ bist! Ich mag keine gut aussehenden Männer."

„Ich auch nicht", stimmte Beatrice zu. Die anderen beiden Mädels nickten zustimmend. „Na ja, ein bisschen vielleicht", korrigierte sie sich.

„Eigentlich sogar ziemlich", erklärte Claudia.

Und auch Stefanie stimmte lächelnd mit ein. „Ich würde dich auch nehmen! Auch, wenn du zu gut aussiehst. Aber irgendwo muss man ja immer Abstriche machen."

„Okay, dann haben wir das ja jetzt geklärt", meinte ich. „Ich nehme euch einfach alle vier, einverstanden?!"

Beatrice zeigte sich empört! „Ich soll dich teilen?! Ich teile niemals!" Die anderen drei stimmten sofort ein. Niemand würde mich teilen wollen.

Claudia stand auf und streckte die Hand in die Mitte. „Schließen wir einen Pakt!", sagte sie theatralisch. „Von uns kriegt ihn keiner! Und auch sonst keine hier aus dem Camp! Wir werden auf ihn aufpassen und alle Mädels verjagen, die sich an ihn ranmachen wollen." Die Mädels standen auf und legten ihre Hände auf Claudias, um ihren Pakt zu besiegeln.

„Das könnt ihr gerne tun", meinte ich amüsiert. „Ich bin nicht hierher gekommen, um eine Partnerin zu finden."

Die Mädels setzten sich nach dem heiligen Pakt wieder auf ihre Stühle. „Und warum bist du dann her gekommen?", fragte Stefanie neugierig.

„Weil ich glücklicher werden will! Und damit habe ich gestern schon begonnen. Ich habe ein paar unglaubliche Dinge herausgefunden."

„Du bist doch gerade erst hier angekommen?!", warf Beatrice fast vorwurfsvoll ein.

„Ich gehöre nicht zu den Menschen, die gerne ihre Zeit vergeuden."

„Ein Macher, also!", stellte Andrea erfreut fest. „So langsam gefällst du mir immer besser."

Beatrice ermahnte sie im Scherz. „Wir haben einen Pakt! Vergiss das nicht!"

„Okay, okay! Ich mag ja eigentlich gar keine Macher!", lenkte Andrea ein.

„Im Ernst, was ich gestern Nacht erlebt habe, war echt der Hammer", sagte ich beeindruckt, um die Mädels neugierig zu machen.

„Was hast du denn erlebt?", wollte Stefanie wissen.

„Ich habe eine Möglichkeit gefunden, wie ich mir selbst extrem gute Gefühle machen kann", berichtete ich begeistert.

Beatrice brach in Gelächter aus. „Bist du nicht schon etwas zu alt, um das jetzt erst zu entdecken?", frotzelte sie anzüglich. „Die meisten Menschen finden diese Möglichkeit bereits mit zwölf heraus."

„Ich bin halt ein Spätentwickler", erklärte ich amüsiert. „Nein, im Ernst: Ich habe einen Trick gefunden, wie ich meine Glücksgefühle völlig ohne Grund – und ohne Zuhilfenahme meiner Hände", betonte ich lächelnd, „regelrecht ekstatisch werden lassen kann. Die ultimative Glücksmethode!"

„Dann erzähl uns mal deine ultimative Glücksmethode!", bat Beatrice, ohne mich dabei ernst zu nehmen.

„Probiert es selbst einmal aus!", schlug ich vor. „Stellt euch mal vor, eure Brust wird ganz weit."

„Das habe ich mir schon oft vorgestellt", erklärte Beatrice ganz ernsthaft. „Bis jetzt bin ich jedoch über Körbchengröße B nie hinausgekommen!" Woraufhin sie sich erneut vor Lachen ausschüttete. „Entschuldigung", sagte sie dann noch immer über ihren eigenen Scherz lachend, „aber es wäre einfach eine verpasste Chance gewesen."

„Manchmal muss es halt einfach sein", erwiderte ich amüsiert und sammelte mich wieder. „Aber schließt jetzt mal die Augen und stellt euch vor, über euch befände sich ein helles Licht und unter euch sei Dunkelheit. Das Licht ist die pure Lebensenergie, die ihr in euch aufnehmen könnt, wenn ihr euch nach oben ausrichtet. Tut das aber jetzt erst einmal noch nicht. Richtet euch stattdessen einmal nach unten zur

70

Dunkelheit aus! Stellt euch vor, dass die Dunkelheit euch die Lebensenergie nach unten absaugt. Dabei verliert der Körper seine Lebenskraft und wird bleischwer. Er zieht also nach unten in die Dunkelheit."

„Das fühlt sich aber nicht wirklich gut an", bemerkte Claudia skeptisch.

„Dann richtet euch jetzt bitte einmal nach oben aus! Jetzt nehmt ihr die Lebensenergie des Lichts in euch auf. Sie sammelt sich in eurem Brustkorb, wird immer stärker und zieht dabei euren gesamten Körper nach oben zum Licht."

Claudia begann daraufhin unwillkürlich zu lächeln und öffnete die Augen, um mich anzuschauen.

„Hast du es gespürt?", fragte ich sie erfreut.

„Keine Ahnung", antwortete sie schulterzuckend.

„Und warum hast du dann gelächelt?", wollte ich verwundert wissen.

„Keine Ahnung!", wiederholte Claudia jetzt selbst verwundert.

„Du weißt nicht, warum du gelächelt hast?!"

Claudia wirkte sehr verwundert. „Nicht wirklich. Vielleicht liegt das tatsächlich an der Übung. Ich möchte es gerne noch einmal versuchen. Ich habe das Gefühl, an dieser Übung könnte wirklich was dran sein."

„Okay, dann schließt bitte alle noch einmal die Augen und konzentriert euch auf euer Inneres. Spürt die Masse eures Körpers."

„Na, ob das wirklich gute Gefühle macht?!", frotzelte Beatrice wieder belustigt.

„Lass dich überraschen!", erwiderte ich amüsiert und richtete mich wieder an alle. „Stellt euch erneut vor, dass die Dunkelheit euch die Lebensenergie aus dem Körper nach unten absaugt. Euer Körper zieht dadurch wieder bleischwer nach unten. Achtet dabei bitte einmal auf eure Atmung. Vor allem in Bezug darauf, wie leicht oder schwer ihr atmen könnt.

Und jetzt richtet euch wieder nach oben zum Licht aus und nehmt seine Energie in euch auf. Sie sammelt sich in eurem Brustkorb und zieht euch sanft, aber kraftvoll hoch ins Licht. Stellt euch vor, dass ihr dadurch

71

tatsächlich immer leichter werdet und nach oben schwebt. Ihr steigt auf ins Licht. Und jetzt achtet bitte noch einmal auf eure Atmung."

„Es wird alles ganz weit!", erkannte Beatrice beeindruckt. „Das fühlt sich tatsächlich gut an."

„Und jetzt zieht noch einmal runter", bat ich. „Richtet euch also nach unten zur Dunkelheit aus. Spürt, wie es eurem Körper erneut die Lebensenergie absaugt und er dabei schwer nach unten zieht. Und stellt euch vor, dass ihr dabei kraftlos nach unten ins Dunkle hinein sinkt. Was passiert jetzt?"

„Es drückt mich regelrecht zusammen!", sagte Beatrice fassungslos. „Ich kann kaum atmen und es fühlt sich an, als würden auf meinem Magen zentnerschwere Wackersteine liegen. Ich glaube, wenn ich das noch lange mache, dann wird mir schlecht!"

„Ich weiß, es fühlt sich echt übel an", stimmte ich zu. „Aber durch dieses Gefühl kann man erst richtig erkennen, wie toll es sich oben im Licht anfühlt. Richtet euch also jetzt nach oben zum Licht aus und nehmt wieder mehr Lebensenergie in euch auf. Lasst sie sich im Brustkorb sammeln, sodass sie richtig schön stark wird. Und spürt, wie diese Energieansammlung nach oben zum Licht zieht – und zwar nicht ganz senkrecht, sondern leicht schräg nach vorne oben. Das hat die Gefühle bei mir am stärksten gemacht. Der Körper wird dadurch nach wenigen Sekunden ganz leicht. Gleichzeitig wird alles sehr weit und hell. Und das erhellt auch irgendwie die Stimmung."

„Ich spüre die Kraft und die Energie oben im Licht tatsächlich", stellte Beatrice fest.

„Achtet in Bezug auf diese Energie einmal auf euer Gesicht, wenn ihr hoch und runter zieht. Das ist der Wahnsinn!", betonte ich fasziniert.

Ich schaute den Mädels zu, während sie in Eigenregie mehrmals hoch und runter zogen. Bei Beatrice waren die Emotionen so deutlich zu sehen, dass ich immer sofort wusste, ob sie gerade oben im Licht oder unten in der Dunkelheit war. Bei den anderen dreien war das nicht ganz so offensichtlich.

Nach einer Minute öffnete Beatrice sichtlich begeistert die Augen. „Das ist echt geil! Mach mal ein bisschen Musik dazu", bat sie Andrea, die einen kleinen CD-Player dabei hatte. „Ich glaube, schöne Musik würde mir bei dieser Übung helfen. Aber das Runterziehen spare ich mir jetzt. Es gibt genug Momente im Leben, wo es mich von allein runterzieht. Ich will hoch ins Licht!"

Andrea legte daraufhin sanfte Musik auf. Die vier schlossen erneut die Augen und konzentrierten sich aufs Hochziehen. Nach wenigen Augenblicken begannen alle bis auf Stefanie zu lächeln. Sie öffnete dann zwischendurch öfter mal die Augen und sah zu den anderen dreien hinüber. Offenbar schien ihr die Übung als Einziger nicht zu gelingen. Das Lächeln der anderen wurde dafür immer deutlicher.

Beatrice begann nach einer Weile, unwillkürlich und fast unmerklich, fassungslos den Kopf zu schütteln. Kurz darauf hörte sie auf zu lächeln, was mich zunächst verwunderte. Dann erkannte ich, dass ihr Kinn und ihre Unterlippe ganz leicht zu zittern begannen. Musste sie etwa weinen?! War das nun gut oder schlecht? Kurz darauf lächelte sie wieder, was mich erst einmal beruhigte. Doch dann sah ich eine kleine Träne ihre Wange hinunterlaufen. Also weinte sie tatsächlich! Aber sie weinte vor Glück! So, wie ich das letzte Nacht auch getan hatte.

Es war mir ein wenig peinlich, aber ich konnte es nicht verhindern, dass meine Augen ebenfalls wässrig wurden, als ich Beatrice so sah. Ich fasste mich schnell wieder und wendete mein Interesse den anderen dreien zu. Andrea und Claudia lächelten nach wie vor. Stefanie sah mittlerweile noch frustrierter aus. Sie tat mir echt leid, da es ihr offenbar sehr viel ausmachte, es nicht hinzubekommen.

Als der Song nach ein paar Minuten zu Ende war, öffnete Beatrice die Augen und schaute mich fragend an: „Das war unglaublich!", sagte sie daraufhin überwältigt zu mir. „Es gab in meinem gesamten Leben nur einen einzigen Moment, in dem ich mich so glücklich gefühlt habe wie eben", erklärte sie um Fassung ringend. „Das war der Moment, als mein Sohn mir nach der Geburt auf den Bauch gelegt wurde. Was ist das für eine Übung?!", fragte sie völlig fassungslos und konnte ihre Tränen nicht länger unterdrücken.

Claudia stand sofort gerührt auf und umarmte Beatrice liebevoll. Stefanie und Andrea hielten ihre Hand.

Ich wollte eigentlich auf Beatrices Frage antworten, erkannte jedoch, dass dies wohl nicht der richtige Zeitpunkt dafür war. Die Mädels waren so emotional, dass ich diese glückliche Stimmung nicht mit meiner Erklärung beenden wollte.

Als sich alle wieder gesetzt hatten und mich fragend anschauten, versuchte ich die ganze Sache einigermaßen zu erklären. „Das Hochziehen der Lebensenergie und die Weite empfinden wir dann, wenn wir etwas positiv beurteilen."

Beatrice lehnte sich mir fassungslos und kopfschüttelnd entgegen und schaute mir beeindruckt in die Augen. „Positive Beurteilung?! Als mein Sohn auf die Welt kam, war ich über alle Maßen begeistert! Ich war von allem begeistert – von ihm, von mir, von meinem Mann, von meinem Leben, einfach von allem. Ich war voller Begeisterung für alles und jeden. Es war der schönste Moment in meinem ganzen Leben! Und genau so habe ich mich eben wieder gefühlt. Das ist wohl ein wenig mehr als einfach nur das Gefühl der positiven Beurteilung, denke ich!"

„Bei mir hat es leider gar nicht funktioniert", warf Stefanie traurig ein.

„Du brauchst vermutlich nur etwas mehr Übung", antwortete ich motivierend. „Wahrscheinlich verschwinden die Empfindungen jedes Mal, wenn du bewusst hinschaust. Das ist offenbar bei ganz vielen Menschen der Fall. Aber Übung macht den Meister. Denk einfach ganz oft an irgendwelche Umstände, Menschen oder Dinge, die du richtig gut findest, und achte dabei immer wieder auf deine Körperempfindungen. Mach dich so mit diesen Empfindungen erst einmal ausgiebig vertraut. Mit der Zeit bleiben sie dann, auch wenn du bewusst hinschaust. Das kann vielleicht einige Tage dauern. Aber es lohnt sich. Erst, wenn die Körperempfindungen bleiben, hat es einen Sinn, sie bewusst zu verstärken.

Möglicherweise kannst du diese Körperempfindungen auch besser im Bauch spüren als in der Brust, oder irgendwo anders in deinem Körper. Spiele einfach ein wenig mit den positiven Gedanken herum und mach dich wie gesagt mit den Körpergefühlen der positiven Beurteilung erst einmal ausgiebig vertraut."

„Das werde ich tun", entgegnete sie entschlossen. „Ich will auch so tolle Gefühle haben wie ihr!"

„Die wirst du ganz sicher auch bald haben", bekräftigte ich noch einmal motivierend. „Auf jeden Fall habe ich doch nicht zu viel versprochen mit dieser Übung, oder?!"

„Junge, du bist der Größte!", lobte mich Beatrice noch immer fassungslos. „Für diese Glücksmethode wird man dir eines Tages den Nobelpreis verleihen. Aber sie braucht noch einen guten Namen. Überleg dir was."

„Nennen wir sie doch einfach Positives Fühlen", antwortete ich amüsiert von ihrem Lob. „Es ist das Körperempfinden, das man hat, wenn man etwas als positiv empfindet. Da passt die Bezeichnung doch ganz gut."

„Positives Fühlen!", wiederholte Beatrice fast ehrfürchtig. „Das ist ein guter Name."

„Es freut mich, dass er dir gefällt. Aber jetzt will ich erst einmal herausfinden, was dabei eigentlich passiert. Ich muss mich dann mal ausklinken. Ich glaube, ich weiß schon, wer mir mehr über diese Methode sagen kann. Wir sehen uns dann später wieder."

Woraufhin ich mich dann regelrecht aus den Fängen meiner Mitbewohnerinnen loseisen musste. Sie rangen mir schließlich das Versprechen ab, spätestens am Nachmittag zum Kaffee wieder zurück zu sein. Ansonsten drohten sie mir mit Ausgangssperre! Ich versprach amüsiert, den Kuchen zum Kaffee mitzubringen, und erhielt damit die Erlaubnis, mich aus dem Bungalow zu entfernen.

Was beim Positiven Fühlen geschieht

Als ich bei Bungalow 36 ankam, saßen Mary und Michael zu zweit auf ihrer Terrasse und frühstückten. Es war eigentlich schon Mittag, aber für die beiden hatte der Tag wohl gerade erst begonnen. Und wie es der Zufall so wollte, kam Juli auch gerade angelaufen.

„Ich muss unbedingt mit euch reden", begann ich sofort, als Juli und ich gemeinsam die Terrasse betraten. „Ich habe eben mit meinen Mitbewohnerinnen eine unglaubliche Übung gemacht. Es geht um die Körperempfindung der positiven Beurteilung", sagte ich direkt zu Juli. „Ich habe ein wenig damit herumgespielt und gelernt, sie willentlich zu verstärken."

„Genau das sollte man eigentlich nicht tun!", erwiderte sie. „Wenn man die Körperempfindungen bewusst beeinflussen kann, bekommt man keine klaren Antworten der Intuition mehr. Dann kannst du dich nicht mehr auf ihre Signale verlassen."

„Das mag sein! Aber die Gefühle sind bei dieser Methode so grenzgenial, das ich dafür tatsächlich gerne auf meine Intuition verzichte."

Mary unterbrach uns freundlich: „So langsam werde ich neugierig! Könntet ihr uns kurz erklären, was das für eine Methode ist?"

Juli und ich setzten uns zu den beiden und ich erzählte, was ich in der letzten Nacht und gerade eben mit meinen Mädels erlebt hatte. Danach startete ich die Übung mit den dreien noch einmal. Als ich die Zugkraft der Lebensenergie nach schräg oben zum Licht erwähnte, flippte Michael vor Begeisterung regelrecht aus!

„Das ist genau das, wonach wir seit Jahren suchen!", rief er völlig überschwänglich. „Das fehlende Detail! Mann, ist das genial! Junge, dafür könnte ich dich küssen!"

„Danke, danke!", erwiderte ich amüsiert. „Das musst du nicht unbedingt tun!"

„Du hast ja keine Ahnung, was diese Entdeckung für uns bedeutet!",
schwärmte Michael weiterhin euphorisch und schaute dabei überglücklich zu Mary hinüber. „Vor sieben Jahren brachte mir ein Mann
namens Bodo eine Glücksmethode bei, die fast identisch ist mit der,
die du uns eben demonstriert hast", fing er an zu erzählen. „Ich konzentrierte mich auf das Empfinden von Weite und Weichheit und der
sanften Zugkraft nach oben. Nur das mit der hellen Lebensenergie
war noch nicht dabei.

Diese Methode war jedenfalls dafür verantwortlich, dass ich heute
dort bin, wo ich bin. Sie hat mich zu einem neuen Menschen gemacht
und mir ein neues, sehr viel glücklicheres Leben geschenkt. Und sie
hat mir Mary gebracht, wofür ich Bodo über meinen Tod hinaus noch
dankbar sein werde.

Und eines kann ich dir jetzt schon versichern", wandte sich Michael
plötzlich an Juli. „Deine Intuition wird unter dieser Methode nicht
leiden – im Gegenteil! Meine ist dadurch um ein Vielfaches besser
geworden.

Doch ich hatte ja keine Ahnung davon, dass man auch nach unten
in die dunkle Enge ziehen kann. Das ist das Beste an der ganzen Sache!", schwärmte er.

„Das Runterziehen?!", hakte ich irritiert nach.

„Das Verhindern des Runterziehens!", korrigierte Michael seine Aussage. „Ich kann jetzt verhindern, dass mich etwas oder jemand runterzieht! Das konnte ich ohne Kenntnis dieses Prozesses nicht. Aber jetzt
kann ich das Absaugen der Lebensenergie und damit meine schlechten
Gefühle einfach stoppen und meine Energie wieder nach oben zum Licht
ziehen lassen. Das ist unsagbar wertvoll! Du hast ja keine Ahnung, auf
was du da gestoßen bist!", rief er völlig aus dem Häuschen.

„Man kann damit einfach alle schlechten Gefühle stoppen?!", fragte
ich skeptisch.

„Nicht alle, aber die meisten! Und das ist wie gesagt von unschätzbarem Wert!"

„Was genau passiert denn überhaupt durch diese Körperempfin-dungen?", wollte ich von Michael wissen, denn offensichtlich kannte er sich damit ja sehr gut aus. „Wieso macht das so verdammt gute Gefühle? Es ist doch eigentlich nur die Körperempfindung der posi-tiven Beurteilung."

„Ja, aber die positive Beurteilung ist die Basis jedes Glücksgefühls", erklärte Michael. „Du freust dich zum Beispiel nur auf positive Dinge. Zufrieden bist du auch nur dann, wenn etwas gut gelaufen ist. Begeis-terung empfindest du ebenfalls nur, wenn du etwas überaus positiv beurteilst. Mit der Liebe ist es ganz genauso. Du spürst nur Liebe für einen Menschen, wenn du ihn sehr positiv beurteilst.

Machen wir dazu doch mal ein kleines Experiment", schlug Michael glücklich grinsend vor. „Zieh mal runter in die dunkle Enge!"

Ich richtete mich bereitwillig nach unten aus und ließ es zu, dass die Dunkelheit mir meine Lebensenergie absaugte. Mein Körper zog bleischwer runter und ich sank in meiner Vorstellung in die dunkle Enge hinein.

„Und jetzt spüre Freude!", bat Michael.

„Keine Chance!", antwortete ich ernst. „Ich fühle mich tatsächlich zu deprimiert dazu. Ich wüsste momentan nicht, worüber ich mich freuen sollte."

„Dann fühle mal Zuneigung!", schlug er vor.

„Das geht auch nicht", stellte ich fest.

„Versuch es mal mit Zufriedenheit. So wie wir das gestern getan haben. Beschließe, dass du zufrieden bist!"

„Es klappt nicht."

„Streng dich richtig an!", meinte er motivierend.

„Es geht echt nicht!", erkannte ich beeindruckt.

„Okay, dann lass dich jetzt mal hochziehen. Nimm wieder Lebense-nergie auf!" Michael wartete einen Augenblick, bis er registrierte, dass ich anfing zu lächeln. „Und jetzt spüre Freude!" Sofort musste ich über beide Backen grinsen, denn als er das gesagt hatte, kam sofort Freude in mir auf. Er nahm das auch gleich zur Kenntnis und legte noch einen drauf. „Dann sei jetzt mal mit dir und deinem Leben zufrieden!" Auch dieses Gefühl entstand sofort in mir. „Und jetzt spüre Liebe zum ganzen Leben!" Ich begann förmlich vor Glück zu strahlen. „Und jetzt spüre mal Unzufriedenheit!", bat er bestimmt.

Ich war wie vor den Kopf gestoßen von dieser Aufforderung. Obwohl ich mich bemühte, es tatsächlich zu tun, gelang es mir nicht. Ich konnte keine Unzufriedenheit fühlen!

„Wieso geht das nicht?", fragte ich beeindruckt nach.

„Es sind nicht die Lebensumstände, die unsere Gefühle bestimmen. Es ist unsere Beurteilung der Umstände!", begann Michael zu erklären. „Stellt euch alle einmal folgende Situation vor: Ihr arbeitet in einer großen Firma. Eines Tages bittet euch euer Chef sehr unfreundlich, sofort in sein Büro zu kommen. Euch ist sofort klar, dass er euch kündigen will. Und eine Kündigung beurteilt ihr natürlich als negativ. Welche Gefühle bekommt ihr in dieser Situation?"

„Ich hätte Angst, dass er mich rausschmeißt", bestätigte Juli.

„Dann stell dir doch einmal vor, dass du eigentlich nur darauf gewartet hast, dass er dich kündigt", sagte Michael zu Juli. „Du hättest nämlich selbst schon längst gekündigt, wenn da nicht die Sperre deines Arbeitslosengeldes wäre. Wenn der Chef dich jedoch kündigt, kriegst du sofort dein Arbeitslosengeld. Endlich ist es also so weit. Er will dich kündigen, wie du es dir gewünscht hast. Welche Gefühle würdest du jetzt in der gleichen Situation verspüren? Der Chef bittet dich also sehr unfreundlich in sein Büro."

„Ich hätte teilweise gute Gefühle", erkannte sie. „Mir wäre zwar ein wenig mulmig vor dem unangenehmen Gespräch, aber ich würde mich darüber freuen, dass er mich endlich rausschmeißt."

„Weil du die Kündigung jetzt positiv beurteilst", betonte Michael. „Jetzt stell dir die gleiche Situation noch einmal etwas verändert vor! Dieses Mal willst du zwar nicht gekündigt werden, aber du besitzt die Intelligenz von einem Meter staubtrockenem Feldweg. Sprich, du bist nicht intelligent genug, um die Kündigungsabsicht des Chefs zu erkennen. Stattdessen bildest du dir in deiner Dummheit ein, dein Chef wolle dir eine Gehaltserhöhung geben. Welche Gefühle hättest du also in diesem Moment, obwohl dein Chef dir in Wirklichkeit kündigen will?"

Juli musste amüsiert von dieser Vorstellung lachen. „Ich würde mich über die angehende Gehaltserhöhung freuen!"

„Es sind wie gesagt nicht die Ereignisse, die euch eure Gefühle machen. Eure Beurteilung der Ereignisse bestimmt eure Gefühle. Und wenn ihr hochgezogen habt, dann neigt ihr zu positiven Beurteilungen! Hochgezogen ist es daher schwierig, schlechte Gefühle zu haben. Umgekehrt gilt das natürlich genauso! Wenn ihr runtergezogen habt, könnt ihr keine positive Beurteilung fühlen und damit auch keine guten Gefühle verspüren."

„Heißt das, dass ich nie wieder schlechte Gefühle haben muss, wenn ich permanent im Positiven Fühlen drinbleibe?", fragte ich skeptisch.

„Positives Fühlen?!", wiederholte Michael neugierig.

„Nun ja, die Mädels aus meinem Bungalow meinten, diese Methode bräuchte einen guten Namen. Ich fand Positives Fühlen ganz gut."

„Ich finde diese Bezeichnung auch gut! Aber kommen wir auf deine Frage zurück. Die Möglichkeiten dieser Methode sind natürlich begrenzt – und das ist auch gut so!", fügte er bedeutungsvoll hinzu. „Die meisten Umstände in unserem Leben können als gut oder auch als schlecht beurteilt werden. Das Glas kann halb leer sein oder auch halb voll. Es ist einfach eine Frage der Sichtweise. Doch jede Beurteilung braucht eine stichhaltige Begründung. Wir können nicht einfach grundlos etwas gut oder schlecht finden, das habe ich bei meinen Experimenten mit dem Beschluss auch wieder feststellen müssen. Für kurze Zeit lässt sich unser Gehirn an der Nase herumführen, wenn wir so tun, als hätten wir einen Grund für ein bestimmtes Gefühl, das wir beschlossen haben. Über längere Zeiträume macht unser Gehirn das jedoch nicht mit. Es ist darauf ausgerichtet, die Welt realistisch zu sehen. Zwar haben wir hier alle sehr unterschiedliche Meinungen darüber, was realistisch ist und was nicht, doch niemand kann sich dabei selbst etwas vormachen.

Was ich damit sagen will: Wenn dein Gehirn keinen triftigen und nachvollziehbaren Grund für eine Positivbeurteilung findet, dann kannst du dich auch nicht oben halten. In Bezug auf die Begründung einer positiven Beurteilung ist unser Gehirn sehr kritisch. Es zweifelt sehr schnell am Guten.

Bei einer Negativbeurteilung sieht das leider ganz anders aus. Hier sind wir längst nicht so kritisch. Unser Gehirn neigt dazu, Negativbeurteilungen als realistisch anzusehen. Und auch die Begründungen dieser Negativbeurteilungen erscheinen uns sehr schnell stimmig zu sein. Mit diesem überzogenen Hang zur Negativbeurteilung blockieren wir dann häufig unser Glück und unseren Erfolg.

Viele unserer negativen Beurteilungen würden einer genaueren Überprüfung nicht standhalten. Doch diese Überprüfung findet in der Regel gar nicht statt, da wir unsere negativen Beurteilungen ja als begründet und damit als gesichert ansehen.

Mit dem Positiven Fühlen können wir hieran etwas ändern. Wir schaffen damit eine so starke Tendenz zur positiven Beurteilung, dass uns vermeintlich falsche und blockierende Negativbeurteilungen auffallen. Also überprüfen und korrigieren wir falsche Beurteilungen dadurch automatisch. Und das ist von unschätzbarem Wert für unser Glück und unseren Erfolg im Leben. Doch diese Methode ist nicht nur ein genialer Schritt in Richtung Glück und Erfolg, sie ist vermutlich auch gleichzeitig die Lösung für unser Matrixproblem!"

Wie man die Matrix programmiert

„Welches Matrixproblem?", wollte Juli neugierig wissen.

Michael lächelte begeistert. „Diese Methode wird uns dabei helfen, die Matrix besser beeinflussen zu können!"

Ich schüttelte verwundert und irritiert den Kopf. „Du willst die Realität beeinflussen?"

„Genau das will ich!", bestätigte er überzeugt. „Ich habe das schon viele Male getan."

„Und wie?", hakte ich skeptisch nach.

„Dafür gibt es mehrere Methoden. Grundsätzlich kannst du davon ausgehen, dass deine Gedanken und Gefühle bestimmte Ereignisse in dein Leben ziehen. Man bezeichnet das als Resonanzgesetz oder als das Gesetz der Anziehung. Nach dieser Theorie musst du deine Gedanken und Gefühle einfach nur ins Universum aussenden, dann passiert genau das, was du willst. Bei einer dieser Methoden betrachtet man das Universum zum Beispiel einfach als eine Art Bestellservice, der nur dafür da ist, deine Wünsche zu erfüllen."

Das war nun wirklich ein paar Nummern zu naiv für einen erwachsenen Menschen! Deutlich unhöflicher, als es eigentlich meine Absicht war, fragte ich daher provokativ: „Und diesen Unsinn glaubst du?!"

„Dass das natürlich nur eine Metapher ist und keine wissenschaftliche Beschreibung der Realität, ist mir schon klar, aber diese Methode bringt einige interessante Phänomene hervor. So habe ich mir beispielsweise sehr häufig erfolgreich Parkplätze in Gegenden realisiert, in denen man normalerweise zehn Minuten herumfahren muss, um eine freie Lücke zu finden. Ich bekam durch meine Bestellungen jedoch fast jedes Mal einen Platz direkt vor der Haustür!"

„Das kann doch aber genauso gut Zufall gewesen sein", wandte ich immer noch skeptisch ein.

„Es realisierten sich aber auch andere Wünsche. Im Grunde genommen waren es zwar immer nur unbedeutende kleine Dinge, aber alleine die Tatsache, dass sich diese Ereignisse wunschgemäß einstellten, gab mir das Gefühl, dass an der ganzen Sache etwas dran sein könnte. Die Wahrscheinlichkeit für das Eintreffen mancher Wünsche war so gering, dass ich die ganze Sache einfach nicht länger als Zufall abtun konnte."

„Weißt du noch – das mit dem Faxgerät?!", erinnerte ihn Mary lächelnd.

„Das war oberkrass!", erwiderte Michael, offenbar im Nachhinein noch immer sehr beeindruckt.

„Ich wünschte mir beim Herumtesten ein Faxgerät vom Universum", begann Mary zu erzählen. „Aber ich wollte mir keins kaufen, sondern lieber eines geschenkt kriegen. Und ich nahm mir vor, niemandem etwas davon zu sagen, um es dem Universum nicht so leicht zu machen. Am nächsten Tag klingelte plötzlich das Telefon und eine Frau sagte zu mir: ‚Ich weiß, das hört sich jetzt komisch an. Du kennst mich nicht, aber ich würde dir gerne ein Faxgerät schenken!' Ich bin fast rückwärts vom Stuhl gefallen vor Schreck!"

„Das ist doch nicht wirklich passiert?!", entgegnete ich verwirrt, denn Mary gehörte meiner Einschätzung nach nicht zu den Menschen, die es nötig hatten, solche Storys zu erfinden.

„Ehrenwort!", bestätigte sie glaubhaft. „Es stellte sich dann heraus, dass die Anruferin die Freundin einer Freundin von mir war, gegenüber der ich ein paar Wochen zuvor mal die Bemerkung hatte fallen lassen, dass ich mir möglicherweise bald ein Faxgerät kaufen wollte. Ganz so mysteriös, wie es am Anfang ausgesehen hatte, war der Anruf dann also leider doch nicht. Aber der Vorfall war ungewöhnlich genug, um in mir den Glauben an reinen Zufall zu erschüttern."

„Solche Dinge ereigneten sich laufend, während wir beim Universum bestellt haben", fügte Michael hinzu.

Juli zeigte sich sehr verwundert. „Heißt das, ihr habt wieder damit aufgehört?!"

83

„Leider funktionierte diese Methode nur bei unbedeutenden Dingen, die uns nicht wirklich wichtig waren. Den Lottogewinn, den wir uns vor Jahren beide bestellten, haben wir zum Beispiel immer noch nicht bekommen. Stattdessen bekamen wir sogar finanzielle Probleme, nachdem wir uns mehr Geld bestellt hatten. Aus irgendeinem Grund realisierte sich auf einmal das Gegenteil von dem, was wir wollten. Und das passierte so markant häufig, dass wir das mit den Bestellungen dann lieber wieder gelassen haben."

„Und jetzt wollt ihr wegen dem Positiven Fühlen wieder damit anfangen?", fragte ich verwundert.

„Es ist einen Versuch wert", bestätigte Mary. „Der Grund für die verkehrten Wunschlieferungen lag in den Mangeleinstellungen, die wir beim Bestellen auf unbewusster Ebene hatten. Wir formulierten zwar unsere Worte korrekt, aber in unserem Unterbewusstsein herrschte wie gesagt Mangel. Und genau dieser Mangel wurde dann geliefert. Dummerweise spürten wir diesen Mangel jedoch nicht, als wir unseren Wunsch formulierten. Er war aber trotzdem in unserem Unterbewusstsein vorhanden. Daher waren wir ganz schön überrascht, als unsere Bestellungen manchmal voll nach hinten losgingen.

Anfangs versuchten wir noch, dieses unbewusste Mangelgefühl irgendwie abzustellen, indem wir uns gezielt andere Gefühle machten, doch das hat nichts genützt. Der Mangel war in unserer unbewussten Einstellung, und daran änderten auch die positiven Gefühle nichts, die wir künstlich darüber legten. So leicht lässt sich die Matrix nämlich nicht austricksen.

Mit deiner neuen Methode aber könnten wir versteckte Mangeleinstellungen ganz einfach herausfinden. Wir müssten nur darauf achten, ob eine Bestellung in unserem Körper hoch zum Licht oder runter in die Dunkelheit zieht. Zieht sie runter, würden wir entweder erst gar nicht bestellen, oder wir könnten uns gezielt darauf konzentrieren, diese unbewussten Mangeleinstellungen zu finden und zu ändern. Mit dem Positiven Fühlen hätten wir das perfekte Feedbacksystem. Wenn schließlich der gesamte Körper überall hoch ins Licht zieht, haben wir unsere unbewusste Einstellung tatsächlich zum Positiven verändert. Zieht es jedoch stellenweise in unserem Körper runter, wissen wir, dass wir unsere Mangeleinstellung noch nicht vollständig ausgemerzt haben. In diesem Fall können wir uns auf die Körperregionen konzentrieren, die immer noch runterziehen. Dadurch kommt die an dieser Stelle existierende Mangeleinstellung sehr schnell ins Bewusstsein."

„Und das bedeutet, dass wir jetzt endlich die Möglichkeit haben, nur das zu bestellen, was wir tatsächlich wollen!", fügte Michael erfreut hinzu. „Versehentliche Mangelbestellungen wird es nicht mehr geben!"

„Ihr glaubt wirklich, dass ihr die Ereignisse in eurem Leben bestellen könnt?!", fragte ich noch einmal zweifelnd nach, denn ich war mir nicht so ganz sicher, ob die beiden mich nicht einfach nur veralbern wollten.

Michael lehnte sich mir entgegen und schaute mir bedeutungsvoll in die Augen. „Das ist so sicher wie das Amen in der Kirche!"

„Probier es einfach selbst aus!", schlug Mary mir lächelnd vor. „Dann hast du Gewissheit."

„Also, ich werde das auf jeden Fall versuchen!", sagte Juli begeistert und wandte sich Mary zu. „Aber wieso funktioniert das überhaupt?"

„Weil jeder einzelne unserer Gedanken sofort Bestandteil der Matrix ist", antwortete Mary. „Alle Menschen geben ihre Gedanken in die Matrix ein, und daraus wird dann unsere gemeinsame Realität geschaffen."

„Sie wird geschaffen?!", wiederholte ich skeptisch. „Von wem?"

„Das haben wir Ella auch gefragt!", antwortete Mary. „Die Matrix ist lebendig. Sie ist ein lebendes Bewusstsein – genauer gesagt ein Kollektivbewusstsein. Wir alle sind Bestandteil dieses kollektiven Bewusstseins. Du kannst dir die Matrix wie ein gigantisches Gehirn vorstellen. Wir Menschen sind in dieser Metapher jeweils eine einzelne Gehirnzelle. Jede Gehirnzelle verarbeitet und erzeugt in jeder Sekunde

Informationen und gibt sie dann an andere weiter, die sie wiederum an andere weitergeben. Natürlich ist keine einzelne Gehirnzelle in der Lage, die Aktivität der anderen Gehirnzellen zu kontrollieren. Eigentlich würde das bedeuten, dass es keine Koordination im Gehirn gäbe. Alle Informationsverarbeitung wäre chaotisch. Doch das ist nicht der Fall! In unserem Gehirn herrscht eine alles koordinierende Ordnung, was nur dadurch erklärbar ist, dass das Gehirn als Ganzes sehr viel mehr sein muss als nur eine Ansammlung von Gehirnzellen. Es ist eine Bewusstseinsform. Niemand zweifelt daran, dass diese Bewusstseinsform lebendig ist.

Und genau das Gleiche ist die Matrix. Sie ist mehr als nur die Summe aller Menschen. Sie ist ein Kollektivbewusstsein. Und so wie jede einzelne Gehirnzelle seine Informationen ins Gehirn einspeist, so speisen auch alle Menschen ihre Gedanken in die Matrix ein. Die Matrix strukturiert und koordiniert diese Informationen zu einer gemeinsamen Realität. Im Klartext heißt das, dass wir das Was bestimmen und die Matrix das Wie."

„Was heißt das genau?", hakte Juli nach. „Ich bestimme das Was und die Matrix das Wie?"

„Es ist genau wie beim Träumen", meinte Mary. „Dein Unterbewusstsein verarbeitet die Gedanken, die dich tagsüber beschäftigt haben. Es nimmt diese Gedanken und baut sie in deine Traumrealität ein.

Was du grundsätzlich träumst, bestimmen deine Gedanken. Wie genau der Traum dann tatsächlich im Detail abläuft – wie die Umgebung dort aussieht, welchen Menschen du begegnest, welche Ereignisse genau geschehen – das bestimmt dein Unterbewusstsein.

In der kollektiven Matrix, die aus der Sicht der Wissenschaft nichts anderes darstellt als einen kollektiven Traum, sind es ebenfalls unsere Gedanken, die als äußere Realität zum Vorschein kommen. Vor allem sind es unsere Vorstellungen und Einstellungen, die das Was in der Matrix festlegen.

Du wünschst dir zum Beispiel ein großes Haus oder ein neues Auto. Das ist deine Vorstellung. In Bezug auf diese Vorstellung hast du jedoch vielleicht die Einstellung, dass man für sein Geld hart arbeiten muss. Und du hast die Einstellung, dass du im Moment nicht genug Geld besitzt. All diese Einstellungen und noch viele mehr gibst du automatisch in die Matrix ein. Damit hast du das Was in deiner persönlichen Realität bestimmt. Das heißt, du hast bestimmt, dass du dir ein neues Auto wünschst, nicht genug Geld dafür hast und hart dafür arbeiten musst. Wie sich die Ereignisse jedoch dann im Detail gestalten, ist genau wie im Traum nicht mehr deine Sache. Es ist die Aufgabe der Matrix, wem du das Auto schließlich abkaufst, was du genau bei der harten Arbeit erlebst und so weiter.

Nehmen wir noch ein anderes Beispiel. Du bestellst dir erfolgreich einen Partner, der ausgezeichnet zu dir passt. Das wäre das Was. Wie und wo du diesem Partner dann begegnest, ist nicht mehr deine Sache. Das koordiniert die Matrix.

„Und wie würde ich mir diesen Mr. Perfect dann erfolgreich bestellen können?", wollte Juli wissen.

„Indem du deine Vorstellung ausschließlich mit positiven Einstellungen in die Matrix eingibst", antwortete Mary. „Das gelingt aber nur dann, wenn du unbewusste Mangeleinstellungen in Ordnung bringst. Und das war wie gesagt bisher immer das Problem an der Sache. Wenn du durch deinen Wunsch nämlich unbewusste Mangeleinstellungen aktivierst, spiegelt die Matrix diese Einstellungen ebenfalls wider. Sie lässt dich dann Ereignisse erleben, die dich den Mangel erneut spüren lassen."

„Und mit dem Positiven Fühlen können wir die Mangeleinstellung finden und beseitigen?", fragte Juli begeistert.

„So ist es!", bestätigte Michael zuversichtlich.

„Das wäre ja der Wahnsinn, wenn das wirklich funktionieren würde!", schwärmte Juli völlig aus dem Häuschen. „Einfach unglaublich, welche Möglichkeiten sich da auftun würden!"

„Und das ist erst der Anfang!", betonte Michael begeistert. „Ich kann es noch nicht richtig greifen, aber ich spüre, dass im Positiven Fühlen ein noch viel größeres Potenzial verborgen liegt. Es ist nur so ein Gefühl, aber auf mein Gefühl kann ich mich eigentlich fast immer verlassen. Ich werde Ella auf jeden Fall ausführlich darüber ausfragen und euch dann Genaueres sagen. Leider müssen Mary und ich jetzt weg. Ich schlage vor, wir treffen uns heute Abend oder spätestens morgen früh wieder hier."

Als wir gerade gehen wollten, rief mich Michael noch einmal zurück. „Kann ich dich noch mal kurz sprechen?", fragte er und fügte dann noch ein „Allein!" hinzu.

Ich war sehr erschrocken über diese Bitte, denn ich vermutete, dass sie etwas mit meiner wahren Identität zu tun haben musste. Vermutlich hatte Michael erkannt, wer ich war. Ich hoffte inständig, dass er dichthalten würde.

„Ella hat mich gebeten, dir etwas zu sagen", erklärte Michael mir dann geheimnisvoll. „Sie meinte, ich solle es nur dir allein sagen. Das wäre sehr wichtig!"

Ich wusste immer noch nicht, was ich von diesem Ellakram halten sollte. Trotzdem freute ich mich in diesem Moment sehr, dass es „nur" darum ging. Ich war also ganz Ohr.

„Ella hat mich gebeten, dir zu sagen, dass du keine Angst haben sollst, wenn es wirklich passiert."

„Wenn was passiert?", fragte ich ahnungslos nach.

„Der Boden unter ihren Füßen wird leuchten!"

„Wie bitte?!", erwiderte ich geschockt, versuchte aber sofort, mir nichts anmerken zu lassen.

„Der Boden unter ihren Füßen wird leuchten", wiederholte er noch einmal. „Frage mich nicht, was das zu bedeuten hat. Ich weiß es nicht. Ich soll dir einfach nur sagen, dass du keine Angst davor haben sollst."

Michael sah mir an, dass mich diese Aussage sehr berührt hatte. Wie stark sie mich jedoch tatsächlich aus der Fassung gebracht hatte, konnte ich zum Glück vor ihm verbergen.

„Ich dachte mir schon, dass dir das etwas sagt", meinte er nur. „Es kommt nicht oft vor, dass mir Ella etwas für andere Menschen mitteilt. Aber wenn sie es tut, dann ist es immer ein Volltreffer! Ich muss jetzt leider los. Wenn du über diese Botschaft reden möchtest, können wir das gerne heute Abend tun."

Da er nicht ahnen konnte, was er mit seiner Aussage bei mir angerichtet hatte, gab er mir einen freundschaftlichen Klaps auf den Oberarm und ging an mir vorbei.

Ich stand noch eine ganze Weile benommen da, bis mich Juli am Arm berührte und mich vorsichtig fragte, ob alles in Ordnung sei. Sie hatte die ganze Zeit auf mich gewartet und wollte sich jetzt sicherlich weiterhin mit mir über das Positive Fühlen und die Matrix unterhalten. Ich war jedoch momentan nicht dazu fähig, einen klaren Gedanken zu fassen. Ohne eine Erklärung dafür abzuliefern, bat ich Juli, mich für eine Weile zu entschuldigen. Ich sagte nur kurz, ich müsse nachdenken, und zog mich dann auf mein Zimmer zurück.

Dort saß ich auf meiner Bettkante und starrte fassungslos die Wand an. Das konnte doch wohl nicht wahr sein! Wie konnte er davon wissen? Ich hatte niemandem jemals von meiner letzten Begegnung mit Jenny erzählt – niemandem! Woher um alles in der Welt wusste er also davon? War es tatsächlich seine innere Stimme, die es ihm gesagt hatte?

Vermutlich wollte Michael mit dieser Aktion Eindruck bei mir schinden und mir die Macht seiner Ella demonstrieren, weil ich diesem ganzen Matrix-Kram so skeptisch gegenüberstand. Nun, das hatte er geschafft. Ich war beeindruckt!

Doch sollte diese Ella tatsächlich existieren, dann existierte Jenny ja vielleicht auch. Möglicherweise war sie dann doch mehr als nur ein Traum gewesen?

Ich spürte, wie ein innerer Krieg in mir ausbrach. Auf der einen Seite wollte ich nur zu gerne glauben, dass Ella und damit auch Jenny wirklich existierten. Auf der anderen Seite aber hatte ich Angst, dass alles von vorne beginnen könnte. Ich hatte damals fünf Jahre gebraucht, bis ich endlich akzeptieren konnte, dass Jenny nur ein Traum gewesen war, und jetzt kam Michael mit seiner Ella und riss alle alten Wunden wieder auf. Nein, das durfte ich nicht zulassen! Ich musste jetzt mit aller Kraft versuchen, wieder aus dem emotionalen Loch herauszukommen, in das es mich mit brachialer Gewalt hinuntergezogen hatte. Das Ganze durfte nicht von vorne beginnen.

Michael hatte behauptet, man könne das Runterziehen stoppen, indem man bewusst dagegenhielt. Das versuchte ich jetzt. Ich dachte an meine Lebensenergie und hatte augenblicklich den Eindruck, dass sie mir kontinuierlich nach unten abgesaugt wurde. Also konzentrierte ich mich so stark ich konnte darauf, dieses Absaugen zu stoppen, was mir überraschenderweise auch sofort gelang. Gleichzeitig richtete ich mich nach oben zum Licht aus, um wieder mehr Energie aufzunehmen. Doch der Effekt war sehr bescheiden. Ich spürte fast nichts.

Aus irgendeinem Grund fiel mir plötzlich Uri Geller ein. Im Fernsehen hatte ich einmal gesehen, wie er allein mit der Kraft seiner Gedanken ein Streichholz bewegte, das auf dem Tisch lag. Dabei war mir aufgefallen, wie sehr er sich dabei angestrengt hatte.

Ich konzentrierte mich auf meinen Brustkorb und stellte mir vor, dass dort ein Energiegenerator sei, den ich mit Willenskraft hochfahren könnte. Ich nahm all meine Kraft zusammen und verstärkte dort meine Lebensenergie, die sofort begann, nach oben zum Licht zu ziehen. Ich verstärkte diesen Zug nach oben mit meiner Willenskraft noch zusätzlich. Das Gefühl war unglaublich! Es war ganz anders als das, was ich bis jetzt gekannt hatte. Viel heftiger und aufwühlender. Und es funktionierte! Leider nur für sehr kurze Zeit, wie ich dann gleich feststellen musste. Nach wenigen Sekunden verlor ich schon wieder Energie und es zog mich schon wieder runter.

Ich konzentrierte mich noch einmal und ließ meine Lebensenergie mit aller Kraft nach oben ziehen. Und als es mir erneut Energie absaugen wollte, machte ich es gleich noch einmal – und dann wieder und wieder! Nachdem ich das bestimmt zehn Mal so gemacht hatte, spürte ich, dass ich mein Stimmungstief tatsächlich besiegt hatte. Ich hatte mich selbst aus dem Loch herausgeholt! Mein hochgezogener emotionaler Zustand blieb nun stabil. Ich fühlte mich sehr viel besser und war beeindruckt, dass mir dies gelungen war.

Siedend heiß fielen mir meine Mädels wieder ein! Es war jetzt fast vier und ich hatte versprochen, den Kuchen zum Kaffee zu besorgen. Das tat ich kurzerhand in der Tropic-Bar. Danach schaute ich noch bei Julis Bungalow vorbei. Ich wollte mich noch einmal für mein seltsames Verhalten von vorhin entschuldigen und sie als kleine Wiedergutmachung zu Kaffee und Kuchen einladen. Ich hatte Glück, denn sie war da und freute sich sehr über meine Einladung. Also hatte sie mir meinen seltsamen Rückzug nicht übel genommen.

Das gebrochene Herz

„Mädels, ich habe wie versprochen Kuchen mitgebracht", begann ich, nachdem ich die Terrasse unseres Bungalows betreten hatte. „Und meine Synergiepartnerin, Juli. Ich hoffe, das ist euch recht."

Die vier schauten sehr kritisch, während sie Juli von ihren Stühlen aus penibel musterten. Das fand ich echt unhöflich! Da fiel mir wieder der Pakt ein, den die Mädels geschlossen hatten. ‚Von uns wird ihn keiner kriegen!', hatten sie gesagt. 'Und auch sonst keine aus dem Camp.' Offenbar hatten sie das ernst gemeint. Zumindest sah es ganz danach aus. „Leute, macht euch geschmeidig!", ermahnte ich sie. „Juli ist meine Synergiepartnerin. Sie will mich nicht anbaggern! Was soll sie denn bitte mit so einem alten Bock wie mir?! Ich bin fast doppelt so alt wie sie."

„Wie alt bist du denn?", fragte Juli da mit einem kecken Gesichtsausdruck.

„Ich bin 37 und könnte vermutlich dein Vater sein", antwortete ich ernsthaft.

„Also mir bist du nicht zu alt!", erklärte sie prompt und schaute provozierend in die Runde.

„Aha! Wusste ich's doch!", sagte Andrea amüsiert zu den anderen Mädels. „Wir müssen sie also wohl oder übel verjagen. Was meint ihr?"

Daraufhin kugelten sich plötzlich alle fünf vor Lachen. So langsam kapierte ich es dann auch, warum sie lachten. Ich hatte ihr Verhalten ernst genommen und war ihnen damit offenbar auf den Leim gekrochen. Also tat ich das, was ein richtiger Mann in solch einer Situation tut: Ich versuchte mich herauszureden! Doch die Mädels lachten sich dabei nur noch mehr kaputt.

Claudia wandte sich dann noch einmal an Juli. „Wie fändest du es eigentlich, wenn sich eine andere Frau hier aus dem Camp deinen Robin angeln würde?"

„Das würde ich natürlich nicht zulassen", erwiderte sie selbstsicher. „Daher muss ich mir über diese Frage eigentlich keine Gedanken machen."

Beatrice war von Juli sofort begeistert. „Die Frau gefällt mir! Sie ist würdig, eine von uns zu sein. Komm setz dich zu uns, Juli! Wir sitzen hier alle im gleichen Boot. Alle werden wir nicht zulassen, dass ihn irgendeine andere kriegt. Und da wir ihn nicht alle gleichzeitig haben können, haben wir beschlossen, dass ihn keine kriegt. Du kannst also vier Verbündete oder vier Feindinnen haben. Wofür entscheidest du dich? Bist du Freund oder Feind?"

„Ich bin Freund!", antwortete Juli amüsiert.

„Dann wiederhole den heiligen Pakt mit uns!"

Die fünf standen auf, stellten sich im Kreis um den Tisch, streckten ihre Hände in die Mitte und sagten im Chor: „Von uns wird ihn keine bekommen und auch sonst keine hier aus dem Camp!" Danach johlten sie los wie die Verrückten. Als diese Freakshow endlich zu Ende war, wandten sie sich aber dann doch meiner schönen fetten Torte zu, die ich noch in ihrer Verpackung in die Mitte des Tisches gestellt hatte. Ich war sehr gespannt, was sie sagen würden, wenn sie erst in die Schachtel hineingeschaut hatten.

„Das ist nicht dein Ernst!", rief die sportliche Claudia entsetzt. „Diese Torte hat doch mindestens eine Million Kalorien. Gib es zu! Das ist die Revanche für unseren Pakt."

Wir alberten noch eine Weile herum und aßen dann unsere Torte. Die Mädels hatten Juli mittlerweile mehr als akzeptiert. Sie passte wirklich gut in unseren Bungalow.

Nach einer Weile musste ich unerwartet wieder an Jenny denken. Es stiegen immer häufiger Erinnerungen daran auf, wie leer und einsam ich mich damals gefühlt hatte, als sie verschwunden war. Ich versuchte zwar, nicht mehr daran zu denken, aber es funktionierte nicht. Ich fühlte mich zunehmend schlechter. Die dunkle Enge zog mich erneut erbarmungslos in ihren Bann.

„Was ist los mit dir, Robin?", wollte Beatrice, die direkt neben mir saß, wissen. „Du bist so still geworden."

„Ich bin gerade ein bisschen komisch drauf", antwortete ich ausweichend. „Ich weiß auch nicht."

„Bedrückt dich etwas?"

Und ob mich etwas bedrückte! Aber das wollte ich den Mädels nicht unbedingt auf die Nase binden. „Ist schon okay", winkte ich bagatellisierend ab.

„Vielleicht können wir dir helfen!", meinte Beatrice.

Ich überlegte, ob ich nicht doch etwas von Jenny erzählen sollte, entschied mich dann aber dafür, es lieber nicht zu tun. Sie hätten mich vermutlich einfach nur für verrückt gehalten. Und meine Angst vor der Liebe zuzugeben, fand ich ebenfalls ganz schön peinlich. Andererseits würde ich früher oder später mit jemandem darüber reden müssen, wenn ich wollte, dass sich etwas änderte. Alleine bekam ich das Thema ja offensichtlich nicht in den Griff.

Beatrice musste gemerkt haben, dass ich hin und her gerissen war und mich innerlich aufrieb, ob ich jetzt darüber sprach oder nicht. „Komm, nun sag schon!", bat sie daher einfühlsam. „Ich spüre doch, dass dir etwas auf dem Herzen liegt, was endlich mal ausgesprochen werden sollte."

„Vielleicht hast du Recht", entgegnete ich unsicher und fasste mir ein Herz. „Es geht um die Liebe", sagte ich daher offen und ehrlich. „Ich habe Angst vor der Liebe. Und jetzt sage ich Euch etwas, was nur ganz wenige Menschen wissen: Ich war noch nie verliebt und hatte auch noch nie eine echte Liebesbeziehung – zumindest von meiner Seite aus nicht. Ich lasse es nämlich einfach nicht zu, dass ich Liebe empfinde. Das habe ich noch nie getan." Jenny war da natürlich die Ausnahme, aber dieses Kapitel meines Lebens wollte ich auf jeden Fall für mich behalten.

„Ja und wieso lässt du die Liebe nicht zu?", wollte Beatrice wissen.

„Weil ich es beschlossen habe. Ich habe gestern erkannt, dass ich offenbar die Entscheidung getroffen habe, wahre Liebe niemals zuzu-

94

lassen. Frage mich nicht, warum ich das getan habe, denn ich weiß es nicht. Ich weiß nur, dass ich panische Angst kriege, sobald ich diesen Beschluss aufheben will."

„Hast du denn irgendwann mal eine schlimme Enttäuschung erlebt? Bist du verletzt worden?", fragte sie einfühlsam nach.

„Nicht, dass ich wüsste. Als ich anfing, mich für Mädels zu interessieren, fing es plötzlich an. Und das schon als ich dreizehn war. Sobald sich etwas entwickeln wollte, waren meine Gefühle plötzlich von einer Sekunde zur nächsten verschwunden. Ich kam nie über ein erstes Schwärmen hinaus."

„Wenn das nicht durch eine Verletzung entstanden ist, dann musst du es bereits in deiner Kindheit beschlossen haben", schlussfolgerte Beatrice. „Wie war denn die Beziehung zwischen deinen Eltern?"

„Meinen Vater habe ich nie kennen gelernt. Er hat meine Mutter bereits verlassen, bevor ich geboren wurde."

„Und wie sahen die anderen Beziehungen deiner Mutter aus? Ist da vielleicht irgendetwas vorgefallen?"

„Meine Mutter hatte danach keine weitere Beziehung mehr. Die Liebe war nie wirklich wichtig in ihrem Leben."

Beatrice lehnte sich kopfschüttelnd zu mir vor. „Die Liebe war nie wichtig?!", wiederholte sie ungläubig. „Sorry, aber das gibt es nicht! Die Liebe ist ein Grundbedürfnis des Menschen. Es gibt niemanden, dem die Liebe nicht wichtig ist. Es gibt nur Menschen, die ein Problem damit haben und so tun, als hätten sie kein Interesse daran. In Wirklichkeit haben sie jedoch nur Angst, genau wie du. Vermutlich hatte deine Mutter auch nur Angst. Und möglicherweise war es die gleiche Angst, die du jetzt spürst. Ich habe schon häufig davon gehört, dass man die Ängste seiner Eltern übernehmen kann, ohne dass man jemals selbst etwas Schlimmes erlebt haben muss."

„Wenn du in deine Angst hineinspürst, fühlst du dich dann wie du selbst oder eher wie deine Mutter?", fragte Juli einfühlsam.

95

Ich spürte sofort, dass Juli Recht hatte! Es war tatsächlich die Angst meiner Mutter, die ich hatte! Ich fühlte mich, als wäre ich sie, wenn ich daran dachte. Offenbar musste ich meine Angst tatsächlich als Kind von ihr übernommen haben.

Mir fiel der Brief ein, den mir die drei Anwälte damals vor meiner Haustür überreicht hatten. Mein leiblicher Vater hatte ihn mir auf dem Sterbebett geschrieben und darin meine Mutter als seine einzige und wahre Liebe bezeichnet. Er drückte in diesem Brief überaus emotional sein Bedauern darüber aus, dass er ihr das Herz gebrochen hatte. Möglicherweise hatte er das tatsächlich getan, und sie hatte dies nie überwinden können. Und es konnte gut sein, dass sie daraufhin beschlossen hatte, es nie wieder so weit kommen zu lassen, und daraufhin die Liebe nie wieder zuzulassen. Genau so fühlte ich mich nämlich, wenn ich daran dachte, eine Frau aufrichtig und wahrhaftig zu lieben. Ich hatte Angst davor, dass sie mir irgendwann das Herz brechen, mich innerlich verbrennen und mir die Seele aus meinem Leib reißen würde.

„Es ist die Angst meiner Mutter!", antwortete ich emotionaler, als ich eigentlich vorgehabt hatte. „Ich glaube, sie wurde von ihrer großen Liebe so sehr verletzt, dass sie sich entschieden – ja sogar geschworen hat –, diese seelischen Schmerzen nie wieder zu erleben. Und aus dem gleichen Grund laufe ich immer weg, wenn sich bei mir etwas entwickeln könnte. Wer nicht liebt, dem kann man auch nicht das Herz brechen!"

„Aber Robin, so etwas kann man doch aufarbeiten", sagte Beatrice mitfühlen. „Such dir einen guten Therapeuten. Damit musst du nicht leben!" Daraufhin beugte sie sich zu mir herüber und nahm mich tröstend in den Arm, was zur Folge hatte, dass die Enge in meinem Körper sofort bis in den Hals hinauf zog und mir die Kehle einschnürte. Ich konnte nicht verhindern, dass mir die Tränen in die Augen schossen, denn urplötzlich wurde mir bewusst, wie einsam ich mein Leben in den letzten zwanzig Jahren gelebt hatte. Es tat unsagbar weh, das zu erkennen – viel zu weh!

„Ist schon gut", sagte ich deshalb so schnell ich aufgrund meines immer stärker werdenden Schmerzes konnte und befreite mich freundlich aus ihrer tröstenden Umarmung. „So schlimm ist es nicht. Ich lebe schon mein gesamtes Leben mit dieser Angst. Und jetzt, wo ich endlich weiß, woher sie kommt, werde ich sie bald los sein. Das ist doch ein Grund zur Freude. Lasst uns darauf anstoßen!"

Die Mädels nahmen mir meine Freude jedoch in keiner Weise ab. Das war ihnen deutlich anzusehen. Sie merkten, dass mir in Wirklichkeit zum Heulen zumute war.

Claudia stellte dann plötzlich eine Flasche Sambuca und sechs Gläser auf den Tisch. „Okay, dann feiern wir das jetzt!", rief sie und goss die Gläser ein. „Und heute Abend gehen wir tanzen! Wir werden dich schon auf andere Gedanken bringen."

Wir kippten ein Glas nach dem nächsten weg, bis die Flasche leer war. Das Zeug brannte dabei jedes Mal so sehr in Hals und Magen, dass man fasst keine Luft mehr bekam. Doch mit jedem Glas wurde die Stimmung ausgelassener. Die Mädels kümmerten sich wirklich rührend um mich. Im Nachhinein war ich froh, dass ich ihnen von meiner Angst erzählt hatte. Und wahrscheinlich stimmte es tatsächlich: Jetzt, wo ich wusste, wo meine Angst herkam, würde ich sie auch bald besiegt haben. Und dann würde ich endlich in der Lage sein, eine Frau aufrichtig zu lieben, ihr zu geben, was sie brauchte, und gemeinsam mit ihr glücklich zu sein.

In meinem Enthusiasmus und bereits leicht angeheitert fand ich dann noch eine Flasche Wodka im Gefrierfach unseres Kühlschranks. Und es kam, wie es kommen musste: Ich trank viel zu viel! Am Ende war mir schlecht, und ich musste mich hinlegen. Das war mir schon ewig nicht mehr passiert. Claudia und Juli halfen mir, die Treppe hochzukommen. Claudia sperrte mit meinem Schlüssel die Schlafzimmertür auf, da ich selbst das Schlüsselloch nicht mehr traf. Das war mir vielleicht peinlich! Am liebsten hätte ich mich irgendwo in einem Mauseloch verkrochen.

97

Die beiden legten mich auf mein Bett, zogen mir die Schuhe aus und deckten mich mit meinem Laken zu. Dann ließen sie mich alleine. Claudia murmelte beim Rausgehen noch irgendetwas von Party, während sie die Tür hinter sich zuzog.

Ich schlief sofort ein. Es war sicherlich schon zwölf Uhr nachts, als es plötzlich an meiner Tür klopfte. Ich war noch ganz benommen und weder ausgeschlafen, noch nüchtern. Da rissen die Mädels plötzlich die Tür auf und schrien wie auf Kommando: „Partytime!" Mir platzte fast der Schädel.

Erschrocken setzte ich mich auf. „Das kann doch nicht euer Ernst sein!", rief ich fassungslos und ließ mich zurück in mein Kissen sinken.

Claudia zog mir das Bettlaken weg, mit dem ich zugedeckt war. „Los, komm! Schlafen kannst du, wenn du wieder zu Hause bist. Die Partys hier im Camp darf man einfach nicht verpassen! Du würdest uns das nie verzeihen, wenn wir dich jetzt nicht mitnehmen würden."

„Ich kann nicht. Ich bin völlig fertig. Lasst mich einfach hier liegen und in Ruhe sterben!"

„Nix da sterben!", erwiderte Juli und zog mich an den Händen hoch. „Du stehst jetzt auf und kommst mit uns auf die Party. Mit wem sollen wir denn sonst tanzen?! So fett, wie wir durch deine Torte geworden sind, fordert uns doch kein anderer mehr auf! Du hast mit der Torte Verantwortung übernommen. Also steh jetzt endlich auf und komm tanzen!"

„Tanzen?! Ich glaube, ihr seid nicht ganz bei Trost. Ich bin froh, wenn ich überhaupt alleine auf meinen Beinen stehen kann."

„Das brauchst du ja nicht. Wir stützen dich. Hauptsache, du kommst jetzt endlich in die Hufe und stehst auf", sagte Claudia.

Beatrice hielt mir eine Flasche Wasser vor die Nase. „Aber vorher trinkst du das noch. Dann wird es dir gleich besser gehen. Du brauchst einfach nur Wasser. Die Dehydration ist der größte Feind des Trinkers! Nachher kriegst du dann noch einen Wodka und die Welt ist wieder in Ordnung."

„Bloß nicht!", wehrte ich ab und gab dann ihrem Drängen nach. Ich leerte die Flasche in einem Zug, wofür ich schließlich Applaus bekam. Danach zog ich mich an und ließ mich von den Mädels auf die Party schleppen.

Sie fand in der Tropic-Bar statt, die zusammen mit dem Seerosenteich, der sich direkt gegenüber befand, den Durchgang zum Strand bildete. Die Bar war deutlich größer, als ich das gestern auf meiner Suche nach Mary und Michael vermutet hatte. Hinter der eigentlichen Bar, an der sich bereits eine Traube Cocktail schlürfender Gäste versammelt hatte, befand sich noch eine riesige Tanzfläche, die von gemütlichen Sitzgruppen für jeweils sechs bis acht Leute umrahmt war. Die Tanzfläche selbst bestand aus einem einfachen Holzboden. An der Decke hing eine gigantische Beleuchtungsanlage und riesige Lautsprecherboxen prangten an allen vier Ecken der Tanzfläche. Mehrere große Deckenventilatoren sorgten für ein angenehmes Klima, wobei die Bar ohnehin nach allen Seiten offen und damit gut belüftet war.

Ich hatte bereits gespürt, dass hier mächtig was los sein musste, als wir uns durch die Leute an der Bar hindurchgeschlängelt hatten. Der Boden bebte! Wie verrückt es dann jedoch tatsächlich auf der Tanzfläche zuging, hätte ich nicht ahnen können. Nie zuvor in meinem Leben hatte ich Leute in der Öffentlichkeit so ausgelassen und ungehemmt tanzen sehen! Ich schätze mal, dass es mindestens dreihundert Personen waren. Der DJ spielte einen fetten Technosound und heizte der Gruppe damit mächtig ein. Plötzlich verstummte der allgegenwärtige Technobass dann aber und aus den Lautsprechern erklang ein furchtbar albernes deutsches Lied: „Guten Morgen, liebe Sorgen, seid ihr auch noch alle da. Habt ihr auch so gut geschlafen, na dann ist ja alles klar!"

Ich dachte im ersten Moment, ich würde immer noch träumen. Vermutlich lag ich nach wie vor mit meinem Wodka-Kopf im Bett und bildete mir das alles bloß im Delirium ein. Doch dann wurde mir klar,

99

dass der DJ eine Art Wettkampf gegen die Teilnehmer des Camps veranstaltete. Wenn er es schaffen sollte, dass kein Einziger mehr auf der Tanzfläche seine Hüften schwang, dann hätte er diesen Wettkampf gewonnen. Doch diesen Triumph wollten ihm die Leute nicht gönnen. Sie beschwerten sich zwar lautstark mit kollektivem, empörtem Protestgeschrei, tanzten aber trotzdem weiter, trotz dieser albernen Musik.

Die ausgelassene Stimmung und die drei Energydrinks, die ich in mich reinschüttete, sorgten dafür, dass ich allmählich wieder fit wurde. Ich dachte noch einmal an die Angst, die für mein einsames Leben verantwortlich gewesen war, beschloss jedoch schnell, nicht an diesem Schmerz hängen zu bleiben. Meine Vergangenheit war passé, die konnte ich ohnehin nicht mehr zurückholen. Aber meine Zukunft konnte ich ändern! Wenn es nicht anders ging, würde ich zu Hause wirklich eine Therapie deswegen machen. Ich hoffte jedoch, dass ich hier im Camp eine andere Möglichkeit finden würde, um mein Problem zu lösen. Bisher hatte das mit der Camp-Magie tatsächlich funktioniert, auch wenn ich es mir immer noch nicht ganz erklären konnte.

Möglicherweise würde ich ja hier auf einen Therapeuten treffen, der mir helfen konnte. Ausgeschlossen war das nicht. Ich beschloss, es darauf ankommen zu lassen und jetzt erst einmal nicht weiter darüber nachzudenken. Stattdessen wollte ich emotional wieder zur Ruhe kommen.

Als der DJ die Musik aus dem Film „Dirty Dancing" spielte, zerrte mich Claudia auf die Tanzfläche und begann, den Tanz aus dem Film nachzumachen. Das war jetzt genau die richtige Ablenkung! Um ehrlich zu sein, hatte ich eine Schwäche für diesen Film und natürlich auch für diese Art zu tanzen, was ich jedoch zu Hause gegenüber meinen Jungs von der Band nie zugeben durfte. Ich machte den Spaß also mit und bewegte mich dirty.

Claudia drehte beim Tanzen voll auf! Es war heiß, ihr dabei zuzusehen, wie geschmeidig sie sich bewegte und wie anzüglich sie mich dabei anschaute.

So langsam fühlte ich mich wieder richtig gut. Die Energie in meiner Brust und das sanfte Ziehen nach oben waren endlich zurückgekehrt, und die Welt hatte ihre Schönheit wiedergewonnen. Die Stimmung in dieser Bar war einfach unglaublich. Claudia hatte Recht gehabt: Die Partys in diesem Camp durfte man einfach nicht verpassen!

Beim nächsten Lied wollte dann Juli unbedingt mit mir dirty tanzen. Ich legte meinen rechten Arm um ihre Taille, zog Julis Hüfte nah an mich heran und schaute ihr überaus arrogant und machohaft in die Augen. Dann begann ich, meine Hüften mit verhaltener Leidenschaft langsam zur Musik zu bewegen. Juli passte sich mir an. Sie wich meinem arroganten Blick in keiner Weise aus. Mutig legte sie beide Arme über meine Schultern und folgte gekonnt meinen Hüftbewegungen. Als die Musik mir den Impuls dazu gab, ließ ich meiner Leidenschaft freien Lauf und führte Juli mit fester Hand in ausladende, aber elegante Bewegungen.

Doch plötzlich geschah etwas sehr Seltsames: Ich kam auf einmal nicht mehr dazu, sie zu führen! Irgendwie machte sie bereits, was ich wollte, bevor ich es überhaupt selbst wusste. Es war, als könnte sie erahnen, welche Bewegung ich im nächsten Moment machen würde. Was jedoch noch seltsamer war: Ich konnte ebenfalls vorausahnen, was sie im nächsten Moment machen würde. Auf einmal war überhaupt nicht mehr klar, wer wen führte und ob überhaupt. Das war so komisch, dass wir beide aufhörten zu tanzen und uns fragend anschauten.

„Wie machst du das?", fragte ich sie.

„Ich mache doch gar nichts!", erwiderte sie verwundert. „Du machst doch alles."

„Ich tue gar nichts", meinte ich verwirrt.

„Ist ja auch egal. Auf jeden Fall ist es obergeil!", stellte sie fest und zog mich wieder an sich.

Wir harmonierten bei dieser Art zu tanzen so unglaublich gut miteinander, dass die Leute wohl annahmen, wir seien als Showeinlage für die Party engagiert worden. Plötzlich machten alle die riesige Tanzfläche frei und überließen uns das Parkett alleine. Mir war nicht ganz wohl dabei, hier als Attraktion aufzutreten, da ich immer noch ein wenig Angst hatte, man könnte meine wahre Identität herausfinden. Andererseits fand die Party im deutschen Ressort des Camps statt, wo diese Gefahr offensichtlich nicht allzu groß war. Bisher hatte mich außer Juli noch niemand auf meine Ähnlichkeit mit Will Robins angesprochen. Also tanzten wir weiter.

Nachdem der Song zu Ende war, bekamen wir dann tatsächlich Applaus. Daraufhin füllte sich die Tanzfläche glücklicherweise wieder, sodass ich mir keine Gedanken mehr machen musste.

Obwohl die Musikrichtung sich komplett geändert hatte und Dirty Dancing überhaupt nicht mehr passte, tanzten Juli und ich trotzdem weiterhin so. Es war einfach zu abgefahren, um jetzt schon wieder damit aufzuhören!

Während ich so überglücklich mit Juli tanzte, vergaß ich vollkommen die Zeit. Juli ging es offenbar genauso, denn wir bemerkten erst, dass die Party zu Ende war, als die Musik abgestellt wurde – vier Stunden später! Wir hatten tatsächlich vier Stunden nonstop getanzt! Ich konnte es nicht glauben, aber die Uhr log nicht. Wie war die Zeit nur so schnell vergangen?!

Beatrice hatte zwischendurch ein paar Mal versucht, mich zu einem Tanz zu verpflichten. Doch ich hatte sie jedes Mal auf später vertröstet. Nun hoffte ich, dass sie jetzt nicht sauer war deswegen. Sie war bereits gegangen. Ich würde also erst am nächsten Tag erfahren, ob es für sie in Ordnung gewesen war, dass ich die ganze Zeit nur mit Juli getanzt hatte.

Bei Juli war ich mir nach unserem heißen Tanzmarathon nicht mehr so sicher, ob sie mich nicht am liebsten mit aufs Zimmer genommen hätte. Ich konnte nicht leugnen, dass sich beim Tanzen eine erotische Spannung zwischen uns aufgebaut hatte. Zeitweise hatte ich regelrecht das Gefühl gehabt, als würden Funken zwischen uns sprühen. Aber das gehörte andererseits auch einfach zu dieser Art des Tanzes.

Wir waren tolle Synergiepartner und gerade auf dem besten Weg, etwas sehr Bedeutendes zu erforschen. Das wollte ich nicht durch ein bisschen schnellen Sex aufs Spiel setzen, auch wenn sich jetzt vermutlich die Gelegenheit dazu geboten hätte. Wir gingen also ganz brav jeder in seinen Bungalow und legten uns schlafen.

Großhirn und Emotionalgehirn

Ich erwachte gegen Mittag durch lautes Gelächter aus unserem Wohnzimmer. Hastig duschte ich und ging nach unten, um zu sehen, was dort los war. Juli saß mit den Mädels zusammen beim Frühstück im Esszimmer. Die fünf hatten offensichtlich eine Menge Spaß dabei.

„Da kommt er ja – unser Startänzer!", begrüßte mich Beatrice freudig.

„Das war gestern keine Absicht", fing ich an, mich zu entschuldigen. „Ich wollte dich nicht vertrösten. Ich weiß auch nicht, wie das passiert ist, aber irgendwie war die Party auf einmal zu Ende. Als hätte jemand die Zeit schneller laufen lassen."

„Kein Problem!", erwiderte sie lächelnd. „Mach dir keinen Stress deswegen. Es war sogar gut so, sonst hätte ich womöglich noch das wichtigste Gespräch meines Lebens verpasst!", betonte sie gewichtig.

„Das wichtigste Gespräch deines Lebens?!", hakte ich neugierig nach.

„Ich habe mich auf der Party mit Laszlo unterhalten, einem Camp-Teilnehmer, der über einen gewaltigen Wissensschatz in Sachen Glück verfügt. Was er mir gestern klar gemacht hat, das hat mich regelrecht umgehauen. Ich war ja komplett auf der falschen Spur! Und wie es aussieht, bin ich da nicht die Einzige. Alle sind auf der falschen Spur!"

„Was genau hat dir Laszlo denn erzählt?", wollte jetzt auch Juli wissen.

„Es ging um die Art und Weise, wie wir in unserer Kultur versuchen, glücklich zu werden. Die funktioniert nämlich gar nicht!", betonte sie fassungslos. „Und niemand merkt es! Das ist das Schlimmste an der ganzen Sache. Hätte mir Laszlo nicht die Augen geöffnet, ich hätte vermutlich für den Rest meines Lebens so weitergemacht."

„Wie weitergemacht?!", wollte ich wissen.

„Mit dem Streben nach äußerem Glück. Wir alle denken, dass bestimmte Lebensumstände uns glücklich machen. Wir wollen eine glückliche Partnerbeziehung, viel Geld, einen tollen Job, gesunde glückliche

Kinder, ein Haus, gute Freunde und so weiter und so weiter. Wir denken, dass wir für alle Zeiten glücklich sind, wenn wir das erst einmal alles geschafft haben.

Laszlo hat mir jedoch von Sozialstudien erzählt, die eindeutig belegen, dass die Wirklichkeit ganz anders aussieht!", erklärte Beatrice ernüchtert. „So ist es für unser Glück nur von sehr untergeordneter Bedeutung, wie viel Geld wir besitzen oder welches berufliche Ansehen wir genießen. Wohlhabende Menschen sind nachweislich nicht glücklicher als arme, erfolgreiche nicht glücklicher als erfolglose. Selbst die Gesundheit hat nur einen geringen Einfluss auf unser Glücksempfinden. Mehrere Sozialstudien belegen, dass Rollstuhlfahrer ein Jahr nach ihrem Unfall wieder genauso glücklich waren wie in der Zeit davor. Lottogewinnern ging es übrigens nicht anders. Auch sie waren nach spätestens einem Jahr in Sachen Glück wieder genau dort, wo sie vor ihrem Gewinn gewesen waren.

Das Erschütterndste ist für mich jedoch, dass Paare nach ihrer anfänglichen Verliebtheit nachweislich nicht glücklicher sind als Singles, was ebenfalls durch große Sozialstudien eindeutig belegt werden konnte. Sie halten sich nur für glücklicher, wenn sie danach gefragt werden, doch objektiv betrachtet sind sie es gar nicht."

„Und was macht jetzt wirklich dauerhaft glücklich?", fragte Juli aufgewühlt.

„Darauf konnte mir Laszlo leider keine eindeutige Antwort geben", sagte Beatrice schulterzuckend.

Beatrices Bericht hatte mich bis in den innersten Kern meines Wesens erschüttert! Es ging nicht darum, dass Geld und Erfolg nicht zum Ziel führten, denn das hatte ich ja zur Genüge erlebt, es ging mir vielmehr um die Liebe. Gestern noch war ich davon überzeugt gewesen, dass ich endlich ein erfülltes und glückliches Leben führen würde, wenn ich meine Angst vor der Liebe erst besiegt hätte. Doch warum waren dann Paare nicht glücklicher als Singles?! Wieso machte die Liebe sie nicht glücklich?

Ich brauchte jetzt unbedingt eine Antwort auf diese Frage, und wenn sie mir jemand geben konnte, dann vermutlich Mary und Michael.

Sofort unterbrach ich mein Frühstück, denn essen konnte ich nach diesem Schock sowieso nichts mehr. Ich wollte, wenn möglich, gleich mit den beiden reden. Ungeduldig erklärte ich den Mädels, dass ich zu den beiden hinüber gehen und sie nach dem richtigen Weg zum Glück fragen würde.

Juli wollte erst noch eine Kleinigkeit essen und dann nachkommen, also lief ich schon einmal alleine los. Bei Bungalow 36 war aber leider niemand. Ich durchstreifte also die Anlage um den Pool herum. Da ich die beiden dort ebenfalls nicht ausmachen konnte, ging ich zum Strand. Hier würde es nicht einfach sein, die zwei zu finden, denn der Strand war groß. Aber ich wollte es trotzdem versuchen. Die Sache ließ mir keine Ruhe.

Ich entschied mich, meine Suche nach links in Richtung des spanischen Strandabschnittes zu beginnen, denn hier hatte Mary uns hingeführt, als sie Juli die Hände auflegen wollte. Möglicherweise waren sie ja wieder dorthin gegangen.

Während ich am Wasser entlangging, betrachtete ich aufmerksam die kleinen Grüppchen, die hier überall verstreut im Sand lagen. Plötzlich kam mir der alte Chinese entgegen. Er trug noch immer das gleiche bordeauxrote Seidengewand. „Du wirst die Antwort sehr bald schon finden", sagte er zu mir, als ich ihm freundlich zulächelte.

„Welche Antwort?", hakte ich verwirrt nach.

„Die Antwort, die dich die ganze Zeit beschäftigt. Die Antwort auf meine erste Frage: Ist die Liebe der Schlüssel zum Glück oder das Glück der Schlüssel zur Liebe? Du wirst die Antwort finden!", erklärte er abermals zuversichtlich. „Aber deswegen bin ich jetzt nicht hier. Du hast Schwierigkeiten mit meiner zweiten Frage. Der Frage, was mit unserer Welt nicht stimmt. Die Welt ist krank, musst du wissen. Sie ist schwer krank!", betonte er mitfühlend. „Weißt du, wie krank sie wirklich ist?"

„Nein, wie krank ist sie denn?", fragte ich aus Höflichkeit, ohne seine Frage wirklich ernst zu nehmen.

„Das ist die richtige Frage!", antwortete er mir sehr traurig. Daraufhin wendete er sich ab und trottete weiter den Strand entlang. Ein kalter Schauer durchfuhr meinen ganzen Körper, als ich ihn so traurig davonschlurfen sah.

„Warte!", rief ich ihm nach. Doch er reagierte nicht.

Unerwartet betroffen von dieser Begegnung suchte ich weiter nach Mary und Michael. Ich ging sogar ein paar hundert Meter in das spanische Camp-Ressort hinein, doch da war niemand. Also drehte ich um und lief zurück.

Als ich unseren Strandabschnitt wieder erreichte, sah ich die Mädels aus meinem Bungalow dort zusammensitzen. Juli war jedoch nicht dabei. Stefanie machte mich sofort darauf aufmerksam, dass sie ein Stück weiter am Strand bei Mary und Michael sitzen würde. Ich war also in die falsche Richtung gelaufen.

Eiligen Schrittes ging ich zu den dreien. „Hallo Leute", begann ich aufgewühlt, sobald ich sie erreicht hatte, denn nun konnte ich endlich meine Frage stellen.

„Ich habe die beiden gerade danach gefragt, warum das Erreichen glücklicher Lebensumstände uns nicht dauerhaft glücklich macht", fiel mir Juli dann aber ins Wort. „Du kommst gerade richtig."

„Und warum nicht?", fragte ich wissbegierig und setzte mich neben sie.

„Weil unsere Lebensumstände nur in sehr eingeschränktem Maße für unser Glück verantwortlich sind", antwortete Michael. „Von sehr viel größerer Bedeutung ist es, wie wir diese Lebensumstände beurteilen. Denkt noch mal an den Chef, der euch in sein Büro bittet, um euch zu kündigen. Diese Situation selbst bestimmt nicht eure Gefühle. Erst eure Beurteilung tut das. Und diese Beurteilung ist bei uns Menschen ohne das nötige Hintergrundwissen viel zu negativ, als dass wir dauerhaft glücklich sein könnten."

„Ohne das nötige Hintergrundwissen?!", fragte ich verwundert.

„Die meisten Menschen wissen nur sehr wenig über die neurologischen Möglichkeiten unseres Gehirns in Bezug auf unsere Gefühle. Ohne dieses Wissen sucht man sein Glück in der Regel viel zu einseitig. Man glaubt es fast ausschließlich in der Verbesserung seiner Lebensumstände zu finden, was aber aus neurologischen Gründen nicht funktionieren kann."

„Und was muss ich wissen, um es besser zu machen?"

„Du solltest den Sinn der Gefühle verstehen. Denn du hast deine Gefühle ja nicht aus Jux und Tollerei. Sie haben eine Aufgabe."

„Das ist krass!", meinte Juli. „Ich wäre nie auf die Idee gekommen, dass meine Gefühle einen Sinn haben! Ich habe glückliche Gefühle immer als gut und unglückliche als schlecht betrachtet. Aber wenn ich darüber nachdenke, leuchtet mir sofort ein, dass dies nicht der tatsächliche Sinn meiner Gefühle sein kann. Was ist denn ihr wirklicher Zweck?"

„Sie sind die Werkzeuge des so genannten Emotionalgehirns", begann Michael zu erklären. „Ein evolutionär gesehen uraltes Gehirnareal, das mit dem Großhirn zusammenarbeitet. Das Emotionalgehirn ist viele Millionen Jahre alt und absolut identisch mit dem von anderen Säugetieren wie beispielsweise Affen oder Hunden."

„Heißt das, dass wir die gleichen Gefühle haben wie Hunde und Affen?", fragte ich verwundert.

„Die gleichen Gefühle wie alle höheren Säugetiere. Die Natur ging bei der Evolution des Gehirns in Stufen vor. Anstatt das Gehirn von Reptilien weiterzuentwickeln, bekamen die ersten Säugetiere einfach noch ein weiteres Gehirnareal hinzu – das Emotionalgehirn, auch Limbisches System genannt. In der nächsten Evolutionsstufe kam dann bei den höheren Säugetieren das Großhirn hinzu. Was uns von anderen Säugetieren unterscheidet, ist die Leistungsfähigkeit unseres Großhirns. Unser Emotionalgehirn dagegen ist identisch.

Mithilfe des Großhirns sind wir in der Lage, unsere Umwelt sehr differenziert und komplex zu beurteilen und Lösungen für Probleme

108

zu finden, die für das Emotionalgehirn alleine viel zu schwierig wären. Daher hält sich das Emotionalgehirn auch an die Beurteilung des Großhirns wie in dem Beispiel mit dem Chef, der euch kündigen will.

Damit das Großhirn mit dem Emotionalgehirn zusammenarbeitet und so seine Aufgabe als Zusatzintelligenz erfüllt, hat sich die Natur ein einfaches System ausgedacht. Es hat dem Großhirn zwei elementare Zielsetzungen mitgegeben. Alles, was das Großhirn will, gründet sich letztendlich auf diese beiden Zielsetzungen: Es möchte gute Gefühle erleben und unangenehme vermeiden. Aber es kann selbst keine Gefühle erzeugen! Das kann nur das Emotionalgehirn. Das ist der Trick bei der Sache: Dadurch steht das Großhirn im Dienst des Emotionalgehirns."

„Das hört sich irgendwie fies an!", meinte Juli. „Vor allem, wenn ich daran denke, wie sparsam mein Emotionalgehirn offenbar mit den glücklichen Gefühlen umgeht."

„Das Ziel des Emotionalgehirns besteht nicht darin, das Großhirn glücklich zu machen, und das sollte man unbedingt wissen, wenn man das Maximum an Glück aus diesem System herausholen will", erwiderte Michael. „Alles, was das Emotionalgehirn tut, alle Gefühle, die es erzeugt, verfolgen nur ein einziges Ziel. Und zwar das Ziel, das alle Lebewesen auf dieser Welt verfolgen – Überleben. Für diese Zielsetzung setzt es dann auch die Intelligenz des Großhirns ein. Dazu stehen ihm vier Gefühlskategorien zur Verfügung: Belohnungsgefühle, Lockgefühle, Zusammengehörigkeitsgefühle und Vermeidungsgefühle. Für diese vier Kategorien sind in unserem Emotionalgehirn vier gesonderte Emotionssysteme angelegt, die sogar gleichzeitig aktiv werden können. Drei dieser Kategorien empfinden wir als angenehm, eine als unangenehm."

„Dann muss dieses eine System wohl etwas hyperaktiv sein, wenn ich mir meine Gefühle so anschaue", erkannte Juli.

„So ist es", bestätigte Michael. „Doch das liegt nicht an deinem Emotionalgehirn. Dafür ist vielmehr das Großhirn verantwortlich!", betonte er.

„Und was macht das Großhirn falsch?", fragte Juli neugierig.

„Es beurteilt wie gesagt unsere Lebensumstände viel zu negativ. Und dadurch aktiviert es in unserem Emotionalgehirn ständig das Vermeidungssystem. Warum es das tut, würde jetzt zu weit führen. Wir werden uns später noch einmal darüber unterhalten, sonst wird die ganze Angelegenheit unüberschaubar. Ihr solltet nur wissen, dass euer Emotionalgehirn nicht euer Gegner ist. Es verfolgt lediglich die Absicht, euer Überleben zu sichern.

Kommen wir also noch einmal zu den vier Gefühlskategorien zurück. Die sollte man nämlich kennen, wenn man eine Chance auf permanentes Glück haben will. Diese vier Kategorien werden vom Emotionalgehirn für verschiedene Zwecke eingesetzt. Die so genannten Belohnungsgefühle wie Freude, Zufriedenheit, Genuss oder Spaß erhalten wir vom Emotionalgehirn für die Verbesserung unserer Lebensumstände.

Eng verwandt mit ihnen sind die so genannten Lockgefühle wie Vorfreude, Lust, Motivation oder Zuversicht. Sie beziehen sich im Gegensatz zu den Belohnungsgefühlen nicht auf die Gegenwart, sondern auf die Zukunft. Aber auch die Lockgefühle werden als positiv empfunden. Sie schwappen jedoch auch sehr schnell in Vermeidungsgefühle um, sodass wir uns dann gar nicht so recht trauen, uns wirklich intensiv auf etwas zu freuen oder die Lust darauf zuzulassen.

Die dritte Kategorie der Glücksgefühle bezieht sich darauf, dass wir in unserem Ursprung Rudeltiere sind. Zu dieser Kategorie gehören beispielsweise Verbundenheit, Harmonie, Sympathie, Vertrautheit, Zuneigung und Liebe. Sie beinhaltet die größte Vielfalt von allen vier Gefühlskategorien. Wir tun uns mit dieser Kategorie jedoch leider auch am schwersten. Sie reagiert nämlich am empfindlichsten von allen auf Negativbeurteilungen. Wenn unser Partner beispielsweise etwas tut, was wir als negativ beurteilen, ist die Harmonie sofort gestört und unsere Zuneigung wird minimiert. Diese Kategorie ist also äußerst sensibel.

110

Die vierte Kategorie besteht wie bereits erwähnt aus Vermeidungsgefühlen wie Unzufriedenheit, Frust, Widerwillen, Ablehnung, Einsamkeit oder Angst."

„Mit dieser Kategorie habe ich die wenigsten Schwierigkeiten", bemerkte Juli selbstironisch.

„Damit tun wir uns alle ziemlich leicht!", bestätigte Michael lachend. „In Bezug auf die drei Glücksgefühlkategorien tun wir uns am leichtesten mit den Belohnungsgefühlen. Sie kommen einfach von allein, wenn wir eine bedeutende Verbesserung unserer Lebensumstände erzielt haben, und erhöhen für eine Weile relativ beständig unser Glücksniveau. So fühlen wir uns nach einer ordentlichen Gehaltserhöhung oder nach einem Lottogewinn für eine Weile deutlich glücklicher. Kleinere Negativbeurteilungen wirken sich in dieser Zeit kaum auf unser Glücksempfinden aus. Glücklichsein scheint daher unter diesen verbesserten Lebensumständen relativ einfach zu sein. Leider ist dies ein Trugschluss. Die Natur hat die Belohnungsgefühle nämlich nicht für unbegrenzte Zeit vorgesehen. Was meint ihr? Wie lange freuen wir uns über eine saftige Gehaltserhöhung? Fünf Jahre? Zehn Jahre?!"

Juli schüttelte verwundert den Kopf. „Kein einziges!"

„Ungefähr drei Wochen!", erklärte Michael ernüchternd. „Große Glücksstudien belegen, dass unser Glücksniveau nach einer Gehaltserhöhung schon drei Wochen später wieder auf seinem ursprünglichen Pegel ist. Das Emotionalgehirn will dem Großhirn mit den Belohnungsgefühlen nur zeigen, dass es sehr schön ist, seine Lebensumstände zu verbessern. Danach schaltet es wieder auf Lockgefühle um, die uns dazu motivieren sollen, die nächste Verbesserung unserer Lebensumstände in Angriff zu nehmen. Diese Lockgefühle empfinden wir ebenfalls als Glück, doch auch diese Gefühlskategorie ist nicht als Dauerzustand konzipiert. Wir werden uns nicht dreißig Jahre lang auf die nächste Gehaltserhöhung freuen! Wenn nach einer gewissen Zeitspanne kein Erfolg zu verzeichnen ist, kippen die Lockgefühle in Vermeidungsgefühle um. Wir betrachten dann den momentanen Stand der Dinge als Missstand. Wir würden, um bei unserem Beispiel mit der Gehaltserhöhung zu bleiben, immer unzufriedener werden, Frust schieben und zunehmend Enttäuschungsgefühle bekommen. Diese Gefühle sind ziemlich unangenehm. Und zwar in einem Maß, dass wir die Lockgefühle vorsichtshalber oft gar nicht richtig zulassen. Wir könnten ja enttäuscht werden.

Damit bringen wir das ganze emotionale System ziemlich aus dem Gleichgewicht. Kein Tier unterdrückt seine Lockgefühle deshalb, weil es enttäuscht werden könnte – obwohl es die Enttäuschungsgefühle natürlich ebenfalls kennt! Es denkt aber im Gegensatz zu uns Menschen nicht über seine Gefühle nach. Es hat sie einfach. Dadurch kann das Emotionalgehirn einfach seinen Job machen.

Bei uns ist das anders. Wir setzen uns die Glücksgefühle bewusst zum Ziel. Und wir wollen unglückliche Gefühle um jeden Preis vermeiden. Die einfachste Möglichkeit, Enttäuschung zu vermeiden, besteht aber nun mal darin, sich erst gar nicht groß auf etwas zu freuen.

Die theoretisch größten Chancen auf Dauerglück haben wir mit den Zusammengehörigkeitsgefühlen. Sie sind nämlich wirklich als Dauergefühle gedacht. Wenn wir jemanden mögen oder lieben, dann empfinden wir diese Zuneigung über einen unbegrenzten Zeitraum. Das Emotionalgehirn will mithilfe dieser permanenten Zuneigung die Zusammengehörigkeit sichern. Doch leider macht unser Großhirn mit seinen übertriebenen Negativbeurteilungen in diesem Bereich die größten Probleme. In Bruchteilen von Sekunden schalten wir von Zuneigung auf Abneigung um, sobald unsere Liebsten etwas tun, das wir als negativ beurteilen. Und wie gesagt, das geschieht leider sehr häufig."

„Und das ist dann wohl der Grund, warum Paare im Endeffekt nicht glücklicher sind als Singles", dachte Juli laut. „Sie machen so häufig Negativbeurteilungen und sich selbst damit Abneigungsgefühle, dass sich die emotionalen Vorteile einer Partnerbeziehung durch die Nachteile wieder aufheben."

„So ist es leider!", bestätigte Michael.

„Wir haben also sowohl mit den Zusammengehörigkeitsgefühlen als auch mit den Lockgefühlen ziemliche Schwierigkeiten", fasste Juli noch einmal zusammen. „Was bleibt, sind die Belohnungsgefühle, die wir vom Emotionalgehirn durch die Verbesserung eines Lebensumstandes über begrenzte Zeit bekommen. Diese Belohnungsgefühle erachten wir dann wohl unbewusst als die beste Möglichkeit zu einem glücklichen Leben, weil sie uns nicht so schnell kaputt gehen."

„Doch leider kann das nicht funktionieren!", betonte Michael eindringlich. „Dafür müssten wir dem Emotionalgehirn ständig neue Verbesserungen unserer Lebensumstände liefern: Mehr Liebe, mehr Geld, mehr Sex, mehr Sinn, mehr Ansehen, mehr alles, mehr jedes! Und das spätestens alle paar Wochen, da das Emotionalgehirn Belohnungsgefühle wie gesagt nie lange aufrechterhält. Nach kurzer Zeit wird jede Verbesserung unserer Lebensumstände von ihm wieder als Standard definiert.

Und so sind wir ständig am Jammern, weil wir unser Glück überhaupt nicht mehr sehen. Doch schaut euch mal genau an, in welchen Lebensumständen wir tatsächlich leben!", betonte Michael kopfschüttelnd. „Wenn wir ein Dach über dem Kopf haben, einen Kühlschrank, in dem sich etwas zu essen befindet, und Kleidung zum Wechseln, sind wir reicher als 75 Prozent der gesamten Weltbevölkerung! Und wenn wir auch noch lesen können, gehören wir zu den 30 Prozent aller Menschen, die überhaupt eine Schulbildung genossen haben. Wenn wir nie Krieg oder Hunger erlebt haben, dann geht es uns besser als derzeit 500 Millionen Menschen auf dieser Erde. Wenn wir uns unsere Religion aussuchen dürfen, sind wir freier als 3 Milliarden Menschen auf dieser Welt, die immer noch entweder zu einem bestimmten Glauben gezwungen werden oder denen ihr Glaube verboten wird. Und wenn wir über ein Bankkonto verfügen und sogar noch etwas Geld am Monatsende übrig haben, dann gehören wir zu den reichsten 8 Prozent aller Menschen auf diesem Globus! Doch all das sehen wir immer noch als zu wenig an! Der Mensch gewöhnt sich nun mal an alles, und an Positives am allerschnellsten!

Permanentes Glück alleine über die Belohnungsgefühle zu verwirklichen, ist also nicht möglich. Hier brauchen wir ein ausgeglichenes Verhältnis zwischen allen vier Kategorien."

„Zwischen allen vieren?!", hakte ich verwundert nach. „Ich denke, die Vermeidungsgefühle können wir uns doch wohl eher schenken."

„Das ist so nicht ganz richtig", widersprach Michael. „Sie sind für unser Glück genauso notwendig wie die anderen drei Kategorien. Unser Gehirn ist ein hochempfindliches Gleichgewichtssystem, bei dem sich die positiven und negativen Kräfte gegenseitig im Zaum halten. Wenn man die Vermeidungsgefühle unterdrückt, was man zum Beispiel mit Medikamenten tun kann, übersteigen die Glücksgefühle ihr gesundes Maß. Aus Lust wird Gier, aus Verlangen Sucht, aus Selbstbewusstsein wird Größenwahn, aus Liebe Besessenheit und aus Lebensfreude Manie. Das passiert mit allen Gefühlen, die wir als positiv empfinden. Sobald ihnen das Gegengewicht der Vermeidungsgefühle fehlt, überschreiten sie ihr gesundes Maß und kehren sich ins Negative."

„Okay, das leuchtet mir ein", sagte ich nachdenklich. „Meine schlechten Gefühle sind also gar nicht schlecht, wenn man das so betrachtet."

„Sicherlich nicht. Alle unsere Gefühle sind gut. Sie müssen wie gesagt nur in ein ausgeglichenes Verhältnis zueinander gebracht werden. Wenn eine der vier Kategorien zu stark oder zu schwach ist, entstehen immer Probleme. Sind unsere Lockgefühle beispielsweise zu schwach, dann fehlt unserem Gehirn Dopamin – das Hormon, das diese Gefühle maßgeblich steuert. Empfinden wir zu wenig Belohnungsgefühle, dann fehlt Serotonin. Fehlt uns die Zusammengehörigkeit, mangelt es uns an Oxytocin – dem Verbundenheitshormon. Diese drei Hormone – und dazu mehr als zwanzig andere – müssen in einem gesunden Verhältnis zueinander stehen, sonst wird es nichts mit dem Glück. Glück ist also neurochemisch gesehen eine recht komplizierte Angelegenheit.

Doch dank deiner Methode ist das jetzt kein Problem mehr", sagte Michael anerkennend zu mir. „Das Positive Fühlen reguliert unsere falschen Negativbeurteilungen und bringt alles wieder ins Lot. Wie gut das in der Praxis tatsächlich funktioniert, ist schier unglaublich! Wir haben mal ein wenig damit herumgetestet."

„Du machst mich neugierig!", erwiderte ich erfreut. „Doch ich möchte mich nicht länger mit fremden Federn schmücken. Das Positive Fühlen ist nämlich nicht alleine auf meinen Mist gewachsen. Juli hat den gleichen Anteil daran."

„Ihr seid offensichtlich ein gutes Team", sagte Michael anerkennend. „Wir haben uns in den letzten Jahren mit Glückskonzepten aus allen Kulturen dieser Erde beschäftigt. Vermutlich gibt es auf dieser Welt nicht mehr sehr viel, was wir noch nicht kennen. Es existieren viele Methoden, mit denen man emotionale Probleme lösen oder sich ein paar Glücksgefühle zaubern kann. Die große Schwierigkeit liegt jedoch bei allen Methoden darin, sich dauerhaft und permanent in hoher Intensität glücklich zu fühlen und die Welt gleichzeitig noch realistisch beurteilen zu können. Das gelingt wie gesagt nur durch den gesunden Ausgleich der vier Gefühlssysteme. Nur sehr wenige Menschen auf dieser Welt haben das bisher tatsächlich geschafft. Doch dank eurem Positiven Fühlen könnte sich das ändern! Diese Methode muss nur noch in ein größeres Konzept integriert werden, damit sie im Alltag tatsächlich immer funktioniert."

„Leider haben wir jetzt keine Zeit, euch das genauer zu erklären", sagt Mary und sah dabei auf ihre Uhr. „Wir müssen los! Wir haben noch einen Termin. Wir sehen uns dann später." Daraufhin packten die beiden eilig ihre Badesachen ein und machten sich auf den Rückweg zur Bungalowanlage.

Sie hatten es leider so eilig, dass ich es mir verkneifen musste, in Bezug auf dieses größere Konzept nachzuhaken, obwohl meine Wissbegier mich schier um den Verstand brachte. Die beiden hatten ja keine Ahnung, was sie in mir auslösten, wenn sie mir solche

Brocken vor die Füße warfen und mich dann einfach in meiner Unwissenheit hängen ließen!

Eine Frage hatte sich jedoch bereits für mich beantwortet: Ich würde nicht automatisch für alle Zeiten glücklich sein, allein dadurch, dass ich meine Angst vor der Liebe aufgelöst hätte. Das konnte ich mir getrost abschminken! Glücklich zu sein war offenbar doch ein wenig komplizierter. Aber es war möglich! Und das Konzept, in welches das Positive Fühlen integriert werden musste, war der Schlüssel dazu. Dies zu wissen gab mir Hoffnung. Andererseits schürte es aber auch meine unerträgliche Ungeduld.

„Was meinst du, was die beiden mit dem größeren Konzept gemeint haben könnten?", fragte ich Juli daher sofort, nachdem sie weg waren.

„Keine Ahnung! Aber ich habe das Gefühl, dass sie wirklich wissen, wovon sie reden!"

„Das macht mich fertig!", erklärte ich frustriert.

„Was macht dich fertig?"

„Na, dass die beiden uns so hängen lassen!", antwortete ich. „Da eröffnen sie uns mal so nebenbei, dass man es mit diesem Konzept schaffen kann, wirklich dauerhaft auf hohem Niveau glücklich zu sein, und dann sagen sie uns nicht, wie es geht."

„Wir treffen sie doch nachher wieder", erwiderte Juli kopfschüttelnd und lachte. „Warten gehört wohl nicht zu deinen Stärken, oder?!", fragte sie dann grinsend.

„Ich hasse es!", erwiderte ich, musste aber sofort mitlachen.

„Ich möchte jetzt ehrlich gesagt keine Zeit mehr mit Warten verschenken", erklärte Juli motiviert, „denn eines habe ich bei Michaels Ausführungen wirklich verstanden: Das Positive Fühlen ist die realste Chance auf ein wirklich glückliches Leben. Ich bin sicher, wir werden noch alles Wichtige über dieses Konzept erfahren. Doch jetzt sollten wir wirklich damit anfangen, das Positive Fühlen konsequent anzuwenden. Die beste Methode nützt nichts, wenn man sie nicht anwendet. Und dann sollten wir Beatrice und den anderen erzählen, was Michael uns erklärt hat. Die hängen ja auch alle ganz schön in der Luft.

Aber vorher möchte ich dir noch etwas sagen", ergänzte sie dann plötzlich, legte ihre Hand auf meine und schaute mich dabei fast liebevoll an. „Ich finde es sehr schön, dass du immer von unserer und nicht von deiner Methode redest, wenn es um das Positive Fühlen geht."

Ein Schauer jagte mir dabei durch den Körper, was mich sehr irritierte. Schnell wandte ich meinen Blick ab und flüchtete mich in eine Antwort. „Es wäre auch wirklich ungerecht, wenn ich sie als meine Methode verkaufen wollte. Du hast mir das alles schließlich erst beigebracht. Das Einzige, was ich getan habe, war, das Körpergefühl bewusst zu verstärken."

„Mir ist es nicht wichtig, einen Anteil an der Methode zu bekommen, versteh mich da nicht falsch. Ich finde es einfach sehr anerkennenswert, dass du dein Ego so gut im Griff hast. Die meisten Männer, die ich kenne, hätten das Positive Fühlen als ihre alleinige Errungenschaft ausgegeben", sagte Juli anerkennend und suchte dabei erneut meinen Blick. „Du bist eine echte Ausnahmeerscheinung!"

„Macht ihr heute Abend auch beim Feuerlauf mit?", fragte uns plötzlich einer der Leute, mit denen wir am Tag meiner Ankunft in den Wellen herumgespielt hatten, und rettete mich aus dieser sentimentalen Situation.

„Feuerlauf?!", ging ich begeistert darauf ein. „Das wollte ich immer schon mal machen. „Was ist mir dir?", fragte ich Juli motivierend.

„Wenn du mitmachst, mache ich auch mit", antwortete sie.

„Dann sind wir dabei!", erklärte ich dem Mann, woraufhin er zu anderen Leuten weiterging, um sie ebenfalls zu fragen.

In mir keimte die Befürchtung auf, dass Juli möglicherweise dabei war, sich in mich zu verlieben. ‚Wenn du mitmachst, mache ich auch mit!', hatte sie gesagt. Und ich wäre eine Ausnahmeerscheinung. Und

117

wie sie mich dabei angeschaut hatte! Ich hatte gestern nach der Party ja schon das Gefühl gehabt, dass sie mich am liebsten mit aufs Zimmer genommen hätte.

In mir schlugen alle Alarmglocken! Denn ich wollte nicht, dass sie sich in mich verliebt. Auch nicht, wenn ich meine Angst vor der Liebe dann besiegt hätte. Sie war ein wirklich süßes Mädchen, aber doch keine Frau für mich! Sie war gerade mal zwanzig!

„Okay, dann gehen wir am besten gleich mal rüber zu den Mädels und erklären ihnen alles!", sagte ich daher, um unserer Zweisamkeit ein möglichst baldiges Ende zu setzen.

„Gerne!", antwortete Juli und stand sofort auf.

Nachdem wir die Mädels über die voraussichtlichen Möglichkeiten des Positiven Fühlens informiert hatten, waren alle wie erwartet motiviert bis zur Halskrause. Und so trafen wir gemeinsam einen sehr bedeutsamen Beschluss: Wir wollten das Positive Fühlen ab jetzt so oft und so intensiv wie möglich trainieren. Und natürlich wollten wir gleich damit anfangen. Und so verbrachten wir den Nachmittag dann mit Hochziehübungen am Strand.

So recht wollte es mir anfangs jedoch nicht gelingen. Es zog mich ständig wieder runter. Mir war sofort klar, was das Hochziehen so mühsam machte. Es war die Befürchtung, dass Juli sich in mich verlieben könnte. Diese Befürchtung zog mächtig runter. Ich wollte ihr auf keinen Fall wehtun. Das hätte ich nicht ertragen können.

Dann fiel mir meine Geller-Methode wieder ein, mit der ich mich wenigstens zeitweise aus dem Jenny-Loch geholt hatte. Diese Methode hatte zwar nicht ewig angehalten, doch ich empfand es schon fast als ein Wunder, dass es angesichts der Schwere des Problems überhaupt für eine Weile funktioniert hatte. Und verglichen mit meinem Jenny-Thema war das mit Julis eventueller Verliebtheit ja eigentlich nur Kindergarten.

Ich versuchte es also erneut mit meiner Geller-Methode. Ich verstärkte mit aller Kraft die Lebensenergie in meinem Brustkorb und zog damit so stark ich konnte hoch. Dann ließ ich für einen Moment los, um anschließend erneut mit aller Kraft hochzuziehen. Nachdem ich das bestimmt sieben, acht Mal getan hatte, kam ich gar nicht mehr runter. Es ging einfach nicht mehr, was mich sehr freute.

Das war jedoch noch nicht das Tollste an der Sache. Das Beste bemerkte ich erst, als ich mich nach dieser Hochziehekstase zum Ausruhen auf mein Badetuch legte und die Augen schloss. Die Energie in meinem Körper zog nämlich weiterhin volle Pulle hoch, ohne dass ich irgendetwas dafür tun musste!

Ich fühlte mich unglaublich gut. Es machte mir jetzt auch nichts mehr aus, dass ich auf die Erklärung des angedeuteten Konzeptes für das Positive Fühlen warten musste. Selbst dann nicht, wenn ich daran dachte, dass ich diese Erklärung am heutigen Tag vielleicht gar nicht mehr bekommen würde.

Auch Julis mögliche Verliebtheit erschien mir kein reales Problem zu sein. Sie hatte mir Anerkennung und Wertschätzung entgegengebracht – mehr eigentlich nicht! Ich hatte da wohl einfach nur zu viel hineininterpretiert.

Meine guten Gefühle hielten den gesamten Nachmittag über an. Ich war so extrem gut drauf, dass die Mädels schließlich wissen wollten, was denn eigentlich mit mir los sei. Daraufhin erklärte ich ihnen meine Geller-Methode, was zur Folge hatte, dass wir letztendlich alle sechs am Strand saßen und vor uns hinrinsten. Und dieses Mal klappte es auch bei Stefanie.

Die ganz große Liebe

An diesem Abend lernten wir Joe, unseren Feuerlauftrainer, kennen. Er hatte nach eigenen Angaben bereits über dreihundert Feuerläufe geleitet und wirkte sehr kompetent. Ich hatte den Eindruck, bei ihm in guten Händen zu sein. Joe war genauso ein Teilnehmer des Camps wie wir. Er war von einigen anderen Gästen gebeten worden, doch mal einen Feuerlauf für uns zu veranstalten, und nun hatte er ihrem Wunsch nachgegeben.

Ein paar Leute hatten einen beeindruckenden Stapel Kaminholz besorgt und es am Strand aufgeschichtet. Der Event sollte aufgrund möglicher Brandgefahr aber nicht hier, sondern weiter draußen auf einer Sandbank stattfinden. Dort wäre der Boden ausreichend fest, was für den Feuerlauf sehr wichtig sei, hatte Joe uns erklärt.

Am Strand hatten sich sicherlich über fünfzig Leute versammelt. Jeder nahm sich ein paar Holzscheite und trug sie durch das Wasser, das nur knietief war, etwa fünfzig Meter raus zur Sandbank. Dort türmten wir das Holz nach Joes fachkundiger Anleitung zu einem ein Meter breiten und vielleicht vier Meter langen Quader auf.

Es war schon fast dunkel, als Joes Helfer schließlich an mehren Stellen das Feuer anzündeten. Innerhalb weniger Minuten brannte da draußen auf der Sandbank ein regelrechtes Höllenfeuer. Das Holz krachte lautstark und ließ Funken in alle Richtungen stieben, während die Flammen höher und höher hinaufzüngelten. Gigantische Rauchschwaden zogen in den sternenklaren Himmel. Das Feuer wurde dabei so unglaublich heiß, dass wir alle ins Wasser zurückwichen.

Juli war an meiner Seite und kommentierte die Angelegenheit mit einem ihrer Lieblingsworte: „Krass!" Ich konnte mir jetzt beim besten Willen nicht mehr vorstellen, wie man ohne ernsthafte Verletzungen durch diese Flammen laufen sollte.

Joe ließ uns zur Vorbereitung auf den Feuerlauf zwei Zeilen eines indianischen Liedes singen, mit denen wir die Flammen besänftigen sollten. Danach teilte er kleine Zettel aus und bat uns, einen Herzenswunsch auf dieses Papier zu schreiben, für dessen Erfüllung wir sogar bereit wären, durchs Feuer zu gehen.

Mir war sofort klar, was ich mir wünschen wollte. Ich wollte endlich lieben können! Ich wollte die Liebe, die ich mit Jenny erlebt hatte, mit einer richtigen Frau erleben. Für die ganz große Liebe wäre ich sofort bereit, durchs Feuer zu gehen. Ich wäre bereit, für sie bis ans Ende der Welt und noch viel weiter zu gehen! Und so schrieb ich meinen Wunsch auf den Zettel, faltete diesen zusammen und wartete ab.

Nach einer Weile hatten alle ihren Wunsch notiert. Als Nächstes wurde das Feuer, das mittlerweile bis auf die Glut heruntergebrannt war, mit Rasenrechen zu einem sicherlich fünf Meter langen glühenden Teppich ausgebreitet. Zu meiner Überraschung war diese Glut immer noch so heiß, dass man sich kaum in ihrer Nähe aufhalten konnte. Ich konnte mir immer weniger vorstellen, ohne Verbrennungen über diesen Glutteppich gehen zu können.

Inzwischen saßen wir im Kreis um den Feuerteppich herum und stimmten erneut unseren indianischen Gesang an, der auch während der gesamten Zeit des Feuerlaufs erklingen sollte, um das Feuer zu besänftigen.

Als Erstes trat Joe vor den Glutteppich und übergab dem Feuer feierlich den Zettel mit seinem Wunsch. Das gehörte offenbar zum Ritual. Danach blieb er einen kurzen Moment vor dem Feuer stehen und schloss die Augen. Einige Sekunden später lief er in ganz normalem Tempo über die Glut. Genauso als würde er einfach über den Strand spazieren. Ich fand das unglaublich!

Eine Frau aus der Gruppe, der man ansah, dass sie überaus esoterisch angehaucht war, stand auf und stellte sich mit nach oben ausgestreckten Armen theatralisch vor die Glut. Dann übergab auch sie dem Feuer feierlich ihren Wunsch und schritt völlig ruhig über die Glut.

Ich wusste, dass meine Angst vor dem Feuer immer stärker werden würde, je länger ich damit wartete. Also stand ich als Nächster auf und trat an den Teppich. Die Hitze der Glut brannte unbarmherzig in meinem Gesicht, als ich etwas näher herangehen musste, um meinen Zettel ins Feuer zu werfen. Ich musste mich nach nicht einmal einer Sekunde vom Feuer abwenden, weil ich die Hitze im Gesicht nicht länger ertragen konnte. Der Rauch brannte in meinen Augen und erschwerte mir das Atmen.

Da stand ich nun vor dem Feuerfeld und schaute mehr als beeindruckt in die heiße Glut, die bedingt durch den recht starken Wind hellrot in der Dunkelheit aufglomm. Ich fasste mir ein Herz, konzentrierte mich auf das Ende des Teppichs und atmete ein paar Mal tief durch. Dann gab ich mir einen innerlichen Ruck und ging los.

Es war heiß! Unglaublich heiß! Und mit jedem Schritt wurde es heißer – sehr viel heißer, als ich mir vorgestellt hatte! Ich konnte nicht so cool darüberlaufen wie meine Vorgänger, das wurde mir ganz schnell klar. Es schmerzte unter meinen Füßen. Es schmerzte ganz gewaltig! Ich konnte mir nicht vorstellen, wie meine Haut das aushalten sollte. Ich beschleunigte meine Schritte und brachte die Sache so schnell ich konnte hinter mich.

Als ich wieder normalen Boden unter den Füßen hatte, ließen meine Schmerzen nach, was mich beruhigte. Ich setzte mich auf meinen Platz neben Juli in den Kreis und stimmte in den Gesang mit ein. Während ich so dasaß, wurde ich aber immer unsicherer, ob ich mir nicht vielleicht doch meine Füße verbrannt hatte. Irgendwie schmerzten sie. Da fiel mir auf, dass ich nicht der Einzige war, der inmitten der Glut anfing, kleinere Sprünge zu machen, um das Ganze schneller zu Ende zu bringen. Ich konnte mir aber trotzdem nicht vorstellen, dass das normal sein sollte. Bisher hatte sich das immer ganz anders angehört, wenn Leute vom Feuerlauf erzählt hatten.

Bevor ich Juli jedoch darauf ansprechen konnte, stand sie schon auf und trat vor das Feuer. Sie warf ihren Zettel in die rote Glut und marschierte tapfer los. Auch sie beschleunigte zusehends ihre Schritte. Als sie wieder neben mir stand, schaute sie mich unsicher an. „Das hat Scheiße weh getan!", flüsterte sie fassungslos und setzte sich.

Joe muss ebenfalls unsicher geworden sein, nachdem er unsere Feuerläufe beobachtet hatte. Es war wohl tatsächlich nicht normal, dass alle mit Schmerzen auf dem Teppich herumtänzelten. Nachdem nun etwa die Hälfte der Leute durchs Feuer gegangen war, trat er selbst noch einmal vor die Glut und überquerte sie. Danach brach er den Feuerlauf sofort ab. Irgendetwas war nicht in Ordnung. Auch er hatte sich jetzt die Füße verbrannt, und zwar anständig! Die ganze Sache war ihm überaus peinlich, was ihm offensichtlich mehr ausmachte als die Verbrennungen an seinen Füßen.

Mir wurde in diesem Moment erst bewusst, dass ich mir tatsächlich die Füße verbrannt hatte. Bis dahin war ich mir nicht sicher gewesen. Doch jetzt, wo es klar war, fingen sie an, heftig zu schmerzen. Ich stand auf und humpelte vorsichtig zum Wasser. Juli folgte mir, genau wie viele andere, die sich ebenfalls die Füße im Wasser kühlen wollten.

Joe tat das alles unsagbar leid. Er entschuldigte sich mehrmals aus ganzem Herzen bei uns. Das war ihm noch bei keinem einzigen der vielen Feuerläufe, die er bis dahin geleitet hatte, passiert.

Was mich an der ganzen Aktion dennoch begeisterte, war die ausgelassene Stimmung, in der wir uns trotz unserer verbrannten Füße nun befanden. Während wir alle im Wasser herumstanden und unsere Wunden kühlten, lachten wir über unsere panischen Sprünge im Feuer und über unsere eigene Dummheit, trotzdem noch über das Feuer zu laufen, obwohl wir gesehen hatten, dass andere vor uns in der Glut vor Schmerzen herumgehüpft waren.

Nach einer Weile beschlossen Juli und ich, zum Camp zurückzugehen und unsere Füße im Swimmingpool zu kühlen. Es wäre sicherlich deutlich bequemer, am Pool zu sitzen, als am Strand im Wasser zu stehen. Außerdem wollte ich genau wissen, wie schlimm es tatsächlich um unsere Füße stand. Die Schmerzen wurden nämlich nach ein paar

123

Sekunden ohne Kühlung bereits so stark, dass wir es kaum aushalten konnten. Möglicherweise würde es sogar notwendig sein, einen Arzt aufzusuchen. Hier am Stand war es jedoch zu dunkel, um dies beurteilen zu können. Wir gingen also so lange es ging durchs Wasser zurück und humpelten dann schnellen Schrittes die einhundert Meter vom Strand zum Pool.

Als wir dort angekommen waren, setzten wir uns an den Poolrand und hängten unsere Füße ins Wasser. Die Schmerzen ließen augenblicklich nach. Dann erkannten wir, dass es halb so schlimm war mit unseren Verbrennungen. Die Haut war an einigen Stellen ein wenig zusammengeschrumpft. Das war's dann aber auch schon – es gab keine offenen Stellen oder Blasen. Trotzdem schmerzten unsere Füße bereits nach wenigen Sekunden heftig, wenn wir sie aus dem kühlenden Nass herausnahmen. Wir stellten uns also darauf ein, noch eine ganze Weile hier am Pool sitzen bleiben zu müssen, was aber nicht wirklich schlimm war.

Die Nächte in Hawaii waren wunderschön. Hier war es auch nachts sehr angenehm warm. Um den Pool herum saßen zahlreiche Leute an ihren Terrassentischen, die sie auf die Liegewiese getragen hatten. Auf den meisten Tischen brannten rote Kerzen und verbreiteten in der gesamten Anlage eine feierliche Stimmung. Manche Leute hatten mehrere Tische aneinandergereiht und aßen gemeinsam mit den Bewohnern ihrer Nachbarbungalows an diesen großen Tafeln zu Abend.

Die laue Luft, die harmonische Stimmung der Campteilnehmer und die sanfte Beleuchtung gaben dem Camp eine richtig verzauberte Stimmung. Wir genossen es trotz unserer verbrannten Füße sehr, hier am Pool zu sitzen und die Leute zu beobachten.

Die schöne Stimmung ließ mir die angenehme Lebensenergie in meinem Körper wieder bewusst werden, deren Zugkraft nach oben ich seit unserer Hochziehekstase am Strand schon den ganzen Tag über unterschwellig gespürt hatte. Es war unglaublich schön, das Positive

Fühlen über so einen langen Zeitraum permanent zu spüren. Mir wurde bewusst, was für ein besonderes Geschenk das war. Ich fühlte mich wie verliebt – verliebt ins Leben.

„Was hältst du davon, wenn wir uns gegenseitig unsere peinlichsten Momente erzählen?!", schlug Juli plötzlich begeistert vor und riss mich damit aus meinen angenehmen Gefühlen.

Ich tippte mir ganz spontan mit dem Zeigefinger an die Stirn, um deutlich zu machen, was ich davon hielt. „Wozu soll denn das bitte gut sein?!"

„Um uns die Zeit zu vertreiben!", erklärte sie amüsiert. „Wenn ich das richtig sehe, dann wird das heute eine lange Nacht dank unserer Füße. Ach, komm schon! Das ist doch viel lustiger als Witze erzählen. Ich fange auch an, wenn du das möchtest."

„Du willst mir wirklich eine deiner peinlichsten Situationen erzählen?!", fragte ich kopfschüttelnd.

„Nur, wenn du mir danach auch eine peinliche Geschichte erzählst!", betonte sie. „Komm schon! Mach mit! Wir sind doch Freunde."

„Freunde erzählen sich nicht ihre peinlichsten Momente!", wehrte ich ab.

„Dann sind wir eben beste Freunde! Beste Freunde erzählen sich alles!"

„Deiner Neugier zu widerstehen, gehört wohl nicht wirklich zu deinen Stärken, oder?!", wehrte ich mich weiterhin.

„Jetzt lenk nicht ab! Komm, mach doch mit! Da ist doch nichts dabei. Das wird ein Riesenspaß, du wirst sehen! Also ich fange jetzt an. Und danach bist du dran. Okay?"

„Na gut", stimmte ich immer noch etwas widerwillig zu. „Aber es muss wirklich eine überaus peinliche Geschichte sein. Eine, die du nicht jedem erzählen würdest."

„Ich erzähle dir eine Geschichte, die ich noch nie irgendjemand erzählt habe. Und dann will ich von dir ebenfalls eine hören, von der außer dir niemand etwas weiß. Das ist der Deal!"

„Okay! Einverstanden. Ich habe so eine Geschichte, die mir wirklich peinlich ist. Aber erst einmal bist du dran", sagte ich bestimmt.

„Also los!", begann Juli, um sich selbst Mut zu machen; dann holte sie tief Luft. „Ich war damals siebzehn und schwärmte für einen Jungen aus der Abschlussklasse. Genau gesagt war er der Schwarm der ganzen Schule. Ich war schon seit Jahren in ihn verliebt, hatte mich aber noch nie getraut, ihn anzusprechen oder ihm wenigstens einmal tief in die Augen zu sehen. Natürlich fiel ich daher fast in Ohnmacht, als er mich plötzlich fragte, ob ich mit ihm an diesem Abend ins Kino gehen wollte. Ich brachte keinen Ton heraus, nickte aber so deutlich mit dem Kopf, dass es mir echt peinlich war. Daraufhin sagte er, dass er mich am Abend zu Hause abholen würde, und ging davon.

Ich kann dir gar nicht sagen, wie aufgeregt ich war. Er war immerhin der tollste Typ der ganzen Schule! Hinter ihm waren alle Mädels her. Und er hatte mich angesprochen. Das war unglaublich! Um acht Uhr abends wollte er bei mir vorbeikommen. Ich stand schon um vier vor dem Spiegel und fing an, mich schön zu machen. Ich weiß gar nicht mehr, wie oft ich meine Kleider gewechselt habe. Irgendwie war nichts von meinen Sachen sexy genug. Schließlich entschied ich mich für eine weiße, knallenge Jeans, die meinen knackigen Po so richtig zur Geltung brachte. Du hast doch sicherlich schon bemerkt, dass ich einen superknackigen Po habe, oder?!", fragte Juli mich plötzlich keck.

„Wäre mir so direkt gar nicht aufgefallen", antwortete ich gespielt desinteressiert. „Aber erzähl erst mal weiter!"

„Natürlich ist es dir aufgefallen!", kommentierte Juli meine Bemerkung. „Das fällt jedem Mann auf. Und die enge weiße Hose sollte es ihm ebenfalls unmissverständlich klarmachen. Nach vier Stunden ankleiden, schminken und schön machen war es endlich so weit. Er würde jeden Moment an der Tür klingeln. Ich war unglaublich nervös – du kannst dir gar nicht vorstellen, wie sehr! Ich war so aufgeregt, dass ich exakt in dem Moment, als er an der Tür klingelte, meine Periode bekam. Und das in einer knallengen weißen Hose!

Ich war völlig mit den Nerven fertig. So konnte ich auf keinen Fall die Tür aufmachen. Ich konnte ihn aber auch nicht einfach draußen stehen lassen. Er wäre sicher gleich wieder gegangen. In meiner Verzweiflung bat ich meinen kleinen Bruder, ihm die Tür zu öffnen. Er war der Einzige, der gerade zu Hause war. Danach rannte ich so schnell ich konnte wieder die Treppe hoch und ins Bad. Mein Zimmer lag direkt gegenüber vom Badezimmer im ersten Stock. Mein Traumprinz würde sich also unten im Flur einen Moment gedulden müssen, bis ich mich trockengelegt und eine neue Hose angezogen hätte.

Ich hatte meine Tage richtig heftig bekommen. Mein Slip und meine Hose waren voller Blut. Es war ein regelrechtes Blutbad. Da ich nicht viel Zeit hatte, trocknete ich mich nur schnell ab, schob einen Tampon rein und trippelte mit runtergelassener Hose über den Flur in mein Zimmer, um dort meine Klamotten zu wechseln.

Als ich die Tür öffnete, traf mich fast der Schlag. Mein kleiner Bruder hatte meinen Traumprinzen, anstatt ihn unten im Flur warten zu lassen, einfach in mein Zimmer geführt! Und so stand ich vor ihm mit meiner Zündschnur zwischen den Beinen und der blutigen Hose über meinen Knöcheln. Ihm fiel regelrecht die Kraft aus dem Gesicht, als er mich so sah, und ich fiel fast in Ohnmacht. Ich kann dir gar nicht sagen, wie peinlich mir das war!"

„Ach du liebe Scheiße!", erwiderte ich belustigt und gleichzeitig mitfühlend. „Das war wirklich peinlich. Und wie hat er dann reagiert?"

„Er verließ, ohne ein Wort zu sagen, sofort mein Zimmer. Genau wie ich war er völlig überfordert von der Situation. Den ganzen Abend haben wir kein einziges Wort darüber verloren. Wir haben einfach so getan, als wäre es nie passiert. Danach haben wir uns leider nie wieder getroffen."

„Und warum nicht?"

„Weil die peinlichen Gefühle einfach zu stark waren. Wir vermieden es beide, uns in die Augen zu sehen. Aber jetzt bist du dran! Ich will deine peinliche Geschichte hören."

„Na gut! Auch meine Story ist schon ein paar Tage her. Ich war glaube ich vierundzwanzig oder so. Es war Wochenende, und ich wollte mich mit ein paar Kumpels zum Ausgehen treffen. Aber irgendwie sagten die dann alle kurzfristig ab. Zum alleine weggehen hatte ich aber auch keine Lust. Andererseits war es nicht weniger ätzend, den Samstagabend alleine zu Hause vorm Fernseher zu verbringen. Ich beschloss daraufhin in meinem Frust, mich einfach zu besaufen. Nachdem ich bestimmt eine halbe Flasche Rum geleert hatte, klingelte es plötzlich an meiner Tür. Einer meiner Kumpel, die alle abgesagt hatten, war vorbei gekommen. Er hatte jetzt überraschend doch Zeit und wollte mit mir in den Club fahren, in den wir ursprünglich hatten gehen wollen. Ich konnte jedoch nicht mehr selbst fahren. Dafür war ich viel zu betrunken. Da er kein Auto hatte, fuhr er also meinen Wagen.

Im Club trank ich dann noch mal einiges an Alkohol. Nach einer Weile lernte ich an der Bar eine wirklich heiße Braut kennen. Ihr fiel sofort mein Knackarsch auf. Du hast doch sicherlich schon bemerkt, dass ich einen richtigen Knackarsch habe, oder?!“, fragte ich Juli, um mich zu revanchieren.

„Das ist mir in der Tat aufgefallen!“

„Genau wie der Frau an der Bar. Zwischen uns beiden knisterte es heftig. Das konnte ich sogar mit meinem besoffenen Kopf noch spüren. Leider hatte ich mit ihr bereits ein paar Cocktails zu viel getrunken, die mein Magen nicht mehr vertrug. Ich entschuldigte mich und ging kurz raus an die frische Luft. Ich hoffte sehr, dass mir danach wieder etwas besser sein würde, denn die Frau war echt heiß! Und es war auch ziemlich klar, dass sie nicht abgeneigt war, die Nacht mit mir zu verbringen.

Als ich draußen war, lief ich irgendwie automatisch in die Richtung, in der mein Auto stand. Ich hätte überallhin gehen können, aber nein, blöderweise zog es mich natürlich genau dorthin. Ich wollte mich nur kurz hinsetzen und öffnete dazu die Fahrertür. Doch gerade als ich mich setzen wollte, musste ich plötzlich kotzen. Ich schaffte es gerade noch, den Strahl meines Mageninhaltes neben meinen Wagen zu lenken. Danach erkannte ich, dass das echt übel aussah. Um auszusteigen, hätte ich direkt durch meine eigene Kotze laufen müssen. Außerdem wäre es mir mehr als peinlich gewesen, wenn die heiße Braut vielleicht mit meinem Auto fahren wollte, das neben einer gigantischen Pizza aus Kotze stand. Glücklicherweise fuhr der Wagen vor mir gerade weg, sodass sein Parkplatz frei wurde. Ich ließ also meinen Wagen an und rollte ein paar Meter vor. Das kriegte ich mit meinem besoffenen Kopf gerade noch hin. Als ich wieder aussteigen wollte, klopfte es plötzlich an mein Fenster. ‚Guten Abend!', sagte einer von zwei Polizisten zu mir, die sich dominant vor mir aufgebaut hatten. ‚Haben Sie etwas getrunken?'"

„Nein!", rief Juli geschockt und gleichzeitig amüsiert. „Und damit war dein Führerschein futsch."

„Für ein Jahr! Wegen diesen fünf Metern, die ich betrunken gefahren war."

„Und hat sich die Nacht mit der Frau von der Bar dann wenigstens gelohnt?"

„Sie war verschwunden, als ich wieder zurückkam! Die Polizei hat eine Ewigkeit gebraucht, um mit mir fertig zu werden."

Juli lachte herzhaft. „Du hast deinen Führerschein also völlig umsonst abgegeben! Dumm gelaufen! Und das hast du bisher tatsächlich noch niemandem erzählt?! Diese Geschichte solltest du veröffentlichen. Damit würdest du berühmt werden."

„Ich kann's mir ja noch mal überlegen", entgegnete ich und musste mitlachen. „Damals fand ich das alles aber gar nicht so witzig."

„Zum Lachen fand ich meine Geschichte damals auch nicht. Aber im Nachhinein könnte ich mich weghauen, wie ich dastand mit meiner Zündschnur."

Mit solchen und ähnlichen Geschichten vertrieben wir uns dann noch eine ganze Weile die Zeit. Juli hatte nicht zu viel versprochen. Es war tatsächlich deutlich lustiger, als sich gegenseitig Witze zu erzählen. Ich hatte mich seit ewigen Zeiten nicht mehr so gut amüsiert.

Mittlerweile war es Nacht geworden. Um uns herum waren bereits alle schlafen gegangen. Unsere Füße schmerzten jedoch immer noch so sehr, sobald wir sie ans Trockene brachten, dass wir es vorzogen, die Nacht am Pool zu verbringen. Ob ich mit den Füßen im Wasser schlafen könnte, bezweifelte ich zwar, aber ich war seltsamerweise kein Stück müde und Juli, wie es aussah, ebenfalls nicht.

Es war sehr schön, das Camp zum ersten Mal so ruhig zu erleben – richtig romantisch. Der Mond schien und tauchte die Bungalowanlage in silbriges Licht. Die Grillen zirpten und der noch immer lauwarme Wind bewegte die Palmen sanft hin und her. Juli und ich lagen nebeneinander auf dem Rücken und schauten in die Sterne. Der Boden unter uns war immer noch schön warm von der Sonne des Abends. Ich spürte, wie es mich jedes Mal hochzog, wenn ich bewusst an diese schönen Dinge dachte. Das war echt toll.

„Was bist du eigentlich für ein Sternzeichen?", wollte Juli plötzlich wissen.

„Ich bin Stier!"

„Und was hast du für einen Aszendenten?"

„Ich habe keinen Assistenten", antwortete ich in ernsthaftem Tonfall.

„Deinen Aszendenten meine ich!", sagte sie noch einmal etwas lauter, bis sie merkte, dass ich grinste, weil ich sie veralbert hatte. „Du Sackgesicht!", schimpfte sie im Spaß. „Kannst du nicht mal für fünf Minuten ernst bleiben?!"

„Ich bin Aszendent Fisch", sagte ich daraufhin.

Sie reagierte völlig fassungslos. „Ehrlich?! Du bist Stier mit Aszendent Fisch?!"

„Ja, was ist denn daran so Besonderes?"

„Ach, nichts", antwortete sie bagatellisierend.

„Erst gackern und dann nicht legen!", ermahnte ich sie zur Offenheit. „Also, was ist so besonders an meinem Sternzeichen?"

„Das ist mir peinlich!"

130

„Was?! Das ist dir jetzt peinlich?! Nach all den peinlichen Ge-schichten, die wir uns heute Abend erzählt haben?! Was soll denn daran peinlich sein?"

„Okay, du hast es so gewollt!", erklärte sie dann entschlossen. „Ich habe mir vor ein paar Monaten ein Horoskop erstellen lassen. Darin hieß es, ich würde noch in diesem Jahr meine große Liebe kennen lernen."

„Und lass mich raten: Er ist Stier mit Aszendent Fisch! Glaubst du den Quatsch etwa?!", fragte ich deutlich ablehnender, als ich eigent-lich vorgehabt hatte, denn augenblicklich kehrte meine Befürchtung zurück, Juli könnte sich doch in mich verliebt haben.

„Ich weiß nicht so recht", antwortete sie nur kurz und schwieg daraufhin. Ich spürte, dass ich mit meiner ablehnenden Reaktion die schöne Stimmung total zerstört hatte. Das tat mir sehr leid, aber viel-leicht war es ja auch gut so.

„Sag mal, was hast du eigentlich beim Feuerlauf auf deinen Zettel geschrieben?", brach Juli nach einer Weile das Schweigen.

„Das sage ich nicht!", erwiderte ich entschieden.

„Warum nicht?!", hakte sie verständnislos nach.

„Weil es mein Geheimnis ist!", erklärte ich bestimmt.

„Ich liebe Geheimnisse!", rief sie daraufhin begeistert. „Komm, sag schon! Dann verrate ich dir auch, was ich mir gewünscht habe."

Ich schüttelte amüsiert, aber entschlossen den Kopf.

„Sei doch nicht so!", bat sie mich daraufhin zuckersüß. „Willst du denn gar nicht wissen, was ich mir gewünscht habe?"

„Nein!", antwortete ich grinsend.

„Also, ich habe mir gewünscht, bald meiner ganz großen Liebe zu begegnen."

„Echt?!", fragte ich, jetzt doch verwundert, denn genau das Gleiche hatte ich mir ja auch gewünscht.

„Und jetzt bist du dran! Ich habe dir meinen Wunsch gesagt und du sagst mir deinen. So war der Deal!"

131

„Ich glaube, du träumst! Wir hatten keinen Deal."

„Och, bitte!", flehte Juli. „Ich kann nicht schlafen, wenn du mir deinen Wunsch nicht verrätst."

„Dann bleibst du eben wach", erwiderte ich amüsiert. „Mir tun die Füße sowieso noch viel zu weh, als dass ich schlafen gehen könnte."

„Du bist echt gemein!", meinte sie dann tatsächlich leicht gekränkt.

Ich war nicht ganz sicher, ob diese Reaktion nur gespielt war. „Du würdest mir ja sowieso nicht glauben", sagte ich deshalb beschwichtigend.

„Natürlich würde ich dir glauben", beteuerte sie schnell. „Los, sag schon!"

Also verriet ich es ihr. „Ich habe mir das Gleiche gewünscht wie du", sagte ich leise.

„Das glaube ich nicht!"

Ich musste lachen. „Siehst du, das habe ich doch gesagt!"

„Hast du dir das wirklich gewünscht? Jetzt Hand aufs Herz!", hakte sie noch einmal eindringlich nach.

„Das war mein Wunsch – Ehrenwort."

„Das ist ja krass! Wir haben uns beide genau das Gleiche gewünscht!", sagte sie fasziniert.

„Genau wie vermutlich noch zehn andere."

„Sag mal! Musst du eigentlich immer jeden Zauber gleich wieder kaputt machen?!", schimpfte sie vorwurfsvoll und gab mir einen Klaps auf den Brustkorb.

„Entschuldige!", erwiderte ich lachend. Doch in Wirklichkeit war genau das meine Absicht gewesen. Ich wollte nicht, dass sich ein Zauber zwischen uns aufbaute.

„Dann mach es wieder gut, indem du mir verrätst, wie deine große Liebe sein müsste?", verlangte sie.

„Na so wie du!", scherzte ich.

„Nein, jetzt sag mal wirklich. Wie müsste sie sein? Komm schon, sei ehrlich!", bat sie ernsthaft.

132

„Sie sollte mich genauso überirdisch lieben wie ich sie", antwortete ich wahrheitsgemäß, denn ich musste unweigerlich an Jenny denken. „Sie sollte mit mir die Ewigkeit verbringen wollen. Sie sollte etwas in ihren Augen haben, was mich zu einem bessern Menschen macht, alleine dadurch, dass sie mich ansieht. Wenn sie mit mir redet, dann sollte der Klang ihrer Stimme alle Schlösser sprengen, die den Weg zu meinem Herzen und meiner Seele versperren. Wenn sie mich anfasst, dann sollte sie nicht nur meinen Körper, sondern mein innerstes Wesen berühren."

„Wow!", entfuhr es ihr.

„Und wie soll dein Traumprinz sein?", fragte ich, nachdem ich meine sehnsüchtigen Gefühle wieder im Griff hatte.

„Er sollte eine starke Persönlichkeit haben und Charisma besitzen. Außerdem sollte er wissen, was er vom Leben erwartet, und sich dafür einsetzen. Er sollte klare Ziele haben und Entscheidungen treffen können. Unsere Beziehung sollte für ihn an oberster Stelle stehen. Ich will keinen Mann, der eigentlich mit seinem Job verheiratet ist. Ja und natürlich sollte er gut aussehen, das versteht sich von selbst – groß, gut gebaut und dunkelhaarig", schwärmte sie. „Er sollte ungefähr in meinem Alter sein. Auf keinen Fall älter als fünfundzwanzig."

„Damit scheide ich ja wohl aus!", meinte ich scherzend, aber in Wirklichkeit erleichtert.

„Du wärst mir deutlich zu alt!", erklärte sie bestimmt.

„Autsch! Das tat weh!", erwiderte ich mit leicht angekratztem Ego.

„Ich hoffe, du hast dir nicht ernsthaft Hoffnungen bei mir gemacht", sagte Juli dann sehr ernst. „Das täte mir nämlich wirklich leid. Du bist der tollste Synergiepartner, den ich mir vorstellen kann, und ganz bestimmt auch ein super Freund. Aber ..."

„Juli, bemüh dich nicht!", unterbrach ich sie. „Ich habe mir keine Hoffnungen gemacht. Du bist mir auch viel zu jung!"

133

„Na so jung bin ich auch wieder nicht!", beschwerte sie sich. „Ich bin immerhin schon einundzwanzig. Am 14. September werde ich zweiundzwanzig."

„Du bist also Jungfrau", stellte ich fest und wollte mit dieser Fachkenntnis meine übertrieben ablehnende Haltung gegenüber der Astrologie von gerade eben wieder etwas abmildern.

„Vom Sternzeichen her ja!", sagte sie lächelnd.

„Okay, das hätten wir ja dann geklärt!", erwiderte ich amüsiert. Danach sagten wir beide eine Zeitlang erst einmal nichts mehr. Ich spürte, dass zwischen uns wieder alles in Ordnung war, und darüber war ich sehr froh.

„Robin", brach Juli schließlich erneut das Schweigen, „ich bin froh, dass wir das mal angesprochen haben."

„Was denn?", fragte ich scheinheilig, denn natürlich wusste ich, was sie meinte.

„Na dass wir niemals ein Paar werden können. Ich wollte das gestern nach dem Tanzen schon mit dir besprechen, fand aber nicht die richtigen Worte."

„Ach deshalb hast du dich so komisch verhalten", dachte ich laut. „Ich hatte ehrlich gesagt den Eindruck, dass du nach dem Tanzen ein wenig rollig warst und mich am liebsten mit aufs Zimmer genommen hättest."

„Du verarschst mich jetzt, oder?! Das hast du nicht wirklich geglaubt!?", rief sie empört und gab mir erneut einen strafenden Klaps auf die Brust.

„Ehrlich gesagt doch!", antwortete ich lachend. „Und jetzt, wo die Fronten zwischen uns geklärt sind, finde ich es auch gut, dir das einfach so ehrlich sagen zu können."

„Du hast wirklich geglaubt, ich wollte mit dir ins Bett gehen?", hakte sie noch einmal ungläubig nach.

„Ja, das habe ich!", bestätigte ich ehrlich.

„Na dann kann ich ja nur Hochachtung vor dir haben, dass du es nicht versucht hast", erklärte sie scheinbar anerkennend. „Ich meine

– schau mich an! Welcher Mann in deinem Alter", betonte sie, „würde nicht alles dafür geben, mit so einem knackigen, jungen, hübschen Ding in die Kiste zu hüpfen?!"

„Ich bin halt etwas Besonderes", erwiderte ich lächelnd, um ihr nicht ganz ernst gemeintes Kompliment anzunehmen. „Ehrlich gesagt wollte ich unsere beginnende Freundschaft nicht durch eine unüberlegte Nacht verderben."

„Weiß du was? Ich bin stolz darauf, dass du mich als Freund betrachtest", erklärte sie ehrlich. „Du bist echt was Besonderes. Ich hatte wirklich eine gute Intuition, als ich dich ausgesucht habe."

„Ich empfinde dich ebenfalls als etwas ganz Besonderes. Ich hatte noch nie eine Frau zum Freund. Und ehrlich gesagt habe ich noch nicht einmal einen Mann zum Freund, mit dem ich so offen und ehrlich reden kann wie mit dir. Ich habe das Gefühl, wir könnten wirklich gute Freunde werden."

„Das Gefühl habe ich auch!", stimmte Juli erfreut zu. „Und jetzt, wo geklärt ist, dass wir beide keine Beziehung miteinander wollen, wäre es da okay, wenn ich mich etwas näher zu dir lege? So langsam wird mir nämlich doch ein wenig kühl mit den Füßen im kalten Wasser."

„Klar, kein Problem. Wärmen wir uns doch gegenseitig. Ich weiß nur nicht, wie wir das hinkriegen sollen, so wie wir hier liegen. Ich kann meine Füße immer noch nicht aus dem Wasser nehmen."

„Bei mir wird es langsam besser. Wenn es okay ist, lege ich mich einfach in deinen Arm. Meine Füße müssen eigentlich gar nicht mehr ins Wasser."

„Ja, aber dann kannst du doch auch ins Bett gehen?!", sagte ich verwundert.

„Ach, es ist gerade so gemütlich hier. Außerdem bin ich noch gar nicht müde!", lächelte sie und kuschelte sich in meinen Arm.

Nach einer Weile sprach sie mich dann plötzlich auf eine Aussage von mir an, die sie offenbar die ganze Zeit beschäftigt hatte. „Was du eben von deiner Mrs. Perfect gesagt hast, hat sich wie wahre Liebe

135

angehört. Ich dagegen bin mir nicht sicher, ob ich überhaupt weiß, was wahre Liebe wirklich ist", sagte sie emotional.

„Das weiß ich ehrlich gesagt auch nicht so genau. Aber ich denke, wir werden es herausfinden, wenn wir Mrs. und Mr. Perfect gefunden haben."

„Das hoffe ich!", bekräftigte sie und schlief kurz darauf in meinem Arm ein.

Das war ein echt komisches Gefühl. Es war angenehm – sehr angenehm sogar! Alles fühle sich ganz weit und leicht an und die Energie in meiner Brust zog intensiv, aber sanft nach oben. Juli störte mich überhaupt nicht! Normalerweise machte es mich nervös, wenn eine Frau neben mir schlief. Vor allem dann, wenn sie so nah bei mir lag. Das konnte ich eigentlich gar nicht ertragen. Ich vermutete, dass meine Angst vor der Liebe immer dafür verantwortlich gewesen war. Aber diese Angst musste ich bei Juli ja glücklicherweise nicht haben. Mit ihr konnte ich Gefühle erleben, die ich mit niemandem sonst teilen konnte. Es war schön, dass sie eine Frau war. Mit einem Mann hätte ich garantiert nicht gekuschelt, weil es kalt war, und damit auch diese Gefühle nicht erleben können. Ich verstand in diesem Moment gar nicht mehr, warum ich bisher noch nie eine Frau zum Freund gehabt hatte. Das war nämlich echt klasse! Und so offen und ehrlich wie wir miteinander umgingen, würde ich garantiert noch viel darüber lernen können, wie Frauen dachten und fühlten. Etwas, was mir sicherlich zugute käme, wenn ich die Richtige dann gefunden hätte.

Während wir so dalagen, hatte ich plötzlich den Eindruck, das Licht über mir wahrzunehmen, dessen Lebensenergie ich in mir aufnehmen konnte. Ich fühlte mich von diesem Licht angezogen. Die Gefühle, die das in mir auslöste, waren wunderschön. Es war eine Art Geborgenheit, gleichzeitig aber auch ein tiefer innerer Frieden und die Freude, hier an diesem Ort sein zu dürfen. Und noch ein Gefühl war zu spüren, das mich ziemlich verwirrte: Ich fühlte mich auf eine seltsame Art und Weise von diesem Licht geliebt!

Missverständnisse

Juli wachte gegen acht Uhr morgens auf, als es im Camp etwas lauter wurde, weil eine Gruppe von Leuten sich zum Joggen versammelte. Ich hatte die ganze Nacht nicht geschlafen, sondern meine schönen Gefühle genossen und war jetzt trotzdem kein Stück müde. Das Licht über mir hatte die ganze Zeit über meine Gefühle bestimmt. Seine Lebensenergie in mir zu spüren, ließ das gesamte Leben gleich um vieles schöner erscheinen. Alles war einfach nur angenehm, richtig und gut, solange die Energie im Inneren meines Körpers nach oben zog. Nie zuvor in meinem Leben war ich auch nur im Entferntesten so glücklich gewesen.

Juli war noch ziemlich benommen, als sie aufwachte. Sie wollte sich erst mal duschen gehen und sich umziehen. Also ging ich ebenfalls in meinen Bungalow duschen. Meine Mädels schliefen natürlich alle noch. Hier im Camp gab es nicht wirklich viele Frühaufsteher. Eigentlich waren es nur die Jogger, denen es später zu heiß zum Laufen wurde. Ich verhielt mich also sehr leise und setzte mich dann nach draußen auf unsere Terrasse.

Wenig später kam Juli schon wieder angetrabt. Sie hatte einen Bärenhunger, aber vor allem Lust auf einen richtig guten Kaffee. Begeistert schwärmte sie vom Kaffee des Camp-Restaurants und bestand darauf, dass ich mitkam.

Das Problem war, dass dieses Fünfsternerestaurant genau in der Mitte der vier Camp-Ressorts lag. Es bestand daher eine größere Gefahr, dort auf Engländer zu treffen. Andererseits war es noch sehr früh am Morgen. Vermutlich waren zu dieser Zeit kaum Leute beim Essen. Ich gab daher Julis Drängen nach und ging mit ihr mit.

Als wir das Restaurant betraten, war es tatsächlich fast leer, was mich sehr freute. Es war nicht ganz so vornehm, wie manche der Lokalitäten, die ich seit meinem Reichtum kannte, aber dennoch sehr viel nobler als der restliche Standard des Camps. Die Tische waren sehr fein gedeckt mit Serviettenringen, Kristallgläsern und allem, was dazugehört. Die Stühle bestanden aus kunstvoll beschnitztem Massivholz – vermutlich Handarbeit. Und die Bedienungen waren so vornehm gekleidet, dass ich mir in meiner legeren Kleidung fast schon unterlegen vorkam. Ich fühlte mich hier nicht wirklich wohl. Mir wurde erneut klar, dass ich in den Reihen der Reichen und Schönen eindeutig fehl am Platz war. Eine Tatsache, die mir noch einmal deutlich machte, dass ich mein Leben im Anschluss an das Camp gravierend ändern sollte.

Gerade als wir uns setzen wollten, sahen wir Mary und Michael an einem der Tische in einer kleinen Nische sitzen und uns zuwinken. Wir gingen zu ihnen hinüber. Jetzt, wo ich sie sah, spürte ich sofort wieder, wie meine Lebensenergie im Brustkorb begeistert hochzog. Endlich würde ich mehr über das Konzept erfahren, das die beiden bei unserem letzten Gespräch angedeutet hatten!

„Das Konzept, in welches das Positive Fühlen integriert werden sollte, geht mir nicht mehr aus dem Kopf", begann ich deshalb sofort, als wir uns gesetzt hatten. „Was genau habt ihr damit gemeint?"

„Es geht dabei um die Korrektur falscher Beurteilungen, die uns immer wieder runterziehen", antwortete Michael. „Unser Großhirn beurteilt unsere Lebensumstände sehr viel negativer, als sie es aus Sicht des Emotionalgehirns tatsächlich sind. Damit versetzt es das Emotionalgehirn ständig in Panik und Schrecken und verursacht auf diese Weise das Ungleichgewicht zwischen den vier Gefühlssystemen, von denen wir das letzte Mal gesprochen haben. "

„Und das Positive Fühlen kann das korrigieren?", fragte ich begeistert.

„So ist es!", bestätigte Michael. „Mit dem gezielten Hochziehen können wir unserem Gehirn eine starke Tendenz zur positiven Beurteilung geben und so unsere übertriebene Neigung zur Negativbeurteilung bremsen. Doch manche negativen Beurteilungen sind so machtvoll und ziehen derart brachial nach unten, dass wir mit dem Positiven Fühlen alleine nicht dagegenhalten können. Diese negativen Beurteilungen sind jedoch sehr häufig falsch und können daher korrigiert werden."

In diesem Moment kam die Bedienung und nahm unsere Bestellung auf. Ich bestellte natürlich den Kaffee, den Juli über alle Maßen gelobt hatte.

„Manche Fehlbeurteilungen sollten also korrigiert werden", sagte ich, um unser Gespräch wieder aufzunehmen. „Und wie machen wir das?"

„Zunächst muss uns erst einmal klar werden, dass überhaupt eine Fehlbetrachtung vorliegt, wenn wir etwas negativ beurteilen", erklärte Michael. „Wir sehen unsere Beurteilungen ja für gewöhnlich gar nicht als falsch an. Wir glauben, einen triftigen Grund zu haben, warum wir etwas als schlecht, falsch, ungerecht, hässlich oder sonst irgendwie negativ beurteilen."

„Und wie erkennen wir diese falschen negativen Beurteilungen?"

„Dafür gibt es einen genialen Trick, den das Positiven Fühlen erst möglich gemacht hat!", antwortete Michael begeistert.

„Was ist das für ein Trick?", fragte ich neugierig.

„Ich schlage vor, wir gehen das einfach einmal gemeinsam anhand eines Beispiels durch. Nennt mir mal spontan eine Situation, die euch vermutlich trotz Positivem Fühlen runterzieht!"

„Mich zog es immer mächtig runter, wenn mein Ex mir Vorwürfe gemacht hat, weil ich nicht so funktionierte, wie er sich das vorstellte", erzählte Juli ungewöhnlich emotional. Ihre Worte erweckten in mir den Eindruck, dass ihre Beziehung genau an diesem Punkt gescheitert war. „Ich könnte mir vorstellen, dass mich das aus dem Positiven Fühlen ganz schnell raushauen könnte, wenn das wieder passieren würde."

„Und was hast du in diesen Situationen getan?", wollte Michael wissen. „Hast du erkannt, dass dein Partner ein Problem hatte, das er gerne gemeinsam mit dir lösen wollte?"

„Ganz genau!", entgegnete Juli ironisch. „Ich erkannte, dass er ein Problem hatte, das er gerne auf mich abwälzen wollte."

„Du hast dich also gegen seine Vorwürfe gewehrt", stellte Michael fest.

„Ja, natürlich!"

„Und wie genau hast du dich gewehrt?"

„Das kam darauf an ..."

„Lass mich raten! Du hast ihm ebenfalls Vorwürfe gemacht, stimmt's?"

„In der Regel schon, wenn ich ehrlich bin."

„Und wie reagierte er auf deine Gegenwehr?"

„Er wehrte sich dann natürlich ebenfalls gegen meine Vorwürfe."

„Ihr habt euch also beide gegen die Vorwürfe des anderen gewehrt", stellte Michael fest. „Mit anderen Worten: Ihr wart beide im Kampfmodus."

„So könnte man es ausdrücken", stimmte Juli nachdenklich zu.

„Zieh mal richtig runter in diesen Kampfmodus. Stell dir solch eine Situation bitte einmal mit deinem nächsten Beziehungspartner vor und spüre in deinem Körper den schweren Zug nach unten. Es zieht dich tief in die dunkle Enge und saugt dir die Energie ab." Juli schloss die Augen und konzentrierte sich auf diese Empfindungen. Als ihr der Kampfmodus deutlich anzusehen war, sprach Michael weiter. „Sagst du hier unten im Kampfmodus nur Dinge, die du wirklich meinst? Oder sagst du auch Dinge, die den anderen hauptsächlich verletzten sollen?"

„Das ist krass! Ich habe tatsächlich die Absicht, ihn zu verletzen", gab Juli betroffen zu. „Aber er verletzt mich ja auch", schob sie zu ihrer Verteidigung nach.

„Es gehört zum Kampfmodus, dass wir andere verletzen wollen. Unser Emotionalgehirn ist, wie du weißt, identisch mit dem von allen anderen Säugetieren. Wenn ein Muttertier seine Jungen vor einem Raubtier beschützen will, dann muss sie bereit sein, dieses Raubtier anzugreifen. Sie muss bereit sein, dieses Raubtier zu verletzen. Genauer gesagt muss sie sogar die Absicht haben, es zu verletzen, sonst würde sie es gar nicht angreifen. Das Verletzenwollen ist also ein wesentlicher Bestandteil des Kampfmodus. Da stellt sich natürlich die Frage, ob dieser Kampfmodus innerhalb einer Partnerbeziehung wirklich angebracht ist."

„Wohl eher nicht!", schlussfolgerte Juli.

„Schauen wir uns das einmal genauer an", schlug Michael vor. „Normalerweise will man den Menschen, den man von allem am meisten liebt, natürlich nicht verletzen. Im Kampfmodus hat man jedoch genau diese Absicht! Und das ist nur möglich, wenn das Emotionalgehirn die Liebe in diesem Moment komplett unterdrückt. Mehr noch: Es muss unsere Zuneigung sogar in Abneigung verwandeln und womöglich sogar unsere Liebe in Hass. Nur auf diese Weise kann das Motiv, den anderen verletzen zu wollen, tatsächlich aktiviert werden.

Das bedeutet, dass der Kampfmodus unsere Liebe für die Zeit des Kampfes komplett ins Gegenteil verwandelt. Wenn man später aus dem Kampfmodus herausgekommen ist, spürt man die Liebe natürlich wieder, denn in Wirklichkeit war sie nie verschwunden. Das Emotionalgehirn hat sie nur unterdrückt, weil es uns dazu bewegen wollte, anzugreifen.

Und jetzt zieh bitte mal richtig hoch!", bat Michael Juli plötzlich. „Verstärke die Lebensenergie in deinem Inneren und spüre, wie sie sanft, aber kraftvoll nach oben zieht. Alles wird dabei weit und hell. Mach dir dazu bewusst, dass dein Partner dich damals geliebt hat und du ihn ebenfalls." Juli schloss erneut die Augen und konzentrierte sich. Einige Sekunden später fing sie an, entspannt zu lächeln. Michael sprach weiter. „Und jetzt stell dir einmal vor, dein Partner macht dir Vorwürfe obwohl er dich liebt. Was glaubst du, warum tut er das?"

„Weil er ein Problem mit mir hat."

„Und hätte er das Problem auch, wenn er gar nicht weiterhin mit dir zusammen sein wollte?"

„Natürlich nicht", erkannte Juli. „Er hat das Problem nur, weil er mich liebt. Wäre ich ihm egal, würde er einfach gehen und hätte damit auch kein Problem mehr mit mir."

„Was wäre, wenn es für dich eine Kleinigkeit wäre, ihm bei seinem Problem entgegenzukommen? Würdest du das dann tun?"

„Klar, warum nicht?!"

„Dann zieh jetzt bitte noch einmal runter in den Kampfmodus!", bat Michael. „Lass es also zu, dass die Dunkelheit dir die Lebensenergie absaugt. Dein Körper wird dadurch bleischwer und zieht nach unten in die dunkle Enge."

Juli schloss erneut die Augen und konzentrierte sich für einige Sekunden. Plötzlich schüttelte sie fassungslos den Kopf. „Hier unten würde ich ihm nicht entgegenkommen wollen. Er soll mich einfach nur mit seinem Scheiß in Ruhe lassen!", erklärte sie barsch, fügte aber sogleich ein betroffenes „Das ist ja erschreckend!" hinzu.

„Dann lass deine Lebensenergie jetzt wieder stärker werden und nach oben ziehen. Mach dir dabei noch einmal deutlich bewusst, dass ihr euch liebt." Michael gab Juli erneut ein paar Sekunden Zeit, um in diesen Gefühlszustand zu kommen. „Und jetzt schau dir die ganze Sache noch einmal an! Ist es wirklich sinnvoll, den Menschen, der dich am meisten liebt, zu verletzen, weil er ein Problem mit dir hat?"

Juli wirkte plötzlich sehr traurig. „Damit zerstöre ich die Liebe", sagte sie leise mit einem beherrschten Zittern in der Stimme und wischte sich schnell eine Träne aus dem Augenwinkel.

„Du hast es nicht besser gewusst", erklärte ich einfühlsam und legte meinen Arm tröstend um sie. „Wir ziehen doch alle ständig in den Kampfmodus runter, wenn wir in einer Beziehung sind. Manche tun das mehrmals am Tag!"

„Aber nicht so wie ich!", meinte Juli mit Selbstverachtung.

„Robin hat Recht", pflichtete mir Mary bei. „Es tut tatsächlich jeder. Und glaube mir, dass die anderen beim gegenseitigen Verletzen nicht zurückhaltender sind, als du es warst. Garantiert nicht!"

In diesem Moment trat die Bedienung an den Tisch und servierte uns unseren besonderen Kaffee. Juli stand momentan jedoch nicht der Sinn nach Kaffeegenuss. Sie rührte ihre Tasse nicht an.

„Aber warum tun wir so etwas?", fragte sie fassungslos, als die Bedienung wieder gegangen war.

„Wir tun dies, weil unser Emotionalgehirn uns in den Kampfmodus gebracht hat", antwortete Mary.

„Aber warum hat das Emotionalgehirn das getan?"

„Weil es die negative Beurteilung des Großhirns falsch verstanden hat", begann Mary zu erklären. „Das passiert bei uns Menschen leider sehr häufig. Großhirn und Emotionalgehirn haben komplett andere Zielsetzungen. Das Großhirn will glückliche Gefühle erleben und unglückliche schnellstmöglich loswerden oder besser noch ganz vermeiden. Das ist eigentlich auch schon alles, was es überhaupt will, und auf dieser Basis beurteilt es unsere aktuellen Lebensumstände. Immer wenn es also etwas als negativ ansieht, dann meint es damit, dass es negativ für sein Glück ist.

Das Emotionalgehirn hat jedoch ganz andere Ziele. Seine Aufgabe ist es, uns in körperliche und geistige Zustände zu bringen, die für die momentanen Anforderungen des Lebens am besten geeignet sind. Letztendlich geht es ihm dabei ums Überleben, dessen Absicherung sein eigentliches Ziel darstellt.

Wenn wir kämpfen müssen, bringt es uns also in den Kampfmodus, wenn wir flüchten müssen, in den Fluchtmodus, wenn wir lernen müssen, in den Lernmodus, wenn wir eine Beziehung beginnen wollen, in den Verliebtheitsmodus, wenn wir Sex haben wollen, in den Sexmodus und so weiter.

Wählt unser Emotionalgehirn einen falschen Modus, kann es uns beispielsweise passieren, dass wir vor unseren Prüfern in der mündlichen Abitur-Prüfung stehen und nicht einmal mehr unseren Namen wissen! Unser Gehirn ist vollständig blockiert, denn wir sind im Fluchtmodus. In diesem Überlebensmodus regelt das Emotionalgehirn die Aktivität unseres Verstandes extrem runter. Wir sollen flüchten, wenn ein Tiger vor uns auftaucht, und nicht lange darüber nachdenken, auf welche kreative Art und Weise wir uns dieses Mal der Situation stellen wollen!

Wenn das Emotionalgehirn uns in den Kampfmodus bringt, dann geht es logischerweise davon aus, dass wir tatsächlich auf körperlicher Ebene kämpfen müssen. Und dafür ist der Kampfmodus natürlich der richtige körperliche und geistige Zustand."

„Aber wie kommt es darauf, dass wir kämpfen müssen?", hakte Juli aufgewühlt nach. „Ich muss doch nicht um mein Leben kämpfen, wenn mir der Mensch, der mich am meisten liebt, Vorwürfe macht."

„Doch genau diese Information fehlt deinem Emotionalgehirn!", betonte Mary. „Niemand macht sich in solch einem Moment bewusst, dass er jetzt gar nicht auf körperlicher Ebene kämpfen muss. Stattdessen beurteilen wir den Vorwurf unseres Partners für gewöhnlich als Angriff. Unser Emotionalgehirn nimmt diese Beurteilung wie immer ernst und versetzt uns augenblicklich in den Modus, der seit Millionen von Jahren für Angriffe vorgesehen ist – in den Kampfmodus. Wollen wir das nicht, dürfen wir das Verhalten des Partners nicht als Angriff beurteilen. Es liegt also bei uns, ob wir den Kampfmodus starten oder nicht."

„Aber als was soll ich solch einen Vorwurf denn sonst sehen?", fragte Juli ratlos.

„Beispielsweise als Meinung deines Partners, die er haben darf, auch wenn sie mit deiner Meinung nicht übereinstimmen sollte. Oder als ein Problem, mit dem er sich dir offenbart. Vielleicht auch als ungeschickt vorgetragenen Änderungswunsch. Es gibt viele Möglichkeiten, wie du so eine Situation beurteilen kannst, ohne dass es dich in den Kampfmodus bringt", betonte Mary. „Nehmen wir einmal Folgendes an: Deine Beurteilung lautet, dass das Verhalten deines Partners ein ungeschickt vorgetragener Änderungswunsch war, den dein Partner nur deshalb auf diese Weise geäußert hat, weil er dich liebt und mit dir zusammenbleiben möchte. Er konnte diesen Wunsch nicht besser formulieren, weil sein Emotionalgehirn ihn aus einem Missverständnis heraus in den Kampfmodus gebracht hat – was uns ja allen hin und wieder passiert! In welchen Modus bringt dich diese Sichtweise?"

„Auf jeden Fall schon mal nicht in den Kampfmodus", stellte Juli fest.

„Zieht sie dich eher hoch oder eher runter?", wollte Mary wissen.

„Eher hoch", antwortete sie verwundert. „Ich würde mir jetzt wirklich anhören, was er für ein Problem hat. Möglicherweise könnten wir es ja gemeinsam lösen."

„Würdest du faule Kompromisse eingehen, nur weil du jetzt hochgezogen bist?", wollte Mary wissen.

„Natürlich nicht!", erwiderte Juli verwundert von dieser Frage. „Nur weil ich mich gut fühle, lasse ich doch nicht gleich alles mit mir machen – im Gegenteil! Die guten Gefühle helfen mir vielmehr dabei, zu dem zu stehen, was für mich wirklich wichtig und in Ordnung ist."

„Das zu erkennen, ist sehr bedeutend!", betonte Mary. „Sonst wehrt man sich innerlich gegen eine positive Beurteilung einer solchen Sachlage. Und wenn man etwas nicht positiv beurteilen will, dann tut man es auch nicht."

„Ich möchte solche Situationen nie wieder negativ beurteilen, nachdem ich weiß, was ich damit tatsächlich anrichte. Ich habe schon einmal eine Liebe mit diesem scheiß Kampfmodus zerstört und es später bitter bereut. So etwas will ich nicht noch einmal erleben!"

„Das musst du auch nicht. Du sitzt an der Quelle der Macht!", erklärte Mary. „Dein Emotionalgehirn hält sich an deine Beurteilungen. Beurteilst du deinen Partner positiv, erlebst du Liebe. Beurteilst du ihn negativ, findest du dich ganz schnell im Kampfmodus wieder, um das Negative zu vertreiben."

„Ich müsste lügen, wenn ich jetzt sagen würde, dass ich meinen Partner immer positiv beurteilt habe", gab Juli zu. „Am Anfang war das noch so, doch irgendwann habe ich dann fast nur noch an ihm herumgemäkelt. Warum habe ich das getan? Ich konnte mich deswegen selbst nicht mehr leiden."

„Das liegt an den Zielen, die unser Emotionalgehirn innerhalb einer Partnerbeziehung verfolgt", antwortete Michael. „Wenn man darüber nicht Bescheid weiß, zieht es einen schnell wegen jeder Kleinigkeit in den Kampfmodus runter. Und leider wissen nur die wenigsten Menschen darüber Bescheid. Man lernt das nun mal noch nicht in der Schule. Du brauchst dir deswegen wirklich keine Vorwürfe zu machen."

„Und was für Ziele verfolgt das Emotionalgehirn genau in einer Beziehung?", wollte Juli wissen.

„In der Verliebtheitsphase will es erst einmal die Bindung zum Partner stärken. Deshalb schüttet es Hormone aus, durch die wir auf alles schauen, was in dieser Beziehung schön, toll, richtig und gut ist. Wir haben also die so genannte rosarote Brille auf und sehen fast nur noch das Positive.

Sobald das Emotionalgehirn jedoch der Meinung ist, dass die Bindung stark genug geworden ist, möchte es die Beziehung verbessern. Das geschieht in der Regel nach drei bis sechs Monaten. Manche Menschen fangen auch etwas früher damit an. Das Emotionalgehirn will dann, dass wir alles ins Reine bringen, was unser eigenes Überleben, das unseres Partners oder das unserer zukünftigen Kinder über kurz oder lang gefährden könnte. Die Beziehung tritt damit in eine neue Phase – die so genannte Akzeptanzphase.

Aufgrund dieser Gefahrenvermeidungsmotivation suchen wir nach Dingen, die in Ordnung gebracht werden sollten. Wir suchen also nach dem Negativen, das unser Überleben gefährden könnte. Dass unser Großhirn jedoch das Negative nach einem ganz anderen Maßstab beurteilt, weiß das Emotionalgehirn nicht.

Es gibt in unserer modernen Zivilisation nur noch extrem wenige Sachverhalte in einer Partnerbeziehung, die tatsächlich unser Überleben gefährden könnten und daher aus Sicht des Emotionalgehirns tatsächlich negativ sind. Unser Großhirn findet jedoch Abertausende von Dingen, die wir in Bezug auf unser Glück als negativ ansehen können. Und jedes Mal versetzt es das Emotionalgehirn dadurch in Angst und Schrecken, weil es ihm vermittelt, es bestünde eine ernsthafte Gefahr für das Überleben.

Das Emotionalgehirn will so eine Gefahr natürlich schnellstmöglich loswerden. Entweder bringt es uns zu diesem Zweck in den Vermeidungsmodus, der uns dazu motiviert, dem Negativen aus dem Weg zu gehen, oder es versetzt uns in den Kampfmodus, in dem wir beabsichtigen, das Negative zu vertreiben. Manchmal versuchen wir auch, vor dem Negativen wegzulaufen, dann sind wir im Fluchtmodus. Oder wir möchten uns für das Negative unsichtbar zu machen, weil wir uns machtlos oder ausgeliefert fühlen. Dann sind wir im Totstellmodus."

„Und wie können wir diesen Unsinn stoppen?", wollte Juli wissen.

„Ihr müsst euer Emotionalgehirn besser kennen lernen und verstehen, was eure Beurteilungen dort tatsächlich anrichten. Das ist der einzige Weg, diese ständigen Missverständnisse zwischen Großhirn und Emotionalgehirn zu vermeiden. Das Emotionalgehirn besitzt nicht die Intelligenz, den Beurteilungsmaßstab des Großhirns zu verstehen. Umgekehrt ist dies für das Großhirn eine Kleinigkeit. Lernt also euer Emotionalgehirn besser kennen!

Am besten fangt ihr damit an, dass ihr lernt, offensichtliche Missverständnisse zwischen den Gehirnen zu erkennen. Wenn es euch runterzieht, dann überprüft erst einmal, welcher Modus die besseren Erfolgschancen mit sich bringen würde – der Positivmodus oben oder der Negativmodus unten? Euer Emotionalgehirn will euch stets in den besten Modus bringen. Wenn die Verbesserungschancen oben besser sind als unten, liegt daher ganz offensichtlich ein Missverständnis vor, wenn es euch trotzdem runterzieht.

Sobald ihr so ein Missverständnis erkannt habt, könnt ihr versuchen herauszufinden, worin es genau besteht. Was hat das Großhirn für eine Beurteilung abgegeben, und wie hat das Emotionalgehirn diese Beurteilung offenbar verstanden? Das herauszufinden, kann im Einzelfall ungemein spannend sein. Betrachtet dieses Camp daher ab sofort als Entdeckungsreise zur Quelle eurer Emotionen. Ihr werdet überrascht sein, was für eine fantastische innere Welt sich euch damit offenbaren wird."

„Wir werden also zu Forschungsreisenden in unsere eigene innere Welt. Das gefällt mir!", erklärte Juli wieder deutlich positiver gestimmt.

„Doch bevor wir loslegen, muss ich erst einmal etwas essen", sagte ich zwar hoch motiviert, aber auch sehr hungrig und gab der Bedienung ein Zeichen.

Während dem Frühstück kam Juli dann wieder auf Michaels innere Stimme zu sprechen, von der sie immer noch sehr angetan war. „Du wolltest doch Ella ausführlich zum Positiven Fühlen befragen. Wegen dem großen Potenzial, das du darin siehst. Was ist denn dabei eigentlich herausgekommen?"

„Ich hatte noch keine Zeit dazu", antwortete Michael sehr knapp und mit einem seltsamen Gesichtsausdruck. Ich hatte fast das Gefühl, er wolle dieser Frage ausweichen. Doch warum sollte er das tun?!

Revanche

Nach diesem Gespräch verabschiedeten wir uns von Mary und Michael und gingen zum Strand, um mit unserer Entdeckungsreise zu beginnen. Allein die Vorfreude auf die Erkundung meiner Emotionen ließ die Lebensenergie in meinem Körper wieder ansteigen und sanft, aber kraftvoll nach oben ziehen.

Als wir am Strand ankamen, fiel mir auf, wie wunderschön mein Positives Fühlen das alles hier erscheinen ließ – das Meer, die Palmen, der warme Wind, der blaue Himmel, eine liebe Freundin, mit der ich das alles gemeinsam genießen konnte. Mein Herz schien all dem unentwegt zuzulächeln, während ich das Positive Fühlen in mir spürte. Ich fühlte mich wie im Paradies. Ich war so froh, dass ich hierher gekommen war. Es war mit Sicherheit die beste Entscheidung meines bishcrigcn Lebens gewesen.

Wir entschlossen uns zu einem Strandspaziergang. Wir zogen unsere Schuhe aus, ließen sie am Strand stehen, krempelten unsere Hosen hoch und liefen über den feuchten Sand direkt am Wasser entlang. Gelegentlich erreichten die Wellen unsere Füße, was Juli jedes Mal dazu veranlasste, kleine Sprünge zu machen. Ich sah wieder die kleine Katze vor mir, die ich am ersten Tag bereits in ihr gesehen hatte, als sie Ewigkeiten gebraucht hatte, um ins Wasser zu kommen.

„Sag mal!", eröffnete Juli das Wort, während sie wieder einen ihrer kleinen Hüpfer machte. „Bevor wir mit unserer Übung anfangen: Hattest du nicht auch das Gefühl, dass Michael uns eben in Bezug auf seine Ella etwas verheimlichen wollte?"

„Ehrlich gesagt, ja! Ich kann mir nur nicht vorstellen, warum er das getan haben sollte. Womöglich hat seine Stimme ihm gesagt, dass er sich mit diesem größeren Potenzial getäuscht hat, das er in im Positiven Fühlen vermutet hat. Und das ist ihm jetzt vielleicht peinlich. So hat es jedenfalls für mich ausgesehen."

„Möglich. Aber komisch war es schon. Na ja, ist jetzt auch egal. Das Positive Fühlen ist auf jeden Fall klasse, ob es noch ein verborgenes Potenzial gibt oder nicht."

„Das sehe ich genauso", stimmte ich begeistert zu. „Hast du eigentlich auch den Eindruck, dass im Positiven Fühlen alles heller und farbiger aussieht?", fragte ich dann, da mir das gerade auffiel.

„Ich habe den Eindruck, dass alles schöner wirkt", antwortete Juli. „Aber ich könnte nicht sagen, ob es wirklich farbiger oder heller wird. Aber ich glaube, dass meine Gefühle auch noch nicht so stark werden wie bei dir", meinte sie lächelnd. „Möglicherweise kommt dieser Eindruck also noch."

„Wieso glaubst du, dass meine Gefühle stärker sind als deine?", hakte ich verwundert nach.

„Schau doch mal in den Spiegel!", betonte sie amüsiert. „Ich kenne niemanden, der so strahlt wie du gerade."

„Es geht mir auch mächtig gut!", stimmte ich zu. „Ich habe mich noch nie so toll gefühlt."

„Ich muss wohl noch ein wenig üben, bis das Positive Fühlen bei mir genauso reinhaut. Aber das kommt schon noch", sagte sie zuversichtlich. „Lass uns dann jetzt mit unserer Erkundung des Emotionalgehirns beginnen, einverstanden?"

„Gerne!", stimmte ich erwartungsvoll zu. „Womit fangen wir an? Wir brauchen eine Situation, die uns normalerweise in einen Negativmodus runter zieht."

„Ich hab da schon was!", erwiderte sie und flüchtete wieder einmal vor dem Wasser, das gerade eine größere Welle an den Strand spülte. Daraufhin setzte sie ihren Weg ein Stück weiter oben fort, wo die Wellen ihre Füße nicht mehr erreichen konnten. „Es macht mich jedes Mal rasend, wenn mich mein Partner warten lässt. Ich muss mir das nur vorstellen, dann könnte ich schon wieder vor Wut die Wände hochgehen!", erklärte sie emotional und ballte dabei ihre Hand zur Faust.

150

„Du gehst ja wirklich in den Kampfmodus!", stellte ich amüsiert fest und deutete dabei auf ihre geballte Faust. „Dann finden wir erst einmal heraus, ob hier tatsächlich ein Missverständnis seitens des Emotionalgehirns vorliegt. Lass dich also mal richtig reinfallen in deinen Kampfmodus! Tauch ab in die dunkle Macht der Enge." Juli blieb stehen, schloss die Augen und konzentrierte sich. „Okay, wie sehen jetzt deine Erfolgschancen aus?", fuhr ich fort, als ich erkennen konnte, dass sie unten angekommen war.

„Ehrlich gesagt gar nicht so schlecht", antwortete sie erstaunt. „Das nächste Mal wird er vermutlich pünktlicher sein."

„Vermutlich!", stimmte ich zu. „Die Frage lautet jedoch nicht, ob du es schaffst, ihn zur Pünktlichkeit zu erziehen, sondern ob du damit deine Beziehung verbesserst!"

„Das ist krass!", meinte Juli erstaunt. „In diesem Modus vergisst man ganz schnell, worum es eigentlich geht. Man will einfach nur siegen."

„Dann zieh jetzt bitte einmal hoch und schau dir an, welche Motivation du oben hast!"

Juli schloss erneut die Augen und konzentrierte sich auf das Hochziehen. Wenige Sekunden später begann sie zu lächeln. „Du hast Recht. Hier oben merke ich sofort, dass ich meine Beziehung verbessern möchte. Ich möchte, dass wir es möglichst schön miteinander haben. Daher will ich auch erreichen, dass keiner von uns beiden auf den anderen warten muss."

„Du bist also in einem positiven Motivationsmodus", stellte ich fest. „Dann zieh jetzt bitte noch mal runter! Schauen wir uns einmal an, ob der Kampfmodus in diesem Kontext tatsächlich deine Beziehung verbessert."

„Da muss ich nicht lange überlegen", antwortete Juli sofort. „Der Kampfmodus ist ganz sicher der falsche Modus. Der Motivationsmodus wäre hier sehr viel sinnvoller. Es muss also ein Missverständnis zwischen den Gehirnen geben. Die Frage ist jetzt nur, worin dieses Missverständnis genau besteht."

151

„Vielleicht finden wir das heraus, indem wir uns die unterschiedlichen Konsequenzen der beiden Modi in dieser Situation genau anschauen", schlug ich vor und setzte unseren Strandspaziergang fort.

„Okay, dann gehen wir es ausführlich durch", stimmte Juli zu. „Welche Konsequenzen hat also der Kampfmodus?", fragte sie sich selbst. „Was mich am meisten geschockt hat, ist die Tatsache, dass ich im Kampfmodus meinen Partner verletzen will und nichts mehr von meiner Liebe spüre. Ich werfe ihm im Streit Dinge an den Kopf, die ich eigentlich gar nicht so meine und die ich später nur zu gerne wieder zurücknehmen würde. Doch allzu oft sitzt dieser Giftstachel dann bereits tief in der Seele und lässt sich nicht mehr so ohne weiteres entfernen. Natürlich lässt er solch eine Verletzung nicht auf sich beruhen. Er wehrt sich mit den gleichen Waffen und versucht, mich ebenfalls zu verletzen."

„Und später im Versöhnungsmodus entschuldigen sich dann beide und verstehen nicht mehr, warum wir eigentlich all das gesagt haben", fügte ich hinzu.

„Das ist noch der günstigste Verlauf einer solchen Aktion!", gab Juli zu bedenken. „Im ungünstigsten Fall greift der Partner zu einer ganz anderen Kampfmaßnahme, die wir gar nicht mehr als Reaktion auf unseren Angriff begreifen. Er entzieht uns möglicherweise für Tage oder sogar Wochen seine Liebe und schenkt uns keine Wertschätzung oder Aufmerksamkeit mehr. Oder er straft uns mit Ablehnung oder sogar mit Verachtung."

„Wenn wir diese Kampfmaßnahme nicht als solche erkennen oder nicht akzeptieren, werden wir das negative Verhalten des Partners als falsch beurteilen und damit automatisch abermals abstellen wollen. Und wann immer wir solch eine Abstellabsicht starten, weiß das Emotionalgehirn sofort, welcher emotionale Modus der richtige dafür ist. Es bringt uns erneut in den Kampfmodus und lässt uns unseren Partner angreifen! Das ganze Spiel beginnt von vorn. Wir gießen wieder Benzin aufs Feuer, verletzen unseren Partner, werden ebenfalls von ihm verletzt, und alles wird noch schlimmer."

„Wie stelle ich das also jetzt ab?", wollte Juli wissen.

„Indem wir die Beurteilungen ändern, die uns in den Kampfmodus bringen. Wenn ich es richtig sehe, sind das zwei verschiedene: Entweder beurteilen wir das Verhalten des Partners als Angriff, dann ziehen wir natürlich sofort in den Kampfmodus runter, um uns zu wehren. Oder wir beurteilen das Verhalten unseres Partners als falsch oder schlecht, womit wir in unserem Emotionalgehirn die Abstellabsicht starten und daraufhin selbst zum Angreifer werden.

Diese beiden Beurteilungen müssen wir durch sinnvolle positive ersetzen, die uns nicht in den Kampfmodus, sondern in einen Positivmodus bringen. Und natürlich müssen diese Beurteilungen realistisch und wahrheitsgemäß sein. Wir müssen das Missverständnis zwischen den Gehirnen beseitigen, und das gelingt sicherlich nicht, indem wir uns etwas schönreden. Wir brauchen also wahre positive Beurteilungen der Situation."

„Okay. Zum Thema Angriffe hat Mary ja schon einige positive Möglichkeiten genannt. Ich kann die Angriffe als ungeschickt vorgetragenen Änderungswunsch sehen, den mein Partner durch die Irritation seines Emotionalgehirns nicht besser rüberbringen kann. Oder ich kann die Situation so beurteilen, dass mein Partner sich mir emotional offenbart.

Im Grunde genommen steckt auf jeden Fall eine positive Absicht hinter seinem Verhalten: Er will unsere Beziehung verbessern, indem er ein Problem löst. Auch das wäre eine wahrheitsgemäße positive Beurteilung!", wurde Juli dann klar. „Die gefällt mir eigentlich am allerbesten. Sein Verhalten ist kein Angriff, sondern ein Verbesserungsversuch! Es ist zwar nicht geschickt, die Beziehung auf diese Art verbessern zu wollen, aber das ändert nichts an der Tatsache, dass es trotzdem ein Versuch ist."

„Das fühlt sich gut an", stimmte ich zu. „Wegen einem Verbesserungsversuch meiner Partnerin ziehe ich sicherlich nicht gleich in den Kampfmodus runter. Ich aktiviere dann eher einen positiven Mo-

153

tivationsmodus, und damit wäre das Missverständnis zwischen den Gehirnen für diesen Fall geklärt. Jetzt brauchen wir nur noch eine sinnvolle Positivbeurteilung für den Fall, dass wir in Bezug auf das Verhalten oder die Persönlichkeit unseres Partners etwas als falsch oder schlecht beurteilen."

„Das finde ich schwieriger", sagte Juli nachdenklich. „Ich kann mir nicht einfach einreden, dass etwas richtig ist, wenn es das in Wirklichkeit einfach nicht ist."

„Da hast du Recht", stimmte ich ebenfalls nachdenklich zu. „Trotzdem muss hier ein Missverständnis vorliegen, sonst wären wir nicht im falschen Modus. Wir greifen unseren Partner an, und das ist sicherlich nicht die richtige Maßnahme in so einer Situation. Wie kommen wir also da raus?"

„Keine Ahnung!", erwiderte Juli ratlos. „Vielleicht sollten wir Mary und Michael darauf ansprechen."

„Oder wir schauen uns noch einmal dein Beispiel mit dem warten lassen an", schlug ich nachdenklich vor und hatte dazu eine Idee. „Wandeln wir unser Beispiel dazu geringfügig ab. Michael hat mal erwähnt, dass die meisten Dinge sowohl positiv als auch negativ gesehen werden können, wir in der Regel jedoch zur negativen Beurteilung neigen. Gehen wir einmal davon aus, dass dies in deinem Beispiel auch so ist. Es gibt Positives und Negatives. Stellen wir uns jetzt einfach einmal vor, dein Partner wäre schon ein wenig pünktlicher geworden, weil er mittlerweile weiß, dass es dir etwas ausmacht, wenn er zu spät kommt. Früher musstest du jedes Mal eine halbe Stunde auf ihn warten. Jetzt sind es nur noch fünfzehn Minuten. Nun hast du die Wahl, ob du diese fünfzehn Minuten weiter als falsch beurteilen willst, was dich natürlich sofort in den Kampfmodus bringen würde, oder ob du die anderen fünfzehn Minuten, die er bereits pünktlicher geworden ist, als positiv beurteilst. Beides ist möglich!"

„Ich könnte die fünfzehn Minuten ohne Probleme positiv sehen", meinte Juli. „Immerhin ist er mir zuliebe pünktlicher geworden. Es wäre also eine wahre Beurteilung der Situation."

„Und alleine die Tatsache, dass du das erkennst, müsste dich doch schon in einen besseren Modus bringen, oder?"

„Es bringt mich in den Zuneigungsmodus, falls es so etwas gibt. In diesem Modus werde ich natürlich sehr viel liebevoller mit meinem Partner umgehen als im Kampfmodus."

„Was geschieht jetzt, wenn du deinem Partner sagst, wie toll du es findest, dass er dir zuliebe so viel pünktlicher geworden ist? Gehen wir davon aus, dass du das auch wirklich so meinst – offen und ehrlich. Wie reagiert er auf deine Wertschätzung?"

„Sicherlich nicht mit dem Kampfmodus", erkannte Juli. „Er wird sich eher noch mehr Wertschätzung verdienen wollen!"

„Das nächste Mal wird er also versuchen, noch pünktlicher zu sein."

„Die Chancen sind auf jeden Fall um ein Vielfaches höher als durch meine Kampfmaßnahmen, vor allem, wenn ich daran denke, was ich bei der ganzen Angelegenheit tatsächlich erreichen will – nämlich unser gemeinsames Beziehungsglück vermehren."

„Natürlich funktioniert das nur, wenn du wirklich nicht im Kampfmodus bist", gab ich zu bedenken. „Nur so zu tun, als würdest du das Positive wertschätzen, dabei jedoch trotzdem noch die Absicht verfolgen, das Negative abzustellen, würde bei ihm sicherlich wie ein plumper Manipulationsversuch ankommen."

„Ich glaube, ich habe das schon mal gemacht! Das mit der Wertschätzung, meine ich. Wir waren gerade frisch zusammen und total verliebt. Vermutlich habe ich deshalb nicht runtergezogen, als er mal zu spät kam. Stattdessen habe ich ihm ganz gelassen und ruhig mitgeteilt, dass es mir viel bedeuten würde, wenn er pünktlicher wäre. Er hat mir daraufhin versprochen, sich zu bemühen. Die Art, wie er das sagte, fand ich total süß. Außerdem fand ich es wirklich toll, wie er auf meine Bitte reagiert hatte. Ich habe daher sein Versprechen sehr deutlich wertgeschätzt. Daran kann ich mich noch gut erinnern."

„Und wie hat er auf diese Wertschätzung reagiert?"

„Gut. Sehr gut sogar! Er hat sich entschuldigt und ist danach erst mal nicht mehr zu spät gekommen."

„Erst mal?!", hakte ich verwundert nach. „Es hat also nicht lange funktioniert?!"

„Wenn ich ehrlich bin, war sein Zuspätkommen später vermutlich eher die Retourkutsche für ganz andere Dinge, die ich getan habe. Ich war damals gerade siebzehn und hatte noch nicht kapiert, dass man auch mit Zuckerbrot und Peitsche aus einem Frosch keinen Prinzen machen kann."

„Liebe Juli, ich kann dir versichern, dass das auch viele Frauen, die doppelt so alt sind wie du, noch nicht kapiert haben. Wir Männer natürlich ebenfalls nicht!", ergänzte ich, damit sie diese Aussage nicht falsch verstand. „Ich bin ehrlich gesagt beeindruckt, dass du das mit deinen einundzwanzig Jahren schon kapiert hast. Respekt!"

„Danke", sagte sie und schaute leicht beschämt. Mit Anerkennung hatte sie offenbar wirklich ein kleines Problem.

„Aber was du eben sagtest, hat mir beide Augen geöffnet", fuhr ich daher fort, um sie aus dieser für sie unangenehmen Lage zu befreien. „Es ist mir sozusagen wie Schuppen aus den Haaren gefallen, wie man so schön sagt."

„Wie Schuppen aus den Haaren – aha!", wiederholte sie meinen Scherz. „Was habe ich denn gesagt?"

„Du hast von der Retourkutsche deines Exfreundes geredet. Er kam irgendwann absichtlich zu spät, um sich für deine Zuckerbrot-und-Peitsche-Kur zu revanchieren. Ich denke, dass ich das ebenfalls schon sehr häufig getan habe, ohne mir dessen überhaupt bewusst zu sein."

„Da bist du nicht der Einzige! Eine von denen, die das so weit getrieben haben, bis die Beziehung komplett zerstört war, steht vor dir. Dabei hatte ich noch Glück! Meine Eltern haben sich auf diese Weise Jahrzehnte lang gegenseitig das Leben schwer gemacht, bis sie sich schließlich getrennt haben. Und alles nur, weil sie aus Rache, ohne es auch nur zu ahnen, ständig den falschen emotionalen Modus gestartet und sich gegenseitig verletzt haben."

„Nachdem wir dieses Rachespielchen jetzt durchschaut haben, wird uns das sicherlich nicht mehr passieren. Ich denke, was wir hier gerade erkannt haben, ist so ziemlich das Wichtigste, was man in puncto Beziehung überhaupt lernen kann. Mit diesem Wissen im Hintergrund sollte es tatsächlich möglich sein, eine aufrichtige und glückliche Beziehung zu führen – so wie Mary und Michael. Und genau so eine Beziehung möchte ich auch erleben, sobald ich meine Angst vor der Liebe endlich besiegt habe. Das ist mein größter Wunsch. Dafür würde ich alles geben."

„Dafür würdest du sogar durchs Feuer laufen und dir die Füße verbrennen!", rief Juli frotzelnd und schubste mich plötzlich ohne Vorankündigung ins Wasser.

Ich wurde in meiner langen Baumwollhose nass bis zum Hintern. Ich hatte den Eindruck, dass sie mich damit von meiner Angst vor der Liebe ablenken wollte. Das hatte sie jedenfalls geschafft! Ich hatte nämlich jetzt ganz andere Gedanken im Kopf! Ich überlegte, wie ich es anstellen könnte, diese kleine wasserscheue Katze ebenfalls reinzuschmeißen.

Juli hatte ein paar Meter Abstand von mir genommen, da sie eine Finte meinerseits vermutete. Ich machte jedoch absolut keine Anstalten dazu, was sie offenbar verunsicherte. Stattdessen lief ich einfach weiter und setzte dabei ganz zwanglos unser Gespräch fort.

„Ich denke, man sollte es von Anfang an gar nicht so weit kommen lassen, dass man in diese gegenseitigen Rachespielchen reinrutscht", erklärte ich, als sei gar nichts geschehen. „Und wenn man sich doch im Rachemodus verfangen hat, dann sollte man am besten ganz offen miteinander reden." Juli kam daraufhin wieder ein wenig näher. „Jetzt zum Beispiel muss einfach dringend eine Ungerechtigkeit zwischen uns besprochen werden!", sagte ich und schnappte sie mir. Ich hob sie hoch und ging mit ihr in Richtung

Wasser. Sie wehrte sich natürlich, und so stolperten wir bei diesem kleinen Kampf und plumpsten gemeinsam mitsamt unserer Klamotten ins Wasser.

„Ja, danke!", gab sie ganz cool zurück. „Jetzt ist der Gerechtigkeit endlich Genüge getan. Das fühlt sich viel besser an."

Mir wurde plötzlich auf erschreckende Weise bewusst, wie stark mein Bedürfnis nach Revanche tatsächlich war. Obwohl wir gerade über dieses Thema geredet hatten, musste ich sie trotzdem ins Wasser schmeißen. Und das, ohne überhaupt zu merken, was ich da tat.

„Ich möchte mich bei dir entschuldigen", sagte ich daher ernst, als wir unseren Spaziergang fortsetzten. „Ich hätte mich nicht rächen sollen."

„Das war doch nur Spaß!", erwiderte Juli schulterzuckend. „Ich habe dich ja auch reingeschubst."

„Das ist etwas anderes. Ich finde es ehrlich gesagt ein wenig peinlich, dass ich hier große Reden über Retourkutschen schwinge und behaupte, mir könne so etwas nie wieder passieren, und eine Minute später tue ich es schon wieder. Wäre die Situation von eben kein Spaß gewesen, hätte ich sicherlich trotzdem so reagiert. Ich hätte wider besseres Wissens in den Rachemodus runtergezogen."

„Dann sei froh, dass es nur Spaß war! Damit haben wir doch wieder ein schönes Thema, um unser Emotionalgehirn weiter zu erforschen und ein Missverständnis ein für alle Mal zu klären. Das ist doch toll! Dieses Problem hätte sich auch ganz anders offenbaren können. Und dann hätte es vielleicht deine Beziehung zerstört!"

„So gesehen hast du Recht", erkannte ich erfreut und spürte, wie diese positive Beurteilung mich sofort wieder ins Positive Fühlen brachte. „Schauen wir uns die Sache also genauer an!"

„Was meinst du, welche Beurteilung den Rachemodus ausgelöst hat? Und was will das Emotionalgehirn überhaupt mit diesem Modus erreichen? Ich denke, die letztere Frage ist erst einmal die wichtigere."

„Ausgleichende Gerechtigkeit!", spürte ich sofort. „Das ist es, was das Emotionalgehirn erreichen will. Dafür zieht es in den Rachemodus runter."

„Und welche Beurteilung deines Großhirns veranlasst dein Emotionalgehirn dazu, ausgleichende Gerechtigkeit anwenden zu wollen?"

„Die Beurteilung, dass etwas ungerecht war", erkannte ich.

„Hey, das ist genau der Grund, warum bei mir keine Rachegedanken aufkamen! Ich empfand es nicht als ungerecht, dass du mich ebenfalls ins Wasser geworfen hast. Ich hatte es ja sozusagen verdient."

„Das heißt also, dass ich es verdient habe, dass du mich ins Wasser schubst!", erwiderte ich provokativ.

„Nein, natürlich ... Du Sackgesicht!", schimpfte sie, als sie mein Grinsen bemerkt hatte. „Musst du mich immer verarschen?!"

„Eigentlich wollte ich nur einen Scherz machen", gestand ich amüsiert. „Aber wenn dir der intellektuelle Zugang zu meinem Scherz fehlt, dann wird daraus ungewollt ganz schnell eine Verarschung", frotzelte ich.

„Du weckst Rachegedanken in mir!", rief Juli und schaute mich dabei gespielt wütend an.

„Dann sitzen wir beide offensichtlich im gleichen Boot, wenn es um dieses Thema geht", erwiderte ich amüsiert.

„Offensichtlich!", stimmte sie weiterhin mit finsterem Blick zu und zeigte mir im Spaß die Zähne.

„Ich denke, wir haben hier wirklich ein Thema gefunden, das so ziemlich jeden betrifft", sagte ich wieder ernsthafter. „Lass uns versuchen, dieses Problem zu knacken und das Missverständnis zu finden."

„Was ich eben sagen wollte, bevor du mich verarscht hast", betonte sie noch einmal verächtlich, „war, dass du dein Emotionalgehirn zur Revanche veranlasst, sobald du etwas als ungerecht beurteilst. Tust du das nicht, dann geht es auch nicht in diesen Modus. Du brauchst also einfach nur eine sinnvollere Beurteilung."

„Und welche wäre das?", fragte ich ahnungslos.

„Betrachte die Situation von gerade eben einfach mal aus meiner Perspektive", schlug sie vor. „Glaubst du, ich habe dich geschubst, weil ich dir etwas Böses antun wollte?"

„Ich hoffe doch nicht!", antwortete ich und musterte sie gespielt skeptisch. „Ich denke, du hast mich geschubst, weil du einen Scherz machen wolltest und nicht in der Lage warst, dir etwas Besseres einfallen zu lassen!", frotzelte ich wieder.

„Ich werd dir gleich zeigen, zu was ich alles in der Lage bin", funkelte sie mich böse an.

„Aber wenigstens hast du keine Rachegedanken", stellte ich amüsiert fest.

„Darüber bin ich auch sehr froh", bestätigte sie mit geballter Faust. „Aber kommen wir noch einmal auf dich zurück. In welchen Modus bringt dich dein Emotionalgehirn, wenn du ihm die Beurteilung gibst, dass ich einen Scherz machen wollte?"

„Auf jeden Fall nicht in den Rachemodus", erkannte ich.

„Aber auch nicht in einen wirklich positiven Zustand, oder?"

„Es zieht nicht wirklich hoch", stimmte ich zu.

„Vermutlich würde diese Beurteilung dich nicht gleich aus dem Positiven Fühlen rausbringen", spekulierte Juli, „aber vielleicht finden wir noch eine wahre und wirklich positive Beurteilung dieser Situation, die dein Positives Fühlen sogar noch unterstützt."

„Das wäre natürlich noch besser!", erkannte ich motiviert.

„Was wäre deine positivste, reale Beurteilung der Situation von eben?"

„Dass du damit deine Liebe ausdrücken wolltest?!", erwiderte ich in scherzhaftem Tonfall.

„So falsch ist diese Beurteilung gar nicht!", meinte sie plötzlich ernsthaft. „Denn mit jemandem, den ich nicht gut leiden kann, würde ich so etwas nie machen. Es war meine Art zu sagen, dass du für mich ein richtig guter Kumpel bist."

„Ich finde das gerade ziemlich wichtig!", erklärte ich jetzt ebenfalls ernsthaft und nachdenklich. „Wenn ich in so einem Moment nach einer wahren, positiven Beurteilung suchen würde, würde ich garantiert auch eine finden.

Wenn eine Frau mit mir eine Partnerbeziehung eingeht, dann deshalb, weil sie mich liebt und ich damit der wichtigste Mensch in ihrem Leben bin. Wenn sie sich dann dennoch ungerecht verhält, gibt es nur zwei mögliche Gründe dafür: Entweder ist diese scheinbare Ungerechtigkeit nur ein Missverständnis, oder es ist eine Retourkutsche, weil sie sich zuvor von mir ungerecht behandelt gefühlt hat.

Wenn ich das kapiert habe, werden auch keine Rachegelüste mehr in mir ausgelöst. Ganz egal, ob mich meine Partnerin ins Wasser schubst oder mir ernsthafte Vorwürfe macht. Ich muss nur erkennen, dass sie es nicht böse gemeint hat, sondern dass es nur ein Missverständnis zwischen den Gehirnen ist."

„Und damit wäre das Missverständnis mit der Revanche gelöst!", meinte Juli begeistert.

„Und was die Angriffe betrifft, haben wir auch eine gute Lösung gefunden", stimmte ich erfreut zu. „Es sind in Wirklichkeit gar keine Angriffe, sondern Verbesserungsversuche. Was die Beurteilung betrifft, dass der Partner etwas falsch macht, damit bin ich ehrlich gesagt noch nicht ganz zufrieden. Vieles kann man zwar von der positiven oder von der negativen Seite betrachten, aber manches ist nun mal einfach schlecht."

„Wir sollten Mary und Michael auf dieses Thema ansprechen. Die beiden haben bestimmt auch dafür eine Lösung", regte Juli an. „Auf jeden Fall finde ich es echt erstaunlich, wie einfach sich unsere Gefühle durch unsere Beurteilungen beeinflussen lassen. Wir müssen nur verstehen, wie unser Emotionalgehirn funktioniert, dann können wir ihm leicht die Beurteilungen geben, die aus seiner Sicht tatsächlich richtig sind und die uns zusätzlich noch glückliche Gefühle bescheren. Wenn wir es auf diese Weise schaffen, den Kampf- und Rachemodus innerhalb einer Beziehung zu vermeiden und stattdessen hauptsächlich im Positivmodus zu bleiben, erleben wir eine glückliche Ausnahmebeziehung, wie es sie auf dieser Welt vermutlich nur sehr selten gibt", schwärmte Juli. „So, als würde man ewig verliebt bleiben."

„Oder sogar noch besser! Ich denke da an Mary und Michael. Die beiden haben einen Weg gefunden, sich das Positive der Verliebtheit zu erhalten und sich gleichzeitig alle Vorteile einer langjährigen Partnerbeziehung zu erschließen."

„Und das alles, weil sie gelernt haben, in Bezug auf ihre Beziehung keine Missverständnisse seitens des Emotionalgehirns mehr aufkommen zu lassen", erkannte Juli.

„Ich will das auch können!", sagte ich entschlossen. „Ich will in der Lage sein, mein Emotionalgehirn in jeder Lebenssituation in den sinnvollsten Modus zu bringen. Ich will alles über das Emotionalgehirn erfahren! Ich habe keine Lust mehr auf Missverständnisse und vor allem nicht auf diese völlig unsinnigen Kampf- und Rachemodi!"

„Ich auch nicht!", stimmte mir Juli entschlossen zu. „Ich habe das Gefühl, dass sich uns hier tatsächlich eine völlig neue Welt offenbart, wie Michael das ausgedrückt hat. Eine Welt, die ich so schnell wie möglich verstehen lernen will."

„Das möchte ich ebenfalls. Wir werden unser Emotionalgehirn gründlich erforschen!", beschloss ich motiviert. „Wir sind jetzt tatsächlich auf Entdeckungsreise zur Quelle unserer Emotionen. Ich finde das ungemein spannend."

Wir waren inzwischen wieder bei unseren Schuhen angelangt. Die Sonne brannte mittlerweile schon sehr heiß vom Himmel, aber dank unserer nassen Klamotten war es sehr angenehm. Hätte ich das vorher gewusst, dann wäre meine Beurteilung von Julis Schubs sogar noch positiver ausgefallen.

Als wir gerade zurück zur Bungalowanlage gehen wollten, um uns umzuziehen, kamen uns Mary und Michael entgegen. Über unsere nassen Kleider wunderten sich die beiden komischerweise gar nicht.

162

Wir berichteten ihnen in Kurzform, was wir über den Rachemodus herausgefunden hatten.

„Wenn man sich das genau überlegt, dann ist es schon fast verwunderlich, dass es bei all diesen Missverständnissen überhaupt glückliche Beziehungen gibt", sagte ich abschließend zu den beiden.

„Die Entwicklung unserer Zivilisation ist einfach zu schnell vorangeschritten", erwiderte Michael. „Unser Großhirn ist noch nicht weit genug entwickelt, um die Denkweise des Emotionalgehirns von Geburt an zu verstehen. Das ist wohl der Grund, warum wir der menschlichen Evolution ein wenig unter die Arme greifen sollen", erklärte er, wofür er einen heimlichen bösen Blick von Mary erntete, was mich sehr verwunderte. Ich merkte, dass Juli dieser Blick ebenfalls aufgefallen war.

„Gibt es vielleicht irgendetwas, was wir wissen sollten?", fragte sie die beiden deshalb direkt. „Ich habe das Gefühl, dass ihr uns etwas verheimlicht."

„Gebt uns bitte noch etwas Zeit", bat Mary. Man konnte ihr ansehen, dass sie sich ertappt fühlte. „Wir sind uns noch nicht ganz sicher. Aber wir werden euch alles sofort erklären, sobald wir Gewissheit haben."

„Wofür braucht ihr Gewissheit?", hakte Juli nach.

„Glaubt uns, es ist besser für euch, wenn ihr das jetzt noch nicht wisst", versuchte Mary zu beschwichtigen.

Ich konnte es mir nicht erklären, aber als sie das sagte, lief es mir eiskalt den Rücken hinunter. Irgendwie spürte ich, dass die beiden echt Angst hatten. Aber wovor denn verdammt noch mal?!

„Hey Leute, das könnt ihr mit uns nicht machen!", ermahnte ich die beiden so freundlich ich aufgrund meiner aufgewühlten Emotionen konnte. „Wenn es eine Gefahr gibt, die uns betrifft, dann möchte ich gerne davon erfahren – auch, wenn ihr noch keine Gewissheit habt!"

„Lasst uns ein Stück weiter gehen!", bat Mary daraufhin mit leiser Stimme. „Hier könnten jederzeit andere Campteilnehmer vorbeikommen."

Wir gingen also noch einmal zum Strand zurück und setzten uns an eine Stelle, wo wir in alle Richtungen genügend Abstand zu den anderen Leuten hatten.

„Es geht ums Positive Fühlen und die Matrix", antwortete Michael endlich. „Ich habe Ella danach gefragt, wie ich es ursprünglich vorhatte. Ich bekam eine Antwort, die ich nicht erwartet hätte. Eine Antwort, die das gesamte Leben auf diesem Planeten betrifft."

„Was redest du denn da?!", fragte ich äußerst irritiert und spürte erneut die Angst der beiden.

„Ich habe bis jetzt nur Bruchstücke mitbekommen. Man kann sich Ella nicht wie einen Menschen vorstellen, der mir alles einfach erklären kann. Sie ist mehr so etwas wie eine Informationsquelle. Aber sie kann mir keine Informationen geben. Ich muss sie mir holen, und zwar über mein Gefühl. Dazu muss ich einerseits wissen, wonach ich suchen soll, und andererseits muss ich in der Lage sein, diese Informationen einordnen und verstehen zu können. Manchmal braucht das etwas Zeit."

„Worum geht es bei diesen Bruchstücken?", wollte Juli ungeduldig wissen.

„Ella sagte, dass das Positive Fühlen die nächste Evolutionsstufe der Menschheit einläuten würde", antwortete Michael gewichtig.

„Die nächste Evolutionsstufe der Menschheit?", wiederholte Juli irritiert. „Was heißt das?"

„Das wissen wir noch nicht genau", antwortete er. „Zum Teil hat es wohl damit zu tun, dass unsere beiden Gehirne dann ohne Missverständnisse zusammenarbeiten, zum Teil auch mit der Gestaltung der Matrix. Ella hat uns angedeutet, dass das Positive Fühlen uns neue Möglichkeiten eröffnet, um alle Bereiche unseres Großhirns auf positive Vorstellungen und Einstellungen auszurichten."

„Nur die des Großhirns?!", fragte Juli verwundert. „Und was ist mit dem Emotionalgehirn?"

„Seine Vorstellungen und Einstellungen sind fest einprogrammiert und damit nicht beeinflussbar, auch nicht mit dem Positiven Fühlen.

Und das ist auch gut so! Auf diese Weise wird die Basis unserer gemeinsamen Realität aufrechterhalten. Die Naturgesetze, nach denen unsere Welt aufgebaut sind, entstammen zum Beispiel dieser festen Programmierung. Sie sind mit dem Großhirn nicht veränderbar. Was das Großhirn mit seinen Vorstellungen und Einstellungen in die Matrix einspeisen kann, bewegt sich stets innerhalb der Rahmenbedingungen, die dem Emotionalgehirn mit seinen Vorstellungen und Einstellungen einprogrammiert sind.

Das Emotionalgehirn muss uns in Bezug auf die Ereignisse, die mit dem Evolutionssprung auf uns zukommen werden, nicht sonderlich interessieren – das Großhirn mit seinen vielen negativen Vorstellungen und Einstellungen dafür umso mehr.

Ich konnte Ella in diesem Punkt nicht klar verstehen, aber ich vermute, dass unsere Aufgabe darin besteht, permanent im Positiven Fühlen zu bleiben, um den Evolutionssprung in positive Bahnen zu lenken. Sonst fällt unser Großhirn nämlich sofort wieder in seine alten negativen Vorstellungen und Einstellungen zurück."

Juli reagierte aufgewühlt. „Was wird denn mit dem Evolutionssprung auf uns zukommen?"

„Das konnte ich noch nicht verstehen. Nur ein Teil davon betrifft die Matrix. Da ist auch noch irgendetwas anderes, was mir förmlich auf der Zunge liegt. Ich kann es quasi schon schmecken. Das Einzige, was ich aber bis jetzt dazu wahrnehmen konnte, ist, dass besagte Ereignisse vielen Menschen Angst machen werden. Um genauer zu sein: Wir werden ihnen Angst machen!", betonte er.

„Wir werden ihnen Angst machen?!", wiederholte Juli erschrocken und schaute dabei Mary fragend an. „Wieso denn das?"

„Das wissen wir noch nicht", antwortete diese. „Irgendetwas wird mit uns geschehen – etwas sehr Positives! Trotzdem wird es die meisten Menschen ängstigen. Und es ist klar, wie Menschen reagieren, wenn sie Angst haben. So weit dürfen wir es daher nicht kommen lassen! Aus diesem Grund haben wir beschlossen,

165

erst einmal mit niemandem darüber zu sprechen. Und wir möchten euch bitten, dies ebenfalls nicht zu tun."

„Ihr glaubt diesen ganzen Unsinn doch nicht wirklich!?", sagte ich ablehnend und versuchte damit die Angstgefühle loszuwerden, die sich von Mary und Michael allmählich auf mich übertrugen.

„Ich höre meine innere Stimme jetzt seit sieben Jahren", erwiderte Michael ernst. „Und bisher haben ihre Aussagen stets gestimmt. Es wäre das erste Mal, dass Ella mir Unsinn erzählt hätte."

„Ich glaube den beiden", sagte Juli zu mir. „Und du solltest aus Sicherheitsgründen ebenfalls davon ausgehen, dass es wahr sein könnte."

„Wenn ich das tun würde, würde ich sicherlich nicht mit dem Positiven Fühlen weitermachen", wehrte ich mich. „Das ist doch Unsinn! Wie soll denn das Positive Fühlen dafür verantwortlich sein, dass andere Menschen vor uns Angst haben? So bedrohlich ist das nicht, wenn jemand glücklich ist."

„Es geht nicht ums Glücklichsein", erklärte Michael. „Es ist der Evolutionssprung, den wir durch das Positive Fühlen machen werden. Wir werden anders sein. Und das allein genügt, um vielen Menschen Angst einzujagen. Es wird Leute geben, die diese Entwicklung aufhalten wollen. Das dürfen wir auf keinen Fall zulassen. Die Menschheit ist auf dem Weg, sich selbst und alles Leben auf diesem Planeten zu vernichten. Schuld daran ist ihr unbändiges Verlangen nach Wachstum, von dem wir schon einmal gesprochen haben. Wir wollen immer mehr von allem und jedem. Dabei vermehren wir uns exponentiell. Wir sind bereits 6,5 Milliarden Menschen auf diesem Planeten. In wenigen Jahrzehnten werden wir über 9 Milliarden sein. Bei dieser Zahl soll sich angeblich die Populationsrate der Weltbevölkerung einpendeln. Die Produktion der Treibhausgase ist jedoch jetzt schon so hoch, dass Klimaforscher die höchste Alarmstufe ausgerufen haben. Namhafte Größen behaupten, dass der „point of no return" für die Natur in weniger als zwei Jahrzehnten überschritten sein wird angesichts des aktuellen weltweiten Ausstoßes an Treibhausgasen."

166

„Und was bedeutet das genau?", wollte Juli wissen.

„Globale Erwärmung heißt nicht, dass es ein bisschen kuscheliger wird auf unserem Planeten und es ein paar Wirbelstürme mehr in der Karibik gibt. Globale Erwärmung bedeutet das schleichende Ende allen Lebens. Die Natur ist ein hoch sensibles Gleichgewichtssystem. Das bedeutet, dass wir aussterben werden, wenn wir nicht ganz schnell etwas ändern am Ausstoß unserer Treibhausgase. Und wir sprechen hier nicht etwa von den zukünftigen Generationen! Wir alle werden die Klimakatastrophe noch erleben!"

Ich schüttelte skeptisch den Kopf. „Aus diesem Grund treffen doch alle Staaten rund um den Globus bereits alle möglichen Umweltabkommen."

„Die werden leider nicht viel nützen", erwiderte Michael. „Momentan werden achtzig Prozent aller Treibhausgase von der so genannten ersten und zweiten Welt produziert. Doch das sind nur zwanzig Prozent der Weltbevölkerung! Achtzig Prozent aller Menschen leben in Ländern der dritten und vierten Welt. Und diese Länder fangen gerade erst an mit ihrer industriellen Revolution. Sie treten aus wirtschaftlichen Gründen keinem Umweltabkommen bei. Das können sie sich in finanzieller Hinsicht einfach nicht leisten. Außerdem sehen sie nicht ein, dass die Industriestaaten weiterhin ihren Dreck in die Luft blasen, während sie selbst wirtschaftlich am Boden bleiben sollen. Und die Industrieländer, zu denen natürlich auch Europa und die USA gehören, wollen auch nicht mehr auf ihren Lebensstandard verzichten, den sie sich über ein Jahrhundert lang aufgebaut haben. Das müssten sie jedoch, wenn der mögliche Ausstoß an Treibhausgasen gerecht auf alle Länder dieser Erde umverteilt würde. Wir müssten auf fast alles verzichten, was uns lieb und teuer geworden ist. Unsere gesamte Lebensweise müsste sich gravierend ändern. Dazu ist aber niemand bereit. Momentan ist es daher sehr viel wahrscheinlicher, dass der Ausstoß an Treibhausgasen sich in den nächsten Jahrzehnten global gesehen verdoppeln, möglicherweise sogar verdreifachen wird. Und wenn das geschieht, ist die Zerstörung unserer Lebensgrundlage nicht mehr aufzuhalten. Niemand kennt eine Lösung für dieses Problem. Daher wird die Klimakatastrophe in den Medien stets heruntergespielt. Die Wahrheit ist so unbequem, dass sie niemand hören will. Ohne einen Evolutionssprung hat die Menschheit einfach keine Zukunft mehr!"

„Und das Positive Fühlen soll der Menschheit wieder eine Zukunft geben?!", fragte ich viel provokanter, als ich das eigentlich vorgehabt hatte, denn so langsam wurde es immer schwieriger, meine Angstgefühle zu unterdrücken. „Seid mir nicht böse, aber das ist gequirlter Esoblödquatsch!"

„Wir verlangen ja nicht, dass du das glaubst", sagte Mary. „Wir wollen nur nicht, dass du jemandem etwas davon sagst."

Juli schaute mich sehr eindringlich an. „Wenn nur die Hälfte von dem, was die beiden sagen, stimmt, dann könnte es wirklich gefährlich werden für alle, die sich mit dem Positiven Fühlen beschäftigen. Behalt einfach für dich, was wir eben besprochen haben, und gut ist's. Ich finde, das ist nicht zu viel verlangt!"

„Ist ja schon gut!", antwortete ich, da ich ja eigentlich wusste, dass Juli Recht hatte. „Ich werde niemandem etwas davon erzählen. Aber ich werde auch nicht so tun, als wäre es die Wahrheit!", betonte ich, um meine Angstgefühle weiterhin im Zaum zu halten.

„Danke!", gab Mary kurz zurück.

„Und da das jetzt geklärt ist, wäre es mir recht, wenn wir über etwas anderes reden könnten", bat ich abschließend.

„Einen Moment noch", warf Juli ein. „Was machen wir mit Beatrice, Stefanie, Claudia und Andrea? Die vier haben auch angefangen, mit dem Positiven Fühlen herumzuspielen. Ich glaube nicht, dass sie damit so bald wieder aufhören werden."

„Wir sollten sie beobachten", schlug Michael vor. „Wenn bei einer der vier irgendetwas sehr Ungewöhnliches geschieht, werden wir sie einweihen. Möglicherweise wissen wir bis dahin auch Genaueres darüber, wie der Evolutionssprung der Menschheit vonstatten gehen soll.

Im Moment sehe ich noch keinen Grund dafür, die vier zu informieren. Sie werden sowieso nicht aufhören mit dem Positiven Fühlen, wie du schon sagtest. Also lassen wir sie einfach machen."

„Okay, Leute", sagte ich eindringlich. „Wenn ihr weiter über diesen Unsinn reden wollt, dann muss ich mich jetzt verabschieden. Wir sehen uns dann später."

„Warte!", hielt mich Juli zurück, als ich gerade aufstehen wollte. „Ich denke, es ist alles gesagt, was gesagt werden musste. Wir werden jetzt nicht mehr darüber reden. Ich habe eine andere Idee", erklärte sie und wandte sich Mary zu. „Du wolltest mir doch noch mal die Hände auflegen. Meinst du, wir könnten jetzt damit weitermachen?"

„Ich denke schon", antwortete Mary schulterzuckend. „Lass es uns einfach versuchen."

„Jetzt gleich?!", hakte Juli erfreut nach.

„Von mir aus gerne", erwiderte Mary lächelnd.

Ich war froh, dass die Panikmache jetzt beendet war, hatte jedoch gleichzeitig ein mulmiges Gefühl, weil ich an das letzte Mal zurückdachte, als Mary Juli die Hände aufgelegt hatte. Ich überlegte daher für einen Moment, ob ich mich nicht doch lieber absetzen sollte, entschied mich aber dagegen, da Juli diesen Vorschlag hauptsächlich gemacht hatte, damit ich blieb. Außerdem würde die Sache mit dem Händeauflegen sowieso nicht lange dauern.

Zum Händeauflegen beschlossen wir uns an einen ruhigeren und schattigeren Platz zu setzen. Wir fanden diesen Platz wie beim letzten Mal etwas abseits unter einer Palme. Juli wollte ihren Kopf unbedingt wieder auf mein Bein legen, damit alles genauso sein würde wie beim letzten Mal. Ich hatte meine Mühe, diesem Vorschlag gelassen zuzustimmen, wusste aber nicht, unter welchem Vorwand ich ablehnen sollte. Also hoffte ich, dass dieses Mal nichts Blödes passieren würde.

Mary platzierte ihre Hände wieder auf Julis Kopf und Brust. Ich versuchte, mich dagegen zu wehren, aber ich spürte vom ersten Au-

169

genblick an, wie mein Kopf sich erneut auszudehnen begann. Dann fiel mir auf, dass sich diese Dehnung wahnsinnig schön anfühlte. Es war ähnlich wie beim Positiven Fühlen, wo ich ebenfalls eine innere Weite spürte. Doch die Weite, die ich jetzt fühlte, war um ein Vielfaches größer – unglaublich viel größer!

Dann hatte ich plötzlich wieder den Eindruck, über mir befände sich tatsächlich ein helles Licht, dessen Energie ich in mir aufnehmen könnte. Ich spürte diese Energie vor allem in meinem Kopf. Sie wurde stärker und stärker. Meine Schädeldecke begann dabei richtig heftig zu kribbeln. Dann bekam ich plötzlich eine unglaublich intensive Gänsehaut, die ich jedoch nicht nur auf meiner Haut, sondern auch tief in meinem Inneren spürte. Wenige Sekunden später breitete sich die Energie vom Kopf in meinen gesamten Körper aus. Mir war, als seien mein Körper und mein Geist viel zu klein für diese Energie und stünden kurz vor dem Explodieren. Und dann geschah es tatsächlich: Mein Geist expandierte innerhalb eines Augenblicks so weit, dass ich das Gefühl hatte, die gesamte Erde zu sein. Die körperliche Trennung zwischen den Menschen, den Tieren und allem anderen erschien mir wie eine bloße Illusion. Ich war überwältigt von dieser Erfahrung, die ich nicht in Worte fassen konnte. Als Nächstes vergaß ich, wer ich in Wirklichkeit war. Und ich vergaß, wo ich war. Ich war nun die ganze Erde und als solche irgendwie überall.

Eine Minute später kam ich glücklicherweise wieder zu mir. Ich fing an, mich sehr über diesen Unsinn zu wundern, den ich soeben erlebt hatte. Abrupt öffnete ich die Augen und stellte fest, dass mich drei noch verwundertere Gesichter anschauten. Juli lag jetzt nicht mehr auf meinem Bein. Sie saß mir gegenüber, genau wie Mary und Michael, und schaute mich besorgt an. Ich hatte absolut nichts davon bemerkt, dass sie aufgestanden war. „Was ist passiert?", fragte ich daher irritiert.

„Das würden wir gerne von dir erfahren", sagte Juli fassungslos. „Du warst jetzt fast eine Stunde komplett weggetreten. Wir haben uns große Sorgen gemacht! Du hast nichts mehr mitbekommen, obwohl wir dich angesprochen und sogar geschüttelt haben."

„Sorry! Ich muss wohl eingeschlafen sein", schwindelte ich schnell. „Ich habe noch Probleme mit dem Jetlag. Ich kann nachts einfach nicht schlafen. Offenbar hat sich mein Körper gerade geholt, was er gebraucht hat."

Juli schaute mich ungläubig an. „Im Sitzen?!"

Ich zuckte mit den Schultern.

Mary und Michael verabschiedeten sich dann von uns. Sie hätten eigentlich schon längst weg sein müssen und waren nur noch hier geblieben, um nach dem Rechten zu sehen.

„Das war echt krass, wie du die ganze Zeit dagesessen hast", wiederholte Juli noch einmal, als die beiden gegangen waren.

„Wie ist es denn bei dir mit dem Händeauflegen gelaufen?", fragte ich, um von mir abzulenken.

„Ich hatte wieder das Gefühl, dass sich mein Kopf ausdehnt. Mehr ist leider nicht passiert. Und wenn ich die Matrix doch nicht wahrnehmen kann?!", fragte sie frustriert.

„Dann bist du eben ein Mensch wie du und ich. Ich finde dich toll, so wie du bist. Dazu brauchst du keine besondere Fähigkeit. Du bist auch so etwas Besonderes!"

„Wieso habe ich dich nicht schon viel früher kennen gelernt?", sagte sie anerkennend. „Du bist der beste Freund, den man sich vorstellen kann."

Juli wollte noch weiter über die Matrix reden. Sie konnte überhaupt nicht verstehen, warum ich der ganzen Sache so ablehnend gegenüberstand. Ich dagegen wusste sehr gut, warum, wollte mir das zu diesem Zeitpunkt aber selbst nicht eingestehen. Der ganze Matrix-Kram machte mir einfach Angst! Plötzlich wurde alles, was ich bis dahin über das Leben geglaubt hatte, auf den Kopf gestellt. Und dieses Erlebnis von eben schlug dem Fass den Boden aus. Das war einfach too much. Ich konnte mit Juli noch nicht darüber reden. Erst einmal musste ich das alles selbst verarbeiten.

In diesem Moment legte gerade ein großes Schlauchboot an und brachte fünf Leute an Land. Sie hatten ein Werbeplakat für Parasailing an ihrem Boot befestigt. Am Strand wartete schon eine Gruppe von Leuten, die mit dem Schlauchboot zu einer Motorjacht weiter draußen gebracht werden sollte.

Das war jetzt genau das Richtige, um meine Gefühle wieder zur Ruhe kommen zu lassen. Ich fragte Juli also kurzerhand, ob sie nicht Lust hätte, mit mir einen kleinen Rundflug zu machen, und lud sie dazu ein. Juli war sofort begeistert, und so schlossen wir uns der Gruppe an.

Nachdem wir unsere Sitzplätze im Schlauboot eingenommen hatten, lenkte der Fahrer das Boot unter lautem Jubel senkrecht mit Vollgas durch die hohe Brandung! Wir mussten uns mit aller Kraft festhalten, denn wir flogen bei jeder Welle beinahe aus dem Boot. Unser Fahrer hatte einen riesigen Spaß bei der Sache. Ich fand es ebenfalls gut, denn es hielt mich davon ab, weiterhin über die Matrix nachzugrübeln.

Nach einer Minute erreichten wir die Jacht, die den Fallschirm hinter sich herzog. Der Schirm befand sich noch mit zwei Leuten in der Luft, und seine Passagiere wurden gerade mit einer Seilwinde zur Jacht zurückgezogen. Als sie etwa zwanzig Meter vor dem Boot waren, ließ der Seilwindenfahrer sie mit voller Absicht einmal kurz bis zu Hüfte ins Wasser eintauchen. Dann tat er so, als hätte er es gerade erst gemerkt, rief laut und provokativ „Entschuldigung!" und beschleunigte die Winde wieder, um die beiden herauszuziehen. Die Leute auf dem Boot lachten sich kaputt darüber.

Als wir schließlich an der Reihe waren, half man uns, die Sitzgurte für den Fallschirm anzulegen. Ehe wir's uns versahen, waren wir plötzlich in der Luft. Die Jacht beschleunigte und zog uns kraftvoll nach oben. Allerdings nur ein paar Meter.

Dann fuhr sie eine Kurve und hörte kurzzeitig damit auf, uns zu ziehen. Wir sanken tiefer. Ich dachte mir schon, was der Windenfahrer wieder einmal vorhatte. Und so kam es dann auch. Er ließ uns bis zur Hüfte im Wasser versinken. Meine kleine wasserscheue Katze versuchte hektisch, irgendwie nach oben zu klettern, was natürlich nicht möglich war. Dann beschleunigte die Jacht plötzlich mit Vollgas und zog uns unglaublich schnell in die Höhe.

Juli schrie auf vor Vergnügen, als wir so nach oben schossen. Leider war unser Flug schon nach zehn Minuten zu Ende. Unsere Halteleine wurde eingeholt und kurz darauf wurden wir vom Schlauchboot wieder zurück zum Strand gebracht, wo wir uns auf den Rückweg zum Camp machten.

Unsinnige Kampfmaßnahmen

Als wir beim Strandabschnitt des deutschsprachigen Ressorts ankamen, sahen wir Beatrice mit einem großen, dunkelhaarigen Mann, den ich auf Mitte vierzig geschätzt hätte, am Strand sitzen. Die beiden praktizierten ganz offensichtlich das Positive Fühlen, das sah man schon von weitem. Sie knieten einander mit geschlossenen Augen gegenüber und grinsten stumm vor sich hin. Dabei rannen ihnen Tränen des Glücks die Wangen hinunter.

„Ach du Scheiße!", sagte Juli geschockt und blieb abrupt stehen. „Wenn Ella Recht hat, dann ist das da gar nicht gut. Lass uns hingehen. Ich will es mir genauer anschauen."

Ich hatte es gerade geschafft, meine Angstgefühle einigermaßen in den Griff zu bekommen, und das sollte auch so bleiben! Daher ignorierte ich Julis Gefahrenaussage einfach und ging schnurstracks auf Beatrice und ihren Begleiter zu. Wir setzten uns zu den beiden, die daraufhin ihre Augen öffneten und uns glücklich anstrahlten.

„Hallo ihr zwei!", begrüßte Beatrice uns mit unglaublich weichem Blick. Die Härte in ihrem Gesichtsausdruck, die normalerweise den größten Teil ihrer resoluten Ausstrahlung ausmachte, war vollständig verschwunden. So hatte ich sie noch nie gesehen.

„Euch scheint es ja mächtig gut zu gehen!", sagte ich daher.

„Gut ist gar kein Ausdruck!", entgegnete sie überaus glücklich und lehnte sich entspannt zurück. „Dein Positives Fühlen ist einfach unglaublich! Meine Gefühle waren bei der ersten Übung schon sehr intensiv, doch was ich jetzt damit erlebe, hätte ich nie für möglich gehalten. Mit jedem Mal hat sich die Intensität meiner Gefühle noch gesteigert, und seit gestern hört es gar nicht mehr auf. Ich empfinde das Positive Fühlen permanent! Ich muss gar nichts mehr dafür tun, es geht ganz von alleine. Und es wird immer noch schöner! Das einzige Problem ist, dass ich vermutlich bald keine Tränen mehr habe, die ich vor Glück vergießen könnte", lachte sie scherzend.

„Das ist der Robin, der das Positive Fühlen erfunden hat?", fragte der Mann, der Beatrice gegenübersaß, begeistert und betonte dabei das Wörtchen der, als sei ich der Messias höchstpersönlich.

„Wir beide haben das Positive Fühlen gemeinsam entwickelt", antwortete ich und deutete dabei auf Juli. „Es ist eher aus Zufall passiert."

„Zufall ist das, was dir zufällt!", erklärte er anerkennend. „Ich bin übrigens Laszlo." Er gab Juli und mir die Hand.

„Juli", stellte sie sich nur kurz mit ihrem Namen vor, ohne ein weiteres Wort zu sagen. Offenbar war sie immer noch ziemlich aufgewühlt.

„Ist das der Laszlo, mit dem du dich auf der Party unterhalten hast?!", betonte ich daher im Scherz, um Julis Stimmung etwas aufzulockern.

„Es ist der Laszlo!", bestätigte Beatrice meine Frage amüsiert.

Laszlo zeigte sich sehr gebauchpinselt. „Was habt ihr denn über mich geredet?"

„Es ging um die Thematik, dass wir alle versuchen, über bestimmte Lebensumstände zu dauerhaftem Glück zu finden", erklärte ich und beschloss, der Camp-Magie eine Chance zu geben. „Weißt du noch mehr über den richtigen Weg zum Glück als das, was du Beatrice auf der Party erzählt hast?"

„Das kommt darauf an, was dich interessiert", entgegnete er sichtlich erfreut über diese Frage.

„Alles, was wichtig sein könnte", sagte ich.

„Wisst ihr schon das mit den erzieherischen Maßnahmen?", fragte Laszlo in einem Tonfall, der vermuten ließ, dass dies ein überaus bedeutendes Thema sein könnte.

„Erzieherische Maßnahmen?!", hakte ich ahnungslos nach.

175

„Uns Menschen ist es in die Gene gelegt, dass wir uns gut fühlen, wenn wir Zuneigung bekommen", begann er zu erklären. „Im Gegenzug ernten wir schlechte Gefühle, wenn wir abgelehnt werden. Genau diese Veranlagung benutzen wir auch, um unsere Kinder zu erziehen. Wir geben ihnen Zuneigung, wenn sie etwas richtig machen, und lehnen sie ab, wenn wir ihr Verhalten tadeln müssen. Dabei ist es auch völlig unerheblich, ob unser Kind schon 42 Jahre alt ist und in Wirklichkeit Ehemann oder Schatzi heißt!", betonte er amüsiert von seinem eigenen Scherz und lachte sich darüber kaputt.

„Das meinst du mit den Erziehungsmaßnahmen?", erkannte Juli und brachte sich damit erstmalig ins Gespräch ein. „Wir haben das bisher Kampfmodus genannt", erklärte sie dann. „Wir ziehen in den Kampfmodus, um etwas Negatives zu bekämpfen. Wenn unsere Schatzis also etwas tun, was wir als negativ beurteilen, greifen wir sie an und machen ihnen Vorwürfe. Und so, wie es aussieht, aktivieren wir dabei jedes Mal unsere Ablehnungsgefühle."

„Ist euch auch schon klar, was das Schlimmste an der Sache ist?", fragte Laszlo Juli.

„Dass wir damit unsere Beziehungen zerstören", antwortete sie.

„Das ist schlimm, da gebe ich dir Recht. Aber es ist noch nicht das Schlimmste!", betonte er. Er wandte sich nun ganz an Juli und fuhr dann mit seiner Erklärung fort. „Das Schlimmste bei der ganzen Sache sind die Gefühle, die wir uns dabei selbst antun! Unsere Schatzis sind ja nicht blöd. Die merken, wenn wir unsere Ablehnung nicht ernst meinen. Daher müssen wir bei unseren Kampfmaßnahmen wirklich in die schlechten Gefühle reingehen, damit unsere Ablehnung echt rüberkommt. Wir müssen also unser neurologisches Vermeidungssystem im Gehirn aktivieren, das für all unsere unglücklichen Gefühle verantwortlich ist. Und je häufiger wir das tun, desto stärker wird dieses System trainiert!", erklärte er und lehnte sich dabei vor, um Julis Aufmerksamkeit noch mehr zu fesseln.

„Dann ist das wohl der Grund dafür, dass das Vermeidungssystem im Verhältnis zu den drei Glückssystemen so überaus aktiv ist", bemerkte ich nachdenklich.

„Je häufiger ein System in unserem Gehirn benutzt wird, desto stärker wird es ausgebaut", erklärte Laszlo dazu. „Menschen, die sehr häufig schlechte Gefühle haben, empfinden deshalb die Vermeidungsgefühle sehr viel intensiver und nachhaltiger als glückliche Menschen. Dafür können sie jedoch die glücklichen Gefühle kaum noch empfinden."

„Das ist ja oberkrass!", sagte Juli ergriffen. „Ich glaube, ich werde mich nie wieder in meinen schlechten Gefühlen suhlen."

„Das würde ich dir auch nicht empfehlen, wenn du wirklich glücklich werden willst!", pflichtete Laszlo ihr bei. „Doch noch viel wichtiger ist es, dass du das Vermeidungssystem nicht ständig völlig sinnlos aktivierst. Wenn du dein zweijähriges Kind ablehnst, weil es die heiße Friteuse vom Küchenschrank ziehen will, und es damit rettest, ist es das sicherlich wert, dein Vermeidungssystem dafür zu aktivieren. Aber dass du den blöden Autofahrer vor dir ablehnst, weil er mit 100 auf der linken Fahrbahn fährt, ist voll neben der Spur!", sagte er und tippte sich dabei mit dem Zeigefinger an die Stirn. „Du trainierst wegen diesem Blödmann dein Vermeidungssystem! Und das nur, weil du ihn dazu erziehen willst, das nächste Mal gleich aus dem Weg zu gehen. In aller Regel wirst du diesen Typen jedoch niemals wiedersehen. Es ist also völlig sinnlos, ihn erziehen zu wollen und dich damit selbst unglücklich zu machen!"

„Was glaubst du, wie viele Autofahrer ich schon aufs Übelste beschimpft habe", erwiderte Juli geschockt und schüttelte über sich selbst den Kopf. „Das ist echt peinlich!"

„Es gibt viele Situationen, in denen du wildfremde Menschen ablehnst, um sie unsinnigerweise zu erziehen", sagte Laszlo zu Juli.

Beatrice und mich ignorierte er mittlerweile komplett. „Doch das kann man ja eventuell noch verstehen. Dass du aber bereit bist, deine Computermaus zu züchtigen und damit dein Unglücksystem zu aktivieren, weil das Ding nicht gemacht hat, was es soll, das ist dann langsam wirklich schräg!"

„Ach du Scheiße!", rief Juli geschockt. „Genau so mache ich das tatsächlich! Ich versuche sogar leblose Gegenstände zu erziehen!"

„Und du trainierst jedes Mal dein Vermeidungssystem!", betonte Laszlo noch einmal. „Hast du schon einmal einen Ball abgelehnt, den du beim Golf nicht mehr finden konntest?", fragte er dann grinsend.

Juli lächelte. „Ich habe noch nie Golf gespielt, aber ich würde es bestimmt tun, wenn ich in diese Situation käme."

„Hast du schon mal gesehen, dass ein Hund sein Stöckchen abgelehnt hat, weil er es nicht mehr finden konnte?!", scherzte er und lachte sich abermals über seinen eigenen Scherz kaputt.

„Mein Gott, sogar Hunde sind schlauer als wir", stellte Juli amüsiert und gleichzeitig fassungslos fest.

„So langsam wird es für mich tatsächlich zum Rätsel, wie die Menschheit so lange überleben konnte", sagte ich, um mich wieder in das Gespräch einzubringen.

„Das Gehirn des Menschen ist sehr viel lernfähiger als das von Tieren", erklärte Laszlo, weiterhin nur an Juli gewandt. „Leider lernt es aber nicht nur sinnvolle Maßnahmen! Hast du schon einmal deine Figur abgelehnt?", fragte er Juli direkt und musterte sie dabei anzüglich von oben bis unten, was ich als unmöglich erachtete.

„Oh ja!", bestätigte sie, seine anzüglichen Blicke überhaupt nicht realisierend.

„Und wurde sie dadurch besser?"

„Nicht wirklich!"

„Hast du schon einmal deine schlechten Gefühle abgelehnt?"

„Auch das!", bestätigte sie.

Laszlo grinste selbstherrlich. „Haben sich die schlechten Gefühle dann entschuldigt und sind sofort verschwunden, weil sie sich durch deine Ablehnung schlecht gefühlt haben?"

Juli schüttelte fassungslos den Kopf. „Das ist doch voll bescheuert! Ich kann fast nicht glauben, dass ich so dämlich sein soll! Aber es stimmt tatsächlich alles. Genau so lebe ich mein Leben. Ich ziehe wegen allem und jedem, was ich als negativ beurteile, in den Kampfmodus runter und aktiviere mein Vermeidungssystem. Das ist ja oberkrass!"

„Was glaubt ihr?" Laszlo wandte sich jetzt ausnahmsweise wieder einmal an uns alle. „Wie oft kommt es am Tag vor, dass ihr irgendetwas, was ihr gerade tut oder erlebt, völlig sinnlos ablehnt? Das Wetter, die schlechte Luft, den Stau, das Glas, das gerade umgefallen ist, den Computer, das Bankkonto, die Klamotten, die zu eng geworden sind, den Pickel auf der Nase, die Speckröllchen unterm Pullover, die Krankheiten und so weiter und so fort. Wie oft am Tag trainiert ihr auf diese Weise euer Vermeidungssystem?"

„Im Moment gar nicht", antwortete Beatrice lächelnd.

„Vor dem Positiven Fühlen mindestens zehn, zwanzig Mal!", spekulierte ich.

„Viel öfter!", rief Juli überzeugt. „An starken Tagen bin ich sicherlich auf einhundert Mal gekommen. Und wenn ich die Streitereien in meiner Beziehung mit berücksichtige, dann war es sogar noch viel häufiger!"

„Rechnen wir das einmal auf ein gesamtes Jahr hoch", schlug Laszlo sichtlich zufrieden mit dem Verlauf des Gespräches vor. „Einhundert Mal am Tag, das sind im Jahr 36.500 völlig sinnlose Aktivierungen des Vermeidungssystems, weil du das Leben mit unsinnigen Maßnahmen erziehen willst! Das ist doch unglaublich, oder?!"

„Das ist echt der Hammer!", erwiderte Juli geschockt. „Ich kenne tatsächlich niemanden, der das nicht so macht! Alle ziehen in den Kampfmodus runter, wenn sie etwas als negativ beurteilen, um das Negative zu vertreiben. Und das, obwohl es nie funktioniert!", betonte sie fassungslos. „Das Negative geht nicht einfach weg, wenn wir es ablehnen. Weder die schlechten Gefühle, noch unsere Krankheiten oder der Geldmangel. Nur der Partner geht irgendwann, wenn es ihm zu bunt wird. Das ist das Einzige, was wir damit erreichen können."

„Wie würdest du dich denn in einer Partnerschaft verhalten, wenn deine Partnerin diese sinnlosen Erziehungsmaßnahmen auspacken würde?", fragte ich Laszlo, um Juli endlich klar zu machen, dass dieser Typ auch nicht mehr als ein Schwätzer war, der sie mit seinem Wissen beeindrucken wollte. In Wirklichkeit war er längst nicht so weit wie wir.

„Ich würde mir in diesem Moment die Liebe zu meiner Partnerin bewusst machen", antwortete Laszlo und blieb dabei weiterhin ausschließlich Juli zugewandt, was mich so langsam echt nervte. „Immerhin ist sie der Mensch, mit dem ich zusammen sein will." Er schaute Juli tief in die Augen. „Du würdest dir die Ablehnungsgefühle sicherlich auch nicht antun, wenn dein Partner es dir nicht wert wäre, oder?! Du willst mit ihm zusammenbleiben, und dafür soll er sich deiner Meinung nach ändern. Deshalb bist du bereit, dein Vermeidungssystem zu aktivieren – weil du ihn liebst. Also mach dir doch erst einmal die Liebe bewusst, die du in diesem Moment für ihn fühlst!"

Die Suche nach Problemen

Als wir von diesem interessanten Typen endlich wegkamen und wieder zur Bungalowanlage zurückgingen, hörten wir schon von weitem lateinamerikanische Musik. An unserem Pool war mächtig was los. Eine Menge Leute hatte sich dort versammelt. Wir gingen zu ihnen und fragten neugierig, was hier passieren sollte.

„Rodriguez gibt einen Salsa-Kurs", erfuhren wir von einer begeistert wirkenden jungen Frau.

„Au ja, da machen wir auch mit, oder?!", versuchte mich Juli zu motivieren.

„Ich weiß nicht", zögerte ich. „Ich mag eigentlich keine Salsa-Musik. Und Tanzkurse ehrlich gesagt auch nicht."

„Ach bitte! Du hast doch gesagt, dass es der Hammer ist, mit mir zu tanzen. Jetzt hast du wieder Gelegenheit dazu. Bitte sag ja! Du hast dann auch etwas gut bei mir!", versprach sie.

„Na gut. Aber wenn es ätzend ist, dann gehen wir einfach wieder, okay?!"

„Es wird nicht ätzend sein. Mit mir zu tanzen, kann gar nicht ätzend sein!" erklärte sie lächelnd.

Wir standen zwischen mindestens achtzig bis hundert Leuten. Rodriguez musste der Spanier sein, der gerade versuchte, ein Mikrofon-Headset anzulegen. So, wie es aussah, hatte er zuvor noch nie ein Headset gesehen.

Hinter Rodriguez standen zwei große Lautsprecherboxen, aus denen die Musik kam. Nachdem er mit seinem Headset endlich fertig war, drehte er die Musik leiser. „Kann man mich hören?!", fragt er viel zu laut, um sein Mikro zu testen. „Hallo Leute!", sagte er dann sichtlich aufgeregt. „Ich weiß nicht, ob es alle hier wissen. Ein paar Leute haben mich gefragt, ob ich ihnen nicht vielleicht ein bisschen Salsa beibringen könnte. Ich habe das noch nie versucht, und schon gar nicht mit so vielen Leuten. Ich bitte daher um Nachsicht, wenn nicht alles ganz professionell abläuft."

Die Meute fing an, heftig zu applaudieren, um Rodriguez Mut zu machen, denn sie hörten sicherlich genau wie ich das aufgeregte Zittern in seiner Stimme.

„Danke, danke!", rief Rodriguez ins Mikro. „Ihr müsst euch jetzt zuerst mal Platz schaffen. Schaut, dass ihr nach allen Seiten mindestens einen Meter Freiraum habt. Als Nächstes werden wir uns erst mal richtig warm machen. Das macht man so beim Salsa."

Wir verteilten uns also so gut es die große Masse an Leuten erlaubte.

„Okay! Dann legen wir mal los!", rief Rodriguez erneut viel zu laut, nachdem er die Musik wieder etwas aufgedreht hatte. „Macht jetzt zum Warmwerden einfach alles nach, was ich tue." Daraufhin stellte er sich mit dem Rücken zu uns und hob den Arm, um uns allen gemeinsam das Startzeichen zu geben. „Und los!", rief er laut und motivierend. Und dann legte er los! Und wie er loslegte! Das konnte er unmöglich ernst meinen! Niemand konnte solche Bewegungen aus dem Stand nachahmen. Das war vollkommen unmöglich! Rodriguez startete los wie eine Atomrakete! Er schwang die Hüften mit einem Temperament und Tempo, wie es vermutlich nur Profitänzer können. Wie sollten wir das nachmachen?!

Ich blieb erst einmal geschockt stehen und schaute zu Juli rüber. Sie stand mit offenem Mund ebenfalls völlig überfordert da und schaute mich Hilfe suchend an. Wir mussten lachen, als sich unsere Blicke trafen. Dann schaute ich mich unter den anderen um. Niemand machte den Versuch mitzutanzen. Alle waren völlig geschockt von diesem Temperamentsbündel da vorne. Nach und nach mussten immer mehr Leute lachen, was Rodriguez seltsamerweise gar nicht zur Kenntnis nahm. Er machte einfach weiter und schrie dabei motivierend in sein Headset.

Die ersten aus der Gruppe versuchten schließlich doch zögerlich, Rodriguez' Schritte nachzumachen. Da niemand von uns wusste, wie

182

er sich sonst verhalten sollte, taten das nach kurzer Zeit dann alle. Mit mäßigem Erfolg, versteht sich. Bei dem Tempo, das Rodriguez vorlegte, waren wir binnen zwei Minuten klatschnass geschwitzt.

„Okay!", sagte er irgendwann außer Atem. „Dann kommen die Frauen jetzt bitte alle auf die linke Seite. Und die Männer bitte nach rechts, sodass ihr euch alle genau gegenübersteht. Wir üben jetzt erst einmal den Grundschritt."

Rodriguez stand nun zwischen den beiden Gruppen und zeigte uns im Detail, was wir tun sollten. Ein paar Leute konnten den Schritt direkt nachmachen. Die meisten aber stolperten so wie ich jedoch erst einmal nur unsicher herum. Ich war sehr froh, dass mich hier niemand kannte. Zu Hause hätte man es sich bestimmt nicht entgehen lassen, im Fernsehen zu zeigen, wie blöd ich mich beim Tanzen anstellte. Es war mir echt peinlich – vor allem vor Juli, die den Schritt eigentlich auf Anhieb ganz gut hinbekam.

Plötzlich wurde mir bewusst, dass diese Peinlichkeit sicherlich nicht den sinnvollsten Modus darstellte, in dem ich jetzt sein konnte. Hier musste offensichtlich wieder einmal ein Missverständnis zwischen meinen Gehirnen vorliegen, das mich runter in die dunkle Enge zog. Und das nur, weil ich einen Tanzschritt nicht richtig hinbekam! Es war wirklich lächerlich, deswegen in den Peinlichkeitsmodus runterzuziehen! Augenblicklich stoppte ich diesen Zustand, indem ich kraftvoll hochzog! Allein die Tatsache, dass mir das auf Anhieb gelang, zog mich von ganz alleine noch höher. Innerhalb weniger Sekunden hatte ich auf einmal Spaß. Und plötzlich klappte es auch besser mit dem Tanzschritt. Das war einfach unglaublich!

„Und jetzt sucht sich jeder Mann eine Tanzpartnerin", wies uns Rodriguez über die Lautsprecher an.

Ich wollte gerade zu Juli rübergehen, als ich bemerkte, dass ich viel zu langsam war! Die anderen Männer waren sofort losgespurtet, um die begehrtesten Frauen abzubekommen, und mir wurde augenblicklich klar, dass ich vermutlich keine Chance mehr hatte, als ich erkannte,

183

dass mehrere Männer auf Juli zusteuerten. Wenigstens war dieser blöde Laszlo nicht dabei. Es war am Strand schon mühsam genug gewesen, Juli wieder aus seinen klebrigen Händen zu befreien.

Juli aber ging selbstbewusst durch die Männergruppe hindurch und kam mir entgegen. „Tut mir leid!", hörte ich sie zu einigen von ihnen sagen, während sie weiterlief, „ich bin schon versprochen!"

Ich war richtig stolz, als Juli neben mir stand und die anderen Männer mich nur noch neidisch beäugen konnten. Das zog mich noch ein bisschen mehr hoch. Ich umarmte Juli aus einem Impuls heraus herzlich und bedankte mich dafür, dass sie mir entgegengekommen war.

„Eigentlich könntest du dich immer so freuen, wenn du mich siehst!", sagte sie daraufhin erfreut.

„Das werde ich ab sofort tun", versprach ich lächelnd.

Juli und ich harmonierten beim Tanzen wieder auf Anhieb. So langsam machte es mir auch richtig Spaß. Doch dann kam der Realitätsschock!

„Okay, dann wechseln jetzt mal alle Frauen eine Station weiter im Uhrzeigersinn", befahl Rodriguez. „Wenn man tanzen lernt, ist es notwendig, dass man nicht immer nur mit demselben Partner übt", fügte er hinzu.

Juli ging also weiter und dafür stand mir nun eine völlig untalentierte ältere Dame gegenüber. Es war so fürchterlich, dass es mich sofort wieder runterzog. Und dieses Mal konnte ich das Runterziehen kaum aufhalten. Mir fehlte einfach während des Tanzens die Konzentration dazu. Ich versuchte mein Bestes, aber es war offenbar nicht gut genug.

Mit der nächsten Tanzpartnerin war es auch nicht viel besser. Und so ging es unentwegt weiter. Es war echt ätzend. Ich wollte meine Juli zurückhaben. Wenn ich gewusst hätte, dass man die Partnerin ständig wechseln müsste, dann hätte ich niemals bei dem Kurs mitgemacht.

Ich spürte plötzlich, dass mich das Ganze viel tiefer runtergezogen hatte, als es so eine unbedeutende Situation eigentlich hätte tun dürfen. Ich wollte es zwar immer noch nicht wahrhaben, aber in diesem

Moment spürte ich, dass meine Angstgefühle in Bezug auf den Evolutionssprung dafür verantwortlich waren, die sich von Mary und Michael auf mich übertragen hatten und die ich seitdem die ganze Zeit über loszuwerden versuchte. Mir wurde auch klar, dass ich mich deshalb bei unserem letzten Gespräch den beiden gegenüber so abweisend benommen hatte. Ich hatte das Gefühl, in dieser Hinsicht wieder etwas gutmachen zu müssen.

Endlich war der Kurs zu Ende. Juli kam sofort wieder zu mir. „Oh Gott!", sagte sie völlig entnervt. „Das war vielleicht schlimm! Ich werde mein ganzes Leben nie wieder mit jemand anderem als dir tanzen", versprach sie.

Rodriguez ließ weiterhin Salsa-Musik laufen. Einige übten immer noch ihre Schritte und ein paar wenige konnten bereits richtig gut tanzen. Darunter waren auch Mary und Michael, die zuvor beim Kurs gar nicht mitgemacht hatten. Offenbar hatten sie das Salsatanzen woanders gelernt, denn sie waren echt gut. Juli und ich setzten uns an den Pool in den Schatten einer Palme und schauten den beiden beeindruckt zu. Nach einer Weile kamen sie zu uns.

„Na, hat es Spaß gemacht?", fragte Mary, während sich die beiden zu uns setzten.

„Na ja!", antwortete ich. „Ich glaube, ich bin für Salsa einfach nicht geschaffen."

„Mit Robin hat es Spaß gemacht", erklärte Juli dann. „Aber mit den anderen war es eine Katastrophe. „Habt ihr vielleicht Lust, mit in den Pool zu kommen?", schlug sie plötzlich motivierend vor. „Nach der Hitze beim Tanzen tut das jetzt bestimmt richtig gut."

„Wir haben leider wieder einmal nicht so viel Zeit. Wir müssen in 20 Minuten schon wieder weg", antwortete Michael.

„Wieso habt ihr hier im Urlaub denn ständig Termine?", wollte ich verwundert wissen.

Michael schaute sich um, um sicherzugehen, dass uns sonst niemand zuhörte. Dann beugte er sich zu uns herüber und flüsterte: „Verratet es bitte nicht weiter, aber wir machen hier keinen Urlaub. Wir arbeiten hier – sozusagen inkognito. Wir sind Glückstrainer. Außer uns sind noch einige andere hier. Wir alle sorgen dafür, dass das Wissen in Sachen Glück auf einem hohen Niveau gehalten wird."

„Das ist also die berühmte Camp-Magie!", erkannte ich ernüchtert.

„Die Camp-Magie ist etwas ganz anderes. Die hat damit nichts zu tun", erklärte Michael weiterhin darum besorgt, dass unsere Worte unter uns bleiben würden. „Die Begegnungen, die euch hier normalerweise weiterbringen, sind tatsächlich wahrhaft magische Begegnungen mit anderen Teilnehmern. Es gibt hier so viele Menschen, die an die Camp-Magie glauben, dass die Matrix davon durchdrungen ist. Und somit passieren dann sehr viele magische Momente.

In eurem Fall läuft das jedoch mittlerweile etwas anders, seit ihr das Positive Fühlen entdeckt habt. Diese Sache ist so brisant, dass wir es nicht der Camp-Magie alleine überlassen wollen, euch voranzubringen. Ehrlich gesagt befürchten wir, dass ihr keine Zeit haben werdet, den üblichen Erkenntnisweg des Camps zu gehen. Die Ereignisse werden sich bald überschlagen, sagt Ella."

Ich wollte mich nicht schon wieder so abweisend gegenüber den beiden äußern, aber andererseits wollte ich mich auch nicht unbedingt auf diese Panikmache einlassen, daher wechselte ich lieber gleich das Thema und sprach das mit den unsinnigen Kampfmaßnahmen an. „Dann sollten wir mal langsam dafür sorgen, dass wir wirklich nicht mehr unsinnigerweise in den Kampfmodus runterziehen", erwiderte ich deshalb. „Laszlo hat uns vor zwei Stunden deutlich klargemacht, wie häufig wir das tatsächlich tun. Und jedes Mal trainieren wir dabei unser Vermeidungssystem. Wir gehen ja sogar in den Kampfmodus, wenn unser Computer nicht funktioniert oder wenn unsere Gefühle uns nicht gefallen. Wir bekämpfen sie, als wären es lebendige Wesen, die wir durch unsere Ablehnung vertreiben können. Wieso macht unser Emotionalgehirn das?!", fragte ich kopfschüttelnd. „Das ist doch völlig bescheuert!"

„Weil es völlig überfordert ist mit unserem Großhirn", antwortete Michael. „Das Ganze geschieht wieder einmal aus einem Missverständnis heraus. Wir haben ja, wie ihr wisst, das gleiche Emotionalgehirn wie die Tiere. Kein Tier denkt jedoch darüber nach, dass seine Emotionen falsch sein könnten. Es hat sie einfach! Es kommt auch nicht auf die Idee, dass es sein Leben falsch lebt. Es lebt sein Leben und fertig. Auch urteilt kein Tier über sich selbst. Es kommt nicht auf die Idee, dass es verkehrt sein könnte. Es ist einfach so, wie es ist.

Der Mensch ist das einzige Wesen auf diesem Planeten, das über sich selbst urteilt. Doch das Emotionalgehirn kann damit nicht umgehen. Es kennt diese Art der Beurteilung nicht. Also sieht es jede Beurteilung als die Beurteilung eines anderen Menschen oder Tieres an. Wenn du dich also selbst beurteilst, bekommst du die gleichen Gefühle als würdest du einen anderen Menschen beurteilen. Das kann paradoxe Auswirkungen haben.

Denk beispielsweise einmal darüber nach, was du alles mit dir selbst gemeinsam hast. Das Erkennen von Gemeinsamkeiten schafft nämlich Sympathie. Hast du beispielsweise den gleichen Musikgeschmack? Mögt ihr die gleichen Songs, du und du?", fragte er ganz ernsthaft.

„Wir haben sogar das gleiche Lieblingslied!", antwortete ich, um den Spaß mitzumachen.

„Und wie sieht es mit eurem Geschmack in Bezug auf Frauen aus? Seid ihr euch hierin ähnlich?"

„Wir haben genau den gleichen Geschmack!"

„Was habt ihr noch alles miteinander gemeinsam?", wollte Michael wissen.

„Wir haben den gleichen Beruf", antwortete ich belustigt. „Und die gleiche Kleidergröße – ja sogar das gleiche Gewicht. Und in Bezug auf das Fernsehprogramm sind wir uns auch immer einig. Wir mögen genau die gleichen Filme. Und wir sind beide hyperintelligent und sehen verdammt gut aus!", fügte ich abschließend lächelnd hinzu.

„Jetzt achte bitte einmal genau auf deine Gefühle!", bat Michael. „Spürst du Sympathie für diesen Typen, der dir so ähnlich ist?"

„Unglaublich!", bemerkte ich fassungslos. „Ich spüre tatsächlich Sympathie."

„In die andere Richtung funktioniert dieses Missverständnis zwischen den Gehirnen natürlich genauso", fügte Michael hinzu. „Du kannst auch alles aufzählen, was dir an dir selbst nicht passt. Dadurch kannst du dich dann ganz schnell selbst nicht mehr leiden. Die Gefühle, die dein Emotionalgehirn dir macht, sind die gleichen, die du auch verspürst, wenn du einen anderen Menschen negativ beurteilst. Dein Emotionalgehirn will, dass du dich von diesem Menschen fernhältst, der ja offensichtlich nicht gut für dich ist. Es versetzt dich also in den Vermeidungsmodus.

Bist du selbst dieser Mensch, hast du ein Problem: Halt dich mal von dir selbst fern!? Egal, wo du hingest, dieser negative Mensch folgt dir auf dem Fuße. Du kannst die Begegnungen mit diesem Menschen also nicht vermeiden, daher tut das Emotionalgehirn das, was es immer tut, wenn der Vermeidungsmodus nichts nützt: Was du nicht meiden kannst, musst du vertreiben! Es bringt dich also in den Kampfmodus, um diesen Menschen zu vertreiben. Doch auch das wird natürlich nicht funktionieren, wenn du selbst dieser Mensch bist, egal wie sehr du dich auch ablehnst. Wenn dein Emotionalgehirn dann merkt, dass du diesen schlechten Menschen nicht vertreiben kannst, werden die Konsequenzen dieses Missverständnisses unter Umständen sogar noch schlimmer. Dein Emotionalgehirn überlegt, ob es dich besser in den Fluchtmodus bringt, in dem du vor dir selbst flüchten willst, oder ob es dich gleich in den Totstellmodus versetzt. Das ist der übelste Modus, wenn es um die negative Selbstbeurteilung geht. In diesem Modus gibst du dich komplett auf und resignierst.

Und genauso sieht es dann auch mit allem anderen in deinem Leben aus, was du als negativ beurteilst. Dein Emotionalgehirn macht aus allem und jedem ein lebendiges Wesen, das du zunächst versuchst zu meiden, und wenn das nicht gelingt, zu bekämpfen. Funktioniert das dann auch nicht, möchtest du flüchten. Hat das auch keinen Sinn, startet dein Emotionalgehirn den Totstellmodus – dir wird alles egal, und du resignierst. Das ist die Reihenfolge, in der dein Emotionalgehirn in der Regel vorgeht, wenn du etwas als negativ beurteilst."

„Vielleicht brauchen wir wirklich so langsam einen Evolutionssprung", erwiderte ich, um meine ablehnende Haltung gegenüber Mary und Michael noch etwas mehr abzuschwächen.

„Den brauchen wir sicher", bestätigte Michael ernst. „Aber seit dem Positiven Fühlen ist das Thema Vermeidungs-, Flucht-, Kampf- und Totstellmodus sehr stark entschärft. Euer Emotionalgehirn zieht ja nur in einen dieser Überlebensmodi, wenn ihr etwas als negativ beurteilt. Etwas Positives müsst ihr nicht meiden, bekämpfen oder vor ihm flüchten. Wenn ihr jedoch im Positiven Fühlen richtig drin seid, beurteilt ihr nicht mehr jede Lappalie negativ. Also zieht euer Emotionalgehirn auch nicht mehr oft in die Überlebensmodi runter. Das ist der beste Schutz gegen unsinnige Überlebensmaßnahmen.

Wenn euer Positives Fühlen richtig intensiv ist, dann wird es nur sehr wenige Missverständnisse zwischen den Gehirnen geben, die euch tatsächlich noch runterziehen können. Und nur die solltet ihr dann noch untersuchen, um euer Emotionalgehirn besser kennen zu lernen.

Wenn ihr euch nämlich zu viel mit den Missverständnissen und damit mit den Negativbeurteilungen beschäftigt, werdet ihr nicht mehr intensiv genug ins Positive Fühlen reinkommen, um tatsächlich vor unsinnigen Negativmodi geschützt zu sein. Sich mit Negativbeurteilungen zu beschäftigen und gleichzeitig, positiv zu fühlen, funktioniert eben nicht. Jede Beschäftigung mit einer Negativbeurteilung schwächt nachhaltig die Intensität des Positiven Fühlens. Tut das also nur, wenn es tatsächlich notwendig ist. Sucht daher nicht mehr nach möglichen Problemen. Kümmert euch nur noch um Probleme, die euch trotz intensivem Positiven Fühlen runterziehen!"

„Das hört sich so einfach an", erwiderte Juli leicht frustriert. „Ich habe die ganzen letzten Jahre damit verbracht, an mir zu arbeiten. Genauer gesagt habe ich sie damit verbracht, nach möglichen Problemen zu suchen. Das ist mir irgendwie in Fleisch und Blut übergegangen. Es ist verdammt schwer, davon wieder loszulassen!"

„Es ist aber notwendig!", betonte Michael noch einmal. „Du kannst nicht gleichzeitig positiv fühlen und nach Problemen suchen. Das schließt sich wie gesagt gegenseitig aus."

„Kennst du vielleicht einen Trick, wie ich mir das Loslassen leichter machen kann?", fragte sie hoffnungsvoll.

„Du kannst es mit einer Metapher versuchen", schlug Michael vor. „Eine Metapher nimmt das Unterbewusstsein in aller Regel nämlich schneller an als die Logik des Verstandes."

„Eine Metapher?!", hakte Juli nach.

„Stell dir mal vor, du wohnst an einem wunderschönen Strand! Und du liebst es, jeden Morgen barfuß durch den Sand zu gehen und ein erfrischendes Bad im Meer zu nehmen. Das Problem ist nur, dass der Sand voller kleiner spitzer Steine ist, an denen du dich verletzen könntest. Diese Steine liegen überall – kilometerweit nach links und nach rechts. Jetzt hast du zwei grundsätzliche Möglichkeiten, wie du jeden Morgen ohne Verletzung zum Wasser kommst. Du kannst dir entweder einen Weg bahnen und nur diejenigen Steine beiseiteräumen, die tatsächlich auf deinem Pfad liegen, oder du kannst sicherheitshalber alle Millionen Steine an diesem kilometerlangen Strand aufsammeln, da du vielleicht irgendwann später einmal einen anderen Weg zum Meer nehmen willst. Welche der beiden Lösungen ist sinnvoller?"

„Ich glaube, ich gehöre tatsächlich zu den Leuten, die nie zum Meer kommen, weil sie ihr ganzes Leben damit verbringen, tausende spitze Steine aufzusammeln", erkannte Juli erschüttert. „Und wenn ich tatsächlich nach Jahrzehnten alle aufgesammelt hätte, würde ich noch einmal sicherheitshalber von vorn beginnen, um mich abzusichern, dass ich auch wirklich alle gefunden habe."

190

„So war das bis jetzt!", betonte Michael mit einem Lächeln. „Du kannst dich hier und jetzt entscheiden, was für ein Mensch du ab sofort sein möchtest. Willst du weiterhin nach Steinchen suchen und das morgendliche Schwimmen so lange aufschieben, bis du alt und grau bist, oder willst du damit beginnen, so glücklich zu sein, wie es nur irgend möglich ist? Probleme kommen ganz von alleine. Und dann kannst du sie ja immer noch lösen. Warum also nach Problemen suchen?"

„Vor allem weißt du ja noch gar nicht, was zukünftig überhaupt noch ein Problem sein wird, jetzt, wo du das Positive Fühlen kennen gelernt hast", fügte ich hinzu.

„Ihr habt Recht", stimmte Juli überzeugt zu. „Ich denke, es ist wohl an der Zeit, einen wichtigen Beschluss zu fassen!", erklärte sie fest entschlossen.

„Ich bin dabei!", sagte ich ebenso entschlossen. Mary und Michael nickten zustimmend und erfreut.

„Dann gebt mir die Hand darauf!", bat Juli. „Ab sofort werden keine Probleme mehr gesucht. Ab sofort praktizieren wir das Positive Fühlen und räumen Probleme nur dann aus dem Weg, wenn sie auch wirklich auf unserem Weg liegen."

„Und verliert euch auch nicht im Kampf gegen die Negativmodi", fügte Michael hinzu, als wir uns die Hände reichten. „Haltet auch dabei an eurem Beschluss fest, nur die Missverständnisse aus dem Weg zu räumen, die tatsächlich auf eurem Weg liegen. Sonst hat euer Positives Fühlen keine Chance, ein dauerhafter Daseinszustand zu werden."

„Das werden wir tun", versprach ich motiviert. „Vielen Dank, dass ihr uns das alles erklärt habt."

„Gern geschehen", erwiderte Michael. „Aber mal was ganz anderes: Du erwähntest vorhin den Namen Laszlo. Ich hoffe, du meintest nicht den Laszlo, der Mary ständig seine Weisheiten aufdrängen will", sagte Michael mit einem leicht abschätzigen Lächeln, das mir auf Anhieb gefiel.

191

„Das hört sich ganz nach dem gleichen Laszlo an", erklärte ich amüsiert.

„Ich hoffe, ihr habt ihm nichts vom Positiven Fühlen erzählt?", fragte Michael jetzt sichtlich besorgt.

„Wir nicht, aber Beatrice!", entgegnete Juli nervös. „Sie hat heute Morgen am Strand intensiv mit ihm geübt. Ihm sind bereits die Tränen des Glücks in den Augen gestanden."

Mary schaute Michael besorgt an. „Das könnte ein Problem werden! Laszlo ist eine Plaudertasche, der sich damit sofort wichtig machen wird. Er wird jedem alles über das Positive Fühlen erzählen müssen. Und Laszlo wird auch nicht der Letzte gewesen sein, dem Beatrice davon berichtet. Was sollen wir tun? Wir können das nicht kontrollieren!"

„Ich werde noch einmal mit Ella sprechen – jetzt gleich!", beschloss Michael ernst und stand auf. „Ich bin in ein paar Minuten wieder zurück." Daraufhin ging er in seinen Bungalow.

Ich spürte Genugtuung, weil die beiden sich so negativ über Laszlo geäußert hatten, doch dieses Gefühl verblasste sofort wieder angesichts der Gefühle, die unwillkürlich zusätzlich in mir aufkeimten. Ich konnte die Möglichkeit, dass Michaels innere Stimme die Wahrheit gesagt haben könnte, nicht mehr länger verdrängen. Es waren einfach ein paar Ereignisse zu viel passiert, um das alles als Blödquatsch abzutun.

Was Ella über die Matrix gesagt hatte, hörte sich verdammt stimmig an. Und dann der Satz, dass der Boden unter ihren Füßen leuchten würde – das war einfach krass! Michael hatte das nicht wissen können. Und dazu das Erlebnis am Strand vorhin beim Händeauflegen: Ich war die Erde! Genau genommen war ich die Matrix! Das hatte ich wirklich gefühlt. Es nutzte nichts, das alles noch länger vor mir selbst zu verleugnen.

„Wer weiß bis jetzt noch alles vom Positiven Fühlen?", fragte Mary plötzlich leise und riss mich aus meinen Gedanken.

„Keine Ahnung", antwortete Juli ebenfalls im Flüsterton. „Ich habe nicht mitbekommen, wem die Mädels aus Robins Bungalow sonst noch davon erzählt haben."

„Ich auch nicht", ergänzte ich schulterzuckend, als Mary mich fragend anschaute.

„Glaubt ihr, wir könnten die vier einweihen und sie davon überzeugen, niemandem mehr davon zu erzählen?", fragte Mary.

Juli schüttelte unsicher den Kopf. „Keine Ahnung! Vielleicht! Aber das würde nur dann Sinn machen, wenn sie das Positive Fühlen nicht schon an tausend andere Leute weitergegeben hätten. Wenn ich euch richtig verstanden habe, ist Laszlo ja alleine schon zu viel, und den können wir ganz sicher nicht einweihen! Vermutlich ist dieser Zug also schon längst abgefahren."

In diesem Moment kam Michael wieder zu uns zurück an den Pool. Er setzte sich und beugte sich zu uns vor. „Wir können laut Ellas Aussage nur eines tun", begann er gewichtig zu sprechen. „Uns beeilen!" Den fragenden Blick, den wir ihm alle drei zuwarfen, beantwortete er mit einem „Wir müssen schneller sein als die anderen. Das ist unsere einzige Chance. Ella kann mir noch nicht erklären, was außer der positiven Gestaltung der Matrix durch das Positive Fühlen noch mit uns geschehen wird. Ich muss es zuerst wenigstens zum Teil erlebt haben, um nachempfinden zu können, was dabei passiert. Aber es wird definitiv etwas geschehen – etwas Großes, Gewaltiges und Unvorstellbares – etwas, das den kommenden Evolutionssprung ankündigt. Es geschieht, sobald das Positive Fühlen in einer hohen Intensität über einen gewissen Zeitraum ohne Unterbrechung aufrechterhalten wird. Gibt es dazwischen Pausen, dann dauert es deutlich länger."

„Dann sollten wir dafür sorgen, dass es diese Unterbrechungen nicht mehr gibt", schlussfolgerte Juli.

„Nehmt euren Beschluss also wirklich ernst!", betonte Mary. „Haltet das Positive Fühlen wenn möglich Tag und Nacht aufrecht. Und wenn es euch trotzdem noch mal runterzieht, dann klärt das Missverständnis. Ihr werdet feststellen, dass dies in 99,9 Prozent aller Fälle der Grund für eure schlechten Gefühle ist. So gut wie alle schlechten

193

Gefühle beruhen auf Missverständnissen, weil das Emotionalgehirn die Beurteilungen des Großhirns direkt oder indirekt aufs Überleben bezieht.

Die unglücklichen Gefühle verschwinden augenblicklich, wenn euch klar wird, dass die Angelegenheit aus der Sicht des Emotionalgehirns in Wirklichkeit gar nicht negativ ist. Versetzt euch also in die Denkweise des Emotionalgehirns und fragt euch, ob die Ereignisse oder Umstände, um die es jetzt geht, aus der Sicht des Emotionalgehirns tatsächlich negativ zu bewerten sind."

„Ich denke, wir wissen leider noch zu wenig darüber, nach welchem Maßstab das Emotionalgehirn die Ereignisse genau beurteilt", gab ich zu bedenken.

„Das ist ganz einfach", erklärte Mary. „Das Emotionalgehirn verfolgt insgesamt sieben einfache Ziele. Genau diese sieben Ziele machen auch seinen Beurteilungsmaßstab aus."

„Und welches sind diese sieben Ziele?", hakte ich sofort aufgewühlt nach. Ich konnte es kaum glauben, dass das Ganze so einfach sein sollte.

„Da wären einmal Schutz vor Gewalt und Kälte", begann Mary aufzuzählen, „als Nächstes Nahrung; als Drittes: Menschen zu haben, die zu uns passen; viertens: von diesen Menschen gemocht oder sogar geliebt zu werden; an Stelle fünf: Entscheidungsfreiheit über unser Handeln zu haben; sechstens: sich mit seinen Fähigkeiten oder Meinungen bei anderen Menschen einbringen zu können; und als siebtes Ziel Sex. Das sind die sieben Grundmotive unseres Emotionalgehirns."

„Das konnte ich mir so schnell nicht merken!", sagte ich überfordert.

„Stell dir einfach vor, du strandest mit einer Gruppe von Menschen auf einer einsamen Insel", schlug Michael vor. „Dann merkst du sofort, was deinem Emotionalgehirn tatsächlich wichtig ist. Du wirst als Erstes nach wilden Tieren Ausschau halten und gegebenenfalls Schutz vor ihnen suchen. Wenn du nicht gerade in der Südsee strandest, sondern auf einer Insel, auf der es nachts richtig kalt werden kann, dann wirst du als Nächstes anfangen, dir einen sicheren und warmen Unterschlupf für die Nacht zu suchen. Dann wirst du Wasser und Nahrung suchen. Damit wäre dein Überleben für die ersten paar Tage gesichert. Hast du diese Bedürfnisse erfüllt, werden die sekundären Überlebensmotive des Emotionalgehirns aktiv. Du wirst dich mit anderen Menschen zusammentun wollen, denn in der Gruppe ist dein Überleben eher gesichert als alleine. Also hältst du nach Menschen Ausschau, die zu dir passen könnten. Hast du die gefunden, wirst du daran arbeiten, dass diese Leute dich ebenfalls sympathisch finden und mögen. Wenn du das geschafft hast, wirst du zum nächsten Grundmotiv übergehen. Du wirst versuchen, deine Freiheit zu sichern, denn einige deiner Leute werden vermutlich versuchen, die Macht an sich zu reißen und über andere zu bestimmen. Dagegen wirst du dich abgrenzen wollen.

Der Grund, warum diese Leute Macht haben wollen, liegt im nächsten Grundmotiv, das vom Emotionalgehirn in solch einer Lebenssituation aktiviert wird. Wir wollen gehört werden und uns mit unseren Ideen und Fähigkeiten einbringen. Macht zu haben, ist eine der Möglichkeiten zur Erfüllung dieser Zielsetzung.

Das alles wird vermutlich bereits in den ersten Tagen eurer Ankunft auf der Insel passieren. Einige wenige werden möglicherweise auch schon anfangen, an Sex oder sogar an eine Partnerbeziehung zu denken. Bei den meisten wird dieses Grundmotiv jedoch erst aktiviert, wenn klar ist, dass das Überleben längerfristig gesichert ist, denn nur in sicheren Verhältnissen macht es aus Sicht des Emotionalgehirns Sinn, Nachkommen in die Welt zu setzen und somit für das Überleben der menschlichen Rasse zu sorgen.

Die sieben elementaren Grundmotive des Großhirns sind also leicht zu rekonstruieren. Du kannst sie jederzeit abrufen, wenn du in Gedanken die Inselsituation durchgehst."

„Okay, das sollten wir hinkriegen", sagte Juli zuversichtlich. „Lasst es mich noch einmal ganz kurz zusammenfassen, damit sich hier wirklich kein Fehler einschleicht!", bat sie. „Wenn ich in einen negativen Modus abrutsche, dann hat mein Emotionalgehirn eine negative Beurteilung meines Großhirns auf eines der sieben Grundmotive bezogen."

„Oder auch gleich auf mehrere", vervollständigte Mary. „Aber das ist eigentlich nicht so wichtig. Geht einfach alle sieben Grundmotive durch, wenn es euch runtergezogen hat, und beurteilt die Situation auf Basis dieser sieben Ziele noch einmal. Ist sie aus der Sicht des Emotionalgehirns wirklich als negativ einzustufen? Oder war das nur wieder ein Missverständnis wegen der unterschiedlichen Beurteilungsbasen eurer beiden Gehirne?"

„Ihr habt uns doch von Doktor Sorglos und dem Tunesier erzählt", fügte Michael hinzu. „Dr. Sorglos hat sich ganz offensichtlich dafür entschieden, nichts mehr negativ zu beurteilen. Und der Tunesier ist sogar noch einen Schritt weiter gegangen. Er ist der Prototyp eines Menschen, der sich fürs Positive entschieden hat. Aus religiösen Gründen durfte er Allah nicht kritisieren. Daher war es ihm auch nicht erlaubt, die Dinge negativ zu beurteilen. Es wäre in seinen Augen Gotteslästerung gewesen. Stattdessen gab sein Glaube ihm vor, das Positive wertzuschätzen und dafür dankbar zu sein. Und wie es aussieht, ist er damit ziemlich gut gefahren.

Die beiden hatten triftige Gründe für ihre Beschlüsse. Gründe, die so bedeutend waren, dass sie ihr Vorhaben dann auch tatsächlich umgesetzt haben. Wir haben jetzt ebenfalls solch triftige Gründe, uns für das Positive Fühlen und den Beurteilungsmaßstab des Emotionalgehirns zu entscheiden, anstatt es ständig mit unseren Negativbeurteilungen in die Irre zu führen!", betonte Michael eindringlich.

Halleluja!!! So langsam fiel bei mir der Groschen! Ich musste innerlich grinsen. Mann, waren die beiden gerissen! Der ganze Kram mit der nächsten Evolutionsstufe und der Matrix war nur ein Trick gewesen, um uns in die gleiche Lage zu bringen wie Doktor Sorglos. Jetzt kapierte ich das erst! Das erklärte natürlich das seltsame Verhalten der beiden. Sie hatten uns mit dem Aufzeigen all dieser Gefahren in den Gefahrenvermeidungsmodus bringen wollen, denn ohne den Gefahrenvermeidungsmodus hätte Dr. Sorglos seinen Beschluss auch nicht umgesetzt. Er musste Angst haben um sein Leben, sonst hätte er es nicht geschafft. Darum ging es also in Wirklichkeit!

Leider war ich jetzt dahintergekommen, sodass der Trick bei mir nicht mehr funktionieren konnte. Aber bei Juli würde er das tun. Sie war jetzt motiviert bis zur Halskrause. Ich beneidete sie, denn mir war klar, dass sie es dadurch auf ihrem Weg zum Glück sehr viel leichter haben würde als ich, auch wenn sie leider ein bisschen Angst haben würde. Aber das war es sicherlich wert.

„Wir werden Tag und Nacht das Positive Fühlen trainieren und gleichzeitig lernen, unser Emotionalgehirn besser zu verstehen!", sagte ich deshalb eindringlich, um bei Juli keinen Zweifel aufkommen zu lassen. „Das ist ab sofort beschlossene Sache. Schlagt ein!"

„Nur so können wir die Ereignisse in der Matrix, die sehr bald auf uns zukommen werden, in die richtigen Bahnen lenken!", fügte Michael hinzu und gab mir entschlossen die Hand darauf.

„Das werden wir!", versprach ich in überzeugtem und ernstem Tonfall und gab Mary und Juli ebenfalls verbindlich die Hand darauf.

Nachdem Mary und Michael gegangen waren, kühlten wir uns erst einmal im Pool ab. Juli nahm das Positive Fühlen nun sehr ernst. Die kleine wasserscheue Katze in ihr weigerte sich jetzt sogar, das kühle Wasser als negativ zu beurteilen. Ich konnte ihr zwar ansehen, wie sehr sie innerlich mit sich kämpfte, aber sie ging trotzdem ohne großes Zögern einfach in den Pool hinein. Der Trick mit dem Beschluss hatte bei ihr seine Wirkung also nicht verfehlt. Sie war jetzt Frau Doktor Sorglos.

Nach dem Pool wollte Juli unbedingt zu meinen Mädels in den Bungalow, um in Beatrices Nähe zu sein. Sie wollte herausfinden, wie Beatrice es anstellte, ihre positiven Gefühle so immens stark und anhaltend zu erleben. Meine Mädels tranken um diese Zeit für gewöhnlich ihren Kaffee, was auch an diesem Tag wieder so war.

Beatrice konnte uns nicht erklären, warum sie ihre Gefühle so intensiv erlebte. Doch das war auch gar nicht nötig! Sie wirkte mit ihren starken Gefühlen unglaublich ansteckend. Man konnte gar nicht in ihrer Nähe sein, ohne dass es einen hochzog. Das war echt klasse! So mühelos wie in ihrer Gegenwart hatte ich diese Empfindung bisher nur in der Nacht gespürt, die ich mit Juli am Pool verbracht hatte. Juli schien es genauso zu gehen, denn sie wich keinen Millimeter von Beatrices Seite.

Freunde für immer!

An diesem Abend war Karaoke angesagt. Ich war nicht wirklich scharf darauf, Leuten beim Falschsingen zuzuhören, denn das tat meiner Musikerseele bis ins tiefste Innere weh. Doch Juli und die Mädels wollten unbedingt, dass ich mitkam. Vielleicht würde man ja auch tanzen können, meinten sie, und ich wäre ihnen schließlich noch ein Tänzchen schuldig.

Ich ging also mit zur Tropic-Bar und nahm mir vor, die Sänger nicht negativ zu beurteilen. Mir war klar, dass sicherlich keines meiner sieben Grundmotive gefährdet war, nur weil jemand falsch sang.

Es war wieder mächtig was los. Die Bar war brechend voll. Auf der Tanzfläche war dieses Mal eine Bestuhlung für ca. 200 Leute in Richtung einer kleinen Bühne aufgebaut. Zwischendrin gab es noch ein paar freie Stühle. Leider waren es nicht so viele, dass wir alle nebeneinander sitzen konnten, aber Juli und ich fanden zwei Plätze relativ weit vorne. Die Mädels saßen ein paar Reihen hinter uns. Auf der Bühne stand ein Bildschirm, von dem die Sänger die Liedtexte ablesen konnten, und rechts daneben eine Bildleinwand fürs Publikum, damit auch wir mitlesen und mitsingen konnten.

Als wir uns setzten, fing gerade eine Frau mit ihrem Song an. Sie war so unglaublich aufgeregt, dass ihr das Mikro vor Zittern fast aus der Hand fiel. Und dann fing sie an zu singen. Mann, was das schlimm! Ich hatte ja schon befürchtet, dass es heftig werden würde, doch das war nicht nur schlimm – das war schlimm!!! Das Publikum schien sich jedoch überhaupt nicht daran zu stören. Sie sangen lautstark mit und applaudierten am Ende des Songs, als hätte da vorne auf der Bühne ein Stimmwunder gestanden.

Und so ging es auch bei den nächsten „Künstlern" weiter. Die Leute auf der Bühne versuchten erst gar nicht, die richtigen Töne zu treffen! In dieser Situation hätte noch nicht einmal Beatrices Gegenwart dafür sorgen können, dass bei mir keine negative Beurteilung aufkam.

Ich musste mir unentwegt gut zureden, dass mein Leben durch diese Sänger nicht in Gefahr war. Es war also nicht wirklich negativ, was da auf der Bühne ablief. Es war eigentlich vollkommen unbedeutend. Doch so recht wollte mir diese Beurteilung nicht gelingen. Musik war mir einfach zu wichtig. Das Singen war mein Leben. Wie konnte ich es also jetzt plötzlich als unbedeutend ansehen?

„Und jetzt kommen wir zu einem Highlight unseres Karaoke-Abends", kündigte der DJ an. „Und zwar zu einem ganz besonderen Duett: The time of my life aus dem Film Dirty Dancing! Und wer könnte diesen Song besser performen als unsere Startänzer der letzten Party? Weiß jemand, wie die beiden heißen?", fragte er in die Runde und zeigte dabei auf uns. „Ja, euch meine ich!", rief er und schaute uns dabei ermutigend an.

„Robin und Juli", riefen die Mädels hinter uns dem DJ zu.

„Robin und Juli!", wiederholte dieser am Mikro unsere Namen fürs Publikum. „Die beiden singen jetzt The time of my life für uns. Kommt nach vorne zu mir! Applaus für unsere Stars!"

In mir brach augenblicklich Panik aus! Ich wollte nicht auf die Bühne! Die Gefahr, dass jemand meine Gesangsstimme erkennen würde, war viel zu groß.

„Ich glaube, da müssen wir durch", sagte Juli zu mir und stand auf, während die Leute unnachgiebig klatschten. Ich wehrte mich. Mit diesem Song könnte ich mir alles versauen. Wenn die Leute merken würden, wer ich wirklich war, könnte ich sicherlich gleich abreisen. Sie würden mich garantiert nicht länger als einen von ihnen akzeptieren. Und Juli würde sich vermutlich sogar von mir verarscht fühlen!

„Jetzt komm schon! Steh auf!", forderte sie mich lächelnd auf und versuchte, mich an den Händen hochzuziehen. Ich schüttelte überfor-

200

dert mit dem Kopf, während die Leute anfingen, rhythmisch meinen Namen zu rufen. Ich wusste nicht, was ich tun sollte. Schließlich gab ich dem Drängen der Menge und Julis Aufforderung nach und ging mit ihr nach vorne auf die Bühne.

Das Einzige, was ich jetzt noch machen konnte, war einfach völlig falsch zu singen. Das gehörte zwar zu den schlimmsten Dingen, die ich mir vorstellen konnte, doch genau das würde ich tun! Ich würde genauso falsch singen, wie alle anderen, die bisher dran gewesen waren, denn ich hatte keine andere Wahl. Ich musste es einfach tun!

Und so standen wir plötzlich auf der Bühne mit unseren Mikros in der Hand. Ich war aufgeregter als bei jedem Auftritt vor großem Publikum, den ich zuvor gehabt hatte. Juli versuchte, mir mit ihrem Blick Mut zu machen. Sie hatte ja keine Ahnung, was wirklich los war!

Dann erklang die Musik. Ich hatte die erste Line in dem Song. Es tat mir förmlich in der Seele weh, das Lied so zu vergewaltigen, aber ich tat es. Juli schien das offenbar nichts auszumachen. Sie amüsierte sich köstlich.

Als sie dann mit ihrem ersten Part dran war, fiel mir fast das Mikro aus der Hand. Ihre Stimme war gewaltig! Sie hatte zwar gesagt, dass Singen ihr Hobby sei, aber nicht, dass sie so gut darin wäre! Sie sang, als hätte sie nie irgendetwas anderes getan – viel besser als Jennifer Warnes, die den Song im Original performt hatte.

Es gibt Menschen, die von Natur aus eine Stimme haben, die einem Schauer über die Haut jagt. Und genau so eine Stimme hatte Juli. Damit hatte ich nicht gerechnet und das Publikum natürlich ebenfalls nicht. Ein Raunen ging sofort durch die Menge. Die Leute fingen augenblicklich an zu jubeln und gaben einen lautstarken Zwischenapplaus. Ich war kurzzeitig emotional völlig überfordert.

Plötzlich war ich wieder an der Reihe, meine nächste Line zu singen. Bedingt durch meine Fassungslosigkeit konnte ich aber plötzlich nicht mehr falsch singen. Es ging einfach nicht! Ich gab dem Song und Juli alles, was ich zu bieten hatte. Das Publikum reagierte darauf sofort mit dem gleichen begeisterten Beifall, den es zuvor Juli gegeben hatte.

In diesem Moment durchfuhr mich die Angst, dass mich jetzt alle erkannt haben könnten, wie ein Blitz. Ich sah panisch zu Juli hinüber, doch sie reagierte ahnungslos erfreut auf meinen plötzlichen künstlerischen Durchbruch.

Als wir die nächste Line gemeinsam sangen, brannten mir fast die Sicherungen durch. Unsere Stimmen harmonierten so perfekt miteinander, wie ich es niemals zuvor gehört hatte. Vor allem hatten unseren Stimmen gemeinsam etwas, was einem tief unter die Haut, ja sogar bis tief in die Seele ging.

Die Leute im Publikum sprangen völlig überrascht und euphorisch von ihren Stühlen und jubelten begeistert. So einen Applaus hatte ich in meinem gesamten Leben noch nicht bekommen und so eine Wirkung auf mich selbst hatte meine eigene Stimme auch noch nie im Entferntesten gehabt.

‚Mein Gott, ich werde nie wieder ohne Juli singen!‘, durchfuhr es meine Gedanken. Das war es, was mir die ganzen Monate gefehlt hatte. Was mir mein ganzes Leben lang gefehlt hatte!

Als wir gemeinsam den Refrain sangen, wünschte ich mir von ganzem Herzen, dieser Moment würde niemals zu Ende gehen. Unsere Stimmen berührten mich so sehr, dass mir fast die Tränen gekommen wären. Ich hatte zwar immer noch panische Angst, dass Juli oder die Leute im Publikum meine Stimme erkennen könnten, doch das tiefe Glück im Innersten meiner Seele war so viel stärker als diese Angst, dass ich mir keine Sorgen mehr darüber machte.

Als wir fertig waren, tobte der Saal. Die Leute wollten gar nicht mehr aufhören zu klatschen. Sie schrien unentwegt nach einer Zugabe. Nachdem die Meute sich einigermaßen beruhigt hatte, sagte der DJ beeindruckt: „Wow! So etwas haben wir hier noch nie erlebt!" Er machte eine theatralische Pause, ehe er fortfuhr: „Das war ja weit besser als das Original!" Und wieder fing die Meute an zu toben.

„Wir haben noch ein weiteres Duett für euch und uns", erklärte der DJ schließlich. „*Endless Love* von Diana Ross und Lionel Richie!"

„Nein, nicht diesen Song!", rief ich entsetzt und versuchte, dem DJ Zeichen zu geben, da er mich bedingt durch den tosenden Applaus der Menge nicht hören konnte. „Jedes andere Lied, aber bitte nicht diesen Song!", rief ich noch einmal laut. Aber er hörte mich nicht.

Ich konnte dieses Lied nicht singen! Es war unser Lied! Jenny und ich hatten uns bei diesem Song unsere Liebe geschworen – unsere unendliche Liebe! Seitdem hatte ich es zwanzig Jahre lang vermieden, diesen Song zu hören, und jetzt sollte ich ihn plötzlich singen! Und das auch noch gemeinsam mit Juli, deren Stimme die verschlossensten Türen meiner Seele öffnete.

Als die Musik erklang, brachte ich keinen Ton heraus. Es ging einfach nicht. Mir war, als würden tonnenschwere Lasten auf mein Herz drücken. Juli schaute mich irritiert an. Als sie dann ihren Text sang, der davon handelte, dass ich ihre erste Liebe sei, berührten mich ihre Worte tief in meiner Seele. Ich sah unweigerlich Jenny vor mir. Es war, als könnte ich sie wieder in meinen Armen halten.

Ich sang unseren gemeinsamen Part jetzt irgendwie mit. Wieder sprang das gesamte Publikum vor Begeisterung auf. Dieses Mal gaben sie jedoch keinen Laut von sich. Es sang auch niemand mehr mit. Sie waren einfach nur erfüllt von den starken Gefühlen, die wir mit dem Song in ihnen auslösten.

Mir war das Publikum jedoch vollkommen egal. Ich kämpfte mit aller Kraft gegen meine Gefühle. Der Druck auf meinem Herzen schien mich dabei fast umzubringen. Es war schrecklich! Als wir dann davon sangen, dass wir uns für immer fest in den Armen halten würden, musste ich den Song abbrechen. Die Tränen schossen mir vor Schmerz aus den Augen. „Tut mir leid", stammelte ich

203

ins Mikro. „Ich kann nicht!" Daraufhin verließ ich die Bühne und ging um Beherrschung ringend durch die Menge hindurch nach draußen.

Es tat so schrecklich weh, als wäre mir Jenny gerade eben erst aus den Armen gerissen worden. Ich rannte so schnell ich konnte zum Strand. Ich wollte nicht, dass mir irgendjemand folgte, denn ich konnte jetzt niemanden ertragen. Einen Moment lang wollte ich am liebsten ganz weit raus schwimmen – so weit, wie ich nur könnte. So weit, dass ich es nicht mehr schaffen würde, zurückzukommen!

Ich saß sicherlich eine gute Stunde alleine am Strand, als sich Juli plötzlich neben mich setzte. Sie musste mich die ganze Zeit gesucht haben. Sie sagte nichts. Sie setzte sich einfach nur neben mich und schaute mit mir in die Nacht hinein.

„Es war unser Lied", erklärte ich nach einer Weile unter Tränen. „Sie war meine erste und einzige Liebe. Ich habe sie verloren, als ich fünfzehn war. Wir haben uns mehr geliebt, als sich jemals zuvor zwei Menschen auf dieser Welt geliebt haben. Unsere Liebe sollte ewig halten. Doch dann ist sie plötzlich gegangen und nie wieder zurückgekommen. Sie ist einfach gegangen! Weißt du, wie weh das tut?!"

Juli antwortete nicht. Sie nahm mich schweigend in den Arm und tröstete mich. Ich musste weinen, und Juli weinte mit. Es dauerte ewig, bis ich mich einigermaßen beruhigen konnte.

„Du hältst mich sicher für völlig bekloppt, dass ich meiner Jugendliebe nach zwanzig Jahren immer noch nachweine", sagte ich emotional zu Juli. „Ich dachte, ich hätte es inzwischen längst überwunden. Doch ich fürchte, ich werde es nie überwinden können. Ich glaube nicht, dass ich jemals wieder eine Frau so lieben kann, wie ich Jenny geliebt habe. Sie ist noch immer in meinem Herzen und wird es auch immer bleiben."

Daraufhin musste ich wieder weinen. Juli hielt mich fest im Arm. Ich war jetzt froh, dass sie da war, obwohl sie seltsamerweise ständig mitweinen musste und damit meine Tränen immer wieder erneut auslöste. Es war trotzdem gut. Das Weinen half mir, meinen Schmerz besser zu verkraften.

Wir saßen dort am Strand, bis die Sonne aufging, und hielten uns im Arm. Ich hatte mich mittlerweile wieder gefangen und dankte Juli von ganzem Herzen, dass sie für mich da gewesen war. „Ich werde das irgendwann wiedergutmachen", versprach ich.

„Das brauchst du nicht", antwortete sie einfühlsam. „Wir sind doch Freunde. Nein, wir sind mehr als Freunde. Du bist mein bester Freund. Ich bin immer für dich da, wenn du mich brauchst."

„Und ich werde immer für dich da sein!"

„Sollte ich mal einen Partner haben, der unsere Freundschaft nicht akzeptieren kann, so werde ich ihn verlassen", versprach sie ernsthaft.

„Du kannst wegen mir doch nicht eine Beziehung aufs Spiel setzen!", ermahnte ich sie.

„Doch, das kann ich!", erwiderte sie entschlossen. „Entweder er akzeptiert unsere Freundschaft von Anfang an, oder es wird erst gar nichts mit ihm. Das verspreche ich dir."

Ich hoffte, dass Julis Versprechen nicht wirklich ernst gemeint war. Sie hatte die ganze Nacht nicht geschlafen und mich getröstet. Jetzt gerade meinte sie ihre Worte sicherlich ernst, aber das würde sich garantiert ändern, sobald sie sich wirklich verliebte. Zumindest hoffte ich das. Aber ich merkte im selben Moment, dass mir Hoffnung alleine zu wenig war. In mir keimte eine schlimme Vermutung auf, die mir keine Ruhe ließ. Ich musste das Thema einfach noch einmal ansprechen.

„Juli!", ergriff ich besorgt das Wort. „Ich hoffe, du verliebst dich nicht aus Mitleid in mich. Ich könnte dir niemals geben, was du verdienst. Du bist eine wundervolle Frau. Aber ich werde niemals eine andere lieben können als Jenny."

„Mach dir bitte keine Sorgen um mich", antworte Juli einfühlsam. „Ich werde mich ganz sicher nicht in dich verlieben. Du bist fünfzehn Jahr älter als ich. Das ist fast so lange, wie ich schon lebe! Und aus

205

Mitleid werde ich mich schon gar nicht in dich verlieben. Du bist ein toller Mensch – der tollste, den ich kenne – ganz ehrlich. Ich werde dich als Freund immer achten und lieben. Aber eben nur als meinen besten Freund! Beziehungspartner werden wir niemals werden. Uns trennen einfach zu viele Jahre."

„Ich bin froh, dass du das so siehst", erwiderte ich. „Ich hätte es nicht ertragen können, dich wegen mir leiden zu sehen."

Schutz vor Verletzung

Es war mir sehr peinlich, an diesem Morgen wieder ins Camp zurückzugehen und den Leuten vom gestrigen Abend zu begegnen. Glücklicherweise schliefen fast alle noch. Nur die allmorgendlichen Jogger
waren schon auf den Beinen. Ich ging mit Juli Arm in Arm zu meinem
Bungalow. Sie meinte, es wäre wohl das Beste, wenn ich erst einmal
ein wenig Schlaf nachholte. Danach würde die Welt bestimmt schon
wieder ganz anders aussehen. Sie selbst wollte sich auch ein bisschen
hinlegen.

Ich duschte schnell und legte mich dann ins Bett. Mir war klar, dass
ich jetzt langsam mal schlafen musste. Es war bereits die dritte Nacht
in Folge, in der ich nicht geschlafen hatte. Und in der allerersten Nacht
hatte ich auch nicht mehr als vielleicht zwei, drei Stunden Schlaf
bekommen. So konnte es nicht weitergehen. Doch ich fand trotzdem
keine Ruhe. Ich war viel zu aufgewühlt von allem, was passiert war.
Je länger ich liegen blieb, desto nervöser wurde ich.

Also stand ich nach einer Stunde wieder auf und ging nach unten.
Die Mädels schliefen noch. Und auch sonst war es im Camp nach wie
vor sehr still. Ich setzte mich auf unsere Terrasse und grübelte über
meine momentane Situation nach.

Ich war hierher gekommen, um zu lernen, wie ich glücklich werden
und aufrichtig lieben lernen konnte. Mit Jenny hatte ich dabei ganz
bestimmt nicht wieder konfrontiert werden wollen. Ich spürte, wie die
Angst in mir aufkeimte, dass ich wegen meiner Liebe zu ihr den Rest
meines Lebens allein verbringen müsste.

„Du darfst der Dunkelheit nicht gestatten, dich vom rechten Weg
abzubringen!", hörte ich da plötzlich die Worte meines chinesischen
Freundes, der im selben Moment neben unserer Terrasse auf der Wiese
auftauchte. Offenbar gehörte er zum Camp, was mich ein wenig verwunderte, da ich ihn zuvor noch nie hier gesehen hatte. „Die Dunkelheit,

die dich in ihren Bann ziehen will, ist nur die Folge einer Fehlbeurteilung. Es besteht keine echte Gefahr! Gib dieser Fehlbeurteilung also keine Kraft!"

Ich wollte gerade etwas entgegnen, als er sich umdrehte und schon wieder weiterging. Kurz darauf betrat Michael meine Terrasse.

„Guten Morgen, Robin", begrüßte er mich. „Ich hatte gehofft, dass du schon wach bist."

„Guten Morgen", erwiderte ich. „Ich bin noch wach, um genau zu sein. Und das bereits seit drei Tagen! Ich kann hier einfach nicht schlafen."

„Du hast drei Nächte hintereinander nicht geschlafen?!", fragte Michael verwundert und setzte sich zur mir an den Terrassentisch.

„Und tagsüber auch nicht. Ich bin einfach nicht müde. Kein Stück!"

„Das erklärt einiges!"

„Was erklärt es?", hakte ich verwundert nach.

„Deine Gefühle von gestern Abend. Der Schlafmangel ist dafür verantwortlich. Schlafmangel verstärkt alle Gefühle um ein Vielfaches. Vor allem die Stressgefühle."

„Ich glaube, dafür gibt es noch ein paar andere Gründe", deutete ich an.

„Welche denn?"

„Es hat mit dem Satz zu tun, den mir deine Ella hat ausrichten lassen."

„Was hat es mit diesem Satz auf sich?"

„Versprichst du mir, dass das unter uns bleibt!", bat ich besorgt. „Ich möchte nicht, dass mich hier alle für verrückt halten."

„Ich bin verschwiegen wie ein Grab. Meine Lippen sind versiegelt", sagte er und machte dazu eine Geste, als würde er einen Reißverschluss über seinen Lippen zuziehen.

Daraufhin erzählte ich ihm die Geschichte von meiner Traumfrau Jenny und meiner Angst vor der Liebe, die vor 22 Jahren zu meiner Flucht in eine Traumwelt geführt hatte. Ich erzählte ihm auch von

208

meiner Mutter, die nie wieder Liebe zulassen konnte, nachdem ihr mein leiblicher Vater das Herz gebrochen hatte.

„So, wie es aussieht, hast du von deiner Mutter einen sehr dramatischen Beschluss übernommen. Den Beschluss, wahre Liebe niemals zuzulassen, damit man dir nicht das Herz brechen kann."

„Und dann ist es mit Jenny doch passiert!", erkannte ich ernüchtert.

„Man kann seiner Realitätsgestaltung nun mal nicht entkommen. Aber man kann seine Beschlüsse und damit auch die Realität ändern!", betonte er motivierend. „Natürlich müsstest du dazu erst einmal deine Angst loswerden, dass man dir das Herz brechen könnte. Diese Angst bringt dich in den Fluchtmodus, sobald dir eine Frau zu nahe kommt. Natürlich beruht dieser Modus auf einem Missverständnis, das wir auflösen können."

„Das würde ich nur zu gerne!", betonte ich. „Nur wie?"

„Zieh mal richtig hoch in den Positivmodus!", bat Michael. „Schließe die Augen und konzentriere dich auf die Energie, die in deinem Körper alles weit und weich macht und sanft nach oben zieht."

Ich tat, was er sagte, kam jedoch nicht wirklich gut in diesen Zustand hinein, was ihm offensichtlich nicht verborgen blieb.

„Entspann dich jetzt einen Augenblick und zieh dann noch einmal kraftvoll hoch!", sagte er motivierend. „Und jetzt noch einmal!", bat er, als ich gerade hochgezogen hatte. „Kurz entspannen und dann noch mal mit aller Kraft hochziehen!"

„So langsam wird es", erklärte ich zuversichtlich. „Mein Brustkorb wird langsam weicher und weiter und die Energie zieht auch deutlicher nach oben."

„Dann mach es gleich noch einmal!", bat Michael erneut. „Lass es richtig hell werden in deinem Inneren – hell, weit und weich. Und jetzt denk an einen Menschen, den du sehr gerne magst!"

Ich dachte spontan an Juli. Sie war mir mittlerweile richtig ans Herz gewachsen. In den wenigen Tagen, die wir uns jetzt kannten, war sie tatsächlich meine beste Freundin geworden.

„Achte auf deinen Brustkorb in der Herzgegend, wenn du an diesen Menschen denkst!", bat Michael. „Und lass den Zug nach schräg oben in einem etwas flacheren Winkel mehr nach vorne ziehen!"

Ich tat, was er sagte, und spürte sofort wie sich meine Zuneigung für Juli verstärkte. Spontan legte ich meine Handfläche auf meine Herzgegend.

„Das ist Zuneigung", erklärte Michael. „Zuneigung zieht auch hoch, aber gleichzeitig etwas stärker nach vorne als das normale Positive Fühlen. Das Gegenteil davon ist Abneigung. Abneigung zieht genau entgegengesetzt – nach hinten und nach unten. Aber Abneigung brauchen wir jetzt nicht. Bleib bitte bei der Zuneigung und halte deine Körperempfindungen aufrecht."

Ich verstärkte noch einmal meine Konzentration auf die Herzgegend und musste daraufhin liebevoll lächeln. Dieser Zug nach vorne war ein unglaublich schönes Gefühl.

„Halte deine Körperempfindungen aufrecht, egal, was ich jetzt sage! Bist du bereit?"

„Ich bin bereit!", sagte ich motiviert.

„Und jetzt sei mal ganz ehrlich! Magst du mich eigentlich?"

„Ganz ehrlich?! Ja, ich mag dich."

„Und magst du mich vielleicht sogar besonders gerne?", wollte Michael wissen.

„Auch wenn sich das jetzt ein bisschen schwul anhört, ich mag dich tatsächlich besonders gerne", gab ich amüsiert zu.

„Ich find dich zum Kotzen!", sagte Michael plötzlich barsch, und ich musste daraufhin laut loslachen. Ich musste tatsächlich lachen! Und wie ich das musste! Ich fiel fast vom Stuhl vor Lachen.

„Warum musstest du lachen?", fragte mich Michael, als ich mich wieder etwas beruhigt hatte.

„Ich weiß auch nicht, aber irgendwie fand ich das lustig."

„Hat es dich denn gar nicht verletzt?", wollte er wissen.

„Verletzt?! Warum sollte mich das denn verletzen?", fragte ich amüsiert.

„Ist dir klar, dass diese Reaktion kein Mensch nachempfinden kann, der nicht gerade volle Pulle im Positiven Fühlen drin ist?!", fragte Michael.

„Vermutlich nicht", stimmte ich amüsiert zu. „Die meisten Menschen hätten die Situation von eben sicherlich ganz falsch verstanden."

„Das ist genau der Punkt, auf den ich hinauswollte!", betonte er erfreut. „Die meisten Leute hätten es falsch verstanden! Das heißt, ihr Emotionalgehirn hätte es falsch verstanden. Genau hier ist nämlich ein Missverständnis versteckt."

„Und was genau ist das Missverständnis?", hakte ich wissbegierig nach.

„Das möchte ich dich lieber erleben lassen, anstatt es dir einfach nur zu sagen. Das ist nämlich eindrucksvoller, und je eindrucksvoller eine Erkenntnis ist, desto mehr wird sie in dir bewirken."

„Was muss ich also tun?", fragte ich neugierig.

„Zieh mal richtig intensiv runter", bat Michael grinsend.

Ich tat, was er sagte, und stellte mir vor, mir würde immer mehr Lebensenergie nach unten abgesaugt. Ich spürte, wie es mich runter in die dunkle Enge zog.

„Und jetzt stell dir vor, dass es in deiner Herzgegend nach hinten unten zieht. Spüre also Abneigung!"

„Das fühlt sich äußerst übel an", erkannte ich sofort.

„Es ist das Gegenteil von Zuneigung – eben Abneigung. Halte diese Empfindungen jetzt bitte mal aufrecht", bat Michael. Dann sagte er völlig unerwartet und in ernsthaftem Tonfall zu mir: „Ich will nichts mehr mit dir zu tun haben!"

„Boah, das ist krass!", rief ich und brach die Übung sofort ab. Ich musste mich tatsächlich beherrschen, ihm keine reinzuhauen.

„Wenn Blicke töten könnten, dann wäre ich jetzt mausetot", meinte er lächelnd. „Okay, und jetzt zieh schnell wieder hoch, bevor du mir noch eine überbrätst."

Ich musste erst einmal lachen, wie treffend er meinen Blick interpretiert hatte. Dann schloss ich die Augen und konzentrierte mich aufs Hochziehen.

„Geh wieder richtig rein ins Licht. Lass alles weit und weich werden und spüre erneut den angenehmen Zug nach vorne in deiner Herzgegend."

Wenige Augenblicke später war ich wieder zufrieden mit mir und der Welt. Dieses Gefühlskarussell war unglaublich.

„Magst du mich jetzt wieder?", fragte Michael lächelnd.

„Ich mag dich!", bestätigte ich grinsend und war auf alles gefasst.

„Und ja, ich mag dich ganz besonders", beantwortete ich auch gleich die nächste Frage.

„Weißt du, warum du eben in den Kampfmodus runtergezogen hast, als ich sagte, ich wolle mir dir nichts mehr zu tun haben?"

„Ehrlich gesagt nicht direkt", antwortete ich nachdenklich.

„Du hast dich angegriffen und verletzt gefühlt. Und das heißt, du hast meine Aussage als Angriff und als Verletzung beurteilt. Und genau das ist das Missverständnis, das dein Emotionalgehirn in den Kampfmodus bringt. Es muss aufgrund deiner Beurteilung davon ausgehen, dass ich dich angegriffen und verletzt habe – und zwar physisch angegriffen und verletzt!", betonte er. „Dass sich deine Beurteilung wieder einmal auf deine Emotionen bezieht, kann das Emotionalgehirn nicht verstehen. Kein Tier würde das Verhalten eines anderen Tieres als Verletzung auffassen, nur weil es dadurch schlechte Gefühle bekommt. Für ein Tier gibt es nur eine Art von Verletzung – die des Körpers. Und genau hier liegt das Missverständnis! Aus der Sicht des Emotionalgehirns liegt hier keine tatsächliche Verletzung vor. Die Gefühle, die du als externe Verletzung definierst, werden von deinem eigenen Emotionalgehirn erzeugt, weil du etwas als negativ beurteilst. Und je negativer diese Beurteilung ausfällt, desto stärker werden natürlich die schlechten Gefühle.

Da du eben richtig tief runtergezogen hattest, fiel deine Beurteilung auch sehr negativ aus. Es hat also richtig wehgetan. Es war jedoch nicht meine Aussage, die wehgetan hat, denn Aussagen können nicht wehtun. Es war deine eigene negative Beurteilung. Bei jeder negativen

Beurteilung, die wir vornehmen, wird das Schmerzzentrum in unserem Gehirn aktiviert."

„Das Schmerzzentrum wird aktiviert?!", wiederholte ich verwundert.

„Ohne unser Schmerzzentrum könnten wir unangenehme Gefühle gar nicht von angenehmen unterscheiden", erklärte Michael. „Erst die Beimischung von Schmerz lässt uns ein Gefühl als unangenehm empfinden. Unser Gehirn macht dabei nicht viel Unterschied zwischen körperlichen und seelischen Schmerzen. Wenn man diese Zusammenhänge nicht kennt, kann man daher leicht auf die Idee kommen, die Aussage eines anderen Menschen habe einen verletzt. In Wirklichkeit ist es natürlich wieder einmal nur ein Missverständnis!

Als du noch im hochgezogenen Zustand warst, hast du meine Aussage, ich fände dich zum Kotzen, einfach als Spaß abgetan. Daher wurde dein Spaßzentrum aktiviert, was dann natürlich die entsprechenden Emotionen nach sich zog. Du hast dich vor Lachen gekringelt.

Nun hast du also die Wahl, wie du solche Aktionen zukünftig beurteilen willst. Sind es wirklich Angriffe und Verletzungen aus der Sicht des Emotionalgehirns, oder sind es einfach nur Worte, die du beurteilen kannst, wie du möchtest? "

„Ich glaube, da muss ich nicht lange überlegen!", sagte ich beeindruckt.

„Wenn du in solchen Augenblicken anständig hochgezogen bist, kannst du die Aussagen anderer Menschen sehr leicht auf eine vernünftige Weise beurteilen. Wenn dich hier oben jemand nicht mag, dann hat er doch zum Beispiel einfach keine Ahnung, oder?!", scherzte Michael provokant.

„So könnte man das natürlich auch sehen!", erwiderte ich amüsiert.

„Aber im Ernst, wenn du hochgezogen bist, siehst du die ablehnende Beurteilung eines anderen Menschen lediglich als dessen Meinung an. Du weißt, dass es in Wirklichkeit viele Menschen gibt, die dich so mögen, wie du bist. Wenn da mal einer dabei ist, der dich nicht mag, dann ist das auch nicht schlimm. Es ist nur eine Meinung und keine Verletzung."

„Im hochgezogenen Zustand erkenne ich also viel eher, wie es tatsächlich ist", erkannte ich nachdenklich.

„Ganz genau so ist es", bestätigte Michael. „Du kommst normalerweise gar nicht auf die Idee, dass du verletzt worden bist. Was wäre beispielsweise, wenn dich die Frau, die du liebst, verlassen würde?"

„Das wäre scheiße, aber es wäre trotzdem keine Verletzung."

„Diese Frau würde dir also nicht das Herz brechen können!", betonte Michael. „Ist dir klar, wie dein Emotionalgehirn bisher auf deine Beurteilung reagieren musste? Du hattest wirklich Angst, eine Frau könnte dir das Herz brechen. Dein Emotionalgehirn hat diese Beurteilung wörtlich genommen und damit mit Recht um dein Leben gefürchtet. Daher hat es dich in den Fluchtmodus gebracht, sobald es für dich lebensgefährlich wurde."

„Und die Liebe war die Lebensgefahr!", erkannte ich fassungslos.

„So ist es. Aber natürlich ist das nicht wahr. Es ist nur ein Missverständnis gewesen. Ein anderer Mensch kann dir nicht das Herz brechen. Du musst also weder flüchten, noch kämpfen noch dich totstellen, wenn dir eine Frau nahe kommt.

Wie sieht es jetzt also aus mit der Liebe? Musst du wirklich Angst davor haben?!"

„Natürlich nicht!", erkannte ich überzeugt.

„Bist du dir da ganz sicher?"

„Ziemlich sicher!"

„Sicher genug, um es zu riskieren?"

Ich zögerte, was Michael nicht verborgen blieb.

„Es gibt keine hundertprozentige Sicherheit, dass du keine schlimmen Gefühle haben wirst", meinte er deshalb. „Sicher ist nur, dass du nicht tatsächlich verletzt wirst. Und das ist doch das Wichtigste. Wenn dir das klar ist, stellt sich nur noch die Frage, welche Vorgehensweise in Bezug auf deine Gefühle die bessere ist. Ist es für dich besser, die Liebe nie wieder zuzulassen, oder ist es besser, hochzuziehen und dein Herz zu öffnen?"

214

Ich zuckte unsicher mit den Achseln.

„Wo zieht es dich hin, wenn du daran denkst, den Rest deines Lebens ohne Liebe verbringen zu müssen, weil du die Liebe nie wieder zulassen wirst? Zieht es hoch, weil du die schlimmen Verletzungsgefühle nie wirst erleben müssen?!"

„Es zieht gewaltig runter in die dunkelste Dunkelheit!", gab ich verzweifelt zu.

„Wie gut kannst du also damit die schlimmen Gefühle vermeiden?", fragte Michael einfühlsam.

„Gar nicht!", erkannte ich betroffen. „Auf diese Weise spüre ich genau die gleiche Leere und den gleichen Schmerz, den ich auch spüre, wenn ich tatsächlich verlassen werde. Der Schmerz kommt nur nicht so plötzlich, deshalb ist er nicht so offensichtlich."

„Aber er kommt zuverlässig", ergänzte Michael.

„Er kommt sehr zuverlässig!", bestätigte ich. „Und er bleibt! Der Trennungsschmerz lässt irgendwann nach. Doch der Schmerz der Leere und Einsamkeit lässt niemals nach."

„Dann zieh jetzt noch einmal hoch und schau dir die Auswirkungen an, wenn du dafür sorgst, dass du hochgezogen bist und dein Herz offen ist", bat Michael.

Irgendetwas in mir hatte sich bereits verändert. Ich konnte plötzlich viel leichter hochziehen. Aber vor allem spürte ich das sanfte und weiche Ziehen nach vorne in meiner Herzgegend wesentlich deutlicher. Zuvor war es eher ein diffuses Gefühl gewesen, jetzt war es plötzlich sehr viel klarer.

„Wie gut ist der Schutz vor schlimmen Gefühlen hier oben?", fragte mich Michael noch einmal. „Schlechter oder besser als der Schutz, der dich runterzieht?"

„Besser!", bestätigte ich. „Eindeutig besser!"

„Überprüfen wir das noch einmal, um ganz sicherzugehen", meinte Michael. „Zieh noch mal kurz runter!" Ich tat, was er sagte und zog runter. „Wie gut ist der Schutz vor schlechten Gefühlen hier unten? Besser oder schlechter als oben?"

„Die Liebe nicht zuzulassen, ist kein Schutz", erkannte ich abermals. „Es ist schleichende und immerwährende Selbstverletzung."

„Also zieh wieder hoch!", bat Michael.

Ich öffnete die Augen und lächelte ihn an. „Ist mein Beschluss damit jetzt aufgehoben?", fragte ich erfreut.

„Möglicherweise", spekulierte er. „Überprüfen wir es! Du hast jetzt die Wahl zwischen zwei Beschlüssen. Zum einen den Beschluss, die Liebe nicht mehr zuzulassen, und zum anderen den Beschluss, dich vor schlechten Gefühlen zu schützen, indem du hochziehst. Der eine Beschluss zieht automatisch runter, der andere hoch. Stell dir jetzt selbst mal die Frage, welchen Schutz du ab sofort verwenden willst, und achte darauf, ob dein Körper dabei hoch- oder runterzieht."

„Er zieht hoch!", berichtete ich sofort begeistert. „Ich fühle mich, als wäre mir eine zentnerschwere Last von der Seele genommen. Ich glaube, wir haben es tatsächlich geschafft", begann ich mich zu freuen.

„Und Jenny?", hakte Michael unerwartet nach.

„Was ist mit Jenny?", fragte ich verwundert.

„Kannst du dir jetzt die Möglichkeit geben, eine andere Frau zu lieben?"

„Ich glaube nicht", gab ich betroffen zu. „Jenny ist fest in meinem Herzen. Ich hätte das Gefühl, sie zu betrügen, wenn ich eine andere lieben würde. Ich habe ihr versprochen, dass ich niemals eine andere lieben werde."

„Stell dir Jenny bitte mal in deinen Gedanken vor", bat mich Michael. „Wie sieht sie aus?"

„Sie sieht sehr unglücklich aus, weil sie gehen musste", sagte ich ergriffen.

„Hätte Jenny gewollt, dass du unglücklich wirst?"

„Niemals!", erwiderte ich entschieden.

„Hätte sie gewollt, dass du dein gesamtes Leben lang auf sie wartest?"

„Vermutlich nicht", gab ich zu.

„Vermutlich nicht?!", hakte Michael nochmals ungläubig nach. „Jenny ist jetzt seit 22 Jahren verschwunden, sagtest du. Wenn du selbst Jenny wärst, würdest du dann wollen, dass Robin bis zu seinem Lebensende vergeblich auf dich wartet? Oder wäre es genug für dich, dass er 22 Jahre gewartet hat?"

„Es wäre mehr als genug", antwortete ich leise und traurig.

„Was würde Jenny brauchen, um dich von deinem Versprechen zu entbinden?"

„Liebe!", sagte ich mit Tränen in den Augen.

„Hatte sie diese Liebe für dich?"

Ich nickte nur mit dem Kopf, denn sagen konnte ich in diesem Moment nichts mehr. Michael sagte erst einmal auch nichts mehr und ließ mich für ein paar Minuten mit meinen Gedanken an Jenny alleine.

„Sie hätte mich von meinem Versprechen entbunden", sagte ich schließlich traurig. „Aber ich weiß momentan nicht, ob ich überhaupt eine andere lieben will."

„Das musst du jetzt auch noch nicht entscheiden. Aber es ist auf jeden Fall nicht mehr ausgeschlossen, oder?"

„Nein", antwortete ich immer noch sehr traurig.

„Das heißt, es ist möglich, und das wird deinem Emotionalgehirn erst mal genügen. Solange es keine Möglichkeit zur Liebe sieht, gibt es keine Ruhe. Das ist ein Missstand, den es unmöglich akzeptieren kann. Wenn Liebe für dich jetzt wieder möglich ist, wird dein Emotionalgehirn aufhören, dich mit Einsamkeitsgefühlen zu quälen."

„Genügt dazu auch eine freundschaftliche Liebe? Ich habe in den letzten Tagen gelernt, Juli freundschaftlich zu lieben. Sie ist mir sehr ans Herz gewachsen und tut mir unheimlich gut. Die Tatsache, dass sie keine Beziehung mit mir will, hat es mir ermöglicht, sie nahe an mich heranzulassen und sie in mein Herz zu schließen. Wir sind beste Freunde geworden, und ich empfinde tatsächlich so etwas wie Liebe für sie. Vielleicht die Art von Liebe, die man für eine Schwester oder Tochter empfindet, ich weiß es nicht genau. Meinst du, diese Liebe ist für mein Emotionalgehirn schon ausreichend?"

„Das ist sie", bestätigte Michael. „Dein Emotionalgehirn will in erster Linie Menschen haben, die zu dir passen und die dich wirklich mögen. Es möchte Einsamkeit um jeden Preis vermeiden, deshalb hat es dich seit gestern Abend so runtergezogen. Es hat dich in den Gefahrenvermeidungsmodus gebracht, da du ihm Angst vor Einsamkeit gemacht hast.

Am liebsten hätte dein Emotionalgehirn natürlich einen Beziehungspartner, damit auch das Grundmotiv Sex erfüllt ist. Außerdem steht dir ein Beziehungspartner für gewöhnlich näher als ein Freund."

„Sex war nie mein Problem. Die Nähe schon eher. Ich habe es nie zugelassen, dass ein Mensch wirklich wichtig für mich wurde. Juli ist die Einzige, bei der ich das je getan habe. Ich bin ihr auch sehr wichtig, das beruht also auf Gegenseitigkeit."

„Wenn du dich mit dieser freundschaftlichen Liebe gut fühlst, dann hast du damit sogar den Beweis dafür, dass dein Emotionalgehirn mit dieser Liebe zufrieden ist!", betonte Michael. „Probleme kann es höchstens dann geben, wenn Juli sich in einen anderen Mann verliebt, weil dies von dir als Gefahr hinsichtlich Einsamkeit beurteilt werden könnte."

„Das glaube ich nicht", erwiderte ich überzeugt. „Ich wünsche ihr nur das Allerbeste. Ein Problem könnte es nur geben, wenn derjenige sie nicht anständig behandeln würde."

„Lass es einfach auf dich zukommen und genieße, was du jetzt hast. Sollte es Schwierigkeiten geben, dann musst du halt zu gegebenem Zeitpunkt schauen, welche Beurteilung dein Emotionalgehirn verwirrt. Du bist deinen Gefühlen nach allem, was du jetzt gelernt hast, nicht länger ausgeliefert. Das solltest du nie vergessen. Du brauchst keine Angst mehr vor deinen Gefühlen zu haben. Es ist immer nur eine falsch verstandene Negativbeurteilung, die dich runterzieht, und die kannst du immer korrigieren. Und falls es damit mal nicht so richtig klappen will, bin ich für dich da. Gemeinsam werden wir das Kind schon schaukeln. Wichtig ist nur, dass du dich jetzt wieder aufs Positive Fühlen konzentrierst."

„Das hört sich gut an", sagte ich erleichtert. „Ich werde einfach aufhören, darüber nachzudenken, und genießen, was jetzt ist."

„Das ist ein guter Beschluss. Er bringt dich auf direktem Weg in den Genussmodus. Jetzt solltest du aber wirklich mal versuchen, eine Mütze Schlaf zu bekommen", schlug Michael vor.

Aber unsere überwindet man nicht!

Erst am Abend gegen 23 Uhr wurde ich wieder wach. Ich hatte tatsächlich den gesamten Tag verpennt. Die Mädels waren irgendwie im Badezimmer zu gange und machten dabei einen Heidenlärm. Noch leicht benommen ging ich nach draußen, um nachzusehen, was dort los war.

„Da ist er ja wieder, unser Langschläfer!", rief Stefanie erfreut. „Du bist gerade noch rechtzeitig wach geworden. Heute ist nämlich wieder Party angesagt, und du weißt ja, was das bedeutet?!"

„Ach du liebe Scheiße!", erwiderte ich noch völlig schlafestrunken und ging wieder zurück in mein Zimmer.

Ich setzte mich auf die Bettkante und versuchte, einen klaren Gedanken zu fassen. Ich war immer noch völlig platt. Mein Körper wog eine Tonne und mein Gehirn verweigerte das Denken. Klar war nur, dass die Mädels mich nicht hier lassen würden. Andererseits hatte ich den ganzen Tag verpennt. Ich würde jetzt sowieso nicht mehr schlafen können und alleine hier zu bleiben wäre auch langweilig.

Doch bevor ich mit den Mädels zur Party gehen würde, musste ich erst einmal etwas essen. Ich hatte tierischen Hunger. Also sagte ich den Mädels Bescheid, dass ich zur Party nachkommen würde, sobald ich etwas Essbares aufgetrieben hätte.

„Du hast Glück", erklärte mir Stefanie daraufhin. „Wir haben nämlich für dich mitgekocht. Wir wussten ja nicht, wann du wach wirst. Es steht unten auf dem Herd. Einfach nur warm machen."

Ich bedankte mich sehr herzlich und ging nach unten, um mir das Essen aufzuwärmen. Während ich aß, setzte sich Beatrice zu mir und fragte mich einfühlsam, ob wieder alles in Ordnung sei mit mir.

„Ich habe mich heute Morgen mit Michael unterhalten. Der Typ ist ja so was von klasse!", erzählte ich ihr begeistert. „Wir haben meine Gefühle wieder auf die Reihe gekriegt. Er konnte mir sogar die Angst vor der Liebe nehmen. Das ist ein völlig neues Lebensgefühl!"

„Das freut mich sehr für dich!", sagte Beatrice komischerweise in besorgtem Tonfall. „Ich wollte dich jedoch noch auf etwas vorbereiten, damit du nachher nicht aus allen Wolken fällst."

„Worauf willst du mich denn vorbereiten?", fragte ich verwundert.

„Juli hat heute einen Typen kennen gelernt, der ihr offenbar mächtig gut gefällt. Ich weiß nicht, was sich zwischen euch in den letzten Tagen entwickelt hat, aber ich dachte, du solltest es wissen, bevor du die beiden auf der Party zusammen siehst."

„Zwischen uns hat sich nur Freundschaft entwickelt", erwiderte ich schulterzuckend. „Ich freue mich für sie, wenn sie jemanden gefunden hat."

„Dann ist ja alles in Ordnung", sagte Beatrice beruhigt. „Ich gehe jetzt wieder nach oben und mach mich für die Party fertig."

Erst als Beatrice gegangen war, merkte ich, dass ich mich nicht wirklich gut fühlte, wenn ich an Juli und ihren neuen Lover dachte. Mein Magen drückte ein wenig und mein Appetit war auf einmal wie abgestellt. Ich war nicht direkt eifersüchtig, aber ich befürchtete, dass unsere Synergie darunter leiden könnte. Vermutlich würde sie jetzt nicht mehr so viel Zeit für mich haben. Andererseits war sie meine beste Freundin und da sollte es mir eigentlich wichtiger sein, dass sie glücklich war.

Ich hoffte nur, dass der Typ, den sie da aufgegabelt hatte, in Ordnung war. Und ich wünschte mir insgeheim, dass sie ihr Versprechen von heute Morgen doch ernst gemeint hatte. Das Versprechen, dass ihr Partner unsere Freundschaft akzeptieren müsste.

Ich verstärkte sicherheitshalber noch einmal mein Positives Fühlen, denn ich wollte wegen dieser Angelegenheit auf keinen Fall wieder in diesen Einsamkeitsvermeidungsmodus abrutschen. Daher zog ich mich noch ein paar Mal mit meiner Geller-Methode hoch. Schließlich war ich bereit für die Party!

Die Mädels hatten sich aufgebrezelt bis zum Anschlag. Zu fünft verließen wir den Bungalow, um auf die Party zu gehen. Sie ließen dabei eine Duftwolke verströmen, dass Greenpeace bestimmt Katastrophenalarm gegeben hätte, um vor der Ausbreitung dieser Giftwolke zu warnen.

Es war noch recht früh, als wir in der Tropic-Bar ankamen, wo die Party auch dieses Mal wieder steigen sollte. Daher war auch erst etwa die Hälfte der Gäste da. Die Tanzfläche war noch fast leer. Juli und ihr Typ waren noch nirgendwo zu sehen. Ich war sehr gespannt, was das wohl für einer sein würde.

Die Mädels wollten den freien Platz ausnutzen und zerrten mich mit vereinten Kräften auf die Tanzfläche. Ich war aber noch nicht richtig in Stimmung. Außerdem raubte mir ihre Duftwolke erneut den Atem, sobald ich in ihre Nähe kam. Also holte ich mir erst mal einen Wodka-Bull, um ein bisschen in Stimmung zu kommen, und stellte mich neben die Tanzfläche, von wo aus ich den Mädels beim Tanzen zuschaute.

Beatrice tanzte relativ plump, was sie jedoch nicht davon abhielt, unglaublich viel Spaß dabei zu haben. Claudia führte recht gekonnt irgendwelche Aerobic-Schritte vor, welche die anderen drei und noch dazu ein paar weitere Leute auf der Tanzfläche gleich versuchten nachzumachen. Stefanie wirkte irgendwie künstlich dabei. Ich konnte mich immer noch nicht dagegen wehren, sie gedanklich ständig in konservativer Geschäftskleidung vor mir zu sehen. Andrea hielt trotz ihrer etwas fülligeren Figur von allen am besten mit.

Juli war immer noch nicht da. Ich hoffte inständig, dass sie überhaupt kommen würde. Ich war unglaublich neugierig.

Nach dem dritten Wodka-Bull gesellte ich mich wieder zu den Mädels. Ich war erstaunt, wie gut ich Claudias Aerobic-Schritte hinbekam, obwohl ich so etwas noch nie zuvor gemacht hatte. Aber irgendwie machte es nicht im Entferntesten so viel Spaß wie das Tanzen mit Juli beim letzten Mal. Außerdem war es in der Tropic-Bar eigentlich viel zu warm für diese anstrengende Angelegenheit.

Ich stellte mich also erneut an den Rand der Tanzfläche und beobachtete die anderen Leute. Einige versuchten, so zu tanzen, wie Juli und ich das bei der letzten Party getan hatten. Doch bei keinem der Pärchen sah das wirklich gekonnt aus. Ich war gespannt, ob Juli mit ihrem neuen Typen auch so gut harmonieren würde wie mit mir. Gegen eins kam sie dann endlich. Ihr Typ war ein großer, gut aussehender, dunkelhaariger Hüne Anfang zwanzig. Also genau das, was sie sich gewünscht hatte. Ich freute mich für sie und steuerte gleich auf die beiden zu.

„Hallo Robin", begrüßte sie mich. „Das ist Sven. Er ist heute neu angekommen."

„Hallo Sven", begrüßte ich ihn mit einem Handschlag.

„Robin ist mein Synergiepartner", erklärte Juli ihrem Hünen. „Ich muss mir jetzt erst mal was zu trinken holen."

Sie ging zur Bar und ließ uns beide neben der Tanzfläche alleine. Ich wusste nicht, was ich mit dem Typ reden sollte, denn wir kannten uns ja nicht. Es war mir jedoch auch unangenehm, einfach so neben ihm zu stehen und nichts zu sagen. „Wir sehen uns dann noch", sagte ich schließlich kurz und ging zurück zu meinen Mädels. Juli konnte ja jederzeit zu uns kommen, wenn sie Lust dazu hätte.

Ich zog noch einmal mit meiner Geller-Methode kräftig hoch und tanzte mit Beatrice, um ein wenig Spaß zu haben. Ich wollte sie führen, doch sie war so unbeholfen, dass es mir keinen Spaß machte. Wir tanzten dann schließlich jeder für sich und genossen die Musik und die gute Stimmung.

Juli ließ sich die ganze Zeit nicht bei uns blicken. Ich vermutete sie draußen beim Quatschen mit Sven. Aber das war mir auch egal. Ich brauchte sie ja nicht, um auf der Party Spaß zu haben. Es war auch so schön. Ich zog also noch mehr hoch und bestellte mir einen weiteren Wodka-Bull. Nach dem ganzen Stress der letzten Tage brauchte ich jetzt einfach ein wenig Entspannung. Einfach mal nicht nachdenken und nichts Neues verarbeiten müssen. Einfach mal den Lieben Gott einen guten Mann sein lassen und das Leben nehmen, wie es kam. Schließlich trank ich noch einen weiteren Wodka-Bull und bezog Position neben der Tanzfläche, um den Leuten zuzuschauen. Da sah ich plötzlich Juli mit Sven auf der Tanzfläche. Sie versuchte, mit ihm so zu tanzen, wie wir das auf der letzten Party vier Stunden lang getan hatten. Und es sah absolut scheiße aus! Der Typ konnte sich ja überhaupt nicht bewegen. Juli hatte wirklich etwas Besseres verdient!

Ich beschloss, dem Typen mal zu zeigen, wie man richtig tanzt, und schnappte mir Claudia, die nach Juli von allen am besten tanzen konnte. Wir gingen in die Nähe von Juli und Sven auf die Tanzfläche und legten eine geile Show aufs Parkett. Das machte echt Laune. Claudia war einfach eine Granate in Sachen erotische Ausstrahlung. Wir stellten Juli und Sven total in den Schatten, was die beiden jedoch nicht sonderlich zu stören schien.

Die anderen Mädels wollten jetzt auch wieder unbedingt mit mir tanzen, also machte ich mit. Ich tanzte mit allen vieren und danach noch mit ein paar anderen Frauen aus dem Camp, die ich eigentlich gar nicht kannte. Aber bedingt durch meinen Alkoholpegel war mir das relativ egal. Ich schnappte sie mir einfach mitten auf der Tanzfläche und legte los. Die meisten waren erst einmal ein wenig überfordert, machten aber schließlich dann doch mit.

Langsam neigte sich die Party dem Ende zu. Der DJ legte langsamere Musik auf. Ich stand neben der Tanzfläche und beobachtete die letzten Pärchen. Juli und Sven tanzten immer noch. Als der DJ den Song Sie sieht mich einfach nicht von Xavier Naidoo spielte, wurde mir so langsam bewusst, dass ich es wirklich scheiße fand, dass Juli kein einziges Mal mit mir getanzt hatte. Dann kam plötzlich ein Satz in dem Song, der mir emotional richtig was ausmachte: „Es gibt Grenzen, die man trotz Millionen von Soldaten durchbricht, aber unsere überwindet man nicht!"

Sofort musste ich wieder an Jenny denken. Zwischen uns lag eine Grenze, die wir nicht überwinden konnten. Doch dann merkte ich, dass sich meine Gefühle gar nicht auf Jenny bezogen. Es ging um Juli!

In diesem Augenblick wurde mir auf erschreckende Weise bewusst, dass ich das erste Mal in meinem Leben eifersüchtig war! Ich hätte diesen blöden Sven am liebsten im Meer versenkt. Gleichzeitig fühlte ich mich aber auch gekränkt von Juli, dass sie diesen Typen mir vorzog. Von meinem Positiven Fühlen war weit und breit keine Spur mehr übrig. Und wenn ich ehrlich zu mir selbst war, dann war das schon den gesamten Abend so gewesen. Ich hatte aus meiner Verzweifelung heraus einfach nur so getan als ob.

Ich wusste, dass ich kein Recht dazu hatte, etwas von Juli zu erwarten. Sie hatte nie einen Zweifel daran gelassen, dass sie mit mir nur befreundet sein wollte. Und ich hatte ihr hoch und heilig versichert, dass ich mich niemals in sie verlieben würde. Aber vielleicht war ich ja gar nicht verliebt?! Vermutlich fühlte ich mich nur als Freund aufs Abstellgleis geschoben. Schließlich hatte sie die letzten Tage jede freie Minute mit mir verbracht. Ich hatte mich einfach an sie gewöhnt! Ich war sicher, dass ich meine Gefühle sehr schnell wieder in Ordnung gebracht haben würde, wenn ich erst einmal wieder nüchtern wäre.

Ich wollte gerade mit meinen Mädels zurück zu unserem Bungalow gehen, da tippte Juli mich am Arm und fragte, ob ich kurz Zeit für sie hätte. „Natürlich", antwortete ich und ging mit ihr nach draußen.

„Gehen wir zum Stand?", bat sie.

„Wie du magst", antwortete ich nervös, denn ich befürchtete, dass sie mir jetzt klar machen wollte, dass wir uns nicht mehr so oft sehen könnten.

„Es geht um Sven", fing sie auch tatsächlich an, als wir unterwegs zum Strand waren. „Ich muss jetzt einfach mit jemandem darüber reden. Der Typ ist ja so eine Dumpfbacke!", bemerkte sie enttäuscht. „Toller Körper, aber nichts in der Birne! Warum kann man nicht einfach dein Gehirn in seinen Körper einpflanzen? Das wäre perfekt!"

„So scheiße ist mein Körper jetzt aber auch wieder nicht", beschwerte ich mich.

„Oh, entschuldige!", beschwichtigte Juli sofort. „Du hast einen tollen Körper – für dein Alter", fügte sie hinzu. „Ich meinte damit nur, dass Sven wirklich genau so aussieht, wie ich mir meinen Traummann immer vorgestellt habe. Aber ein bisschen was sollte er schon drauf haben. Das habe ich wohl bei meinem Feuerlaufritual vergessen dazuzuschreiben, wie es aussieht."

225

„Und was willst du jetzt machen? Etwa gleich wieder Schluss machen?"

„Schluss machen?! Ich habe doch noch gar nichts mit ihm angefangen. Wir haben uns ein wenig unterhalten und einen Abend lang zusammen getanzt. Das war's dann aber auch schon. Zwischen ihm und mir muss nichts beendet werden. Es hat nie etwas angefangen."

Als Juli das sagte, war ich so erleichtert, dass ich ihr am liebsten um den Hals gefallen wäre. Mir wurde immer klarer, dass ich mich vermutlich doch in sie verliebt haben könnte. Das stärkste Anzeichen dafür war der Druck auf meinem Magen, der sofort wieder begonnen hatte, als sie davon sprach, dass ich ihr zu alt sei. Einen tollen Körper hatte ich ihrer Meinung nach – für mein Alter! Das tat weh! Aber was konnte ich tun? Die Sache war aussichtslos. Es gab eine Grenze zwischen uns, die man selbst mit Millionen von Soldaten nicht überwinden konnte – fünfzehn Jahre! Andererseits wusste ich nicht, ob ich sie tatsächlich zur Partnerin wollte. Immerhin schlug mein Herz immer noch am stärksten für Jenny. Vermutlich hätte ich Juli ohnehin nicht so lieben können, wie sie es verdiente.

Wir erreichten den Strand. Es war eine sternenklare Nacht. Da jedoch der Mond nicht schien, war es ziemlich dunkel dort.

„Gehen wir ein paar Schritte am Wasser entlang?!", bat Juli und streifte ihre Schuhe während dem Gehen mit einer Hand von den Füßen.

„Gerne", erwiderte ich, musste mich aber aufgrund meines Alkoholpegels hinsetzen, um mir die Schuhe auszuziehen.

„Komm mal schnell, Robin!", rief sie da plötzlich aufgeregt, als sie ein paar Schritte weiter gegangen war. „Das musst du dir unbedingt ansehen!"

„Schau dir das an!", wiederholte sie dann noch einmal ganz euphorisch, als ich bei ihr ankam. „Der Boden leuchtet unter meinen Füßen, bei jedem Schritt, den ich gehe!!! Das ist ja voll krass! Das müssen diese phosphoreszierenden Algen sein."

Wahrscheinlichkeit und Notwendigkeit

„Wir müssen reden!", erklärte Michael, als er am nächsten Morgen auf meine Terrasse kam.

Ich hatte in der letzten Nacht wieder nicht geschlafen. Wie auch?! Ich war völlig durch den Wind gewesen, nachdem der Boden unter ihren Füßen plötzlich geleuchtet hatte. Und dann war da noch die Art, wie sie mich darauf aufmerksam gemacht hatte. Sie hatte exakt dieselben Worte benutzt wie einst Jenny. Schon seit Stunden saß ich nun hier und versuchte vergeblich, einen klaren Gedanken zu fassen. Das war einfach wieder einmal too much! Ich zermarterte mir das Hirn schon so lange, dass ich schließlich nicht mehr sicher war, ob ich das Ganze vielleicht nicht doch nur geträumt hatte.

„Ella hat mir gesagt, dass du mich dringend brauchst", fügte Michael hinzu, als er sich setzte.

„Der Boden unter ihren Füßen hat geleuchtet", sagte ich geistig leicht abwesend. „Phosphoreszierende Algen am Strand."

„Es ist also wirklich passiert!", stellte Michael fest. „Juli, oder?!", fragte er noch einmal sicherheitshalber.

„Juli", bestätigte ich.

„Und was hast du jetzt vor?"

„Nichts!", antwortete ich überfordert.

„Ich möchte dir etwas erzählen, was nur ganz wenige Menschen auf dieser Welt wissen. Du musst mir jedoch versprechen, es für dich zu behalten."

„Wie du willst", antwortete ich lethargisch.

„Als ich Mary vor sieben Jahren kennen lernte, erzählte sie mir sehr seltsame Träume. Angeblich träumte sie davon, sie sei ein Wesen aus einer anderen Welt, das auf die Erde gekommen sei, um das Menschsein zu erlernen. Sie erschuf sich einen menschlichen Körper und mischte sich unter die Leute. Schließlich erkannte sie, dass sie das Menschsein nur richtig erleben konnte, wenn sie vergaß, wer sie in Wirklichkeit war. Das waren ihre Träume. Und ich glaube, dass diese Träume keine Träume, sondern die Wirklichkeit waren", sagte Michael überzeugt.

„Du glaubst, sie ist ein Wesen von einem anderen Stern?!", riss mich meine Fassungslosigkeit aus der Lethargie.

„Das glaube ich", bestätigte Michael noch einmal. „Mary kann sich an nichts erinnern, was vor ihrem angeblichen Unfall stattgefunden haben soll. Das ist jetzt zehn Jahre her. Ich glaube jedoch, dass sie zuvor gar nicht existiert hat. Sie hat sich materialisiert, so wie in ihren Träumen, die meiner Meinung nach Erinnerungen sind. Deshalb gibt es auch niemanden, der Mary aus der Zeit vor dem Unfall kennt. Sie hat jahrelang nach irgendeinem Hinweis darauf gesucht, dass sie schon zuvor auf der Erde war. Aber es gibt kein einziges Anzeichen dafür."

Ich schüttelte verwundert den Kopf. „Aber deswegen muss sie doch nicht gleich ein Wesen aus einer anderen Welt sein."

„Das ist richtig. Ich kann es ja auch nicht beweisen. Aber es gibt schon sehr seltsame Phänomene in unserem Leben. Ella ist beispielsweise nicht nur meine innere Stimme. Mary und ich besuchen Ella jede Nacht im Traum und sprechen mit ihr. Wir haben dabei exakt die gleichen Träume! Von Ella haben wir heute Nacht auch erfahren, dass es wahr geworden ist und der Boden unter ihren Füßen geleuchtet hat. Ich glaube nicht mehr, dass du damals mit Jenny nur eine Traumfrau hattest!"

„Ist das dein Ernst?!", fragte ich mehr als skeptisch. „Du hältst Juli für Jenny?"

„Das musst du natürlich für dich selbst entscheiden. Ich kann dir nur sagen, dass ich es für sehr wahrscheinlich halte. Beweisen kann ich es natürlich nicht. Genauso wenig, wie ich beweisen kann, dass Mary ein Wesen aus einer anderen Welt ist. Doch wir erleben so viele Phänomene miteinander, die nur die allerwenigsten Menschen für möglich halten würden, dass ich fest daran glaube, dass Ella uns die Wahrheit gesagt hat. Wir sind Seelenpartner. Genau wie Juli und du."

„Aber Juli möchte nur mit mir befreundet sein", wandte ich ein. „Jenny dagegen würde niemals nur mit mir befreundet sein wollen."

„Vermutlich doch, wenn sie durch das Tor des Vergessens gegangen ist", erklärte Michael.

„Das Tor des Vergessens?!", hakte ich ahnungslos nach.

„Die Geburt! Mary ist nicht geboren worden, daher hat sie einige ihrer Erinnerungen behalten. Wird man jedoch geboren, so wird dadurch jegliche Erinnerung an früher ausgelöscht. Hat Juli Eltern oder ist sie eine Weise?"

„Sie hat Eltern", antwortete ich.

„Sie ist also vermutlich geboren worden. Wie alt ist sie genau?"

„Im September wird sie 22."

„Und Jenny ist seit 22 Jahren verschwunden. Na, fällt dir da was auf?!"

„Juli wird aber erst 22!", wandte ich ein.

„Wann ist Jenny genau verschwunden?"

„Am 23. Dezember. Einen Tag vor Heiligabend."

„Rechnen wir mal neun Monate dazu. Welcher Monat wäre das dann?", fragte Michael.

„September!", antwortete ich geschockt und musste erst einmal schlucken.

„Das heißt, dass Juli möglicherweise am 23. Dezember vor 22 Jahren gezeugt wurde. Sie hat also keine Zeit vergeudet!"

„Michael, ich glaube nicht, dass das, was du hier tust, meine Situation besser macht!", sagte ich aufgewühlt.

„Kapierst du es denn immer noch nicht?!", ermahnte er mich eindringlich. „Schau dir doch mal an, wie ihr beiden zusammen tanzt! Ihr seid eine Einheit. Du weißt, was sie tut, und sie weiß, was du tust. Und das lange, bevor euer Bewusstsein das begreifen kann. Es ist genau wie bei Mary und mir. Und dann noch euer Duett! Wenn ich daran denke, kriege ich ja jetzt noch eine Gänsehaut. Es ist kein Zufall, dass ihr Menschen tief in ihrer Seele berühren könnt. Wenn ihr singt, dann singt eine Seele!"

„Tut mir leid! Aber das, was du gerade mit mir machst, tut mir nicht gut", wehrte ich mich gegen meine eigenen Gefühle. „Sei mir nicht böse, aber ich ziehe mich jetzt zurück."

Ich ging auf mein Zimmer und zog mir die Decke über den Kopf. Das konnte doch alles nicht wahr sein! Was sollte ich denn jetzt tun?! Juli konnte doch nicht wirklich Jenny sein. So etwas konnte es nicht geben! Es war sicher einfach nur Zufall gewesen, dass der Boden unter ihren Füßen geleuchtet hatte – fertig! Das waren diese komischen phosphoreszierenden Algen gewesen. Ich hatte das im Fernsehen schon einmal gesehen. In der Reportage hatten sogar die Wellen grün geleuchtet. Es war also nur ein seltenes Naturphänomen, nichts weiter! Kein Grund, deswegen gleich das Spinnen anzufangen.

Dass Michael an so etwas glaubte, war ja kein Wunder. Er war ein Esofreak. Aber ich stand mit beiden Beinen auf dem Boden. Und genau da wollte ich auch stehen bleiben! Ich musste Jenny vergessen. Okay, ich hatte angefangen, etwas für Juli zu empfinden. Aber das hatte mit Jenny doch überhaupt nichts zu tun. Ob ich für Juli mehr empfand als Freundschaft und Eifersucht, konnte ich noch nicht wissen. Vielleicht hatte ich mich ja gar nicht in sie verliebt. Eigentlich war sie mir auch viel zu jung. Sie lebte in Deutschland und ich in England. Außerdem wollte sie mich nicht zum Partner. Sie wollte einen Mann in ihrem Alter. Das war Fakt!

Aber war ihre Entscheidung wirklich für alle Zeiten so festgefahren, dass sie diese niemals ändern würde?! Diesbezüglich war ich mir ehrlich gesagt auch nicht ganz sicher. Möglicherweise liebte ich sie ja doch. Und vielleicht würde auch sie irgendwann erkennen, dass sie mich liebte. Ausgeschlossen war das nicht. Bis dahin sollte ich besser nichts Unüberlegtes tun, was eine mögliche Beziehung gefährden könnte.

In diesem Zusammenhang ging mir das Thema Matrix noch einmal durch den Kopf. Was wäre, wenn Michaels Ausführungen vielleicht doch kein Trick gewesen waren? Was Ella mir prophezeit hatte, hatte sich bewahrheitet. Möglicherweise waren damit auch die anderen

Aussagen über die Matrix wahr. Ich konnte es jedenfalls nicht länger ausschließen. Und wenn es tatsächlich stimmen sollte, dann hatte ich mit meinen negativen Gedanken in Bezug auf eine Beziehung zwischen Juli und mir bereits erhebliche Schäden angerichtet.

Ob es nun wahr war oder nicht, das Risiko, dass die Matrix womöglich doch existierte und ich aus Ignoranz mit meinen negativen Gedanken gerade alles kaputt machte, war einfach zu groß, um es zu ignorieren.

Um diese Gefahr zu minimieren, gab es nur einen Weg: Ich musste dringend dafür sorgen, dass ich mein Positives Fühlen zurückbekam! Spontan versuchte ich hochzuziehen, was mir jedoch überhaupt nicht gelang. Stattdessen spürte ich, wie mich die Dunkelheit fest im Griff hatte und mich mit unüberwindlich scheinender Kraft nach unten zog. Mir wurde klar, dass ich Hilfe brauchte!

Ich ging also wieder nach unten, um Michael zu suchen. Er hatte mir mit Sicherheit nicht schaden wollen, das war mir klar. Es tat mir auch leid, dass ich mich ihm gegenüber so abweisend verhalten hatte. Ich wollte ihn bitten, das Thema Jenny zu den Akten zu legen und mir lieber dabei zu helfen, meine Gefühle wieder auf die Reihe zu kriegen.

Als ich die Terrasse betrat, saß er noch immer dort. „Ich wusste, dass du wiederkommst", sagte er verständnisvoll lächelnd.

„Ich möchte mich erst einmal dafür bedanken, dass du mir helfen möchtest", sagte ich aus tiefstem Herzen. „Ich habe mich eben nicht richtig verhalten. Dafür bitte ich um Entschuldigung." Ich setzte mich wieder zu ihm. „Ich komme aus dem Negativmodus nicht mehr raus! Die Dunkelheit hat mich fest in ihrem Griff."

„Du bist volle Pulle im Gefahrenvermeidungsmodus versumpft!", erklärte er. „Du siehst überall Gefahren, egal wo du hinschaust. Die Gefahr, dass du die Kontrolle über dein Leben verlieren könntest, die Gefahr, dass Juli dich nicht als Beziehungspartner wollen könnte, die Gefahr, dass du sie wegen Jenny vielleicht doch nicht lieben könntest und ihr deshalb das Herz brechen würdest, und so weiter und so fort. Wenn man erst mal in diesem Modus drinsteckt, kann man kaum noch etwas Positives sehen. Man sieht stattdessen überall nur noch Gefahren. Aus diesem Grund bin ich hier – um dir da rauszuhelfen. Aber wir haben keine Zeit, den üblichen Erkenntnisweg zu gehen. Du musst jetzt so schnell wie möglich wieder ins Positive Fühlen kommen. Wir brauchen dich bei dem, was sehr bald auf uns zukommen wird."

„Und wie komme ich aus diesem Gefahrenvermeidungsmodus raus?", fragte ich ratlos, ohne auf seine letzte Aussage in Bezug auf den Evolutionssprung einzugehen. Ich konnte zwar nicht mehr ausschließen, dass doch etwas an der Sache dran sein könnte, aber ich konnte es auch nicht wirklich glauben. Ich wusste überhaupt nicht mehr, was ich von alledem halten sollte.

„So wie immer, indem wir das Missverständnis aufklären", antwortete Michael auf meine Frage. „Ich habe heute Nacht eine neue, sehr bedeutende Information dazu von Ella bekommen", erklärte er gewichtig. „Wenn es dich in den Gefahrenvermeidungsmodus zieht, gibt es nur einen einzigen Grund dafür: Die Notwendigkeit, etwas erreichen zu müssen, ist größer geworden als die Wahrscheinlichkeit, es tatsächlich zu schaffen!"

„Das habe ich nicht verstanden!" gab ich verwirrt zu.

„Nehmen wir Juli und dich als Beispiel. Du weißt nicht, was die Zukunft bringen wird. Vielleicht werdet ihr ein Paar, vielleicht bleibt ihr aber auch nur Freunde. Aber würde es dich immer noch in den Gefahrenvermeidungsmodus runterziehen, wenn du dir absolut sicher sein könntest, dass sich alles zum Besten für euch beide entwickelt? Was wäre, wenn die Wahrscheinlichkeit dafür bei hundert Prozent liegen würde? Wäre das dann immer noch ein Problem?"

„Natürlich nicht", antwortete ich. „Aber da kann ich mir leider nicht hundertprozentig sicher sein."

„Ich weiß. Nimm es einfach als Beispiel, um zu verstehen, was ich dir gerne erklären möchte", bat er. „Stell dir mal vor, du bräuchtest unbedingt eine hundertprozentige Gewissheit. Es besteht aber nur eine 99-prozentige Wahrscheinlichkeit, dass sich tatsächlich alles zum Besten entwickeln wird. Ziehen dich die 99 Prozent Gewissheit dann hoch, oder zieht dich das eine fehlende Prozent Wahrscheinlichkeit runter?"

„Das eine Prozent zieht runter."

„Du hättest also ein Problem, weil dir das eine Prozent fehlt", hielt Michael fest. „Und das ist immer so im Leben. Wann immer die Wahrscheinlichkeit, dass du etwas bekommst oder erreichst, kleiner ist als die Notwendigkeit, es erreichen oder bekommen zu müssen, hast du ein Problem, und es zieht dich runter in die dunkle Enge des Gefahrenvermeidungsmodus. Nur wenn die Wahrscheinlichkeit, es zu bekommen, größer ist als die Notwendigkeit, es erreichen zu müssen, dann zieht es dich hoch in einen Positivmodus.

Stell dir das einmal bildhaft vor! Die Notwendigkeit repräsentiert die Kraft, mit der die Dunkelheit dich runterzieht, und die Wahrscheinlichkeit ist die Kraft, mit der das Licht dich hochzieht. Wenn die Anziehungskraft der Dunkelheit stärker ist als die des Lichts, zieht es dich runter. Wenn jedoch die Wahrscheinlichkeit größer ist als die Notwendigkeit, dann ist auch die Anziehungskraft des Lichts stärker als die der Dunkelheit, also zieht es dich hoch.

Das ist eine generelle Gesetzmäßigkeit, und diese ist unsagbar wichtig – sowohl für das Positive Fühlen als auch für die Realitätsgestaltung! Wie ich bereits erklärt habe, bestimmen unsere Einstellungen das Was in der Matrix. Logischerweise gestaltet dadurch deine Einschätzung in Bezug auf Notwendigkeit und Wahrscheinlichkeit ebenfalls deine Realität. Wenn die Notwendigkeit in deiner Einstellung also größer ist als die Wahrscheinlichkeit, dann erschaffst du dir ein Problem!

Das ist auch der Grund, warum wir damals bei unseren Bestellungen beim Universum immer gescheitert sind, wenn es um große, uns wichtige Wünsche ging. Wir mussten einfach scheitern! Denn wir hatten in Wirklichkeit keine Wünsche, sondern Probleme bestellt! Und die wurden auch prompt geliefert! Die Notwendigkeit war größer als die Wahrscheinlichkeit, und genau das bekamen wir auch widergespiegelt."

Ich vermied es erneut, zu diesem Thema Stellung zu nehmen, und schwieg daher.

„Aber kommen wir noch einmal auf dein aktuelles Problem zurück", fuhr Michael fort. „Besagte Gesetzmäßigkeit bietet dir zwei verschiedene Wege an, wie du aus dem Gefahrenvermeidungsmodus wieder herausfindest. Du kannst entweder die Beurteilung der Wahrscheinlichkeit und damit die Anziehungskraft des Lichts erhöhen, oder du kannst die Beurteilung der Notwendigkeit und demzufolge die Anziehungskraft der Dunkelheit reduzieren. Bei beiden Beurteilungen kann ein Missverständnis zwischen den Gehirnen vorliegen, das wir korrigieren können. Dazu müssen wir nur überprüfen, wie es in Wirklichkeit ist.

Wo vermutest du am ehesten ein Missverständnis? Beurteilst du die Wahrscheinlichkeit, dass sich zwischen dir und Juli alles zum Besten entwickeln könnte, als zu niedrig oder ist deine Beurteilung der Notwendigkeit überzogen? Denk mal genauer darüber nach!"

„Vermutlich liegt das Problem eher bei der Notwendigkeit", spekulierte ich unsicher.

„Das sollten wir uns genauer anschauen. Ich habe festgestellt, dass es dazu sinnvoll sein kann, sich erst einmal bewusst zu machen, was eine Veränderung dieser Beurteilung überhaupt bewirken würde. Darum schlage ich vor, dass wir das jetzt einfach einmal gemeinsam durchgehen."

„Ich bin zu allen Schandtaten bereit", erklärte ich.

„Dann zieh jetzt mal bitte in den Gefahrenvermeidungsmodus – also runter in die dunkle Enge. Das dürfte dir ja momentan nicht sonderlich schwerfallen. Sorry, das war nicht als Angriff gemeint!", schob Michael dann schnell hinterher.

„Mach dir keine Gedanken. Ich bin nicht so zart besaitet. Also dann werde ich jetzt runterziehen! Das ist eine meiner leichtesten Übungen im Moment."

Und ich zog runter. Und zwar so sehr, dass es schon fast wehtat. Ich hatte das eigentlich gar nicht so heftig tun wollen, doch es passierte einfach. Mir war, als wäre dort unten tatsächlich etwas Düsteres, das mich mit aller Gewalt runterzog.

„Du möchtest dir mit Juli gerne alle Möglichkeiten offen halten. Schauen wir uns daher mal das Thema Partnerbeziehung an. Was meinst du, wie attraktiv du hier unten in diesem Gefühlszustand auf Juli wirkst?", fragte mich Michael unerwartet.

„Ich vermute, dass ich ganz schön abschreckend auf sie wirke", musste ich erkennen.

„Hast du schon einmal in den Spiegel geschaut, direkt nachdem du richtig runtergezogen hast? Ich habe das gestern einmal ausprobiert. Und mir ist fast schlecht geworden – ganz ehrlich! Es ist unglaublich, wie hässlich dieser Zustand macht."

„Das macht meine Gefühle jetzt aber nicht wirklich besser!", beschwerte ich mich lächelnd.

„Ich weiß, aber es lässt sich leider nicht vermeiden. Wir brauchen den Vergleich", erklärte er mitfühlend. „Zieh jetzt bitte einmal so intensiv hoch, wie du kannst!", bat er dann. „Leg dein Problem mit Juli bitte für einen Moment zur Seite und tu so, als wäre alles in Ordnung. Zieh einfach hoch und lass deinen Körper leicht, weit und weich werden. Und lass auch dein Herz mit nach vorne ziehen."

Ich versuchte es, aber so richtig wollte es nicht klappen.

„Lass dir Zeit! Wenn man so tief abgestürzt ist wie du gerade, braucht es meist ein wenig Zeit, um wieder nach oben zu kommen. Versuch es weiter. Es ist sehr wichtig, um etwas Bedeutendes zu erkennen."

Ich konzentrierte mich und versuchte es wieder und wieder. Nach ein paar Minuten kam mein Lächeln zum ersten Mal seit langem wieder zaghaft zurück.

„Okay, das genügt!", stellte Michael fest. „Jetzt denk noch einmal an Juli. Wie attraktiv wirkst du hier oben auf sie? Attraktiver oder unattraktiver als unten?"

„Attraktiver natürlich! Viel attraktiver!", erkannte ich. „Niemand wünscht sich einen Partner, der einen emotional ständig runterzieht."

„Das ist natürlich richtig. Doch hier oben im Positivmodus hast du nicht nur eine sehr viel bessere Ausstrahlung, du bist auch im Vollbesitz deiner geistigen Fähigkeiten. Du kannst viel klarer denken, hast bessere Ideen und noch dazu die Energie, deine guten Ideen auch in die Tat umzusetzen. Du bist also im Fähigkeitsmodus. Ich denke, das würde sich sehr günstig auf deine Erfolgschancen bei Juli auswirken."

„Das kann schon sein!", stimmte ich deutlich optimistischer zu. Irgendwie ging es mir plötzlich viel besser.

„Okay, dann zieh jetzt bitte wieder runter!", bat Michael ernsthaft.

„Und wovon träumst du nachts?!", fragte ich grinsend, um meine Unlust diesbezüglich kundzutun.

„Es ist für einen guten Zweck", erklärte er. „Vertrau mir! Wenn du willst, dass sich etwas ändert, dann genügt es nicht, wenn nur dein Verstand erkennt, dass es besser ist, oben zu sein. Dein Unterbewusstsein muss es ebenfalls erkennen. Und dein Unterbewusstsein braucht vor allem eines – Wiederholung!"

„Okay, ich zieh runter", stimmte ich zu und tat es sogleich. Doch ich kam gar nicht mehr so weit runter wie zuvor.

„Gut", sagte Michael und sammelte sich. „Hier unten landest du automatisch, wenn du die Notwendigkeit größer als die Wahrscheinlichkeit siehst. Wie ist also hier deine Wirkung auf Juli als potenzieller Partner?"

„Abschreckend!"

„Und wie gut ist deine geistige Leistungsfähigkeit hier unten im Gefahrenvermeidungsmodus? Wie klar kannst du denken? Wie leicht fällt es dir, gute Ideen zu bekommen, mit denen du dein Ziel erreichen kannst?"

„Hier unten fällt mir gar nichts ein. Mein Hirn fühlt sich an wie gelähmt!", erkannte ich beeindruckt.

„Und wie viel Energie und Tatkraft hättest du hier unten, um eine gute Idee umzusetzen, für den Fall, dass du doch mal eine hättest?"

„Wenig Energie. Dieser Gefahrenvermeidungsmodus zieht mir die komplette Energie ab – wie gesagt, ich fühle mich wie gelähmt."

„Dann befindest du dich im Totstellmodus", erkannte Michael. „Diesen Modus startet dein Emotionalgehirn, wenn du etwas als gefährlich beurteilst und dich hinsichtlich dieser Gefahr vollkommen machtlos und ausgeliefert fühlst. Kämpfen würde nichts nützen, genauso wie flüchten, also kannst du die Gefahr nicht mehr vermeiden – du bist ihr ausgeliefert. In dieser Lage stellst du dich tot. Das ist ein viele Millionen Jahre alter Instinkt. Wie groß sind also deine Erfolgschancen, Juli in diesem lähmenden Modus für dich zu gewinnen?"

„Schlecht. Grottenschlecht!", stellte ich fest. „Wer will schon einen Toten!"

„Und genauso sieht es dann auch mit deiner Realitätsgestaltung aus!", betonte Michael. „Mit der geistigen Einstellung, die du im Totstellmodus hast, kannst du die Sache mit Juli gleich vergessen. Du gestaltest dir die völlige Machtlosigkeit!"

Ich spürte, dass mein Emotionalgehirn äußerst heftig auf diese Aussage reagierte, während ich mich so tief unten befand. Zwar war ich mir ganz und gar nicht sicher, dass ich tatsächlich einen Einfluss auf diese Matrix haben sollte, aber das Risiko erschien mir auf alle Fälle viel zu groß, um es einfach komplett zu ignorieren. „Dann hol mich so schnell wie möglich aus diesem Modus raus!", bat ich Michael deshalb eindringlich.

„Zieh jetzt bitte wieder richtig hoch! Spüre die Energie in deinem Inneren, die deinen Körper weit und weich werden lässt und dich nach oben zum Licht zieht. Hier kämst du automatisch hin, wenn du die Beurteilung angenommen hättest, dass die Wahrscheinlichkeit genauso groß oder sogar größer ist als die Notwendigkeit. Wie schätzt du deine Erfolgschancen bei Juli ein, wenn du hier oben bleibst? Schlechter oder besser als unten?"

237

„Sehr viel besser!", erkannte ich erfreut.

„Gehen wir das noch einmal detailliert durch, denn wie gesagt: Das Unterbewusstsein braucht Wiederholung. Wie ist hier oben deine Ausstrahlung auf Juli? Mit anderen Worten: Was hast du für eine emotionale Wirkung? Ist sie schlechter oder besser als unten?"

„Viel besser!"

„Und deine geistige Leistungsfähigkeit?"

„Die ist auch viel besser."

„Im Übrigen haben Wissenschaftler herausgefunden, dass unsere geistige Leistungsfähigkeit im Positivmodus auf sage und schreibe zweihundert Prozent unserer alltäglichen Kapazität ansteigt. Im Negativmodus hingegen sinkt sie weit unter 50 Prozent. Das alleine wäre ja schon ein Grund, für einen stabilen Positivmodus zu sorgen. Aber sehen wir doch mal weiter. Wie sieht deine Realitätsgestaltung im Positivmodus aus?"

„Ebenfalls besser", antwortete ich zurückhaltend, denn ich konnte nicht mit voller Überzeugung antworten, wollte aber gleichzeitig auch keine Grundsatzdiskussion anfangen.

„Dann zieh jetzt noch einmal runter und tu damit so, als wäre die Notwendigkeit wieder größer als die Wahrscheinlichkeit!"

Michael wiederholte diese Prozedur noch einige Male mit mir. Mit jedem Mal hatte ich größere Schwierigkeiten, überhaupt runter zu kommen. Dafür spürte ich die Lebensenergie in meinem Inneren immer intensiver. Und mit jedem Mal wuchs meine Motivation, die Notwendigkeit reduzieren zu wollen, was mein Problem mit Juli betraf. Das sagte ich Michael dann auch.

„Okay, dann reduzieren wir mal die Notwendigkeit!", sagte er dazu erfreut.

„Und wie mache ich das?", wollte ich motiviert wissen.

„Zieh zunächst mal richtig hoch! So hoch, wie nur irgend möglich."

Ich tat, worum er mich gebeten hatte, und war erstaunt, wie gut mir das mittlerweile gelang, obwohl ich noch vor einer halben Stunde herumgehangen hatte wie ein Schluck Wasser in der Kurve.

„Und jetzt achte bitte darauf, dass du oben bleibst", bat Michael. „Ich werde dir ein paar Fragen stellen. Wir gehen jetzt der Reihe nach die sieben Grundmotive durch, um alle Gefahrenbeurteilungen zu überprüfen und das Missverständnis zu klären. Das funktioniert immer! Aber du musst wirklich oben bleiben!", betonte er noch einmal.

„Ich bin bereit!", erklärte ich zuversichtlich.

„Ist eine Beziehung mit Juli lebensnotwendig für dich? Besteht die Gefahr, dass du verhungern oder erfrieren oder sogar erschlagen wirst, wenn du nicht mit Juli zusammenkommst?"

„Nein, natürlich nicht!"

„Ganz sicher nicht?!", hakte er nach.

„Nein, ganz sicher nicht!", bestätigte ich noch einmal lachend.

„Ist eine Beziehung mit ihr notwendig, damit du über dein Leben selbst entscheiden kannst? Besteht ohne sie die Gefahr, du könntest deine Entscheidungsfreiheit verlieren?"

„Nein, natürlich auch nicht", antwortete ich sofort.

„Und für deine Möglichkeiten, sich bei anderen Menschen mit deinen Ideen und Fähigkeiten einzubringen? Ist sie dazu notwendig? Besteht also die Gefahr, dass du dich sonst nicht mehr einbringen kannst?"

„Ebenfalls nicht!"

„Ist sie notwendig, um Sex haben zu können?", fragte er weiter.

„Ist sie nicht!", erwiderte ich.

„Besteht die Gefahr, dass du einsam werden könntest, weil Juli die einzige Frau auf dieser Welt ist, die zu dir passt? Oder könnte es da auch noch andere geben?"

„Hier kann ich jetzt leider nicht so klar nein sagen", erklärte ich ehrlich. „Ich kann nicht ausschließen, dass sie vielleicht die Einzige für mich ist. Möglicherweise ist sie ja wirklich Jenny!"

„Dann haben wir soeben die Gefahrenbeurteilung gefunden, die dein Problem auslöst", erklärte Michael zufrieden. „Im Übrigen kann man sich nie vorstellen, dass es noch jemand anderen gibt, der zu einem passen könnte, wenn man gerade verliebt ist", bemerkte er nebenbei.

239

„Dieses Gefühl gehört zum Verliebtsein dazu. Und dennoch verlieben sich die Menschen immer wieder aufs Neue. Und jedes Mal denken sie erneut, dass es sonst niemanden für sie gibt auf der Welt. Das gehört wie gesagt zum Verliebtsein dazu. Es ist ja auch schön und romantisch, die Auserwählte als die Einzige zu betrachten, aber in deinem Fall bewirkt es eindeutig zu viel Negatives!"

„Du meinst, ich bin wirklich verliebt?"

„Junge, wenn du nicht verliebt bist, dann habe ich noch nie in meinem Leben einen verliebten Mann gesehen!", bestätigte Michael amüsiert.

„Okay", gab ich unsicher zurück. „Ich bin also vermutlich verliebt!"

„Du bist seit gestern wieder dazu fähig zu lieben. Und das ist es, was dich wirklich glücklich machen kann. Du kannst lieben! Ich will jetzt nicht unromantisch klingen, aber wenn es nicht Juli ist, die du lieben wirst, dann wird es früher oder später eine andere sein. Deiner Liebe steht jetzt nichts mehr im Weg. Und deinem Glück auch nicht mehr. Das Positive Fühlen und die positive Realitätsgestaltung, die sich daraus herleitet, werden dich zu einem glücklichen Menschen machen. Nichts kann dein Glück jetzt noch aufhalten. Nichts und niemand!", betonte er eindringlich. „Wie sieht es also aus mit dir und Juli? Ist es wirklich notwendig, dass du sie als Beziehungspartnerin gewinnst, oder wäre es einfach nur schön? Mit schön meine ich durchaus das Schönste, was du dir im Moment vorstellen kannst, aber eben dennoch keine Notwendigkeit, sondern nur eine schöne Möglichkeit, wie du deine Grundmotive erfüllen kannst. Es gäbe außer ihr sicherlich noch eine ganze Menge anderer Menschen, mit denen du eine Beziehung eingehen könntest. Was meinst du also – Notwendigkeit oder schöne Möglichkeit?"

„Schöne Möglichkeit!", entschied ich.

„Bist du dir da ganz sicher? Fühl noch einmal in dich hinein! Besteht eine ernsthafte Gefahr, dass du dein Leben in Einsamkeit fristen musst, falls sie sich gegen eine Partnerbeziehung mit dir entscheidet? Oder ist eine Beziehung mit ihr für dich nur eine sehr schöne Möglichkeit?"

„Eine sehr schöne Möglichkeit!", antwortete ich. „Das heißt, für den Fall, dass wir tatsächlich ein Paar werden sollten. So ganz bin ich davon ja immer noch nicht überzeugt. Möglicherweise bleiben wir auch nur beste Freunde. Im Grunde genommen genügt mir das eigentlich schon. Einsam werde ich deswegen nämlich sicher nicht sein. Und wenn es doch mehr werden sollte als Freundschaft, dann ist es schön, aber es ist nicht notwendig."

„Damit wäre das Missverständnis aufgelöst! Wie fühlst du dich mit dieser Einstellung?", wollte Michael wissen.

„Verdammt gut!", antwortete ich mehr als erfreut. „Bevor du kamst, dachte ich, ich könnte ihr überhaupt nicht mehr normal gegenübertreten. Und jetzt ist plötzlich wieder alles total klasse! Ich danke dir mehr, als es sich mit Worten ausdrücken ließe!"

„Ich will dir jetzt keine Angst machen, aber es kann sein, dass im Laufe der nächsten Tage möglicherweise noch ein paar weitere Notwendigkeiten aufkommen werden in Bezug auf Juli. Du hast die Liebe zu einer Partnerin immerhin fast dein gesamtes Leben lang unterdrückt. Damit fehlen dir vermutlich einige sinnvolle Einstellungen in puncto Beziehung. Es könnte also passieren, dass noch ein paar weitere Missverständnisse aufkommen in der nächsten Zeit. Sollte dies der Fall sein, dann halte dich nicht lange damit auf. Sprich mich bitte sofort darauf an. Wir brauchen dich, wie du weißt!"

Ich versprach, genau das zu tun, obwohl ich mir momentan nicht mehr vorstellen konnte, was für Missverständnisse das sein könnten. Michael musste dann wie üblich gleich wieder weg.

Als er gegangen war, beschloss ich, einfach mal locker durchs Camp zu streifen und in Erfahrung zu bringen, was hier so los war. In Wahrheit zog ich jedoch um Julis Bungalow herum und wartete darauf, dass sie endlich rauskommen würde. Ich war überaus neugierig, wie es dann für mich sein würde. War ich wirklich verliebt?!

Als sie endlich auf der Terrasse erschien, ging ich scheinbar rein zufällig bei ihr vorbei und blieb auf einen Kaffee mit ihr und ihren Mitbewohnen. Ich fühlte mich recht gut in ihrer Gegenwart, merkte jedoch, dass ich unentwegt versuchte, möglichst witzig und geistreich zu sein. Ich konnte diesen Drang einfach nicht stoppen. Da gab es wohl offenbar doch noch eine weitere Notwendigkeit und damit sicherlich auch ein Missverständnis, wie Michael es schon angekündigt hatte.

Nach dem Kaffee wollte sich Juli mit mir in eine Hängematte legen und einfach gemeinsam ein bisschen freundschaftlich abhängen. Es war eine riesige Hängematte, in der genug Platz war, um darin bequem zu zweit oder sogar zu dritt nebeneinander zu liegen, ohne sich allzu nahe zu kommen. Ein Mitbewohner von Juli hatte sie zwischen zwei Palmen aufgehängt und allen ausdrücklich gestattet, sie zu nutzen.

Ich genoss Julis Nähe und vor allem die Berührung unserer Körper sehr, was vermutlich ein Indiz fürs Verliebtsein war. Genau wie mein innerer Drang, für sie der Weltmeister aller Disziplinen sein zu wollen. Mir hätte es völlig genügt, wenn ich in Julis Augen der attraktivste, intelligenteste, talentierteste, erfolgreichste, gesündeste, sportlichste, netteste, leidenschaftlichste, einfühlsamste und charismatischste Mann gewesen wäre, den es auf der Welt gab. Und natürlich musste ich auch der Geistreichste und Witzigste sein. Ich konnte dem ständigen Drang, sie beeindrucken zu wollen, einfach nicht widerstehen. Aus diesem Impuls heraus bezeichnete ich die Hängematte zum Beispiel als Freie Republik Hängemattien und erklärte, wir seien dort die Kanzler, denen man jeden Wunsch von den Augen ablesen würde. Wir müssten nur daran denken, was wir wollten, und man brächte es uns.

Das Überraschende war, dass es tatsächlich so ablief! Wir wünschten uns beispielsweise etwas zu trinken, sagten aber keiner Menschenseele etwas davon. Plötzlich fragte uns daraufhin ein Mitbewohner von Juli, ob wir nicht etwas trinken wollten. Eine Weile später hatten wir Lust auf Obst. Prompt kam einer mit Trauben vorbei, der sich zu uns in die Hängematte legen wollte. Er ging wieder, als wir seine Trauben gemeinsam aufgegessen hatten.

Ja, das Leben machte Spaß in der Freien Republik Hängemattien. Und es wäre noch viel schöner gewesen, wenn ich nicht die ganze Zeit so verkrampft dadurch gewesen wäre, dass ich versuchte, besonders witzig und geistreich zu sein und jeden auszustechen, der vorbeikam.

Plötzlich wurde es sehr unruhig im Camp. Wir hörten, wie mehrere Leute laut riefen, dass alle schnell an den Strand kommen sollten. Zwar wussten wir nicht, was das zu bedeuten hatte, aber uns war sofort klar, dass dort irgendetwas sehr Ungewöhnliches vorgefallen sein musste. Die Leute rannten neugierig zum Meer. Juli und ich folgten ihnen schnellen Schrittes.

Das Schauspiel, das sich dort ereignete, war unglaublich! Eine Gruppe von Delfinen war bis zum Ufer gekommen. Es sah aus, als feierten sie eine ausgelassene Party. So etwas hatte ich noch nie gesehen! Sie schlugen regelrecht Saltos vor Freude. Und inmitten dieser Delfine stand Beatrice bis zum Nabel im Wasser! Sie war umringt von den Tieren, die sich bereitwillig von ihr streicheln ließen.

Einige der Campteilnehmer, die aus der Anlage gekommen waren, stürmten völlig euphorisch ins Wasser. Die Delfine traten augenblicklich die Flucht an und zogen sich zurück.

„Bitte geht wieder raus aus dem Wasser!", bat Beatrice freundlich, aber dennoch bestimmt. „Dann werden sie wiederkommen."

Die Leute blieben irritiert stehen und traten dann einer nach dem anderen zögernd ein paar Schritte zurück. Als sie weg waren, schwammen die Delfine tatsächlich wieder zu Beatrice. Sie redete mit ihnen, woraufhin die Tiere seltsame Geräusche von sich gaben. Es sah fast so aus, als würden sie Beatrice tatsächlich verstehen. Dann ließen sie sich erneut liebkosen. Es war unglaublich!

Nach einigen Minuten verabschiedete sich Beatrice von den Tieren, als seien es ihre eigenen Kinder, die sie zum Spielen nach draußen ließ.

Die Delfine schwammen sofort davon, und Beatrice kam überglücklich aus dem Wasser. Nie hätte ich so etwas für möglich gehalten, wenn ich es nicht mit meinen eigenen Augen gesehen hätte!

Beatrice wurde sofort von Leuten umringt, die alle ganz begeistert wissen wollten, wie sie das angestellt hatte. „Ich habe sie irgendwie gespürt und sie mich", berichtete Beatrice daraufhin. „Und plötzlich waren sie da!" Sie erzählte, wie toll das alles für sie gewesen war und dass sie Delfine schon immer geliebt hätte.

Mit der Zeit kamen immer mehr Schaulustige dazu. Es waren jetzt bereits so viele, dass die meisten Beatrice vermutlich gar nicht mehr hören konnten. Nach und nach legte sich die Neugier der Leute wieder, und die Gruppe begann sich aufzulösen. Nach zehn Minuten standen nur noch etwa zwanzig Leute um Beatrice herum. Die Mädels und ich waren natürlich ebenfalls unter ihnen.

„Haltet mich für verrückt", sagte Beatrice dann plötzlich und sprach damit uns an, „aber ich bin sicher, dass das Positive Fühlen dafür verantwortlich ist."

„Wie meinst du das?", fragte ich aufgewühlt.

„Ich kann es nicht genau erklären, aber die Delfine haben das auch. Sie haben das Positive Fühlen! Ich konnte es spüren!"

Übertriebene Motivationsmaßnahmen

Hatten Mary und Michael tatsächlich in allen Punkten die Wahrheit gesagt?! Würden wir durch das Positiven Fühlen tatsächlich einen Evolutionssprung verursachen? Oder gab es für dieses Ereignis vielleicht doch eine ganz harmlose Erklärung?

Beatrice könnte sich den Zusammenhang mit dem Positiven Fühlen auch eingebildet haben. Zugegeben, es war schier unglaublich, was da soeben abgelaufen war, aber noch lange kein Beweis dafür, dass das Positive Fühlen dafür verantwortlich gewesen sein musste. Möglicherweise hatte das Verhalten der Delfine einen ganz trivialen Grund, den wir nur nicht erkennen konnten.

Einige der Leute, die noch bei Beatrice standen, wollten natürlich sofort wissen, was das Positive Fühlen sei. Beatrice versprach, es ihnen später genau zu erklären. Sie wollte das Ereignis erst noch einmal auf sich wirken lassen und hatte das Gefühl, jetzt ein wenig Ruhe zu brauchen. Die Leute respektierten ihren Wunsch und warteten neugierig darauf, später mehr über dieses Positive Fühlen zu erfahren.

Wir gingen mit Beatrice und den Mädels zu ihren Badetüchern. Nachdem wir uns gesetzt hatten, versuchte Juli, dann doch noch etwas mehr von Beatrice zu erfahren. „Ist sonst noch irgendetwas Ungewöhnliches passiert, seit du das Positive Fühlen praktizierst?", fragte sie eher beiläufig.

„Ich bin mir nicht ganz sicher. Ich habe dieses Buch gelesen", antwortete Beatrice und zog einen dicken Wälzer mit sicherlich tausend Seiten aus ihrer Badetasche. „Gestern!", betonte sie lächelnd.

„Du hast an einem Tag das ganze Buch gelesen?", hakte ich ungläubig nach.

„In zwei Stunden!", erklärte Beatrice begeistert. „Ich weiß auch nicht, wie das ging. Auf einmal war ich durch."

Juli schaute mich mit großen Augen überfordert an. Ich wusste sofort, was in ihrem Kopf vorging, denn ich erkannte den Gefahrenvermeidungsmodus in ihren Augen. Sie überlegte, ob wir Beatrice etwas von der Sache mit der nächsten Evolutionsstufe erzählen sollten. Zaghaft schüttelte ich den Kopf, um ihr unauffällig zu signalisieren, dass ich diese Idee nicht gut fand. Wir sollten zuerst mit Mary und Michael darüber sprechen, denn eines war für mich jetzt klar: Die beiden hatten das mit der Matrix und dem Evolutionssprung vollkommen ernst gemeint! Das war kein Trick gewesen, um uns zu Dr. Sorglos zu machen. Es war tatsächlich alles wahr, so unglaublich es auch klingen mochte. Ein kalter Schauer lief bei diesem Gedanken über meinen Körper.

Wir verabschiedeten uns unter einem Vorwand von den Mädels und gingen auf die Suche nach Mary und Michael. Im Camp waren sie nirgendwo zu finden – weder am Pool noch in ihrem Bungalow. Am Strand waren sie vermutlich ebenfalls nicht, denn sonst hätten wir sie garantiert gesehen. Nachdem wir ein paar Leute gefragt hatten, gab uns jemand den Tipp, dass wir es in einem Café versuchen sollten, das sich etwa 2 km den Strand entlang im Palmenwald befand. Dort wären die beiden angeblich öfter anzutreffen.

Wir liefen also schnellen Schrittes bis zum Ende des erschlossenen Strandabschnitts. Von dort aus führte ein Wanderweg parallel zum Meer durch den Palmenwald hindurch. Beide hofften wir inbrünstig, die beiden dort zu finden, denn uns war klar, dass jetzt dringend etwas geschehen musste. Beatrice war die letzten Tage mit ihren starken Glücksgefühlen ja schon mehr als genug aufgefallen. Sicherlich hatte sie bereits eine Menge Leute damit angesteckt. Doch jetzt, nach dem Spektakel mit den Delfinen, würde es eine regelrechte Positiv-Fühlen-Epidemie geben!

Nass geschwitzt von unserem schnellen Marsch kamen wir nach ein paar hundert Metern durch den Wald bei dem Café an. Und wir hatten Glück – sie waren tatsächlich dort. Schnell schnappten wir uns zwei Stühle vom Nebentisch und setzten uns zu den beiden.

„Tut mir leid, dass wir eure Zweisamkeit stören müssen", erklärte ich unseren Überfall. „Aber es ist etwas vorgefallen!"

Daraufhin erzählte ich flüsternd die Delfingeschichte und den Vorfall mit dem Buch.

„Was sollen wir jetzt tun?", fragte Juli, als ich geendet hatte, sofort ratlos. „Das mit dem Positiven Fühlen wird sich jetzt wie ein Lauffeuer verbreiten."

„Wir sollten zunächst einmal Ruhe bewahren", meinte Mary.

„Und Ella fragen!", entschied Michael. „Dieses Ereignis wird mir helfen, besser zu verstehen, um was es bei der ganzen Sache überhaupt geht. Offenbar entwickeln sich durch das Positive Fühlen ungewöhnliche Fähigkeiten. Das wusste ich bisher nicht. Ich denke, dass ich jetzt mehr über die nächste Evolutionsstufe herausfinden kann. Gebt mir eine Minute!", bat er und schloss sofort die Augen.

Wir beobachteten ihn dabei, wie er auf diese Weise irgendwie seine Ella befragte, und verhielten uns ruhig. Nach ein paar unerträglich langen Minuten öffnete er endlich wieder die Augen.

„Das Positive Fühlen schaltet aus irgendeinem Grund übersinnliche Fähigkeiten frei, über die wir Menschen von Natur aus verfügen. Allerdings können wir sie normalerweise nicht nutzen. Warum und wie das Positive Fühlen diese Fähigkeiten aktiviert, verstehe ich noch nicht", erklärte Michael. „Mary und ich wenden ja seit Jahren schon eine sehr ähnliche Glücksmethode an. Dabei haben sich jedoch nie Fähigkeiten entwickelt, die mit denen von Beatrice vergleichbar wären. Irgendwo muss also noch ein bedeutender Unterschied zwischen dem Positiven Fühlen und unserer alten Glücksmethode verborgen liegen. Auf diesen Unterschied werde ich mich konzentrieren, wenn ich das nächste Mal mit Ella spreche.

Aber sie hat eben noch etwas anderes gesagt: Die Verbreitung des Positiven Fühlens ist nicht aufzuhalten, doch wir haben mehr Zeit, als ich das letzte Mal angenommen hatte. Beatrice ist eine Ausnahmeerscheinung. Normalerweise kommt man nicht so schnell und so intensiv ins Positive Fühlen rein. Vor allem aber kann kaum jemand die 72 Stunden ununterbrochen aufrecht halten, die nach Ellas Aussage notwendig sind, damit sich übersinnliche Fähigkeiten entwickeln. Normalerweise holen einen allerlei alltägliche Negativbeurteilungen immer wieder mal raus und verlängern auf diese Weise die Zeitspanne bis zum Aktivieren der Fähigkeiten erheblich. Auch reduzieren diese Unterbrechungen die Intensität des Positiven Fühlens, sodass man über das notwendige Maß so schnell nicht hinauskommt.

Warum Beatrice in den letzten Tagen nie aus dem Positiven Fühlen rausfiel, konnte ich nicht verstehen, als ich Ella eben fragte. Aber sie sagte, dass sie die Einzige in diesem Camp sei, bei der das so laufen würde. Dennoch sollten wir uns beeilen."

„Wie sieht es denn bei euch beiden mit dem Positiven Fühlen aus?", wollte ich wissen. „Ihr wisst so viel über diese ganze Missverständnissache, dass ihr doch eigentlich schon permanent im Positiven Fühlen drin bleiben solltet, oder?!"

„Es gibt nur noch äußerst selten Missverständnisse, die uns wirklich runterziehen", antwortete Mary. „Dennoch beurteilen wir die momentane Situation als sehr kritisch. Das ist ein Problem. Wir haben viel zu viel Notwendigkeit auf der ganzen Angelegenheit, sodass der Gefahrenvermeidungsmodus ständig an uns nagt. Wir halten zwar bewusst mit dem Positiven Fühlen dagegen, und das gelingt uns auch einigermaßen, aber unsere positiven Gefühle sind durch unsere Gefahrenbeurteilung schon etwas gedämpft. Da wir die Notwendigkeit bei diesem Thema nicht reduzieren können, versuchen wir jetzt, die Wahrscheinlichkeit hochzufahren."

„Können wir euch dabei irgendwie unterstützen?", bot ich an.

„Ihr könnt eure eigene Entwicklung vorantreiben und damit die Wahrscheinlichkeit erhöhen, dass wir es schaffen. Alleine können Michael und ich die Ereignisse, die auf uns zukommen werden, nicht in positive Bahnen lenken. Ohne euch geht es nicht! Und vermutlich werden wir auch Beatrice dazu brauchen."

„Wir werden mit ihr reden", versprach ich.

„Besser nicht!", erwiderte Mary. „Noch nicht! Wenn wir sie jetzt einweihen, machen wir ihr die Sache nur unnötig schwer, weil sie dann ebenfalls mit dem Gefahrenvermeidungsmodus zu kämpfen hätte. Wartet also besser noch damit."

„Sorgt noch mehr dafür, dass ihr stabil im Positiven Fühlen bleibt", meinte Michael jetzt. „Und sorgt für eine positive Realitätsgestaltung. Das ist die einzige Möglichkeit, wie wir die Dinge in einer positiven Bahn halten können."

„Und wie sollen wir für eine positive Realitätsgestaltung sorgen?", wollte Juli ahnungslos wissen.

„Robin wird dir das erklären!", antwortete Michael und schaute mich dabei mit der Gewissheit an, dass ich das schon hinkriegen würde. „Wir haben heute Morgen bereits darüber gesprochen. Mary und ich werden uns jetzt zurückziehen und mit Ella reden."

Daraufhin standen die beiden auf und machten sich auf den Rückweg zum Camp. Juli und ich gingen direkt vom Café aus durch den Wald zum Meer runter, um mit unserer Arbeit zu beginnen.

Hier waren wir weit abseits vom üblichen Camprummel. Der Strand war noch sehr ursprünglich. Da gerade Flut war, reichte der Baum- und Palmenbewuchs fast bis ans Wasser heran. Damit war der Strand hier zu schmal, um sich bequem in den Sand zu setzen. Wir entschieden uns, trotzdem zu bleiben und keine weitere Zeit zu vergeuden.

Also setzten wir uns einander zugewandt auf den Stamm einer Kokospalme, die flach über das Wasser hinausragte, und ich erklärte Juli die Sache mit der Notwendigkeit und der Wahrscheinlichkeit, so gut ich konnte. „Wann immer die Notwendigkeit, ein Ziel erreichen zu müssen, größer ist als die Wahrscheinlichkeit, es voraussichtlich wirklich zu erreichen, haben wir ein Problem. Es zieht uns sofort in den Gefahrenvermeidungsmodus.

Ist jedoch die Wahrscheinlichkeit, dass wir unser Ziel erreichen werden, größer als die Notwendigkeit, das Ziel erreichen zu müssen, zieht es uns hoch in einen zuversichtlichen Erfolgsmodus."

249

„Kannst du mir dazu vielleicht ein Beispiel geben?", bat Juli.

„Klar! Nenn mir doch mal irgendetwas, was dich früher regelmäßig runtergezogen hat!"

„Meine Figur zu halten! Geht das als Beispiel? Ich hab immer sofort die Krise gekriegt, wenn meine Klamotten nicht mehr gepasst haben. Das würde mich auch heute noch runterziehen ohne Ende. Ich weiß, dass meine Figur nicht besser wird, nur weil ich sie ablehne. Außerdem macht mich der Kampfmodus natürlich nur noch hässlicher."

„Ich glaub, du bist nicht ganz bei Trost!", unterbrach ich sie verständnislos. „Wer dich als hässlich bezeichnet, muss wohl von einem anderen Stern kommen. Das kann ja wohl nicht wahr sein!", meinte ich energisch.

„Du bist süß!", lächelte Juli gerührt. „So ein schönes Kompliment hat mir glaube ich noch nie jemand gemacht."

„Das war kein Kompliment!", erklärte ich kopfschüttelnd. „Das ist eine Tatsache!"

„Danke schön!", sagte Juli noch einmal.

Plötzlich wurde mir klar, dass ich mit meinen Aussagen etwas vorsichtiger sein sollte, wenn ich nicht wollte, dass sie merkte, wie viel ich für sie empfand.

„Gern geschehen", erwiderte ich daher relativ emotionsneutral. „Kommen wir also noch einmal auf das Thema Wahrscheinlichkeit und Notwendigkeit und auf dein Beispiel zurück. Welche Gefahr ist es genau, die dich in diesem Fall runterzieht? Wo genau liegt das Problem?"

„Darin, dass ich immer dicker werde!"

„In welchen Modus gehst du, wenn du daran denkst?"

„In den Kampfmodus! Ich lehne meinen Speck ab, damit er verschwindet. Und ich lehne mich selbst ab. Ich weiß, dass das alles Quatsch ist, aber das zu erkennen, hilft mir irgendwie nicht weiter. Ich finde es trotzdem scheiße, wenn ich dick werde."

„Weil die Notwendigkeit, eine schlanke Figur behalten zu müssen, größer ist als die Wahrscheinlichkeit, es auch zu schaffen", schlussfolgerte ich.

Julis Gesichtszüge verfinsterten sich. „Du glaubst also, ich schaffe das nicht?!"

„Ich bin sogar sicher, dass du es schaffst", antwortete ich, „aber du selbst offenbar nicht, sonst hättest du kein Problem damit!"

„Ich habe auch kein Problem damit!", behauptete Juli daraufhin tatsächlich ernsthaft.

„Wie bitte?! Vor einer Minute hast du mir noch erklärt, dass es dich total runterzieht, wenn deine Kleider nicht mehr passen, weil du zugenommen hast!"

„Ich bin im Kampfmodus!", erkannte sie da plötzlich. „Entschuldige bitte! Natürlich habe ich ein Problem damit. Ich will auf keinen Fall zunehmen."

„Schon okay!", antwortete ich auf ihre Entschuldigung. „Wir haben offenbar ein gutes Beispiel gefunden, um die Thematik Wahrscheinlichkeit und Notwendigkeit zu erörtern.

Du sagtest eben: Du willst auf keinen Fall zunehmen. Auf keinen Fall bedeutet, dass du diesem Ziel eine sehr hohe Notwendigkeit beimisst. Und wenn du ein Problem damit hast, bedeutet das, dass dir die Wahrscheinlichkeit oder anders ausgedrückt die Sicherheit, deine Figur sicher halten zu können, nicht groß genug ist. Und das heißt, dass es dich nicht nur in den Kampfmodus bringt, sondern auch in den Gefahrenvermeidungsmodus."

„Geht denn beides gleichzeitig?!", fragte Juli verwundert. „Ich dachte, ich wäre eindeutig im Kampfmodus."

„Vermutlich zieht der eine Modus den anderen nach sich. Ich glaube nicht, dass man sich gleichzeitig in zwei verschiedenen Modi befinden kann. Das Emotionalgehirn versucht ja immer, uns in den zur aktuellen Aufgabe passenden Modus zu bringen.

Ich glaube, ich weiß auch schon, wie das abläuft! Lass uns meine Vermutung mal überprüfen! Wenn du absolut sicher sein könntest, dass du deine Figur halten kannst, hättest du dann noch ein Problem?"

„Natürlich nicht."

„Du hättest kein Problem, weil die Wahrscheinlichkeit bei hundert Prozent liegen würde und damit auf jeden Fall größer wäre als die Notwendigkeit, es schaffen zu müssen. Das heißt, du würdest auf jeden Fall schon einmal nicht in den Gefahrenvermeidungsmodus runterziehen."

„Und auch nicht in den Kampfmodus", ergänzte sie. „Wozu sollte ich das auch tun, wenn ich gar kein Problem hätte?!"

„Also bringt dich dein Emotionalgehirn nur in den Kampfmodus, um die Gefahr des Zunehmens abzuwenden", schlussfolgerte ich.

„Das könnte gut sein", stimmte Juli nachdenklich zu.

„Lass uns auch das noch einmal überprüfen! Du hättest doch auch kein Problem, wenn es dir komplett egal wäre, ob du zunimmst, denn in diesem Fall wäre die Notwendigkeit ebenfalls kleiner als die Wahrscheinlichkeit. Wenn dir etwas komplett egal ist, tendiert die Notwendigkeit gegen Null. Damit ist sie immer kleiner als die Wahrscheinlichkeit, und du hast kein Problem!"

„Es ist mir aber nicht egal", warf Juli entschieden ein. „Und ich will auch nicht, dass es mir egal wird", fügte sie entschlossen hinzu. Die Heftigkeit, mit der sie diese Aussage machte, fühlte sich für mich fast so an, als wolle sie ihre Notwendigkeit behalten.

„Du würdest die Notwendigkeit demnach gar nicht runter fahren wollen, um dieses Problem zu lösen, oder?!", hakte ich deshalb nach.

Juli schüttelte den Kopf. „Glaubst du, ich würde dann noch vier Mal die Woche ins Fitnessstudio gehen, wenn ich es nicht als notwendig ansehen würde?!"

„Die Notwendigkeit ist also eine Motivationsmaßnahme!", erkannte ich verwundert. „Offenbar fahren wir die Notwendigkeit sogar manchmal extra hoch, damit wir genug Motivation haben, auch wirklich etwas zu tun. Wir bringen uns damit extra in den Kampfmodus!", wurde mir klar. „In solchen Fällen die Notwendigkeit reduzieren zu wollen, können wir also knicken. Du hast mit diesem Thema wirklich ein ausgezeichnetes Beispiel zur Thematik Wahrscheinlichkeit und Notwendigkeit gewählt!", bemerkte ich noch einmal erfreut. „Wir sind offensichtlich wieder einmal auf Entdeckungsreise zur Quelle unserer Emotionen – echt spannend!"

„Schön, dass dir mein Problem gefällt!", erwiderte sie gespielt vorwurfsvoll.

„Es ist echt toll!", bestätigte ich lächelnd. „Aber durchdenken wir dein Beispiel weiter: Wenn man die Notwendigkeit nicht loslassen will, dann gibt es nur noch einen Weg, wie man vermeiden kann, dass es einen in den Gefahrenvermeidungsmodus runterzieht. Man muss die Wahrscheinlichkeit erhöhen. Und zwar so sehr, dass die Wahrscheinlichkeit die Notwendigkeit übersteigt."

„Und wie machen wir das?"

„Keine Ahnung!", antwortete ich überfordert. „Wie hoch ist denn deine Notwendigkeit auf einer Skala von null bis hundert Prozent?"

„Na einhundert Prozent!", sagte sie ernsthaft.

„Du bist krass!", rief ich kopfschüttelnd. „Und du meinst das auch noch ernst!"

„Natürlich meine ich es ernst. Wie gesagt: Würde ich mich sonst vier Mal die Woche im Studio abstrampeln?!"

„Und wie hoch ist deine Wahrscheinlichkeit, dass du deine Figur halten kannst?", wollte ich wissen.

„Wenn ich weiterhin fleißig trainiere und auf meine Ernährung achte, dann liegt sie sicherlich deutlich über neunzig Prozent", erklärte Juli stolz. „Ich habe eigentlich ziemlich gute Veranlagungen. Das kommt mir zusätzlich zugute."

„Mag sein, aber das reicht trotzdem nicht!", wendete ich verwundert ein. „Du bräuchtest nämlich hundert Prozent und hast aber nur neunzig! Damit gestaltest du dir auf jeden Fall ein Problem."

„Was meinst du damit?", fragte Juli irritiert.

„Michael hat mir erklärt, wie die Realitätsgestaltung genau funktioniert. Ich habe das bisher alles nicht wirklich glauben können, aber so langsam wird mir klar, dass die Sache mit der Matrix tatsächlich wahr sein könnte."

253

„Das glaube ich schon lange", erwiderte Juli ungeduldig. „Wie funktioniert die Realitätsgestaltung also genau?"

„Wenn die Wahrscheinlichkeit höher ist als die Notwendigkeit, gestalten wir uns Glück und Erfolg. Liegt jedoch die Notwendigkeit höher als die Wahrscheinlichkeit, gestalten wir uns genau das Gegenteil – Probleme!

Als Mary und Michael uns das erste Mal von der Matrix erzählt haben, berichteten sie doch auch davon, dass bei vielen ihrer damaligen Bestellungen beim Universum genau das Gegenteil geliefert wurde. Sie gestalteten sich Probleme statt Wunscherfüllungen. Der Grund lag darin, dass die Notwendigkeit, dass ihr Wunsch erfüllt wird, größer war als die Wahrscheinlichkeit.

Und wenn die Story mit Marys Faxgerät tatsächlich gestimmt hat, was ich so langsam ebenfalls glaube, dann funktioniert es auch genau anders herum!", betonte ich. „Die Wahrscheinlichkeit, dass sie gleich am nächsten Tag ein Faxgerät geschenkt bekommt, lag sicher weit unter einem Prozent. Und dennoch ist es passiert! Und zwar deshalb, weil die Notwendigkeit, auf diese Weise ein Faxgerät zu erhalten, noch niedriger war als die Wahrscheinlichkeit. Zu jenem Zeitpunkt war die Realitätsgestaltung für die beiden einfach nur ein Spiel. Es wurde ihnen jedoch sofort ernst damit, sobald sie merkten, dass es tatsächlich funktionierte. Und damit klappte es natürlich nicht mehr."

„Warum nicht?", fragte Juli verwundert.

„Weil das Thema Realitätsgestaltung dann plötzlich sehr viel Notwendigkeit bekommen hat! Stell dir mal vor, was das für Möglichkeiten eröffnen würde, wenn wir uns wirklich alles so gestalten könnten, wie wir wollten? Das wäre doch der Wahnsinn! Wir hätten auf einen Schlag keine Probleme mehr und wären nur noch glücklich."

„Das ist ein schöner Gedanke!"

„So schön, dass das Thema Matrix sofort eine riesige Bedeutung erhält, wenn man erst einmal ahnt, dass es wirklich funktionieren könnte.

Und dadurch ist es unvermeidlich, dass sofort die Notwendigkeit der positiven Realitätsgestaltung hochgefahren wird."

„Und natürlich auch die Notwendigkeit, eine negative Realitätsgestaltung zu vermeiden!", erkannte Juli betroffen.

„Genau! Und damit kann es dann keine Faxgeräte vom Universum mehr geben!", schlussfolgerte ich. „Die Wahrscheinlichkeit, dass einem einfach so ein Faxgerät ins Haus geschickt wird, liegt wie gesagt sicherlich weit unter einem Prozent. Die Notwendigkeit einer positiven Realitätsgestaltung dagegen liegt auf jeden Fall deutlich darüber, wenn man erst einmal erfahren hat, dass das System vermutlich wirklich so funktioniert. Da kann man machen, was man will!"

„Das heißt aber, dass es theoretisch durchaus möglich sein müsste, sich die unwahrscheinlichsten Dinge zu gestalten, wenn man nur dafür sorgen könnte, dass die Notwendigkeit noch kleiner ist als die Wahrscheinlichkeit", sagte Juli.

„Ich vermute, dass dies genau das ist, was Mary und Michael mit Ella besprechen wollen. Sie suchen einen Weg, die Notwendigkeit noch mehr zu reduzieren."

„Das heißt aber auch, dass ich jetzt ein Problem habe!", erkannte Juli betroffen. „Ich bin im Mangel mit meiner Figur. Ich bräuchte die hundertprozentige Sicherheit, habe aber nur eine ca. 95-prozentige Wahrscheinlichkeit. Mir fehlen ganze fünf Prozent! Und das sind sicher genau die fünf Prozent, die ich jedes Jahr zunehme, seit ich angefangen habe, mit meinem Gewicht zu kämpfen", wurde ihr plötzlich auf erschreckende Weise bewusst.

„Dann reduziere doch diese bescheuerte hundertprozentige Notwendigkeit!", sagte ich ihr direkt auf den Kopf zu. „Du musst das Ganze ja nicht gleich ins andere Extrem kehren. Reduziere die Notwendigkeit einfach nur um fünf Prozent. Dann ist die Wahrscheinlichkeit genauso hoch wie die Notwendigkeit, und du hast kein Problem mehr."

„Du hast Recht!", stimmte Juli mir nun zu. „Ich glaube, ich habe einfach nur ein wenig übertrieben mit meiner Motivationsmaßnahme.

Aber ich möchte mir ein etwas größeres Sicherheitspolster schaffen. Ich will die Notwendigkeit mindestens um zehn Prozent verringern. Damit fühle ich mich wohler. Nur, wie genau mache ich das? Ich habe mich seit Jahren in das Gefühl hineingesteigert, dass es notwendig ist, mein Gewicht zu halten. Das sitzt richtig tief!"

„Ich weiß, was zu tun ist", erklärte ich überzeugt. „Nämlich das, was man immer tun sollte, wenn man die Realität beeinflussen will. Als Erstes ziehst du mal richtig gepflegt hoch – und zwar so stark, wie es nur geht – Volldampf also!", sagte ich motivierend. „Und dann stelle ich dir ein paar Fragen, die deine Beurteilung der Notwendigkeit korrigieren werden. Wir gehen alle Grundmotive durch und beurteilen die Notwendigkeit für jedes einzelne gesondert. Also leg los – zieh hoch!"

Juli schloss die Augen, um sich zu konzentrieren. Es war total süß, mit anzusehen, wie sie sich hochzog. Sie schob ihren Kopf langsam höher und höher und ihr Rücken wurde immer gerader. Und dann fiel sie vor lauter Hochziehen fast rückwärts von der Palme, auf der wir saßen!

„Okay, das genügt wohl", erklärte ich lachend. „Und jetzt denk noch einmal an deine Figur! Wir gehen jetzt wie gesagt die sieben Grundmotive durch. Ist es für dein Überleben notwendig, dass du nicht weiter zunimmst? Wirst du sonst erschlagen? Oder erfrierst oder verhungerst du?"

„Ich verhungere garantiert, wenn ich noch weiter zunehme!", entgegnete sie lachend.

„Ist es notwendig, nicht weiter zuzunehmen, damit du über dein Handeln frei entscheiden kannst? Besteht die Gefahr, dass du deine Entscheidungsfreiheit verlierst?"

„Nein, diese Gefahr besteht nicht."

„Ist es notwendig, schlank zu bleiben, damit du dich mit deinen Ideen und Fähigkeiten bei anderen Menschen einbringen kannst?"

„Das ist ebenfalls nicht notwendig", bestätigte sie.

„Ist eine Topfigur denn notwendig, um Menschen zu finden, die du magst und die dich auch mögen?"

„In Bezug auf einen Partner vielleicht", meinte sie skeptisch.

„Da haben wir auch schon das Grundmotiv gefunden, von dem die Probleme herrühren", erkannte ich. „Dann zieh jetzt noch einmal richtig hoch und denk dann erneut darüber nach! Würden ein paar Pfund mehr verhindern können, dass du einen Partner findest? Besteht hier wirklich eine so große Gefahr, wie du sie bisher gesehen hast?"

„Ich will jetzt kein Spielverderber sein, aber ich empfinde leider immer noch so", gestand Juli.

„Was du fühlst, ist deine alte Beurteilung!", betonte ich. „Und genau dieses Gefühl wollen wir ja ändern. Deshalb höre jetzt bitte nicht auf dein altes Gefühl, wenn du meine Frage beantwortest, sondern betrachte deine aktuelle tatsächliche Sichtweise zu der Thematik. Wie ist es also in Wirklichkeit? Würde dich niemand mehr wollen, weil du ein paar Kilo zugenommen hast?"

„Eben waren es noch Pfunde!", beschwerte sie sich im Scherz. „Aber du hast Recht. Ich würde sicherlich auch in diesem Fall noch eine Partnerbeziehung eingehen können. Aber ich will trotzdem nicht zunehmen!", erklärte sie entschieden.

„Das sollst du auch nicht. Es geht jetzt nur darum, deine Notwendigkeit von der Hundertprozentmarke weg zu kriegen."

„Hundert Prozent notwendig ist es nicht!", sagte sie sofort.

„Das heißt, wir haben das Ziel schon erreicht?!", fragte ich verwundert.

„Es fühlt sich gut an", erklärte sie.

Mir kam eine Idee. „Ich weiß, wie wir das überprüfen können! Geh mal in einen neutralen emotionalen Zustand. Zieh also mal runter, bis du in einer neutralen Stimmung bist!"

Juli tat, worum ich sie gebeten hatte. „Und jetzt?", fragte sie dann.

„Und jetzt spüre mal in dich hinein, wenn du daran denkst, ob das mit deiner Figur ein Problem ist oder ob alles im grünen Bereich läuft. Zieht es dann hoch oder zieht es runter?"

„Es zieht hoch!", erkannte Juli erfreut.

„Es fühlt sich nicht mehr wie ein Problem an?"

„Sehe ich aus, als hätte ich ein Figurproblem?!", erwiderte sie gespielt arrogant und betonte mit ihren Händen ihre Kurven.

„Ganz und gar nicht!", bestätigte ich ihr.

„Das fühlt sich tatsächlich ziemlich gut an!", stellte sie noch einmal fest. „Und ich habe trotzdem noch die Motivation, meine schöne Figur zu erhalten. Die ist nämlich ganz was Besonderes, musst du wissen!", ergänzte sie grinsend.

„Das weiß ich!", antwortete ich ganz ehrlich.

„Wieso bist du heute so lieb zu mir? Habe ich vielleicht meinen eigenen Geburtstag vergessen oder so etwas?"

„Keine Sorge! Ich hatte einfach nur Mitleid mit dir wegen deinem Figurproblem", frotzelte ich, denn mir war klar, dass ich meine Liebe so langsam wirklich besser verbergen musste.

Wir alberten daher noch eine Weile herum. Danach widmeten wir uns noch einigen weiteren Themen, bei denen wir die Notwendigkeit reduzierten, um mit dieser Prozedur noch besser vertraut zu werden. Ich konnte dabei nicht umhin zu erkennen, dass auch ich die Notwendigkeit in der Vergangenheit sehr häufig als Motivationsmaßnahme genutzt und es damit meistens übertrieben hatte.

Zuneigung und Anerkennung

Auf dem Rückweg zum Camp sahen wir Beatrice und die Mädels noch immer am Strand sitzen. Wir wollten wissen, wie es nach der Delfin-show weitergegangen war, und steuerten deshalb auf sie zu.

Claudia stand überraschenderweise Weise sofort auf, als wir die vier erreicht hatten, und sprach mich an. „Hast du ein paar Minuten Zeit für mich?" Ich nickte verwundert. „Gehen wir ein paar Schritte!", schlug sie vor und setzte zu einem kleinen Strandspaziergang am Wasser entlang an.

Ich hatte keine Ahnung, was das sollte, vermutete jedoch, dass es etwas mit Beatrice zu tun haben musste. Was sollte es auch sonst sein?!

„Bist du wirklich sicher, dass da nur Freundschaft ist zwischen dir und Juli?!", fragte sie mich dann plötzlich skeptisch, als wir weit genug weg waren.

„Dass da wohl mehr ist, habe ich gestern Nacht auch festgestellt", erwiderte ich ehrlich. „Von meiner Seite jedenfalls", fügte ich hinzu.

Claudia blieb stehen und schaute mir direkt in die Augen. „Dann rede mit ihr! Ein Blinder mit Krückstock sieht, dass ihr beide füreinander geschaffen seid."

„Das werde ich lieber nicht tun!", widersprach ich. „Juli hat mehr als deutlich gemacht, dass sie mit mir nur befreundet sein will. Ich bin sicher, sie würde sich zurückziehen, wenn ich ihr gestehen würde, was ich für sie empfinde. Wir haben uns hoch und heilig versprochen, dass wir uns nicht ineinander verlieben werden."

„Wie kann man denn so etwas versprechen?!", fragte sie kopfschüt-telnd und ging weiter.

„Wir hatten unsere Gründe", antwortete ich ausweichend, da ich Claudia nichts von Jenny erzählen wollte. „Juli will auf keinen Fall einen Mann, der älter als fünfundzwanzig ist. Außerdem ist ihr das Aussehen überaus wichtig. Ich vermute, das ist in ihrem Alter ziemlich normal."

„Das Alter spielt überhaupt keine Rolle, wenn man füreinander bestimmt ist."

„Das musst du Juli sagen! Für mich spielt es mittlerweile keine Rolle mehr."

„Dann werde ich mal mit ihr reden!", erklärte sie entschlossen.

„Bloß nicht! Damit würdest du alles kaputt machen! Tu das bitte nicht. Versprich es mir!"

„Okay, okay, ich werde nichts sagen", versprach Claudia. „Aber hör auf mit der Scheiße, die du da gestern auf der Party mit mir abgezogen hast!", sagte sie für ihre Verhältnisse ungewöhnlich vulgär. „Das war echt peinlich!"

„Ich weiß ehrlich gesagt nicht, wovon du redest", erwiderte ich verwundert.

„Du hast beim Tanzen den großen Macker gespielt, um Juli zu beeindrucken. So etwas machen Teenies, aber keine Männer in deinem Alter."

„Ich habe doch nur ein bisschen Spaß gehabt", versuchte ich mich rauszureden.

Claudia blieb erneut stehen und schaute mir ernst in die Augen. „Erzähl keinen Scheiß! Du wolltest ihren Typen schlecht aussehen lassen. Das war alles. Sie sollte sehen, dass du der Größte, Tollste und Beste bist – der Weltmeister in allen Disziplinen. Der, den sie nehmen soll anstatt den anderen." Mit diesen Worten ging sie weiter.

„War das so offensichtlich?", fragte ich besorgt.

„Es war mehr als offensichtlich! Es war peinlich! Also lass das in Zukunft! Willst du wissen, wie du deine Chancen wirklich erhöhen kannst?"

„Natürlich will ich das wissen!"

„Hör auf damit, Eindruck auf sie machen zu wollen! Den besten

Eindruck machst du nämlich automatisch dann, wenn du dich so gibst, wie du wirklich bist. Wenn zwei Menschen füreinander geschaffen sind, und das seid ihr ganz offensichtlich, dann finden sie sich gegenseitig durch und durch toll. Und zwar genau so, wie sie sind, und kein bisschen anders. Wenn du dagegen anfängst, dich zu verstellen, kannst du es nur schlechter machen. Verhalte dich also so, wie du dich deinen besten Freunden gegenüber verhältst! Den Rest überlässt du einfach der Zeit."

„Du hast Recht! Danke, dass du so offen mit mir geredet hast", sagte ich abschließend und beschloss, so schnell wie möglich mit Michael über diese Sache zu sprechen. Es gab hier wohl eine weitere Notwendigkeit in Bezug auf das Thema Partnerbeziehung, und der wollte ich auf keinen Fall gestatten, mir weiterhin Probleme zu bereiten. Die peinliche Situation auf der Party gestern, die mir Claudia gerade um die Ohren geschlagen hatte, war schon mehr als genug gewesen.

Als wir von unserem kurzen Spaziergang zurückkamen, packten die Mädels gerade ihre Sachen zusammen. Sie wollten zurück zum Camp, um gemeinsam das Abendessen vorzubereiten. Juli hatte sich ihnen angeschlossen.

Auf dem Weg zum Bungalow ließen sie und ich uns etwas zurückfallen. „Was hatte denn Claudia so Dringendes mit dir zu bequatschen?", fragte sie neugierig.

„Weiberkram", antwortete ich ausweichend. „Sie wollte nur mal eine männliche Meinung dazu hören."

Juli ließ es glücklicherweise auf sich beruhen und hakte nicht weiter nach, denn die Tatsache, dass Beatrice in der Zwischenzeit über zwanzig Leuten vom Positiven Fühlen erzählt hatte, beschäftigte sie deutlich mehr.

„Ich geh noch mal schnell bei Michael vorbei und berichte ihm, was wir über die Notwendigkeit als Motivationsmaßnahme herausgefunden haben", erklärte ich kurz, als wir unseren Bungalow erreicht hatten, und lief los, bevor Juli auf die Idee kommen konnte, mich zu begleiten. „Bis gleich dann!"

Es hatte funktioniert. Sie blieb zurück und ging mit den Mädels in unseren Bungalow, um das Essen vorzubereiten.

Ich hoffte, dass Michael da sein würde und dass er mir mit meinem Drang, Juli beeindrucken zu müssen, schnell würde helfen können. Ich hatte Glück: Michael saß mit seinen Mitbewohnern auf der Terrasse. Als er mich sah, stand er auf und kam mir entgegen.

„Ist irgendetwas passiert?", fragte er, nachdem wir ein paar Schritte Abstand gewonnen hatten. Er hatte offenbar meinen dringlichen Gesichtsausdruck bemerkt.

„Beatrice hat einer Menge Leuten vom Positiven Fühlen erzählt", antwortete ich. „Aber das ist nicht das, worüber ich mit dir reden wollte. Ich habe ein ganz anderes Problem. Ich hänge in Bezug auf Juli an einer Notwendigkeit fest, bei der ich das Missverständnis einfach nicht finden kann. Du sagtest, ich solle in so einem Fall schnellstmöglich zu dir kommen."

„Es freut mich, dass du das beherzigst. Um welche Notwendigkeit geht es genau?", wollte er interessiert wissen.

„Ich versuche ständig, Juli zu beeindrucken. Das ist ein regelrechter Zwang, der so langsam echt peinlich wird!"

„Willst du sie nur mit deiner Persönlichkeit beeindrucken oder auch mit deinen Leistungen?", hakte Michael nach.

„Auf beide Arten", erklärte ich. „Ich versuche permanent, witzig und geistreich zu sein – einfach der Tollste der Tollen."

„Du greifst auf eine Maßnahme zurück, die du in der frühen Kindheit gelernt hast", erkannte Michael sofort.

„Auf eine frühkindliche Maßnahme?! Was meinst du damit?", fragte ich irritiert und zugleich ungeduldig, da ich nicht viel Zeit hatte, denn Juli sollte ja keinen Verdacht schöpfen.

„Du willst Juli für dich gewinnen und von ihr geliebt werden. Das ist das Grundmotiv, aus dem heraus deine Schwierigkeiten entstehen.

Um das zu erreichen, greift dein Unterbewusstsein auf eine Maßnahme zurück, die du in den ersten drei Lebensjahren gelernt hast. Dass diese Maßnahme in der Welt eines Erwachsenen Probleme hervorruft, ist klar."

„Was ist das für eine Maßnahme?"

„Es geht um Zuneigung und Anerkennung. Die meisten Menschen machen hier kaum einen Unterschied. Anerkennung erhältst du für Leistungen. Zuneigung hingegen wird dir entgegengebracht, wenn Menschen das Gefühl haben, dass du gut zu ihnen passt. Das hat mit deinen Leistungen gar nichts zu tun."

„Der Unterschied ist mir eigentlich klar", sagte ich verwundert.

„Und trotzdem handelst du nicht dementsprechend, sondern versuchst, Juli mit Leistung zu beeindrucken, was dir aber keine echte Zuneigung, sondern im besten Fall Anerkennung einbringen wird."

„Und wenn ich damit in dem gleichen übertriebenen Maß weitermache wie bisher, dann werde ich vermutlich letzten Endes sogar noch die Zuneigung zerstören, die sie für mich bereits empfindet. Wieso tue ich das, obwohl ich es doch eigentlich gar nicht tun möchte?"

„Du hältst es für notwendig, und diese Notwendigkeit hat ihren Ursprung in deinen ersten drei Lebensjahren", begann Michael zu erklären. „Wenn Eltern ihrem neugeborenen Kind ihre Zuneigung schenken, ist dies für das Kind über alle Maßen beglückend. Es fühlt sich geliebt und möchte dieses Gefühl immer wieder haben. Es kann gar nicht genug davon bekommen. Doch leider stellen Kinder, wenn sie älter werden, auch mal etwas an, was sie selbst oder andere in Gefahr bringt. Verantwortungsbewusste Eltern werden an dieser Stelle eingreifen und das Kind erziehen. Im ersten Lebensjahr stehen den Eltern dafür nur sehr wenige Maßnahmen zur Verfügung. Sie müssen dem Kind das Gefühl geben, dass gewisse Dinge richtig und andere falsch sind. Diese beiden Gefühle kennt ein Kleinkind zunächst aber nur in Bezug auf die Liebe. Wenn es geliebt wird, sagt ihm sein Instinkt, dass alles richtig ist, denn die starke Bindung zu seinen Eltern ist für ein kleines Kind überlebensnotwendig. Wenn dem Kind diese Liebe jedoch vorenthalten oder gar entzogen wird, erkennt sein Emotionalgehirn, dass dies völlig falsch – ja sogar gefährlich – ist.

Mit diesen beiden Gefühlen ist es den Eltern also möglich, ihrem Kind begreiflich zu machen, was richtig und was falsch ist. Richtig fühlt sich toll an und falsch ganz schrecklich.

Eltern bringen ihren Kindern also eine scheinbare Steigerung ihrer Liebe entgegen, wenn diese etwas Gutes getan haben. Sie wollen ihnen dadurch beibringen, dass dies richtig war und damit wiederholt werden sollte. Und jedes Mal, wenn das Kind erneut so handelt, bekommt es scheinbar wieder eine größere Portion Zuneigung.

Es liegt auf der Hand, dass ein Kind in diesem zarten Alter noch nicht zwischen Zuneigung und Anerkennung sowie zwischen Ablehnung und Tadel unterscheiden kann. Es erlebt ja ständig, dass es mehr Zuneigung bekommt, weil es in den Augen seiner Eltern Leistung erbracht hat. Und es erlebt, dass ihm Liebe entzogen wird, sobald es etwas Schlechtes tut oder irgendetwas nicht auf die Reihe bekommt. Werden diese falschen Lernerfahrungen im weiteren Verlauf der Kindheit nicht richtiggestellt, dann wird dieses Kind sein gesamtes Leben auf seinen falschen Schlussfolgerungen aufbauen. Es wird fortan versuchen, überall der Beste zu sein und hervorragende Leistungen zu erbringen, um geliebt oder wenigstens gemocht zu werden."

„Und genau das ist bei mir passiert!", stellte ich mit Bestürzung fest.

„So wie bei Milliarden anderer Menschen auch!", betonte Michael. „Du bist nicht der Einzige, bei dem dieser Lernfehler nicht korrigiert wurde. Unsere gesamte Leistungsgesellschaft baut auf diesem Missverständnis auf. Daher merkt auch niemand, dass es nicht funktioniert. Wenn du etwas Großes vollbracht hast, wird dir von allen Seiten scheinbare Zuneigung entgegengebracht. Denk nur einmal an die vielen Stars, die aufgrund ihrer Musik oder ihrer Filme von den Massen bejubelt werden. Eigentlich sollten sie keine Zuneigung, sondern Anerkennung für ihre Leistungen bekommen."

„Aber aus Anerkennung werfen die Mädels bestimmt nicht ihre Höschen auf die Bühne!", antwortete ich und musste dabei an die vielen Frauen denken, die mir laufend eindeutige Angebote machten, seit ich berühmt geworden war.

„Das ist aber keine echte Zuneigung", erklärte Michael. „Und genau da liegt das Problem vieler Menschen. Tief drin spüren sie, dass sie durch ihre Leistungen nur eine gespielte Zuneigung von den anderen bekommen. Also versuchen sie, noch mehr Leistung zu bringen und noch toller zu sein, damit man sie dann endlich wirklich mag. Doch so sehr sie sich auch anstrengen, echte Liebe können sie auf diesem Weg nie bekommen."

„Und wie wird man dieses Missverständnis wieder los? Ich muss zugeben, dass das Bedürfnis, der Tollste von allen sein zu wollen, extrem stark in mir verankert ist. Ich bin sicher, wenn ich jetzt zu Juli zurückgehe, werde ich genauso weitermachen wie bisher, obwohl ich das jetzt alles weiß."

„Das ist der Unterschied zwischen Wissen und Weisheit. Im Moment ist dein neues Wissen nur im Verstand verankert. Wir müssen es jetzt also noch in dein Gefühl hineinbringen."

„Und wie geht das?", wollte ich ungeduldig wissen, denn mir lief die Zeit davon.

„Du solltest die unterschiedlichen Konsequenzen beider möglicher Einstellungen emotional erleben", antwortete Michael. „Dein Unterbewusstsein interessiert sich nicht sonderlich für dein Verstandeswissen. Es interessiert sich für Erfahrungswerte. Also geben wir sie ihm."

„Was muss ich also jetzt tun?", fragte ich erneut, um die Sache zu beschleunigen.

„Wie du bereits festgestellt hast, zieht deine Notwendigkeit, der Allertollste sein zu müssen, ganz schön runter. Und zwar immer dann, wenn die Wahrscheinlichkeit, das auch zu schaffen, kleiner ist als die Notwendigkeit. Du kennst dieses Prinzip ja schon. Trotzdem kann es

265

sein, dass du unbewusst an deiner Notwendigkeit festhalten willst. Zieh deshalb jetzt bitte mal runter, damit wir die emotionalen Konsequenzen deiner Notwendigkeit simulieren können."

Ich tat, worum mich Michael gebeten hatte, und zog deutlich runter in die dunkle Enge.

„Wie ist deine emotionale Wirkung auf Juli hier unten?"

„Eher peinlich! Sie muss mich doch für einen echten Deppen halten!", erkannte ich kopfschüttelnd.

„Und wie ist deine geistige Leistungsfähigkeit, die du ja eigentlich bräuchtest, um der Allertollste zu sein?"

„Ebenfalls schlecht!"

„Wie sieht deine Realitätsgestaltung nun aus, wenn die Notwendigkeit größer ist als die Wahrscheinlichkeit?"

„Ich gestalte mir Probleme!"

„Wie sind also deine Chancen, dass du auf diese Weise echte Zuneigung von Juli bekommst?"

„Ich mache es ihr verdammt schwer!", merkte ich.

„Okay, dann zieh jetzt bitte mal wieder anständig hoch!", bat Michael. „Spüre die Lebensenergie in deinem Körper, wie sie sich in deinem Inneren sammelt und sanft aber kraftvoll nach oben strebt. Dein Körper wird dabei ganz leicht. Du spürst, wie alles ganz weit und weich wird, und steigst auf in das helle Licht über dir."

Er gab mir einen Moment Zeit, um in das gute Gefühl richtig hineinzukommen. Als ich glücklich lächelte, sprach er weiter.

„Hier oben landest du automatisch, sobald du die Einstellung annimmst, dass du für die Liebe nichts tun musst. Du musst weder Leistung bringen noch zeigen, dass du der Tollste der Tollen bist. Liebe kann man nicht erzwingen. Sie entsteht, weil das Emotionalgehirn erkennt, dass es zwischen zwei Menschen einfach passt. Ob diese zwei Menschen von den anderen als toll beurteilt werden oder nicht, spielt überhaupt keine Rolle. Die beiden, die zusammenpassen, finden sich gegenseitig automatisch toll. Ihr Emotionalgehirn sorgt dafür.

Alles, was du darüber hinaus tust, um toll zu sein und Leistung zu bringen, sorgt nur dafür, dass es der andere schwer hat zu erkennen, wie du in Wirklichkeit bist. Wenn du es übertreibst mit dem Tollseinwollen, wirst du dich möglicherweise sogar so sehr verstellen, dass der andere das Gefühl bekommt, du passt in Wirklichkeit doch nicht so gut zu ihm."

„Es fällt mir sehr schwer, oben zu bleiben, wenn du das so ausführlich erörterst", sagte ich schnell, bevor es mich komplett runterziehen konnte. „Ich befürchte nämlich, dass ich genau das bei Juli schon erreicht haben könnte."

„So schnell geht das nun auch wieder nicht", beruhigte mich Michael. „Ihr habt bereits so viel Zeit miteinander verbracht ohne deinen Drang, für Juli der Weltmeister aller Disziplinen sein zu müssen, dass sie sicherlich erkannt hat, wie gut ihr zusammenpasst. Das kann sie gar nicht nicht gemerkt haben. Sonst wärt ihr ja garantiert nicht in dieser kurzen Zeit beste Freunde geworden. Also mach dir keine Sorgen! Du hast sie mit deinem Drang vielleicht ein wenig verunsichert, aber sobald du damit aufhörst, kommt alles wieder in Ordnung. Da bin ich ganz sicher."

„Okay, ich will sofort damit aufhören. Was muss ich also tun?"

„Zieh noch einmal richtig fett hoch!", bat Michael motivierend. „Denk dabei daran, dass es offenbar sehr gut zwischen euch passt, denn ihr seid bereits beste Freunde geworden. Eure freundschaftliche Beziehung löst in eurem Emotionalgehirn echte Zuneigung und nicht nur Anerkennung aus. Bei Juli ebenso wie bei dir. Wie steht es also um deine Erfolgschancen, wenn du diese Einstellung annimmst?"

„Deutlich besser!", erkannte ich sofort.

„Gehen wir das noch einmal detailliert durch. Ist deine emotionale Wirkung auf Juli nun besser oder schlechter als unten, wo du es mit dem Tollseinwollen versucht hast?"

„Sehr viel besser!"

„Ist deine geistige Leistungsfähigkeit, die ja doch das eine oder andere Mal von Nutzen sein könnte, besser oder schlechter als unten?"

„Besser."

„Und wie sieht es mit deiner Realitätsgestaltung aus? Ist die Wahrscheinlichkeit, dass alles gut laufen wird, größer oder kleiner als die Notwendigkeit, dass es mit euch etwas werden muss?"

„Ich muss mit Juli keine Partnerbeziehung haben", antwortete ich überzeugt. „Diese Notwendigkeit zu eliminieren hat beim letzten Mal schon super geklappt."

„Wie sieht es also dadurch mit der Realitätsgestaltung aus?", hakte Michael noch einmal nach.

„Gut!"

„Dann zieh bitte noch einmal runter! Dein Unterbewusstsein braucht Wiederholung, wie du weißt."

Ich tat, worum er mich gebeten hatte, und ging mit ihm die beiden Einstellungen noch dreimal hintereinander durch. Beim letzten Mal kam ich gar nicht mehr runter. Ich spürte, dass sich mein Unterbewusstsein entschieden hatte. Die Einstellung, mich anstrengen zu müssen, um Juli zu beeindrucken, war ganz offensichtlich ein Missverständnis, das nur Probleme brachte. Stattdessen zog mich die Einstellung, dass das, was zusammengehört, auch mit großer Wahrscheinlichkeit zusammenkommt, kräftig hoch.

Ich fühlte mich wie ein neuer Mensch, als ich zu unserem Bungalow zurückging. Wieder einmal war ich Michael überaus dankbar.

Wie funktioniert die Matrix?

Als ich unseren Bungalow betrat, saßen die Mädels gerade am Tisch und schälten Kartoffeln.

„Autsch! Verdammt!", rief Beatrice plötzlich laut aus, denn sie hatte sich heftig geschnitten. Das Blut rann nur so von ihrem Finger. „Hat jemand ein Taschentuch oder so etwas?!", bat sie unter Schmerzen.

„Hier, leg das drauf!", antwortete Andrea hektisch und gab ihr ein paar Kosmetiktücher, die sie hastig aus der Packung auf dem Esszimmerschrank zupfte. „Fest draufpressen, dann hört es gleich auf zu bluten!"

„Es wird schon besser", sagte Beatrice nach ein paar Sekunden. „Es tut kaum noch weh." Daraufhin nahm sie die Tücher weg und betrachtete ihre Wunde. Doch da war keine! Ihr Finger war völlig unversehrt. Ich hielt das Ganze für einen gelungenen Zaubertrick und fing an zu lachen, weil sie uns alle drangekriegt hatte. Doch Beatrice lachte nicht mit! Sie schaute stattdessen fassungslos ihren Finger an.

„Du hast dich doch nicht wirklich verletzt?!", fragte ich verstört.

„Siehst du das Blut nicht?!", fragte Andrea mich empört und gleichzeitig von der Situation völlig überfordert.

„Ich habe mich voll in den Finger geschnitten!", antwortete Beatrice geistig abwesend, legte die blutigen Tücher zur Seite und suchte weiter nach der Wunde.

„Das gibt es doch nicht!", sagte Stefanie fassungslos. „So langsam fängst du an, mir Angst zu machen."

Ich spürte, dass dies keine Floskel war. Den Mädels wurde tatsächlich mulmig. Ich verstand in diesem Moment, warum Mary und Michael sich so viele Sorgen angesichts der Entwicklungen machten. Das hier würde noch vielen Leuten Angst machen!

Ich war drauf und dran, den Mädels die ganze Geschichte zu erzählen. Doch wenn Mary und Michael Recht hatten, dann war es

269

besser, Beatrice nicht aufzuklären, damit sie weiter im Positiven Fühlen blieb. Andererseits sah sie jetzt nicht gerade nach Positivem Fühlen aus. Sie hatte sich wohl selbst Angst eingejagt. Ich musste etwas unternehmen.

„Das ist ja geil!", rief ich daher begeistert, um dem Ganzen eine positive Beurteilung zu geben. Ich wusste, dass ich jetzt schnell einen Grund für meine Beurteilung nachschieben musste, damit die Mädels und vor allem Beatrice sich dieser Beurteilung anschließen konnten. „Das habe ich schon einmal gesehen", berichtete ich dann, ohne eine Ahnung zu haben, wie ich fortfahren sollte. Die Mädels schauten mich alle neugierig an. „Im Fernsehen gab es mal einen Bericht über einen Aborigines, der das vor laufender Kamera vorgeführt hat. Er erklärte, dass es kein Wunder sei, sondern nur etwas, was wir in unserer westlichen Kultur nicht verstehen könnten. In seinem Stamm wäre es dagegen völlig normal." Was ich da erzählte, war Quatsch mit Soße, doch irgendwie schienen die Mädels mir meine Story abzukaufen. Ich war sehr erleichtert. „Du hast es wohl zufällig geschafft, das auch hinzukriegen", fügte ich erfreut hinzu.

„Aber ich habe keine Ahnung, wie ich das gemacht habe!", sagte Beatrice verwirrt.

„Hauptsache, du kannst es!", erwiderte ich in einem Tonfall, der deutlich machen sollte, dass diese Spotanheilung nichts Dramatisches war. „Am besten, du denkst gar nicht weiter darüber nach, dann kannst du auch nichts kaputtmachen. Vielleicht bleibt das ja jetzt so, wenn du es einfach so lässt."

„Aber... Was soll ich so lassen?"

„Deine Einstellung!", antwortete ich überzeugt. „Deine geistige Einstellung hat den Finger geheilt. So sagen es die Aborigines. Und nachdem du deine momentane Einstellung ja offenbar nicht bewusst kennst, lass wie gesagt einfach alles, wie es jetzt ist. Besser nicht mehr darüber nachdenken. Wäre doch geil, wenn das so bleiben würde!"

„Vielleicht hast du Recht", überlegte Beatrice nachdenklich.

„Ich würde das auch so machen!", pflichtete Juli mir jetzt bei. „Wenn du Glück hast, bleibt es so. Und wenn nicht, hast du in ein paar Jahren auf jeden Fall etwas, was du deinen Enkeln erzählen kannst."

Juli und ich sorgten noch einige Male dafür, dass die Mädels die Sache etwas lockerer nahmen. Nach einer Weile redeten sie dann tatsächlich nicht mehr darüber, damit alles in Beatrices Einstellung so bleiben würde, wie es jetzt war. Wir hatten unser Ziel also tatsächlich erreicht. Mir wurde bewusst, dass wir ein echt gutes Team waren – Juli und ich.

„Gehst du noch ein paar Schritte mit mir?", fragte mich Juli nach dem Abendessen in einem Tonfall, der mir klar machen sollte, dass sie etwas mit mir besprechen wollte, was die Mädels nicht hören sollten.

„Gerne!", antwortete ich also und begleitete sie in Richtung Pool, während mir Claudia noch einmal süffisant zuzwinkerte. Offenbar hatte sie die Situation etwas anders verstanden.

„Gehen wir noch mal kurz zum Strand?!", schlug Juli vor. „Dort haben wir unsere Ruhe."

Ich bestätigte ihren Vorschlag mit einem Nicken, und wir machten uns auf den Weg. Es war bereits dunkel, dennoch saßen am Strand immer noch eine Menge Leute und genossen die märchenhafte Abendstimmung. Wir mussten ein Stück laufen, um wirklich ungestört zu sein.

„So langsam macht mir das mit der Matrix Angst", begann Juli, als wir uns in den Sand setzten.

„Das macht mir schon lange Angst!", erwiderte ich ehrlich.

„Das macht meine nicht wirklich besser!", beschwerte sich Juli lachend. „Was heute mit Beatrice passiert ist, war einfach zu krass. Und damit meine ich nicht nur die Delfine und die Spontanheilung. Ich meine damit vielmehr meine eigene Realitätsgestaltung! In all diesen Ereignissen hat sich meine Angst eins zu eins widergespiegelt. Wir werden den Leuten Angst machen, hat Michael gesagt, und wie es aussieht, hat er damit Recht gehabt. Wären wir heute Abend nicht dabei gewesen, hätten die Mädels vielleicht wirklich Angst vor Beatrice bekommen. Und sie hätten diese Angst an viele andere Menschen weitergegeben. Es war haarscharf!

Wenn das alles mit der Matrix so stimmt, wie Mary und Michael es erklärt haben, dann habe ich dieses Ereignis heute Abend mitgestaltet. Und du ebenfalls!"

„Schon möglich, aber es ist ja alles noch einmal gut gegangen", versuchte ich, sie zu beruhigen. „Und außerdem war es ja nur eine Widerspiegelung von Angst."

„Was meinst du damit?", hakte sie nach.

„Mary und Michael haben davon gesprochen, dass alle Einstellungen ganz exakt in der Matrix widergespiegelt werden. Das heißt, dass unsere Ängste keine Katastrophen hervorrufen, sondern lediglich Ereignisse, die uns erneut Angst machen. Wir ernten mit anderen Worten genau das, was wir säen. Wenn wir Weizenkörner ausstreuen, wächst ja auch nicht plötzlich Mais auf dem Feld."

„Das würde aber auch bedeuten, dass unsere Wünsche keine Erfüllung gestalten, sondern nur Ereignisse nach sich ziehen, die uns erneut wünschen lassen!", wandte Juli skeptisch ein.

„Ich denke, dass genau das passiert", bestätigte ich überzeugt.

„Und warum hat dann die Sache mit den Parkplätzen und dem Faxgerät von Mary funktioniert?", hielt Juli dagegen.

„Weil das keine Wünsche waren, sondern Bestellungen, wie die beiden das ja auch genannt haben. Wenn du in einem Restaurant eine Pizza bestellst, gehst du davon aus, dass dir eine gebracht wird. Das ist kein frommer Wunsch. Es ist eine Erwartung."

„Du meinst, es hat geklappt, weil sie davon ausgegangen sind, dass es klappt?"

„Für den Moment ihrer Bestellung haben sie jedenfalls so getan, als würde ihnen ihre Bestellung ganz selbstverständlich geliefert. Das ist wohl der Trick an der ganzen Sache. Du musst so tun, als ob. Und genau wie du dann im Restaurant auf deine Pizza warten musst, so hat auch deine Bestellung eine kleine Lieferfrist. Du kriegst also nicht augenblicklich, was du bestellt hast. In der Zwischenzeit hast du Gelegenheit, wieder realistischer über deine Bestellung zu denken und alles wieder kaputt zu machen. Dieses So-tun-als-ob ist über einen längeren Zeitraum nicht gerade leicht aufrechtzuerhalten. Daher funktioniert auch nicht jede Bestellung. Und wenn du etwas Wichtiges bestellst, bei dem die Notwendigkeit größer ist als die Wahrscheinlichkeit, dann bekommst du sogar ein Problem geliefert, wie wir ja schon einmal besprochen haben."

„Du meinst, jeder Gedanke wird wirklich ganz exakt so widergespiegelt, wie er auch gedacht wurde?! Das würde Sinn machen!", sagte sie nachdenklich.

„Wir bestimmten damit das Was und die Matrix das Wie. Wenn ich mir etwas wünsche, lässt mich die Matrix Ereignisse erleben, die den Wunsch erneut in mir aktivieren. Wenn ich etwas ablehne, gestaltet mir die Matrix Ereignisse, die die Ablehnung wieder hervorrufen. Wenn ich vor etwas Angst habe, schafft die Matrix Ereignisse, die mir erneut Angst machen. Wenn ich mich über etwas freue, kommen Ereignisse, die mir erneut Freude bereiten."

„Und wenn ich für etwas dankbar bin, dann rufe ich damit Ereignisse ins Leben, die mich erneut dankbar sein lassen", fügte Juli hinzu, um zu zeigen, dass sie verstanden hatte. „Das bedeutet, der Tunesier hatte tatsächlich Recht! Sei dankbar für das, was du hast, und du bekommst immer mehr dazu. Er hat mit seiner Denkweise die Realität gestaltet!"

„Ich denke, genau so funktioniert es."

„Aber wie sollen wir mit Dankbarkeit die Ereignisse, die mit dem Evolutionssprung auf uns zukommen werden, in die richtigen Bahnen lenken?", fragte sie ratlos. „Meine Angst wird dominieren, das weiß ich jetzt schon. Was können wir also tun?"

„Mary und Michael werden bestimmt eine Lösung finden", sagte ich überzeugend, um sie zu beruhigen. „Ich denke, die beiden haben mithilfe ihrer Ella dazu sehr viel bessere Möglichkeiten als wir. Wir sollten jetzt einfach versuchen, das zu tun, was sie uns geraten haben: So oft wie möglich ins Positive Fühlen reingehen und uns so wenig wie möglich runterziehen lassen. Dasselbe gilt auch für unsere Angst.

Ich habe jetzt 37 Jahre lang mit meinen Ängsten und meinen negativen Gedanken überlebt, und noch vor einer Woche waren diese sehr viel negativer als jetzt. So dramatisch kann das alles in Wirklichkeit also gar nicht sein. Überleg doch mal, wie viele Menschen den ganzen Tag lang mit negativen Vorstellungen und Einstellungen herumlaufen. Wenn diese Gedanken sich alle immer sofort realisieren würden, müssten sie alle schon längst tot sein."

Plötzlich fielen mir Michaels Erklärungen über die Matrix und das Emotionalgehirn wieder ein. Ich sprach Juli sofort darauf an. „Dem Emotionalgehirn sind doch feste Vorstellungen und Einstellungen zur materiellen Realität einprogrammiert, wie Michael uns erklärt hat. Diese Vorstellungen und Einstellungen können von unserem Großhirn nicht beeinflusst werden. Und das ist vermutlich auch gut so!", betonte ich. „Offenbar hält das Emotionalgehirn für uns alle eine Realität aufrecht, die wir zum Überleben brauchten. Was wir mit unserem Großhirn tun, hält sich in den Grenzen der Realität auf, die vom Emotionalgehirn geschaffen wird. Wäre es anders, würde die Menschheit mit all ihren negativen Gedanken sicherlich schon längst nicht mehr existieren.

Die Matrix wimmelt nur so von Ängsten. So schlimm kann das alles also wirklich nicht sein. Das Wissen über die Matrix bringt weder unser Leben noch unser Glück in Gefahr. Im Gegenteil! Wenn das alles wahr ist, dann eröffnet uns dieses Wissen unglaubliche Chancen. Und mit Marys und Michaels Hilfe werden wir diese auch zu nutzen wissen!"

Liebe, was dich umgibt!

„Okay, dann lass uns wieder versuchen, mehr ins Positive Fühlen rein-zukommen", sagte Juli motiviert. „Ich habe ein kleines Problemchen, das mich die ganze Zeit ein wenig runterzieht. Vielleicht kannst du mir dabei helfen?"

„Was ist denn dein Problem?", fragte ich verwundert nach.

„Du musst mir aber versprechen, nicht zu lachen!", erklärte sie ernst.

„Wieso sollte ich denn über dein Problem lachen?", fragte ich ver-ständnislos.

„Weil es ein bisschen peinlich ist!", erklärte sie und gab mir dabei einen unreifen Schubs.

Ich musste lachen, was sie natürlich sofort wieder aufgriff. „Siehst du, du lachst ja jetzt schon!", warf sie mir in nicht ganz ernst ge-meintem Ton vor.

„Ich werde nicht lachen! Ich verspreche es dir."

„Also gut", begann sie und holte tief Luft. „Aber du darfst wirklich nicht lachen", meinte sie dann noch einmal.

Ich antwortete nicht mehr darauf, sondern schaute sie einfach nur weiterhin erwartungsvoll an.

„Also...", fing sie noch einmal an. „Ich habe Heimweh! Oder so etwas Ähnliches. Mir fehlen einfach meine Freundinnen. Wir kuscheln zu Hause immer viel. Das fehlt mir hier einfach, und dieses Mangelgefühl zieht mich ständig wieder aus dem Positiven Fühlen raus. Sylvie, die einzige Frau aus meinem Bungalow, ist komplett kuschelunwillig. Und mit den Männern will ich nicht kuscheln. Die kommen nur auf dumme Gedanken. Daher habe ich unseren Poolabend nach dem Feuerlauf wirklich richtig genossen."

„Ich fand es auch sehr schön", antwortete ich ehrlich und bemühte mich, das einfach nur freundschaftlich-nett zu sagen. „Von mir aus

275

können wir uns gerne wieder an den Pool legen. Nur macht es nicht wirklich Sinn, dass wir dabei wieder die Füße reinhängen", scherzte ich.

„Lass uns noch mal die Freie Republik Hängemattien erobern", schlug sie stattdessen vor. „Die ist wirklich sehr gemütlich. Genau das Richtige für diese laue Sommernacht."

Es war unglaublich! Das konnte doch kein Zufall sein! Gerade hatte ich mit Michael meine Notwendigkeit eliminiert, für Juli der Tollste sein zu wollen, und dafür gesorgt, dass sich zwischen uns einfach alles genauso weiterentwickeln konnte, wie es am Anfang gewesen war, und schon wollte sie mit mir kuscheln!

War das bereits die Widerspiegelung meiner neuen Einstellung? Der Einstellung, dass mit großer Wahrscheinlichkeit zusammenkommt, was zusammengehört? Gehörten wir vielleicht wirklich zusammen? Ich wagte kaum, diesen Gedanke zu Ende zu denken.

Andererseits hatte Juli sehr deutlich gemacht, dass sie mit mir nur kuscheln wollte, weil sie sich sicher sein konnte, dass ich nicht mehr von ihr wollte. Aber möglicherweise war sie sich über ihre wahren Gefühle noch gar nicht hundertprozentig im Klaren. Vielleicht empfand sie doch mehr für mich, als sie dachte. Es war auf jeden Fall nicht auszuschließen.

Ich war sehr aufgeregt, als wir ein paar Minuten später tatsächlich zur Hängematte zurückgingen, aber ich versuchte, mir meine Aufregung nicht anmerken zu lassen.

Zunächst lagen wir nebeneinander in der Hängematte und schauten sanft schaukelnd in die Sterne. Es war genauso romantisch wie in der Nacht nach dem Feuerlauf. Die Grillen zirpten, die Palmen wiegten sich im lauen Wind, und in der Ferne konnte man das Rauschen des Meeres hören.

Wir redeten nicht, sondern lagen nur nebeneinander. Ich spürte, dass Juli irgendwie mit sich kämpfte. Möglicherweise überlegte sie, ob sie es vielleicht doch besser lassen sollte, mit mir zu kuscheln. Ich verhielt mich sehr zurückhaltend und wartete einfach. Aber insgeheim hoffte ich sehr, dass sie sich irgendwann zu mir in den Arm legen würde wie neulich Nacht.

„Ist es okay, wenn ich mich zu dir lege?", fragte sie nach einer Weile schließlich unsicher.

„Ja, natürlich", antwortete ich bemüht gelassen. „Deshalb liegen wir ja hier."

Juli drehte sich zu meiner Seite, und ich hob den Arm, damit sie ihren Kopf auf meine Brust legen konnte, genau wie am Pool. Dieses Mal kam sie jedoch näher – sehr viel näher! Sie legte ein Bein zwischen meine und ihren Arm eng um mich herum. Ihr Gesicht lag direkt an meinem Hals. Mein Herz fing augenblicklich an zu rasen. So nah hatte ich sie noch nie gespürt. Ich roch den Duft ihrer Haare und ihrer sonnengebräunten Haut und spürte dabei ihren Atem an meinem Hals. Das machte mich ganz benommen.

Ich kämpfte gegen diese Erregung an, denn ich hatte einerseits Angst, dass sie es bemerken würde, und andererseits fand ich es auch nicht richtig, von ihrer Nähe derart betört zu sein. Sie vertraute darauf, dass ich meine sexuellen Gefühle im Griff hatte. Dieses Vertrauen wollte ich auf keinen Fall enttäuschen. Doch es war schwer – unglaublich schwer!

Ich erschauerte erneut, während ich ihren Atem an meinem Hals spürte, und versuchte, bewusst ruhig zu atmen. Meinen Puls konnte ich leider nicht kontrollieren. Mein Herz schlug unbarmherzig bis in den letzten Winkel meiner Seele.

„Du hast aber einen starken Puls", sagte sie plötzlich verwundert.

„Der ist manchmal so", schwindelte ich beherrscht gelassen. „Das kommt vermutlich vom späten Essen. Es beruhigt sich dann schon wieder."

Danach kämpfte ich erneut gegen meine Gefühle. Ich durfte diese Erregung einfach nicht zulassen, beschwor ich mich. Juli verließ sich darauf, dass ich nur freundschaftlich kuscheln wollte, und mehr zu wollen stand mir nicht zu.

So lag ich mit ihr bewegungslos zusammen in der Hängematte und konzentrierte mich darauf, nicht die falschen Gefühle zu spüren. Es war schrecklich, aber gleichzeitig auch irgendwie schön.

Ich traute mich lange nicht, mich zu bewegen, denn ich wollte nicht, dass Juli ihre Position änderte. Ihr Kopf drückte zwar schon längst auf meine Schulter, die dadurch immer mehr schmerzte, aber das war mir egal. Ich blieb trotzdem ruhig liegen. Irgendwann ging es aber nicht mehr anders – ich musste mich bewegen, was Juli dann auch zum Anlass nahm, sich von mir wegzudrehen. Ich fand das natürlich sehr schade.

„Legst du dich hinter mich?", fragte sie plötzlich leise, weil ich auf dem Rücken liegen geblieben war.

Ich wusste nicht, was ich tun sollte. Würde ich mich tatsächlich so hinter sie legen, wie sie das vorgeschlagen hatte, dann würde ich meine sexuellen Gefühle wohl nicht länger unterdrücken können. Ich überlegte kurz, ob ich die Hängematte vielleicht doch besser unter irgendeinem Vorwand verlassen sollte, hatte jedoch Angst, dass ich das in meinem momentanen emotionalen Zustand nicht vernünftig erklären könnte. Überfordert von der Situation, tat ich einfach, was sie vorgeschlagen hatte, denn ich musste jetzt langsam auf ihre Aufforderung reagieren.

Ich legte mich also mit etwas Abstand hinter sie, wusste dabei aber im ersten Moment nicht, wo ich meinen Arm hintun sollte. Schließlich entschied ich mich, meine Hand auf ihrer Hüfte zu platzieren. Das kam vermutlich am ehesten einer freundschaftlichen Weise des miteinander Kuschelns nahe.

Juli nahm jedoch sofort meine Hand von ihrer Hüfte und legte meinen Arm um ihren Körper. Sie hielt meine Hand vor ihrer Brust. Fast hätte sie sich damit dort berührt. Es konnten nur wenige Millimeter sein, die ich von ihrer Brust entfernt war – eine Tatsache, die mein Herz augenblicklich wieder heftig schlagen ließ. Ich kämpfte mit aller Beherrschung gegen die Gefühle, die sofort wieder in mir aufkeimen wollten.

Juli schlief nach einer Weile sanft ein. Als ich mein Bein irgendwann wieder bewegen musste, wurde sie kurz wach und rückte näher an mich heran. Das Problem war, dass sie ihren straffen Po ganz fest an mich gedrückt hatte. Mir liefen gleichzeitig heiße und kalte Schauer über die Haut. Das war jedoch noch nicht das Schlimmste. Ich konnte nur hoffen, dass sie tatsächlich schlief, denn bei den dünnen Baumwollhosen, die wir trugen, hätte ich ihr das, was sich in meiner Hose abspielte, sicherlich nicht als freundschaftliche Erregung verkaufen können. Ich versuchte schnell, mich abzulenken. Ich dachte an Bratkartoffeln, an Musik, an meine Villa zu Hause, und machte mir dabei vor, als seien das alles bedeutende Überlegungen. Schließlich beruhigte sich meine Erregung glücklicherweise wieder. Ich musste nicht mehr kämpfen und konnte anfangen, ihre Nähe wirklich zu genießen.

So lag ich bestimmt ein paar Stunden lang hinter ihr. Meine Schulter und mein Nacken schmerzten so stark, dass ich es kaum noch aushalten konnte. Doch das schöne Gefühl, ihr so nahe zu sein und mit ihr im Gleichtakt zu atmen, war mir tausendmal wichtiger als jeder Schmerz. Ich konnte mich einfach nicht von ihr wegdrehen. Egal, wie stark meine Schmerzen noch werden würden.

Schließlich drehte sich Juli im Schlaf auf den Rücken. Meine Hand lag daraufhin unweigerlich auf ihrer Brust, die sich so unverschämt gut anfühlte, dass ich es nicht mit Worten beschreiben kann. Es war nur ein kurzer Moment gewesen, bevor ich meine Hand wegnehmen konnte, doch dieser kurze Moment hatte genügt, mir erneut komplett die emotionalen Lichter auszuknipsen.

Da ich meine Hand überstürzt und damit eher unsanft von ihrer Brust genommen und mich ebenfalls auf den Rücken gelegt hatte, wurde Juli kurz wach. Sie legte sich daraufhin erneut zur mir auf die Seite und ihren Kopf auf meine Brust. Ihren Arm hatte sie jetzt knapp neben meinen Genitalien platziert, was mich erneut intensiv an Bratkartoffeln denken ließ!

Nach einer Weile konnte ich ihren Arm endlich ignorieren, und es war wieder unsagbar schön, mit Juli hier die Nacht zu verbringen. Mein Positives Fühlen wurde dabei unglaublich stark. Ich war sicher, dass die Gefühle von Beatrice auch nicht stärker sein konnten. Also beschloss ich, den Versuch zu wagen, die Intensität meiner Empfindungen noch weiter zu steigern. Möglicherweise würde das bei mir ja auch irgendwelche ungewöhnlichen Fähigkeiten aktivieren.

Ich konzentrierte mich zunächst auf das Gefühl der Weite, das ich bereits vom Steißbein bis zur Schädeldecke spürte, und fragte mich, wie es sich wohl anfühlen würde, wenn alles noch weiter würde. Augenblicklich bekam ich das Gefühl, mich in unglaubliche Weiten auszudehnen. Danach fragte ich mich, wie es sich anfühlen würde, wenn die Lebensenergie in meinem Inneren noch stärker hochziehen würde. Mein Körper bebte danach förmlich vor Energie. Mir war, als würde ich von den Füßen bis zum Kopf von Starkstrom durchflossen. Die Energie sprühte förmlich aus meiner Schädeldecke.

„Wie würde es sich wohl anfühlen, wenn jetzt zusätzlich auch noch der Zug nach vorne in meiner Herzgegend stärker würde, der für die Zuneigung verantwortlich ist?"

Plötzlich hatte ich den Eindruck, ein helles Licht über mir wahrzunehmen. Ich konnte es nicht direkt sehen, aber ich spürte es ganz deutlich. Und es fühlte sich auf eine seltsame Art und Weise sehr lebendig an. Ich hatte den Eindruck, dass es mit der Lebensenergie identisch war, die ich in meinem Inneren spürte. Beide zogen sich gegenseitig an. Das fühlte sich unglaublich toll an. Ich spürte in diesem Moment so viel Liebe, dass ich am liebsten die ganze Welt umarmt hätte. Ich platzte fast vor Glück. Ich liebte dieses Licht über mir, ich liebte mich selbst, ich liebte Juli, ich liebte Mary und Michael, ich liebte meine Mädels, sogar diese Hängematte liebte ich, und natürlich liebte ich die Matrix, die mir das hier alles überhaupt erst ermöglichte.

280

Mit diesen gigantischen Empfindungen in meinem Körper war Julis Nähe noch viel schöner geworden – überirdisch schön! Am liebsten wäre ich bis in alle Ewigkeit einfach nur mit ihr hier liegen geblieben. Sie war so eine unglaubliche Frau! Lieb, intelligent, schön, erotisch und überhaupt – sie war einfach mit Abstand die tollste Frau auf der ganzen Welt! Keine andere kam in meinen Augen auch nur im Entferntesten an sie heran.

Irgendwann muss ich dann wohl doch eingeschlafen sein, obwohl ich das auf keinen Fall gewollt hatte. Ich wachte erst wieder auf, als sich die Jogger im Camp für ihren morgendlichen Lauf bereit machten. Juli und ich lagen jetzt leider Rücken an Rücken. Ich blieb ganz still liegen, denn ich wollte sie nicht aufwecken.

Aufgrund meines Schlafmangels schlummerte ich dann auch gleich noch einmal für ein Stündchen ein. Ich erwachte davon, dass Juli sich umdrehte.

„Guten Morgen", sagte sie verschlafen. „Wie es aussieht, haben wir die ganze Nacht hier gelegen."

„Ich habe gut geschlafen", erwiderte ich schnell, damit sie eventuell auf die Idee kommen würde, das Ganze bald noch einmal zu wiederholen.

„Ich auch! Sogar besser als in meinem Bett."

„Dann können wir ja die nächste Nacht wieder hier verbringen", scherzte ich gespielt gelassen.

„Von mir aus gerne", entgegnete Juli dann tatsächlich, womit ich nie ernsthaft gerechnet hätte. Natürlich hatte ich es gehofft, aber nie gewagt, es wirklich für möglich zu halten.

„Dann geh ich mal duschen", erklärte ich ablenkend, denn ich wollte nicht wieder alles mit einer allzu enthusiastischen Antwort kaputt machen.

„Gute Idee. Treffen wir uns zum Frühstück?"

„Gerne. Möchtest du lieber wieder ins Café oder essen wir hier?"

„Ist mir ganz egal", sagte sie müde. „Frag mich wieder, wenn ich wach bin."

„Dann bis gleich", verabschiedete ich mich und ging voller guter Gefühle zu meinem Bungalow. Ich fühlte mich, als hätte ich drei Tage und Nächte durchgeschlafen. Nach der Nacht mit Juli hätte ich Bäume ausreißen können. Außerdem hatte ich das Gefühl, leicht wie eine Feder zu sein.

Ich duschte mich schnell, wechselte meine Kleider und ging schnurstracks wieder zu Juli hinüber. Sie war noch nicht fertig, also wartete ich auf ihrer Terrasse. Ihre Mitbewohner schliefen alle noch, und auch sonst war es sehr ruhig im Camp. Es war wirklich wunderschön hier. Ein richtiges kleines Paradies. Ich genoss das alles in vollen Zügen.

Ich wartete sicherlich fast eine halbe Stunde und spielte währenddessen mit dem Positiven Fühlen herum. Mal ließ ich die Energie in meinem Innern stärker nach oben ziehen, mal konzentrierte ich mich auf den Zug nach vorne in meiner Herzgegend. Einfach so, wie es mir gerade gefiel. Das war echt toll. Auf diese Weise machte mir das Warten gar nichts aus, obwohl es unter normalen Umständen ein Graus für mich gewesen wäre.

Plötzlich kam der alte Chinese auf die Terrasse und setzte sich neben mich. „Hast du die Antworten auf meine Fragen gefunden?", fragte er, ohne mich zuvor zu grüßen, wie ich es bereits von ihm gewohnt war.

„Du meinst, die Antwort auf die Frage, ob die Liebe der Schlüssel zum Glück ist oder umgekehrt? Wie es aussieht, bedingt es sich gegenseitig. Das Glück unterstützt die Liebe und die Liebe wiederum das Glück", antwortete ich.

„Diese Aufgabe hast du so gut wie gelöst! Du wirst dazu in den nächsten Tagen noch ein paar wichtige Zusammenhänge erkennen", kündigte er an und ließ durch die Art, wie er das sagte, keinen Zweifel daran, dass er mir diese Zusammenhänge bestimmt nicht erklären würde. Er war schließlich nur hier, um mir die richtigen Fragen zu stellen! „Und wie sieht es mit meiner zweiten Frage aus? Woran krankt die Welt?", fragte er weiter.

„Sie krankt an Umweltverschmutzung."

„Das ist offensichtlich", stimmte er zu. „Aber das ist nur ein Krankheitssymptom und nicht die Krankheit selbst. Was ist die Ursache der Krankheit?"

„Die Ursache sind wohl wir Menschen."

„Wir sind die Krankheit!", stimmte er zu, ohne provokativ zu wirken. „Wir sind das Virus dieser Welt. Das Virus, das sich ungehemmt ausbreitet, bis es seine eigene Lebensgrundlage zerstört haben wird. Doch was macht uns zum Virus?"

Ich schaute den alten Mann irritiert an. So Unrecht hatte er gar nicht damit, uns mit einem Virus zu vergleichen. Wir waren, von den echten Viren abgesehen, tatsächlich die einzige Spezies auf diesem Planeten, die sich hemmungslos ausbreitete, ohne Rücksicht darauf zu nehmen, ob unser Wirt dabei zu Grunde ging. Ich wusste nicht, was ich ihm auf seine Frage antworten sollte. Verwirrt schaute ich ihn an.

Daraufhin stand er auf und verließ die Terrasse. Während er ging, drehte er sich noch einmal zu mir um: „Was macht uns zum Virus?" Daraufhin ging er, ohne eine Antwort abzuwarten, über die Liegewiese in Richtung Strand. Ich schaute ihm nachdenklich nach. Was wollte dieser komische Kerl denn nur von mir?

Während ich mich noch über den alten Mann wunderte, kam Juli zu mir auf die Terrasse. Mein Herz schlug sofort wieder schneller, als ich sie sah.

„Es tut mir sehr leid, Robin. Ich kann heute doch nicht mit dir frühstücken. Ich hatte für heute Morgen mit Sylvie fest ausgemacht, dass wir in die Stadt fahren zum Bummeln. Das hatte ich komplett vergessen. Sylvie ist extra früh aufgestanden dafür. Ich kann dieses Versprechen jetzt nicht zurücknehmen."

„Kein Problem!", betonte ich und versuchte, meine Enttäuschung zu verbergen. „Ich wünsche euch dann viel Spaß in der Stadt."

„Danke! Wir sehen uns dann später."

Daraufhin verschwand sie. Ich stand schnell auf, für den Fall, dass sie noch einmal zurückkommen sollte, denn ich war sicher, dass man mir meine Enttäuschung jetzt ansehen würde. Es ging mir einfach total kacke! Ich kapierte nicht, warum dieses Gefühl so plötzlich über mich gekommen war, aber ich fühlte mich, als wäre die Welt eingestürzt. Mein Positives Fühlen war komplett verschwunden. Stattdessen hatte es mich in die tiefsten Tiefen runtergezogen. Und das, obwohl wir gerade zusammen diese Nacht verbracht hatten! Ich hatte doch gar keinen Grund dazu, mich so schlecht zu fühlen!

Ich versuchte, dagegen zu halten, und machte mir klar, dass absolut keine Notwendigkeit bestand, den Vormittag mit Juli verbringen zu müssen. Dann zog ich mit meiner Geller-Methode wieder kraftvoll hoch, was mir nach mehreren Versuchen schließlich einigermaßen gelang. Meine Gefühle wurden wieder besser.

Wieso hatte es mir meine Gefühle so dermaßen zerschossen? Am liebsten hätte ich mich jetzt mit Michael unterhalten. Der hätte mir bestimmt sagen können, was genau mein Emotionalgehirn da wieder irritiert hatte. Es war jedoch nicht sehr realistisch, dass er um diese Zeit auf seiner Terrasse sitzen würde. Aber das war auch nicht so schlimm. Es war ja nicht notwendig. Meine Gefühle waren wieder in Ordnung. Und in Wirklichkeit hatte ich allen Grund, sehr gut drauf zu sein nach dieser Nacht.

Ich zog noch ein weiteres Mal hoch und ging dann auf gut Glück bei Bungalow 36 vorbei, da ich die Sache mit der Realitätsgestaltung gerne ein wenig testen wollte. Die Wahrscheinlichkeit, dass Michael und Mary um diese Uhrzeit da waren, war relativ gering. Aber die Notwendigkeit war eigentlich noch geringer. Nach Adam Riese müsste ich daher Glück haben, dachte ich.

Doch bei Bungalow 36 war niemand. Die Terrassentür war verschlossen. Ich wollte gerade wieder gehen, da kamen mir Mary und Michael über die Liegewiese entgegen. Offenbar hatten sie wieder auswärts gefrühstückt. Meine Realitätsgestaltung hatte also doch geklappt. Das war unglaublich!

„Hallo ihr beiden", begrüßte ich sie erfreut und sprach dann Michael direkt an. „Ich wollte dich fragen, ob du einen Augenblick Zeit für mich hast."

Er war sofort einverstanden. Da sein Bungalow gerade im Begriff war zu erwachen, setzten wir uns nicht auf seine Terrasse, sondern auf zwei Liegen am Pool.

„Juli hatte sich für heute Morgen mit Sylvie, ihrer Mitbewohnerin, verabredet und damit keine Zeit für mich", begann ich Michael zu erklären. „Als sie mir das sagte, kamen so unglaublich schlechte Gefühle in mir auf, dass ich dich gerne fragen würde, warum das so war. Ich habe meine schlechten Gefühle zwar wieder in Ordnung gebracht, aber ich würde gerne wissen, was da passiert ist. Wieso hat mein Emotionalgehirn diese Gefühle produziert? Wie habe ich es dazu veranlasst?"

„Kannst du mir diese schlechten Gefühle etwas genauer beschreiben?"

„Es fühlte sich an wie Traurigkeit. Das trifft es jedoch nicht ganz – ich war eher deprimiert. Enttäuschung war auf jeden Fall auch dabei. Und das Gefühl, es sei überaus schlimm, dass sie keine Zeit für mich hat."

„Wie stark sind deine Gefühle für Juli mittlerweile? Würdest du schon von Liebe sprechen?"

„Vermutlich", antwortete ich unsicher. „Wir sind uns sehr nahe gekommen, aber ob es wirklich schon echte Liebe ist, weiß ich nicht."

„Du hast offensichtlich eine sehr starke Verbundenheit mit ihr aufgebaut. Habt ihr viel körperliche Nähe?"

„Wir haben die Nacht gemeinsam in der Hängematte verbracht. Und wir haben gekuschelt", gab ich offen zu.

„Dann ist alles klar!", stellte er plötzlich fest. „Was du fühlst, ist so etwas wie ein kleiner Glückshormonentzug. Durch Nähe und Verbundenheit entsteht ein hohes Niveau an Oxytocin, was durch Kuscheln

285

noch einmal verstärkt wird, daher wird dieses Hormon auch Kuschelhormon genannt.

Lass mich raten, wie du dich heute Morgen gefühlt hast, bevor Juli dir sagte, dass sie keine Zeit hat. Du hast wenig geschlafen und warst trotzdem fit wie ein Turnschuh. Du hattest keinen Hunger und wahnsinnig viel Freude im Bauch. Freude aufs ganze Leben! Alles war einfach schön. Könnte man so deinen Gefühlszustand beschreiben?"

„Ziemlich genau sogar!", erwiderte ich beeindruckt. „Ich habe mich wie im Paradies gefühlt."

„Robin, du bist bis über beide Ohren verliebt!", stellte Michael erfreut fest.

„Und was mache ich jetzt?", fragte ich ratlos.

„Warten!"

„Ich bin nicht wirklich gut im Warten", gab ich zerknirscht zu.

„Aber du hast keine andere Wahl! Außerdem solltest du ihr langsam reinen Wein darüber einschenken, wer du wirklich bist."

„Was meinst du damit?", fragte ich verwundert.

„Ich kenne deinen richtigen Namen", antwortete Michael.

„Ach du Scheiße!", rief ich geschockt. „Weiß das noch irgendjemand?"

„Ich glaube nicht – außer Mary natürlich. Sie weiß alles, was ich weiß. Aber von uns wird es sicher niemand erfahren, falls du dir Sorgen machst", versprach Michael. „Ich kann mir vorstellen, wie das ist, wenn man keinen Schritt mehr machen kann, ohne dass die Leute einen angaffen. Ich wäre an deiner Stelle hier auch als Robin Mayer angetreten."

„Ich danke dir mehr, als du dir vorstellen kannst", sagte ich ergriffen. „Seit wann weißt du es?"

„Von Anfang an. Ich erkenne Menschen besser an ihrer Stimme als an ihrem Aussehen. Dein Aussehen kannst du verändern, die Eigenarten deiner Stimme jedoch niemals. Als ich dich am Strand ansprach, wusste ich nach deinem ersten Satz schon, wer du warst."

„Und du hast mich nicht verraten?!"

„Wozu? Mir war klar, dass dein Leben momentan sehr schwer sein muss, nach allem, was ich über dich so in der Zeitung gelesen habe."

„Ich danke dir wirklich mehr, als du dir vorstellen kannst!", sagte ich noch einmal sehr emotional.

„Nichts zu danken. Für mich warst du von Anfang an ein wertvoller Mensch. Ich habe dich auf Anhieb gemocht, und du weißt ja mittlerweile, dass das nichts mit deinen Leistungen oder deiner Berühmtheit zu tun hat.

Aber jetzt solltest du schauen, dass du trotz des Wartenmüssens im Positiven Fühlen drinbleibst. Du kannst allerdings etwas gegen den Entzug der Kuschelhormone tun. Du solltest damit anfangen, andere Menschen zu mögen. Und zwar jeden so stark wie möglich! Damit meine ich nicht, dass du dich dazu zwingen sollst, jeden Unsympathen unter ihnen zu lieben. So viel wie möglich heißt nicht mehr als möglich! Vermutlich ist morgen schon mehr möglich als heute und nächste Woche schon viel mehr als diese Woche. Aber das sollte nicht dein Maßstab für heute sein. Möge die Menschen, wie du sie heute ohne Mühe mögen kannst. Nicht mehr und nicht weniger! Manche magst du gar nicht, andere ein wenig und ein paar von ihnen liebst du."

„Darf ich dabei auch an Juli denken?"

„Natürlich!", bestätigte Michael. „Du solltest jedoch nicht nur an sie denken, da du dein Glück dann zu sehr von einer Beziehung mit ihr abhängig machst. Aber du solltest sie auch nicht ausschließen. Insbesondere in Hinblick darauf, dass ihr ja vielleicht doch irgendwann eine Partnerbeziehung miteinander haben werdet.

Triff also den Beschluss, alle in deinem Leben wichtigen Menschen so viel wie möglich zu mögen! Du kannst ihren Charakter mögen, das, was sie tun, oder wie sie es tun. Du kannst ihre Fähigkeiten mögen oder ihr Wissen. Du kannst auch ihr Mitgefühl mögen oder ihre Einstellung zum Leben. Du kannst alles an ihnen mögen, was du als gut beurteilen kannst. Wenn du das tust, dann brauchst du dir über den Entzug deiner Kuschelhormone nie wieder Gedanken zu machen."

„Das hört sich gut an!", erwiderte ich motiviert und erfreut.

„Ehrlich gesagt, ist dieser Beschluss sehr viel mehr als nur gut!", betonte Michael gewichtig. „Er dürfte ohne Übertreibung der wichtigste Beschluss sein, den ich jemals in meinem Leben getroffen habe. Dieser Beschluss ist das Geheimnis aller glücklichen Beziehungen – insbesondere der Partnerbeziehung!

Mary und ich hatten eine wundervolle Verliebtheitsphase. Doch ich würde nie und nimmer das Glück, das wir heute – nach sieben Jahren – miteinander teilen, gegen das unserer ersten Verliebtheit eintauschen. Wir haben uns mit besagtem Beschluss über die Jahre eine Liebe geschaffen, die so stark ist, dass die meisten Menschen das überhaupt nicht für möglich halten würden."

„Das ist genau das, wonach ich mich mein gesamtes Leben lang gesehnt habe!", erklärte ich aufgewühlt. „Doch ich verstehe nicht ganz, wieso dieser Beschluss eine Beziehung dermaßen beglücken soll."

„Schauen wir uns das einmal genauer an", schlug Michael vor. „Es gibt in jeder Beziehung sehr viel Gutes und Schönes. Die meisten Menschen nehmen dies jedoch nicht mehr wahr, da sie viel zu sehr auf das Bekämpfen des Negativen konzentriert sind. Und sobald sie es nicht mehr wahrnehmen, können sie es auch nicht mehr bewusst mögen oder wertschätzen.

Das Erste, was du also tun kannst, um eine glückliche Ausnahmebeziehung zu erschaffen, besteht darin, das Positive überhaupt erst wieder wahrzunehmen und wertzuschätzen. Alleine das beglückt bereits eine Beziehung. Zieh jetzt bitte mal wieder richtig hoch!", bat er plötzlich unerwartet.

Ich tat, worum er gebeten hatte. Aus irgendeinem Grund funktionierte es gerade unheimlich gut. Ich schoss hoch wie eine Rakete.

Vermutlich lag das an der Zuversicht, die Michael in mir ausgelöst hatte. Ich konnte es kaum fassen, dass mein Traum von wahrer Liebe vielleicht wirklich in Erfüllung gehen könnte.

„Und jetzt stell dir mal vor, du hättest eine bereits langjährige Partnerbeziehung", bat Michael. „Natürlich gibt es viel Schönes in deiner Beziehung, aber es ist größtenteils alltäglich geworden und du nimmst es daher kaum noch wahr geschweige denn schätzt es wert. Was passiert jedoch, wenn du dich plötzlich dafür entscheidest, all das Positive wieder bewusst zu mögen? Und zwar mit sehr hoher Priorität! Es ist dir ab diesem Moment wirklich richtig wichtig, das Positive zu mögen. Was passiert dann als Erstes?"

„Ich werde all das Positive, das zuvor alltäglich war, wieder bewusster wahrnehmen. Und ich werde es stärker wertschätzen."

„Wie wirkst du auf deine Partnerin, wenn sie merkt, dass du das Positive in der Beziehung wieder stärker wertschätzt?"

„Sie wird sich darüber freuen, dass ich mit ihr glücklich bin."

„Ihr Glück wird also dadurch ebenfalls vermehrt?!"

„Ja, klar!"

„Und was passiert bei dir, wenn du siehst, dass durch deinen Beschluss auch ihr Glück vermehrt wird?"

„Das fühlt sich noch mal zusätzlich gut an", erkannte ich.

„Und dieses zusätzliche Glücksgefühl bekommt deine Partnerin natürlich auch wieder zu spüren, was sie dann auch noch ein wenig glücklicher macht, was dich dann noch glücklicher macht und sie dann ebenfalls wieder. Es gibt also eine positive Feedbackschleife. Ihr steigert euer Glück automatisch immer mehr. Und das war nur der Anfang! Durch deinen Beschuss passiert noch viel mehr! Das Mögen zieht noch eine ganze Menge an positiven Konsequenzen nach sich."

„Und welche?", hakte ich neugierig nach.

„Dankbarkeit zum Beispiel! Wenn dir alles Positive wieder richtig auffällt, wirst du neben der Wertschätzung auch sehr viel mehr Dankbarkeit dafür empfinden. Du wirst für alles dankbar sein, was sie für dich tut, dankbar für alles Schöne, was ihr miteinander teilt, und dankbar für alles, was sie dir an Liebe und Wertschätzung entgegenbringt. Durch diese Dankbarkeit wird also ebenfalls eine positive Feedbackschleife in Gang gesetzt.

Unser Emotionalgehirn will immer ausgleichende Gerechtigkeit walten lassen. Das gilt auch im Positiven! Wenn jemand etwas Nettes für uns tut, haben wir das Bedürfnis, ihm ebenfalls etwas Nettes zurückzugeben – vor allem dann, wenn es sich um einen Menschen handelt, den wir lieben."

„Das hört sich echt gut an! Und was passiert sonst noch, wenn ich mich dazu entschließe, alles so viel wie möglich zu mögen?", fragte ich wissbegierig.

„Du wirst zum Beispiel zufriedener sein mit dem, was du bereits hast. Und dadurch wird alles immer besser."

„Das verstehe ich jetzt nicht so ganz, muss ich gestehen. Wenn ich zufrieden bin mit dem, was ich habe, wird sich doch nichts groß verbessern. Dann lasse ich alles doch so, wie es ist."

„Du vergisst die Realitätsgestaltung!", sagte Michael mit einem wissenden Lächeln. „Welche Ereignisse spiegelt dir die Matrix wider, wenn du zufrieden damit bist, wie es jetzt ist?"

„Keine Ahnung!", gab ich nachdenklich zu.

„Sie lässt dich Ereignisse erleben, welche die Zufriedenheit in dir erneut auslösen."

„Und warum soll sich dadurch etwas verbessern?", fragte ich verwundert.

„Weil dein Emotionalgehirn darauf programmiert ist, eine ständige Verbesserung anzustreben."

„Jetzt verstehe ich ehrlich gesagt überhaupt nichts mehr!", erklärte ich verwirrt.

„Wenn dein Emotionalgehirn eine stetige Verbesserung verlangt, dann wirst du nur dann gleichbleibend zufrieden sein können, wenn sich deine Lebensumstände auch tatsächlich stetig verbessern!", betonte Michael. „Die Matrix muss deine Psyche bei der Realitätsgestaltung nämlich mitberücksichtigen."

„Die Matrix muss meine Psyche mitberücksichtigen?!", wiederholte ich irritiert.

„Was der eine als gigantischen Erfolg verbuchen würde, ist für den anderen vielleicht schon ein Versagen. Oder noch krasser: Was der eine als Kompliment auffasst, kann für den anderen eine Beleidigung sein. Die Matrix kann deshalb nicht für jeden das gleiche Ereignis erschaffen, nur weil das gleiche Was gedacht wurde. Das Wie ist immer für jeden anders. Und so muss die Matrix deine gesamte Persönlichkeitsstruktur bei der Gestaltung des Wie mitberücksichtigen. Und darüber hinaus auch deinen aktuellen emotionalen Zustand! Manchmal bist du gut drauf und manchmal schlecht. Dadurch würdest du das gleiche Ereignis nicht jedes Mal gleich empfinden. Die Matrix muss also ein Ereignis schaffen, das genau dir und keinem anderen, in genau dem emotionalen Zustand, in dem du dich gerade befindest, genau dein Was widerspiegelt."

„Das ist ja unglaublich!", sagte ich beeindruckt. „Und das tut sie für jeden Menschen?"

„Für jeden Menschen, in jeder Sekunde!", bestätigte Michael.

„Das ist oberkrass!"

„Ich weiß, aber genau so läuft es! Und das gilt wie gesagt genauso für die Zufriedenheit. Damit du gleichmäßig zufrieden sein kannst, muss die Matrix dir eine stetige Verbesserung präsentieren. Man könnte einen Merksatz daraus formulieren, der lautet: Sei zufrieden mit dem, was du hast, und du bekommst immer mehr dazu!"

„Oder sei dankbar für das, was du hast, und du bekommt immer mehr dazu. So hat es der Tunesier genannt."

„Es gibt noch mehr Möglichkeiten für solche Merksätze", sagte Michael. „Erfreue dich an dem, was du hast, und du wirst immer mehr Grund zur Freude haben. Wertschätze, was du bereits hast, und du wirst immer mehr zu wertschätzen haben!"

291

„Genieße, was du hast, und du wirst immer mehr zu genießen haben!"

„Liebe, was dich umgibt, und du wirst immer mehr von Liebe umgeben sein!"

„Wow! Der Satz gefällt mir mit Abstand am besten!"

„Er passt auch am besten zu deinem neuen Beschluss", bestätigte Michael. „Zieh bitte noch einmal richtig hoch!"

„Ich bin schon die ganze Zeit oben!", erklärte ich erfreut.

„Okay, dann stell ich dir jetzt ein paar Fragen, um deinem Unterbewusstsein deinen Beschluss noch schmackhafter zu machen. Ich habe festgestellt, dass es sinnvoll ist, das Unterbewusstsein mit einzuspannen, wenn unsere Beschlüsse im Alltag wirklich funktionieren sollen. Also – meine erste Frage: Wo zieht es dich grundsätzlich hin, wenn du diesen Leitsatz in einer Partnerbeziehung lebst?"

„Hoch!"

„Wie ist deine emotionale Ausstrahlung auf deine Partnerin dort?"

„Extrem gut, denke ich."

„Wie ist deine geistige Leistungsfähigkeit? Kommst du in diesem Zustand zum Beispiel auf Ideen, was du Tolles für deine Partnerin oder für die Beziehung tun könntest?"

„Roger! Kreativität und Ideenreichtum liegen hier bei einhundert Prozent!", scherzte ich.

„Wie ist es mir der Tatkraft, diese Ideen auch Wirklichkeit werden zu lassen?", fragte er weiter.

„Roger!"

„Und mit dem Durchhaltevermögen, falls es mal etwas länger dauert?!"

„Roger!"

„Dein eigenes Glücksempfinden?"

„Doppel-Roger!"

„Doppel-Roger?! Was soll denn das sein?!", fragte Michael amüsiert.

„Ich glaube, ich bin überzeugt", erklärte ich erfreut. „Liebe, was dich umgibt, und du wirst immer mehr von Liebe umgeben sein! Das wird ab sofort mein neuer Leitsatz. Mein Beschluss steht fest!"

„Dann haben wir es mal wieder gepackt", meinte Michael erfreut. „Eines ist vielleicht noch wichtig dabei. Du solltest darauf achten, dass du mit dieser Methode nicht unbeabsichtigt auch die Notwendigkeit hochfährst. Je wichtiger dir etwas wird, desto mehr musst du tun, um die Notwendigkeit in einem gesunden Rahmen zu halten. Dein Emotionalgehirn kennt den Begriff der Wichtigkeit nämlich nur in einem einzigen Kontext: Es ist wichtig für die Erfüllung deiner Grundmotive und damit letztendlich notwendig für dein Überleben. Damit wird alles, was du als wichtig beurteilst, für dein Emotionalgehirn ganz schnell zur Notwendigkeit. Es könnten daher wieder einmal Missverständnisse entstehen, wenn du nicht aufpasst. Achte also darauf, wenn du alles Schöne und Gute zwischen dir und Juli immer mehr zu lieben beginnst! Es ist schön, aber nicht notwendig.

Und achte darauf, dass du dich nicht auf eine Partnerschaft mit Juli fixierst. Denk bei deinem Beschluss auch an andere Menschen, die du magst."

Missing Link

Nach diesem Gespräch zog ich mich auf mein Zimmer zurück. Beatrice und die Mädels schliefen immer noch. Ich legte mich auf mein Bett und dachte noch einmal über alles nach, was ich eben mit Michael beredet hatte.

Liebe, was dich umgibt, und du wirst immer mehr von Liebe umgeben sein! Dieser Satz ging mir tatsächlich runter wie Öl. Alleine daran zu denken, zog mich schon hoch und mein Herz nach vorne.

Ich dachte an die Mädels aus meinem Bungalow und fand es sogleich unglaublich, wie sehr mir die vier bereits ans Herz gewachsen waren nach der kurzen Zeit, die wir uns jetzt kannten. Ich freute mich jetzt schon darauf, nachher mit ihnen zu frühstücken. Mit diesen vieren wollte ich auf jeden Fall auch nach dem Camp weiterhin befreundet bleiben – genau wie mit Mary und Michael und natürlich mit Juli!

Mir wurde klar, dass ich innerhalb von wenigen Tagen völlig mühelos tatsächlich sieben tolle Menschen gefunden hatte, mit denen allen ich eine schöne freundschaftliche Beziehung aufgebaut hatte. Dieser Gedanke löste ein wahres Feuerwerk von guten Gefühlen in mir aus. Ich würde von nun an kein einsames Leben mehr führen müssen. Und wenn ich wollte, dann könnte ich noch viel mehr Menschen kennen lernen! Diese Gewissheit zog mich extrem weit hoch.

Da hörte ich plötzlich, wie meine Mädels aufstanden. Ich freute mich so sehr darauf, sie zu begrüßen, dass ich sofort aufstand und auf den Flur hinaustrat. Beatrice kam gerade aus dem Bad, noch mit ihrem Duschtuch bekleidet. Ich musste sie aus meiner Freude heraus jetzt einfach zur Begrüßung umarmen, ob Badetuch hin oder her.

„Guten Morgen liebste Beatrice", sagte ich überschwänglich, drückte sie herzlich an mich und tanzte mit ihr über den Flur.

„Ist es etwa schon was geworden mit dir und Juli?", fragte sie begeistert und erwiderte meine Umarmung.

294

„Nein, das nicht! Aber ich bin einfach glücklich. Ich bin so froh, mit euch hier im Bungalow zu sein. Ihr seid alle richtig super klasse!"

„Was hast du denn heute Morgen gefrühstückt?!", wollte Beatrice amüsiert wissen. „Das will ich auch haben!"

In diesem Moment kam Claudia aus ihrem Zimmer, um ins Bad zu gehen. Sie war noch ganz verschlafen und daher leicht geschockt, als ich sie ebenso herzlich umarmte wie zuvor Beatrice.

„Der hat heute Morgen irgendwie gute Laune gefrühstückt", erklärte Beatrice lachend.

„Das solltest du jeden Morgen tun!", meinte Claudia angesteckt von meinen glücklichen Gefühlen.

„Ich glaube, das werde ich auch!", versprach ich amüsiert.

Neugierig gemacht durch den Lärm, den wir im Flur veranstalteten, kamen Andrea und Stefanie auch aus ihren Zimmern.

„Gibt es etwas zu feiern?", wollte Stefanie verschlafen wissen.

„Robin hat gute Laune gefrühstückt", erklärte Claudia den beiden, während ich sie erfreut umarmte.

„Dann sollten wir das auch tun", sagte Stefanie amüsiert. „Los, Knuddelattacke!", rief sie und umarmte ebenfalls eine nach der anderen.

Wir hatten alle mächtig viel Spaß auf dem Flur. Jeder umarmte jeden und ich alle vier noch einmal zusätzlich. Danach ging ich nach unten, um das Frühstück vorzubereiten. Ich freute mich sehr auf diesen Tag und natürlich auch darauf, Juli bald wieder bei mir zu haben. Aus meiner Freude heraus pflückte ich unerlaubterweise ein paar Blumen aus dem Beet, das direkt neben unserem Bungalow lag, und schmückte unseren Frühstückstisch damit. Dabei fiel mir auf, dass ich so etwas noch nie zuvor getan hatte. Plötzlich fand ich es schön, den Tisch nett herzurichten!

Ich schnitt daraufhin noch ein paar Früchte auf und richtete sie in einer Schale so appetitlich an, wie ich konnte. Dann stellte ich Gläser auf den Tisch, goss jedem einen Orangensaft ein und zündete ein paar Kerzen an. Zufrieden mit meinem Werk wartete ich schließlich stolz darauf, dass die Mädels herunterkämen.

295

„Wow!", rief Stefanie, die als Erste auftauchte, erstaunt, als sie den Tisch sah. „Ich glaube, ich habe dein Positives Fühlen unterschätzt! Das kann ja offenbar aus einem unsensiblen Kerl einen richtigen Mann machen!"

„Danke für das Kompliment!", erwiderte ich amüsiert.

Die anderen drei reagierten ähnlich begeistert wie Stefanie.

„Habt ihr zufällig Lust, heute mit reiten zu gehen?", fragte Beatrice dann beim Frühstück. „Gestern standen bestimmt zwanzig Leute auf der Liste. Ihr müsst euch nur schnell entscheiden, um 12 Uhr ist Abfahrt!"

Mir fiel brühwarm das Delfinphänomen wieder ein. Wenn so etwas Ähnliches jetzt mit den Pferden passieren würde, würde das sicherlich den Run auf Beatrice noch schlimmer machen. Doch ich konnte nicht mitkommen, um den drohenden Schaden zu begrenzen. Leider konnte ich nicht reiten. Ich konnte daher nur hoffen, dass Juli rechtzeitig zurückkommen würde und dass sie das Reiten beherrschte. Möglicherweise würde ich den Mädels die ganze Sache auch ausreden können, nur wusste ich noch nicht wie. Ich sagte also erst einmal nichts und hoffte, dass keiner der anderen drei Beatrices Vorschlag zustimmen würde. In diesem Fall würde sie selbst den Plan ja vielleicht ebenfalls fallen lassen. Doch leider kam es anders.

„Da würde ich wirklich sehr gerne mitkommen!", erklärte Stefanie sofort begeistert.

Claudia und Andrea wollten zwar nicht mit, aber das nutzte mir jetzt auch nichts mehr. Es war schnell beschlossene Sache, dass Beatrice und Stefanie gehen würden.

„Ich komme auch mit!", entschied ich also prompt, obwohl ich nicht reiten konnte. Irgendetwas müsste ich mir eben einfallen lassen.

„Das will ich sehen!", bemerkte Andrea skeptisch.

„Dann will ich allerdings doch mit!", rief Claudia amüsiert. „Das möchte ich mir nicht entgehen lassen."

„Ich kann aber leider nicht reiten", erklärte Andrea frustriert.

„Das macht nichts", beruhigte sie Beatrice. „Es sind fast nur Anfänger dabei. In den Bergen gibt es einen Reiterhof, der sich auf Touristen eingestellt hat. Die Tour ist mehr was fürs Auge als für den sportlichen Reiter und die Aussicht soll wahnsinnig schön sein. Du musst nicht reiten können. Es genügt, wenn du dich auf dem Sattel festhalten kannst. Den Rest macht dein Pferd von ganz alleine. Komm ruhig mit."

Andrea willigte sofort ein, und ich war erleichtert. Kurz vor 12 Uhr ging es los. Wir spazierten mit Beatrice zum vereinbarten Treffpunkt, von dem aus alle im Konvoi zum Reiterhof fahren würden. Der war nämlich nur mit dem PKW zu erreichen. Die Mädels hatten einen Wagen gemietet, der Platz für fünf Personen bot. Ich würde also mit ihnen mitfahren können.

Kurz bevor wir starten wollten, kam Juli plötzlich auf den letzten Drücker angetrabt. Sie entschied sich sofort dazu mitzukommen. In einem der anderen Wagen waren noch Plätze frei. Ich schloss mich dann schnell ihrer Fahrgemeinschaft unter dem Vorwand an, dass es zu fünft in dem kleinen Wagen meiner Mädels eigentlich doch zu eng sei.

Unsere Fahrerin hieß Marusha und erwies sich als nonstop witzelnde Frohnatur. Ihr Begleiter, vermutlich ihr Mann, war eher wortkarg, dennoch hatten wir alle sehr viel Spaß auf der einstündigen Fahrt zum Reiterhof.

Die Landschaft, die wir unterwegs zu Gesicht bekamen, war unglaublich schön. Fast schon unwirklich schön! Die schmale Straße schlängelte sich die Berge hoch und bot fast in jeder Kurve eine atemberaubende Aussicht über das gesamte palmenbewachsene Tal.

Als wir auf dem Reiterhof ankamen, war ich bei der Auswahl der Pferde leider etwas zu zurückhaltend. Ich bekam das Pferd, das keiner wollte und das ironischerweise den Spitznamen Ferrari trug. Der Besitzer des Reitstalls gab mir zunächst ein paar Anweisungen, damit mein Ferrari überhaupt laufen würde. Wenn ich ihm nicht von Anfang an zeigen würde, wer der Herr im Haus war, würde er einfach überall stehen bleiben und fressen. Ich bräuchte ihm allerdings nur die Gerte

297

zu zeigen, dann würde er weiterlaufen, versicherte mir der Besitzer. Für mich war ohnehin klar, dass ich meinen Ferrari nicht schlagen würde.

Es gab jedoch etwas sehr viel Wichtigeres als die Instruktionen für meinen Ferrari – Beatrice. Immer wieder stellten ihr neugierige Camp-Teilnehmer Fragen zu den Delfinen und zum Positiven Fühlen. Glücklicherweise hatte sich bis jetzt kein ungewöhnliches Phänomen zwischen ihr und ihrem Pferd ereignet. Das war beruhigend. Ich hoffte, dass es auch so bleiben würde und ich diesen Ausritt genauso sehr genießen könnte wie die Fahrt mit dem Auto.

Schließlich ging es los. Ich schwang mich vorsichtig auf mein Pferd. Im Schritttempo trotteten wir dann nacheinander vom Gelände des Pferdehofes und dann gleich steil einen schmalen, steinigen Pfad empor. Ich hoffte, dass mein Pferd nicht ausrutschen würde, doch Ferrari erwies sich als überaus geländegängig. Er trottete in konstantem Tempo unbeirrbar den Berg hinauf.

Zwei Leute vom Reiterhof begleiteten unsere Gruppe. Der eine ging voraus, der andere machte das Schlusslicht. Als wir den steilen Hang endlich hinter uns gelassen hatten, ging es ein kleines Stück auf ebenem, weichem Untergrund weiter. Ferrari und ich hatten den Anschluss an die Gruppe fast verloren. Wir konnten sie kaum noch sehen. Der hintere Führer meinte daraufhin, ich sollte Ferrari doch bitte einmal kurz antreiben, indem ich ihm mit meinem Körpergewicht einen Ruck nach vorne gab. Ferrari trabte sofort los, als ich das getan hatte. Ich plumpste auf dem Rücken des armen Tieres so ungelenk hin und her, dass er mir echt leidtat. Doch besser bekam ich es einfach nicht hin. Ich war schon froh, dass ich nicht runterfiel bei dem Gehoppel.

Das größere Problem war jedoch, dass der Schlussreiter mir nur gesagt hatte, wie ich Ferrari beschleunigen konnte. Wo die Bremse war, hatte er vergessen zu erklären. Ferrari schloss also eilig zu den anderen Pferden auf. Gleich würde er einen Auffahrunfall mit Juli verursachen, die mit ihrem Pferd direkt vor mir ritt. Doch als wir Juli erreicht hatten, verringerte Ferrari glücklicherweise von ganz allein wieder das Tempo.

Das war auch schon mein größtes Abenteuer bei diesem Ausritt. Mit Beatrice hatte sich nichts Besonderes ereignet und so beschloss ich, einfach entspannt die tolle Aussicht von hier oben zu genießen, um mein Positives Fühlen weiter zu kultivieren.

Weit und breit war keine einzige Straße zu sehen und auch sonst kein Anzeichen von Besiedelung in der Landschaft. Wo man hinschaute, gab es nur pure Natur. Auf der einen Seite konnte man über ein Meer von Palmen hinweg bis zur Küste sehen, auf der anderen lag eine wunderschöne tropische Bergwelt. Doch plötzlich fiel mir das mit Abstand Schönste auf, was es auf dieser Tour zu sehen gab – Juli! Sie wirkte wahnsinnig sexy, wie sie da vor mir so gekonnt auf ihrem Pferd saß! Im Gegensatz zu mir hatte Juli ein sehr elegantes Ross bekommen. Es war groß und stolz. Die beiden bildeten eine perfekte Einheit.

Juli hatte eine enge Hose an, die ihren knackigen Po auf dem Pferd perfekt zur Geltung brachte. Es war der pure Wahnsinn! In dieser Körperhaltung war ihr erotischer Anblick kaum zu ertragen. Am liebsten hätte ich meinem Hintermann eifersüchtig die Augen zugehalten, damit er meiner Juli nicht genauso lüstern auf den Hintern starren konnte wie ich. Diese Frau war die pure Erotik. Eine Waffe, für die es keinen Waffenschein gab und der Mann völlig ausgeliefert war.

Eine dreiviertel Stunde später traten wir dann den Rückritt zum Pferdehof an. Das letzte Stück wurde im Trab zurückgelegt, wobei mir die aufreizende Körperhaltung von Juli erneut alle Sinne raubte, und dann waren wir auch schon wieder zurück.

Als unsere Pferde versorgt waren, kamen unsere Begleiter mit einer Flasche Sekt zu unserer Gruppe. Zum Abschluss wurde feierlich auf den gelungenen Ausritt angestoßen.

Juli und ich standen gerade mit den Mädels zusammen und erzählten uns gegenseitig unsere Anekdoten von diesem Ritt, da kam eine junge Frau zu uns, die ich auf Ende zwanzig schätzte, und wollte mit jedem noch einmal einzeln auf das schöne Erlebnis anstoßen. Ich hatte sie bisher im Camp noch nicht gesehen. Sie wirkte bereits ein wenig betrunken, was sich beim Anstoßen dann auch sehr schnell bestätigte. Sie musste sich regelrecht bemühen, gerade stehen zu bleiben und das Glas ihres Gegenübers überhaupt zu treffen. Ich fand es seltsam, dass sie es geschafft hatte, sich so schnell zu betrinken. Aber manche Leute vertragen eben einfach keinen Alkohol.

„Prost, ihr Lieben!", lallte sie, als sie mit Juli anstieß. Dann wandte sie sich mir zu und sagte erneut: „Prost, mein Lieber!"

Als Beatrice schließlich an der Reihe war, haute sie ihr Glas mit dem von Beatrice so ungeschickt zusammen, dass beide Gläser zerbrachen.

„Sssst!", zischte Beatrice vor Schmerz beim Einatmen durch ihre Zähne, denn sie hatte sich bei der Aktion mit dem kaputten Glas in die Hand geschnitten.

„Oh, Entschuldigung!", lallte die junge Frau und gab Beatrice schnell ein sauberes Papiertaschentuch aus dem Päckchen, das sie zufällig in der Hand hielt. „Tut mir sehr leid!", fügte sie bedauernd hinzu.

Mir rutschte erst einmal das Herz in die Hose, denn mir war klar, dass Beatrices Verletzung auch dieses Mal wieder in Sekundenschnelle verheilen würde. Von der letzten Aktion hatte niemand außer den Mädels etwas mitbekommen, aber jetzt würde sich das Phänomen sicher nicht mehr verheimlichen lassen.

Der Schnitt war auch tatsächlich nach wenigen Augenblicken wieder verschwunden. Die Blutspuren auf dem Taschentuch waren das einzige Zeugnis davon, dass Beatrice sich tatsächlich verletzt hatte.

Die junge Frau war jedoch so betrunken, dass sie das alles gar nicht richtig bemerkte. Sie torkelte bereits zur nächsten Gruppe, ohne groß Notiz von den Ereignissen zu nehmen.

„Lass mich mal sehen!", bat ich Beatrice, nahm ihr das blutige Taschentuch aus der Hand, um ihre Hand genauer untersuchen zu können, und versteckte dabei unauffällig das Tuch in meiner Hosentasche. „Tatsächlich ist wieder keine Wunde zu sehen", sagte ich erfreut, aber ohne große Dramatik. „Aus dir wird noch eine richtige Aborigine."

Dieses Mal gelang es mir jedoch nicht, die Sache zu vertuschen. Beatrice wurde sofort von neugierigen Leuten umringt, die den Vorfall mitbekommen hatten. Dennoch hielt sich der Schaden in Grenzen, denn die meisten dachten einfach, Beatrice habe sich gar nicht richtig geschnitten. Auf ihrer Hand war kaum Blut zu sehen gewesen, denn sie hatte es sofort abgewischt. Es hätte genauso gut Schmutz sein können. Und das Taschentuch, das alles hätte beweisen können, befand sich zum Glück in meiner Hosentasche. Ich warf es auf dem Weg zum Auto in den Mülleimer.

Somit war das einzige Beweisstück dieser Spontanheilung dann auch verschwunden und die ganze Angelegenheit damit noch einmal einigermaßen glimpflich abgelaufen. Jedenfalls hatte keiner Angst vor Beatrice bekommen. Sie war jetzt nur noch ein wenig berühmter geworden, was aber nichts ausmachte, denn sie hatte sowieso schon viel zu vielen Leuten vom Positiven Fühlen erzählt. Auf ein paar mehr oder weniger kam es da auch nicht mehr an. Jedenfalls war dieses Ereignis es nicht wert, mir deswegen Stress zu machen und aus meinem Positiven Fühlen herauszufallen.

Juli und ich fuhren wieder in Marushas Wagen zurück ins Camp. Dieses Mal hatten wir noch eine fünfte Person an Bord, da irgendjemand vorzeitig abgefahren war und sie einfach zurückgelassen hatte. Es war eine junge Frau in Julis Alter. Wir waren inzwischen alle etwas müde von der Bergluft, daher sprachen wir nicht viel. Die junge Frau und Juli saßen zusammen mit mir hinten im Auto. Es war ziemlich eng zu dritt auf der Rückbank dieses kleinen Wagens, was ich aber als überaus angenehm empfand, denn Juli saß in unserer Mitte und damit ganz nah bei mir. Nach vielleicht zehn Minuten waren die Mädels dann beide eingeschlafen.

Juli wurde in den Linkskurven fest an mich gedrückt. Am liebsten hätte ich sie ganz fest in den Arm genommen und ihr beim Schlafen zugeschaut. Sie sah so wahnsinnig schön aus, wie sie so friedlich neben mir schlief. Ich hatte das Gefühl, bis hinein in ihre wunderschöne Seele blicken zu können. Niemals zuvor hatte ich so etwas Schönes gesehen. Mein Herz wollte überlaufen vor Glück. Von diesem Augenblick an gab es keinen Zweifel mehr für mich. Ich liebte Juli mehr als alles andere auf der Welt. Ich hätte alles für sie gegeben, ganz egal, ob sie nun Jenny war oder nicht. Sie war meine ganz große Liebe. Und wenn es so etwas wie Seelenpartner tatsächlich gab, dann war sie mit Sicherheit der meine.

In mir brannte ein unbeherrschbares Verlangen, mit Juli zusammen sein zu wollen, und es wurde immer stärker, je länger ich sie anschaute. Ich war mir nicht sicher, ob ich nicht irgendwann an diesem Verlangen zu Grunde gehen würde, doch dieses Risiko musste ich einfach eingehen. Ich hatte keine andere Wahl.

In einer etwas schärferen Kurve wurde Juli dann so fest an mich gedrückt, dass sie die Augen kurz öffnete und direkt in meine schaute. Ich erschrak fürchterlich, denn ich dachte, nun würde sie wissen, dass ich sie die ganze Zeit beobachtet hatte. Doch sie sagte nur kurz „Entschuldigung!" und schlief sofort wieder ein.

Viel zu schnell waren wir zurück im Camp. Ich hätte noch ewig so mit Juli in diesem engen Wagen sitzen können. Ich war sehr froh, dass die junge Frau mitgefahren war und mir auf diese Weise Juli so nahe gebracht hatte. Ich umarmte sie deshalb überschwänglich und eigentlich viel zu herzlich für einen fremden Menschen, als wir uns schließlich verabschiedeten.

„Was machen wir jetzt?", fragte ich Juli.

„Ich glaube, ich muss mich erst noch ein wenig hinlegen. Ich bin total geschafft. Shopping und Reiten waren glaube ich einfach zu viel für einen Tag."

„Willst du dich in die Hängematte legen oder möchtest du lieber ins Bett gehen?", hakte ich leicht nervös nach. Ich hoffte über alle Maßen, dass sie sich für die Hängematte entscheiden würde. Doch leider bevorzugte sie, wie ich befürchtet hatte, tatsächlich ihr Bett.

Mir war klar, dass ich hier eindeutig den falschen Gedanken in die Matrix eingegeben hatte. Meine Befürchtung war viel stärker gewesen als meine Hoffnung. Und dafür gab es nur eine Erklärung: Ich hatte zugelassen, dass die Notwendigkeit größer wurde als die Wahrscheinlichkeit. Jetzt musste ich dringend etwas unternehmen, um das wieder in Ordnung zu bringen!

Ich hoffte, dass Michael Zeit für mich haben würde, und ging zu Bungalow 36 rüber. Mary und Michael saßen mit ihren Mitbewohnern auf der Terrasse und tranken Kaffee. Michael muss mir meine Gefühle angesehen haben, denn er fragte mich sofort, ob ich Lust hätte, ein kleines Schwätzchen unter Männern zu halten. Mary verabschiedete ihn mit einem Kuss und überließ uns unserem Männergespräch.

„Es ist unglaublich!", sagte ich zu Michael, als wir weit genug von seinem Bungalow entfernt waren. „Sie legt sich für ein paar Stunden hin, und für mich fühlt es sich schon wieder so an, als würde die Welt einstürzen."

„Du bist immer noch zu sehr auf Juli fixiert", erklärte Michael, während wir in Richtung Strand gingen. „Wenn du dich so stark auf einen Menschen beschränkst, treibt das die Notwendigkeit immens nach oben. Dein Emotionalgehirn versteht deine Beurteilung wieder einmal falsch. Du meinst, dass Juli momentan der einzige Mensch ist, der dir extrem viel bedeutet, aber dein Emotionalgehirn versteht, dass sie der einzige Mensch ist, der überhaupt existiert. Dieses Missverständnis lässt bei jeder Kleinigkeit sofort Panik aufkommen.

Du solltest dich noch mehr damit beschäftigen, andere Menschen zu mögen, so wie wir das heute Morgen besprochen haben. Dann reguliert sich das wieder."

„Okay, ich denke, das kriege ich hin. Als ich mir heute Morgen klar gemacht hatte, wie gerne ich meine Mädels aus dem Bungalow mag, ging es mir so gut, dass ich mit ihnen auf dem Flur herumgetanzt bin."

303

„Hört sich gut an!", sagte Michael amüsiert.

„Ja, und danach habe ich den Frühstückstisch mit Blumen geschmückt! Ich kann kaum glauben, dass ich das wirklich getan habe! Ich war einfach scheiße gut drauf!"

„Aus dir wird noch ein richtiger Mann!", frotzelte Michael amüsiert. „Mach also weiter damit! Denk an alle Menschen, die dir etwas bedeuten und die dich ebenfalls mögen."

„Dabei habe ich noch ein kleines Problemchen!", gab ich zu. „Langsam fange ich an, mir Sorgen zu machen, weil ich in Bezug auf meine wahre Identität allen etwas vorgegaukelt habe. Was ist, wenn sie sich deshalb von mir betrogen fühlen?!"

„Das glaube ich nicht. Ich habe mich auch nicht betrogen gefühlt, als ich erkannt habe, wer du bist und dass du deine wahre Identität verschweigst. Mir war sofort klar, dass du eigentlich keine andere Wahl hast. Dafür werden die Mädels mit Sicherheit ebenfalls Verständnis haben. Vermutlich wird es ihnen auch ziemlich egal sein, ob du Robin Mayer oder Will Robins bist. Geld und Berühmtheit zählen nicht mehr allzu viel, wenn man den wirklichen Weg zum Glück gefunden hat. Wirklich glückliche Menschen beneiden dich sicherlich nicht um deinen Erfolg oder dein Geld. Sie haben verstanden, dass die Liebe ein sehr viel größeres Glückspotenzial darstellt."

„Das habe ich auch verstanden. Trotzdem mache ich mir Sorgen, dass Juli sauer sein könnte, weil ich sie in Bezug auf meine Identität belogen habe."

„Diese Sorge ist natürlich nicht ganz unberechtigt. Ehrlichkeit ist ein wichtiger Eckpfeiler für eine Freundschaft. Trotzdem glaube ich nicht, dass es ein Problem sein wird, wenn du ihr bald reinen Wein einschenkst. Sie wird sicherlich nachvollziehen können, warum du dich hier für Robin Mayer ausgegeben hast. Es hatte ja nichts mit ihr zu tun."

„Vermutlich hast du Recht", erwiderte ich ein wenig beruhigter.

„Ich wollte mit dir noch über etwas anderes reden", begann Michael dann. „Es geht um euren Ausflug. Ist dort irgendetwas Ungewöhnliches vorgefallen mit Beatrice?"

„Es gab mal wieder eine Spontanheilung. Sie hat sich an ihrem Sektglas geschnitten. Dieses Mal haben es ziemlich viele Leute mitgekriegt. Aber keiner hat deswegen Angst vor ihr bekommen. Es ist zum Glück noch mal gut gegangen."

„Ist noch irgendetwas anderes passiert?", fragte Michael seltsam unruhig nach.

„Warum fragst du das?!", wollte ich irritiert wissen.

„Ella hat mir mitgeteilt, dass auf eurem Ausflug Ereignisse in Gang gesetzt wurden, die wir unbedingt kontrollieren müssen. Ich konnte aber nicht verstehen, was das für Ereignisse gewesen sein sollen."

Ich zuckte ahnungslos mit den Schultern. „Es ist nur die Sache mit dem Glas passiert. Ich wüsste nicht, was wir da kontrollieren sollten."

„Das weiß ich auch nicht!"

„Ich verstehe das mit deiner Ella nicht", erklärte ich verwirrt. „Wieso teilt sie dir manchmal Sachen ganz klar mit und andere dann wieder so schwammig?"

„Ella ist wie gesagt kein Mensch. Sie ist vielmehr die Stimme meiner Erinnerung."

„Deiner Erinnerung?!"

„Die Informationen, die ich von Ella erhalte, die kriege ich nicht wirklich. Ich muss sie mir holen! Und dazu bediene ich mich eines kleinen Tricks, den die meisten Menschen anwenden, die hellseherische Fähigkeiten haben: Ich erinnere mich!"

„Wie soll ich das jetzt verstehen?", fragte ich verwirrt. „Du erinnerst dich!?"

„Die meisten Menschen denken, wir könnten uns nur an die Informationen erinnern, die in unserem Gedächtnis gespeichert sind. Doch das stimmt nicht. Wir können alle Informationen der Matrix wahr-

305

nehmen. Überall auf der Welt beweisen das Menschen jeden Tag mit hellseherischen Fähigkeiten, Fernwahrnehmung, Präkognition, Außerkörperlicher Wahrnehmung und einer Menge weiterer PSI-Fähigkeiten. Die meisten Menschen, die über solche Fähigkeiten verfügen, benutzen den Prozess des Erinnerns, um an Informationen heranzukommen.

Am einfachsten zu verstehen ist dieser Prozess bei den Präkognitiven. Sie erinnern sich einfach an die Zukunft – an Ereignisse, die noch nicht stattgefunden haben."

„Wie kann man sich denn an etwas erinnern, was noch gar nicht stattgefunden hat?!"

„Indem du diese kleine Tatsache einfach ignorierst! Damit nutzt du das Thema Missverständnis zwischen den Gehirnen ausnahmsweise mal positiv. Wenn du dein Emotionalgehirn auf diese Weise ein wenig in die Irre führst, bringt es dich in einen erhöhten Wahrnehmungsmodus für Informationen, der normalerweise für das Abrufen von Gedächtnisinhalten gedacht ist.

Du tust also einfach so, als hätten die Ereignisse bereits stattgefunden – als wäre die Zukunft bereits Vergangenheit. Das tust du natürlich nur vorübergehend. Nur so lange, bis du die Information in der Matrix wahrgenommen hast."

„Du erinnerst dich also wirklich an Ereignisse, die noch gar nicht stattgefunden haben!?", fragte ich noch einmal skeptisch nach.

„Nur manchmal. Hauptsächlich erinnere ich mich an wichtige Zusammenhänge, die mich das Leben verstehen lassen und mir so Möglichkeiten aufzeigen, den besten Weg zum Glück zu finden. Doch diese Zusammenhänge muss ich verstehen können. Ich kann zwar durch den erhöhten Wahrnehmungsmodus besser auf Informationen zugreifen, aber sie ergeben keinen Sinn, solange ich sie nicht sinnvoll einordnen kann. Es ist, als könnte ich ein paar Puzzleteile eines Gesamtbildes erkennen. Manchmal liegen diese Puzzleteile bereits am richtigen Ort. Dann habe ich gute Chancen, das Gesamtbild zu erraten. Doch oft liegen diese Teile auch völlig durcheinander auf einem Haufen. In diesem Fall verstehe ich gar nichts. Mit der Zeit ordnet sich dann oft einiges, wenn ich weitere Informationen bekomme. So geschieht es auch im Moment in Bezug auf das Positive Fühlen. Ich habe ein paar wenige geordnete Puzzleteilchen und eine ganze Hand voll, von denen ich noch nicht mal im Ansatz weiß, wo ich sie hintun soll. Das macht die ganze Sache schwierig. Ich merke gleich, wenn ein Puzzleteilchen dazukommt, wie heute bei eurem Ausflug. Aber ich kann noch nicht erkennen, was auf diesem Teilchen drauf ist, geschweige denn, wo es im Gesamtbild hingehört. Ich spüre nur, dass etwas sehr Bedeutendes passiert ist, das Konsequenzen für uns alle nach sich ziehen wird."

„Ich kann mir nicht vorstellen, was das sein könnte", erwiderte ich schulterzuckend. „Aber wo wir gerade bei dem großen Puzzle sind. Bist du eigentlich weitergekommen mit der Frage, warum das Positive Fühlen verborgene Fähigkeiten in uns aktiviert?"

„Ja, das bin ich, aber ich bin mir noch nicht ganz sicher. Es klingt sogar in meinen Ohren ziemlich abenteuerlich. Ich vermute, dass es dir schwerfallen würde, es als Wahrheit anzusehen", erklärte Michael zurückhaltend.

„Ich habe in den letzten Tagen so viele Dinge erlebt, dass ich so langsam gar nichts mehr ausschließen kann. Was hast du denn bis jetzt herausgefunden?"

„Es geht um das Missing Link! Das fehlende Glied in der Evolution des Menschen. Viele Wissenschaftler glauben, dass der moderne Mensch vor ca. 40.000 Jahren einen gewaltigen Entwicklungssprung gemacht hat. Ob diese Zeitangabe stimmt, weiß ich nicht, aber ganz offensichtlich war der Homo Sapiens ganz plötzlich sehr viel höher entwickelt als alle anderen Menschengattungen, die es damals neben ihm gab. Innerhalb weniger Jahrtausende hat der Homo Sapiens durch diesen Entwicklungssprung alle anderen Menschengattungen von der Erde verdrängt, wie zum Beispiel den Neandertaler.

Es gibt heute nur noch eine einzige Gattung Mensch. So etwas gab und gibt es im Tierreich kein zweites Mal. Der Entwicklungssprung des

Homo Sapiens ist einmalig. Die Evolution macht normalerweise nicht solche Sprünge. Und daher sucht man das fehlende Glied. Was hat diesen Entwicklungssprung ausgelöst? Bisher konnte noch kein Wissenschaftler eine stichhaltige Erklärung liefern. Deshalb gehen Mystiker davon aus, dass hier jemand oder etwas nachgeholfen haben könnte."

„Könntest du dir vorstellen, dass dieser Jemand dabei einen Fehler gemacht hat? Mir geht gerade eine Frage durch den Kopf, die mir der alte Chinese heute Morgen gestellt hat. Kennst du den eigentlich? Das ist vielleicht ein komischer Typ – er läuft ständig in seinem bordeauxroten Seidengewand am Strand herum und stellt den Leuten seltsame Fragen."

„Mir ist noch kein Chinese am Strand begegnet", erwiderte Michael schulterzuckend. „Was für seltsame Fragen stellt er denn?"

„Heute Morgen hat er mir erklärt, dass sich die Menschheit auf dieser Welt verhält wie das Virus in seinem Wirt. Wir vermehren uns ohne Rücksicht auf Verluste, bis wir die Welt zerstört haben werden. Bei dem, was du eben sagtest, ist noch eine weitere Parallele zum Virus aufgetaucht. Auch das Virus verdängt konkurrierende Viren, so wie der Homo Sapiens den Neandertaler verdrängt hat. Die Frage des Chinesen war: Was bringt uns dazu, uns wie das Virus zu verhalten?"

„Diese Frage kann ich dir beantworten."

„Echt?!", fragte ich ungläubig, denn das hatte ich nicht erwartet.

„Wir haben schon einmal darüber gesprochen. Es ist die Tatsache, dass sich der Mensch darüber bewusst ist, dass er glücklich sein will. Das ist das, was uns Menschen vom Tier unterscheidet, und es ist auch der Grund, der uns zum Virus macht."

„Das musst du mir genauer erklären."

„Keinem Tier auf dieser Welt ist bewusst, dass es glückliche Gefühle haben möchte, obwohl es diese natürlich will. Aber es denkt nicht darüber nach und setzt sich die glücklichen Gefühle auch nicht bewusst zum Ziel. Es nimmt einfach, was kommt. Der Mensch ist da anders. Er arbeitet an seinem Glück. Außerdem akzeptiert er nicht, dass er nur ab und zu glückliche Gefühle haben soll, was für jedes Tier dagegen ganz normal ist. Der Mensch will die glücklichen Gefühle immer und überall. Und die unglücklichen möchte er komplett vermeiden.

Ein Mensch, der das Positive Fühlen nicht kennt, versucht für gewöhnlich, sein Glück über die Belohnungsgefühle zu finden. Dabei versucht er permanent, von allem immer mehr zu bekommen. Wir haben darüber ja schon einmal ausführlich gesprochen. Er will mehr Geld, mehr Ansehen, mehr Freiheit, mehr alles und jedes."

„Getrieben von dem Verlangen nach glücklichen Gefühlen", erinnerte ich mich nachdenklich.

„Und dieses Verlangen ist unglaublich stark!", betonte Michael. „Es ist so stark, dass Menschen ihrem Leben sogar ein freiwilliges Ende setzen, wenn sie keine Aussicht mehr auf Glück sehen. Selbstmord ist etwas, was es in der Tierwelt überhaupt nicht gibt. Es ist ein Krankheitssymptom, das nur den Menschen betrifft."

„Und die Krankheitsursache ist letztendlich die Tatsache, dass wir ein Bewusstsein entwickelt haben."

„So könnte man es sehen", entgegnete Michael nachdenklich. „Man könnte jedoch auch sagen, dass die Ursache darin liegt, dass der Mensch sein Bewusstsein zu früh bekommen hat. Das ist eher meine Theorie. Der Mensch war zur Zeit des Evolutionssprungs, also vor 40.000 Jahren, einfach noch nicht weit genug, um die Funktionsweise seines Gehirns begreifen zu können. Er hatte keine Ahnung, wie sein Bewusstsein die Führung über die Gehirne übernehmen könnte. Er spürte nur, dass es ihn nach Glücksgefühlen verzehrte, die er jedoch scheinbar nur durch permanentes Wachstum erreichen konnte."

„Das bedeutet also, dass dieses etwas oder dieser jemand, der das Missing Link darstellt, tatsächlich einen Fehler gemacht haben könnte, als es in unsere Evolution eingegriffen hat. Einen Fehler, der die Zerstörung allen Lebens zur Folge haben könnte."

„So sieht es aus", stimmte Michael mir zu. „In der Bibel wird das als Sündenfall bezeichnet. Der Mensch hat vom Baum der Erkenntnis gegessen und wurde daraufhin aus dem Paradies vertrieben. Im Grunde genommen ist diese Erzählung eine sehr treffende Metapher für die verfrühte Entwicklung unseres Bewusstseins.

Als ich Ella nach dem Missing Link fragte, hatte ich das eindeutige Gefühl, dass hier eine höhere Intelligenz im Spiel war. Möglicherweise war aber auch alles so geplant, wie es passiert ist. Ich weiß es nicht. Das Missing Link hat uns nicht nur ein Bewusstsein gegeben, es hat gleichzeitig Fähigkeiten in uns eingepflanzt, die weit über das hinausgehen, was wir in unserem Alltag normalerweise nutzen können. Diese Fähigkeiten wurden jedoch mit einer Art Passwort geschützt – wir können normalerweise nicht über sie verfügen. Menschen, welche die Erleuchtung erlangen, erschließen sie sich nach und nach. Und wie es aussieht, tun wir das mit dem Positiven Fühlen ebenfalls. Die allumfassende positive Beurteilung scheint in unserem Fall das Passwort zu sein. Es sieht so aus, als hätte das Missing Link das so beabsichtigt. Wir sollen unsere Macht vermutlich erst dann bekommen, wenn wir keine unsinnigen Negativbeurteilungen mehr vornehmen und infolgedessen keinen Unfug mehr mit unserer Macht anstellen.

Seit ich das Positive Fühlen praktiziere, sind meine Wahrnehmungsfähigkeiten zwar deutlich geschärft worden, aber in dieser Sache kam ich trotzdem nicht weiter. Ich hoffe allerdings darauf, dass meine Fähigkeiten sich weiterhin so gut entwickeln, denn ohne diese Fähigkeiten werden wir es nicht schaffen, die Ereignisse in positive Bahnen zu lenken. Auch nicht ohne deine Fähigkeiten!", betonte Michael.

„Bei mir haben sich noch keine Fähigkeiten entwickelt. Ich bin zwar fast permanent im Positiven Fühlen drin, aber anscheinend falle ich trotzdem noch zu oft raus. Es gibt noch etliche Dinge, die mich immer wieder mal rausreißen."

„Meinem Gefühl nach wird es nicht mehr lange dauern, bis bei dir die ersten Fähigkeiten zum Vorschein kommen. Du stehst ganz kurz davor, das spüre ich!"

Mögen oder nicht mögen?

Als wir nach diesem Gespräch zurück ins Camp kamen, sah ich auf Julis Terrasse eine große Gruppe von Leuten um den Tisch herum stehen. „Was ist denn da los?", dachte ich laut.

„Das ist Stefan. Er demonstriert das Chinesische Würfeln. Stefan ist ebenfalls Glückstrainer."

„Chinesisches Würfeln?!", wiederholte ich ahnungslos.

„Schau es dir doch an. Es wird dir gefallen", sagte Michael mit einem wissenden Lächeln. „Ich möchte dir nicht zu viel verraten, aber am besten kommst du anschließend noch einmal bei uns vorbei. Wir werden nach dem Chinesischen Würfeln nämlich ein paar sehr wichtige Dinge zu besprechen haben", kündigte er geheimnisvoll an.

Ich willigte verwundert, aber erwartungsvoll ein und steuerte dann auf Stefan zu.

„Wer von euch kennt das Chinesische Würfeln?", fragte er, als ich dort ankam, gerade die Zuschauer.

Etwa zehn Leute saßen mit ihm zusammen am Terrassentisch, die anderen standen um die Gruppe herum. Es waren insgesamt bestimmt dreißig Leute. Ich stellte mich dazu und versuchte zu erkennen, was auf dem Tisch vor sich ging.

„Wenn ihr es schon kennt, dann verratet bitte nichts!", bat Stefan eindringlich. „Es ist eine Wahrnehmungsübung, die nur dann ihre volle Wirkung entfalten kann, wenn man nicht weiß, worum es geht.

Die Chinesen würfeln natürlich nicht mit normalen Würfeln – sie benutzen Holzstäbchen. Und zwar fünf Stück. Die Zahlen, die gewürfelt werden können, gehen von null bis fünf. Wenn man in China durch die Straßen geht, sieht man sie überall in den Ecken sitzen und würfeln. Dort ist das so etwas wie ein Nationalsport. Als Fremder versteht man das System beim Würfeln allerdings nicht gleich. Man muss schon sehr genau hinsehen. Das ist das Wichtigste – genau hinsehen. Und das wollen wir jetzt einmal üben. Aber verratet die Lösung nicht gleich, wenn ihr herausgefunden habt, wie es funktioniert. Lasst den anderen den Spaß, selbst darauf zu kommen. Okay?"

Nachdem alle zustimmend genickt hatten, fing Stefan an. Er nahm fünf Streichhölzer in die Hand und warf sie nach einer kurzen Schüttelbewegung auf den Tisch.

„Das ist zum Beispiel eine Zwei", erklärte er.

„Warum eine Zwei?", fragte eine Frau.

„Genau das sollt ihr herausfinden! Darin besteht die Übung. Ich zeige euch jetzt erst einmal alle Zahlen", schlug er vor. „Danach wird das Ganze vermutlich einfacher. Wenn ich dieses Stäbchen von links nach rechts herüberlege, ist es eine Drei", erklärte er und führte die Position vor. „Wenn ich jedoch dieses Stäbchen von oben nach unten lege und es umdrehe, dann wird aus dem Ganzen eine Vier."

Stefan demonstrierte auf diese Weise nacheinander alle Zahlen von null bis fünf. Ich erkannte leider absolut kein System bei der ganzen Sache. Offenbar war ich aber nicht der Einzige, denn auf Stefans Frage, ob schon jemand verstanden hätte, wie es funktioniert, meldete sich keiner.

„Okay, dann gebe ich euch noch eine kleine Hilfe mit auf den Weg. Manchmal konzentriert man sich zu sehr auf das Vermeintliche und übersieht dabei das Wesentliche. Das ist eine alte chinesische Weisheit, die das Geheimnis des Chinesischen Würfelns erklärt."

Ich hatte keinen blassen Schimmer, was Stefan damit sagen wollte, und schaute wie gebannt auf die Stäbchen, die er immer wieder in der Hand schüttelte und dann auf den Tisch warf.

„Das ist jetzt zum Beispiel ebenfalls eine Vier", erklärte er. „Und das ist eine Zwei", fuhr er nach dem nächsten Wurf fort.

So ging das noch ein paar Minuten weiter, bis eine junge Frau plötzlich lauthals zu lachen anfing.

„Oh, wir haben offensichtlich eine Erleuchtung", rief Stefan begeistert. „Verrat aber bitte nicht, wie es funktioniert", bat er dann erneut. „Die anderen sollen es auch selbst herausfinden können."

Ich war mir nicht sicher, ob das Ganze nicht ein abgekartetes Spiel mit dieser Teilnehmerin war und eine bloße Verarschung darstellen sollte. Daher bat ich die beiden, doch einmal unabhängig voneinander die gewürfelte Zahl mitzuteilen.

„Sehr gerne", antwortete Stefan. „Ihr zählt alle bis drei, und wir beide sagen dann die Zahl simultan. Also, was ist das für eine Zahl?", fragte er und warf die Streichhölzer erneut.

„Eins, zwei, drei", zählten wir alle gemeinsam, woraufhin die bereits Erleuchtete und er im Duett laut „Fünf" riefen.

Es war verblüffend. Offenbar konnte sie die Zahlen tatsächlich lesen. Sie hatte es verstanden!

„Ich gebe euch jetzt noch einmal einen Tipp. Ihr konzentriert euch viel zu sehr darauf, die Logik zu erkennen. Dadurch seid ihr blind dafür, die einfache und nahe liegende Wahrheit zu sehen."

Ich verstand nicht, was er damit meinte – im Gegensatz zu zwei anderen Leuten, die nach dem nächsten Wurf in lautes Gelächter ausbrachen!

„Das gibt es doch nicht!", rief der eine ungläubig aus.

„Psst. Nicht verraten!", unterbrach ihn Stefan.

Es ging weiter. Nun waren es schon drei Leute, die simultan Stefans Würfelstäbchen deuten konnten. Ich fing so langsam an, mich für blöd zu halten. Offenbar musste es irre einfach sein, sonst hätten die Leute nicht so gelacht nach ihrer Erleuchtung. Ich suchte wahrscheinlich nach einem viel zu komplizierten System, wurde mir klar. War es vielleicht einfach so, dass es darauf ankam, in welche Richtung die Köpfe der Streichhölzchen schauten?

Die Idee war gut, aber offensichtlich doch nicht die richtige. Meine Ergebnisse stimmten absolut nicht mit den Zahlen überein, die Stefan und die anderen nannten.

Ich entwickelte eine Theorie nach der nächsten, wie es wohl funktionieren könnte. Doch keine von ihnen traf zu. Nach und nach kapierten immer mehr Leute das System. Zwei Drittel von uns hatten es mittlerweile bereits verstanden. Und jeder, der darauf kam, lachte sich erst einmal kaputt. Ich fing langsam wirklich an, mich für begriffsstutzig zu halten. Wieso kam ich nicht endlich dahinter? Das konnte doch wohl nicht wahr sein!

„Jetzt machen wir es einmal ganz deutlich für euch", schlug Stefan da gerade vor. „Passt auf! Wir werden jetzt übersinnlich. Ich werde die Stäbchen nun werfen. Aber so, dass meine Hand das Ergebnis vollständig zudeckt. Und ich wette mit euch, dass wir alle trotzdem simultan die richtige Zahl nennen werden."

Das konnte ich mir jetzt aber wirklich nicht vorstellen. Wie sollte denn das bitte funktionieren?! Fast hätte ich die Wette tatsächlich angenommen. Stefan warf die Stäbchen und hielt sofort seine Hand darüber. Wir zählten gemeinsam bis drei, und alle Leute, die es schon kapiert hatten, nannten dann simultan die Zahl Null.

Ich war von den Socken. Wie konnte das sein?! Wie konnten die Leute so selbstverständlich, ohne sich anstrengen zu müssen, die Zahl wissen, obwohl sie die Streichhölzer gar nicht gesehen hatten?

„Immer noch nicht kapiert?", fragte Stefan uns zurückgebliebene Ahnungslose. „Machen wir es noch etwas einfacher. Ich werde die Stäbchen gar nicht werfen. Ich werfe sie erst hinterher. Zunächst einmal bestimmen wir alle gemeinsam, was für eine Zahl ich werfen soll. Also jetzt zusammen: Eins, zwei, drei ..."

„Zwei", riefen alle simultan, ohne dass sie sich abgesprochen haben konnten. Daraufhin fingen plötzlich zwei weitere Zuschauer das Lachen an und konnten sich überhaupt nicht mehr einkriegen. Das, was Stefan hier abzog, musste wirklich eine Verarschung sein. Ich war mir da jetzt ganz sicher. Nur – wie funktionierte sie? Inzwischen waren nur noch eine Frau und ich übrig. Alle anderen hatten es bereits verstanden und lachten sich jedes Mal über unsere erstaunten und ungläubigen Gesichter kaputt.

„Leute, wir müssen den beiden jetzt irgendwie auf die Sprünge helfen, sonst sitzen wir in zwei Wochen noch hier. Könnt ihr euch vorstellen, dass die Zahlen, die wir nennen, gar nichts mit den Streichhölzern zu tun haben?", fragte Stefan uns beide.

„Das habe ich mir schon gedacht", erwiderte ich. „Nur genützt hat mir diese Erkenntnis bisher noch nichts."

„Und wieso schaust du dann immer noch auf die Streichhölzer, wenn ich würfle?! Erinnere dich an das, was ich am Anfang gesagt hatte. Manchmal konzentriert man sich zu sehr auf das Vermeintliche und übersieht dabei das Wesentliche. Ich habe euch im Grunde genommen schon gleich am Anfang gesagt, wie es funktioniert. Aber machen wir noch einen letzten Versuch."

Stefan warf die Streichhölzer erneut und alle nannten simultan die Zahl. Da brach auch die letzte ahnungslose Teilnehmerin in lautes Lachen aus und schrie: „Das gibt es doch nicht! Das kann man doch eigentlich gar nicht übersehen."

Ich verstand die Welt nicht mehr. Noch immer hatte ich nicht die leiseste Ahnung, wie die das machten. Hatten sie sich dieses Spiel vielleicht ausgedacht, bevor ich gekommen war, und nur darauf gewartet, dass sie einen fanden, der blöd genug war, ihnen auf den Leim zu kriechen?

„Ich mache es dir jetzt einmal so deutlich vor, dass du es gar nicht übersehen kannst", kündigte Stefan an. „Ich lasse die Streichhölzer jetzt einfach einmal so liegen, wie sie sind, und zeige dir trotzdem alle Zahlen von null bis fünf. Das ist eine Null", erklärte er dann und tat eigentlich nichts. „Und das ist eine Eins", fuhr er fort – und machte immer noch nichts. „Das ist jetzt eine Zwei", sagte er und legte zwei Finger der Hand, mit der er nie gewürfelt hatte, auf die Tischkante. Doch das konnte es ja wohl nicht gewesen sein. Ich hätte ja wohl bemerkt, wenn er einfach allen so offensichtlich ein Handzeichen gegeben hätte. „Und das ist jetzt eine Drei", erklärte er und legte drei Finger auf den Tisch.

„Das gibt es doch nicht!", rief ich entsetzt, und alle lachten sich kaputt. „Das ist doch eine Verarschung! Das hast du voher bestimmt nicht gemacht", unterstellte ich ihm überzeugt.

315

„Doch, das hat er!", bestätigte die junge Frau, die als erste ihre Erleuchtung gehabt hatte. „Genau das hat er von Anfang an gemacht."

„Aber doch sicher nicht so offensichtlich", erwiderte ich.

„Genauso offensichtlich wie jetzt", bestätigte sie noch einmal amüsiert.

„Das ist unglaublich", erklärte ich beeindruckt. „Wie kann das funktionieren?"

„Es liegt an der Verarbeitungskapazität unseres Gehirns", erklärte Stefan. „Durchschnittlich kann unser Gehirn ca. zehn Prozent aller Informationen verarbeiten, die im Alltag permanent auf uns einprasseln. Das hat die Gehirnforschung unlängst herausgefunden. Achten wir auf die falschen zehn Prozent, dann sehen wir die Finger einfach nicht, obwohl sie eigentlich ganz deutlich auf dem Tisch liegen.

Ich kenne noch ein weiteres Beispiel, welches das eindrucksvoll demonstriert. Schaut jetzt bitte einmal nicht auf eure Uhr, falls ihr sie dabeihabt. Wer von euch ist der Meinung, dass er seine Uhr gut kennt?"

Die meisten aus der Gruppe meldeten sich. Ich gehörte ebenfalls dazu.

„Dann überlegt jetzt bitte einmal, wie das Ziffernblatt eurer Uhr genau aussieht! Sind Zahlen darauf oder hat es Striche für jede Stunde? Oder gibt es vielleicht nur einen Strich für jedes Viertel?"

Ich vermutete, dass sich auf meiner Uhr feine Striche befanden, war mir jedoch nicht hundertprozentig sicher.

„Und was ist auf dem Ziffernblatt sonst noch drauf? Wo steht die Marke und ist sonst noch etwas zu lesen?"

Die Marke stand auf meiner Uhr im unteren Drittel. Oben war auch noch irgendetwas. Ich wusste jedoch nicht mehr so genau, was das war.

„Welche Farbe hat euer Ziffernblatt? Und ist es matt oder glänzend?"

Meins war schwarz. Und ich vermutete, dass es matt war.

„Dann wollen wir doch mal überprüfen, wie euer Ziffernblatt wirklich aussieht. Schaut es euch jetzt genau an!", forderte uns Stefan grinsend auf.

„Ach du liebe Scheiße!", rief ich beeindruckt und amüsiert. „Mein Ziffernblatt hat ja gar keine Striche. Es sind Punkte. Und die Marke steht oben anstatt unten. Und es ist glänzend statt matt! Ich hätte nicht gedacht, dass ich meine Uhr so wenig kenne", sagte ich verwundert, während ich mein Ziffernblatt weiterhin aufmerksam betrachtete.

„Und jetzt sag mir mal, wie viel Uhr es genau ist!", bat mich Stefan und hielt seine Hand über meine Uhr, sodass ich den Zeiger nicht mehr sehen konnte.

„Keine Ahnung!", musste ich zugeben.

„Aber du hast doch eben ganz intensiv auf deine Uhr geschaut", fragte er gespielt verständnislos. „Da musst du doch gesehen haben, wie viel Uhr es ist."

„Ja, aber doch nicht auf die Zeiger! Ich sollte auf das Ziffernblatt schauen", wandte ich ein.

„Genau das bedeutet es, wenn unser Gehirn nur zehn Prozent der Informationen wahrnimmt, die permanent auf uns einprasseln", sagte Stefan wieder an die ganze Gruppe gerichtet. „So, wie ihr vorhin die Finger auf dem Tisch nicht gesehen habt, so habt ihr auch eben die Zeiger eurer Uhr geistig ausgeblendet, und ebenso blendet ihr auch oft das Glück aus, das euch täglich in eurem Leben begegnet. Und genau hier könnt ihr ansetzen!

Logischerweise sucht sich das Gehirn die zehn Prozent, die es verarbeiten will, sehr sorgfältig aus. Es will sich natürlich nur mit Dingen beschäftigen, die wirklich von Bedeutung sind. Gebt daher dem Glück einfach eine größere Bedeutung, und ihr werdet es wie von selbst wieder stärker wahrnehmen."

Daraufhin löste sich die Gruppe langsam auf. Diese Sache mit den Stäbchen und der Uhr hatte mich sehr beeindruckt.

Ich ging zu Bungalow 36, wie ich es zuvor mit Michael vereinbart hatte. Er saß auf der Terrasse und wartete schon auf mich. Mary war nicht zu sehen. Ich setzte mich zu ihm.

„Na, wie schnell hast du herausgefunden, wie es funktioniert?", fragte er lächelnd.

„Reden wir von etwas anderem!", lenkte ich peinlich berührt, aber mit einem verschmitzten Lächeln ab. „Ich war nicht einer der Letzten – ich war der Letzte!"

„Ich hoffe, du hast trotzdem beim Chinesischen Würfeln gewonnen", entgegnete er amüsiert.

„Aber ja doch, an Erkenntnis!", sagte ich scherzend.

„Darum ging es ja auch in Wirklichkeit! Welche Erkenntnis hast du denn gewonnen?"

„Dass wir nur zehn Prozent aller Informationen verarbeiten können, die wir aufnehmen?!", antwortete ich.

„Und welche zehn Prozent?"

„Die zehn Prozent, die wir als wichtig ansehen."

„Und was entscheidet darüber, was wir als wichtig ansehen?", hakte Michael nach, um meine Erkenntnis noch mehr zu fördern.

„Keine Ahnung! Mein Unterbewusstsein? Oder mein Emotionalgehirn?"

„Was hat dafür gesorgt, dass du die Fingerzeichen von Stefan nicht wahrgenommen hast?", fragte Michael weiter.

„Ich habe immer nur auf die Stäbchen geschaut."

„Und aus welchem Grund hast du das getan?"

„Weil ich das System verstehen wollte."

„Weil du das System verstehen wolltest!", betonte Michael. „Das ist der springende Punkt! Was du willst, bestimmt, was dir wichtig ist, und damit, was du wahrnimmst. Lass mich dir noch eine weitere Frage stellen", bat er. „Welche Gefühle bekommst du, wenn du etwas Positives wahrnimmst?"

„Gute natürlich", antwortete ich schulterzuckend, denn ich hatte keine Ahnung, warum er mir so eine triviale Frage stellte.

„Und was für Gefühle bekommst du, wenn du etwas Negatives wahrnimmst?"

„Logischerweise schlechte."

„Die Gefühle der Negativmodi also", stellt Michael fest. „Und wie viele Stunden des Tages hast du vor dem Positiven Fühlen tatsächlich mit echten Glücksgefühlen und damit im Positivmodus verbracht?"

„Stunden?!", erwiderte ich kopfschüttelnd. „Ich konnte schon froh sein, wenn es ein paar wenige Minuten pro Tag waren!"

„Stell dir mal vor, du wärst gestorben und würdest nun vor der Himmelstür stehen. Petrus kommt dir entgegen und eröffnet dir, dass er dich leider nicht reinlassen kann, bevor du nicht gelernt hast, alles Positive wirklich wahrzunehmen. Schließlich möchtest du in den Himmel, und da sollte man das Positive schon wahrnehmen können!

Petrus gibt dir jedoch noch eine letzte Chance. Du darfst eine Woche lang zurück in dein Leben, um zu beweisen, dass du es doch kannst. Wie viele Stunden pro Tag würdest du in dieser Woche mit dem Wahrnehmen von Positivem und damit mit Glücksgefühlen verbringen?"

„24 Stunden!", erkannte ich fassungslos.

„Und warum kamst du dann bisher nur auf einige wenige Minuten pro Tag?", fragte Michael lächelnd.

„Weil es ständig etwas Negatives gab, das ich vermeiden oder bekämpfen musste."

„Was dir wichtig ist, bestimmt deine Wahrnehmung. Was war dir also wichtiger – etwas für das Positive zu tun, oder gegen das Negative vorzugehen?"

„Offenbar gegen das Negative vorzugehen", sagte ich nachdenklich.

„Wie viel von deinen zehn Prozent blieben also tatsächlich für das Wahrnehmen des Positiven pro Tag übrig?"

„So gut wie gar nichts!", erkannte ich geschockt. „Alles ging für das Bekämpfen oder Vermeiden des Negativen drauf."

„Du hast vor lauter negativen Stäbchen die positiven Fingerzeichen nicht mehr gesehen – obwohl sie massenweise da waren!"

„Das ist oberkrass!", meinte ich fassungslos.

„Krass wird es dann, wenn du dich mal fragst, wie häufig die Negativmodi beim Bekämpfen und Vermeiden des Negativen überhaupt sinnvoll waren.

Der Kampfmodus macht nur Sinn, wenn du tatsächlich körperlich kämpfen musst. Der Fluchtmodus macht nur Sinn, wenn du wirklich vor einem wilden Tier weglaufen musst, und der Totstellmodus ist nur sinnvoll, wenn es zum Weglaufen bereits zu spät ist und du nur noch mit Totstellen vermeiden kannst, dass ein Raubtier dich auffrisst. Der Gefahrenvermeidungsmodus macht nur dann Sinn, wenn es tatsächlich eine akute Gefahr für dein Überleben zu vermeiden gibt. In allen anderen Situationen, in denen du diese Negativmodi fälschlicherweise aktivierst, bringen sie dir erhebliche Nachteile.

Deinem Emotionalgehirn geht es beim Einsatz der Negativmodi immer nur um die Erfüllung und Absicherung deiner sieben Grundmotive. Alles andere interessiert es überhaupt nicht. Schauen wir uns das einmal genauer an: Wie häufig bestand im letzten Jahr die ernsthafte Gefahr, dass du verhungern könntest?"

„Kein einziges Mal", erwiderte ich.

„Und wie häufig bestand die Gefahr, dass du erfrieren musst?"

„Ebenfalls kein einziges Mal."

„Und wie häufig wurdest du fast erschlagen oder von einem wilden Tier gefressen?"

„Gar nicht!", erklärte ich kopfschüttelnd.

„Wie häufig wurdest du tatsächlich deiner Freiheit beraubt – also entführt, eingesperrt, erpresst oder gewaltsam genötigt? Denn nur diese Dinge interessieren dein Emotionalgehirn, wenn es um dieses Grundmotiv geht. Es möchte Gefahren für dein Überleben vermeiden. Dabei interessiert es sich nicht für die Zickereien eines anderen Menschen, die du fälschlicherweise ebenfalls als Einschränkung deiner Freiheit beurteilen könntest. Es geht ihm lediglich um die gewaltsame Beraubung deiner Freiheit. Wie häufig kam das also vor im letzten Jahr?"

„Logischerweise überhaupt nicht!"

„Dein Emotionalgehirn interessiert sich wie gesagt nur für Lebensgefahren. Dieses Prinzip gilt auch für die Erfüllung der beiden Grundmotive, Menschen zu finden, die zu dir passen, und bei diesen Menschen erwünscht zu sein. Bei Herdentieren sind diese beiden Grundmotive überlebenswichtig. Werden sie aus dem Rudel ausgestoßen, haben sie alleine in der Wildnis kaum eine Überlebenschance. Der Mensch ist in seinem Ursprung ebenfalls ein Herdentier.

Wie viele Male wurdest du also fast aus der Gesellschaft ausgestoßen oder gewaltsam in die Wildnis verbannt? Wie oft bestand die tatsächliche Gefahr, dass du bis zum Ende deines Lebens ganz alleine ohne jegliche menschliche Kontakte leben musst?"

„Natürlich ebenfalls nie."

„Ist dir klar, was das bedeutet?! Du hattest im letzten Jahr kein einziges Mal eine Situation, die aus der Sicht deines Emotionalgehirns tatsächlich ein Problem dargestellt hätte! Das heißt, es gab kein einziges Mal einen echten Grund für einen Negativmodus! In all den Situationen, in denen du dich schlecht gefühlt hast, warst du demzufolge völlig unnötigerweise in einem falschen Modus und musstest zusätzlich zu deinen unangenehmen Gefühlen auch noch die teilweise erheblichen negativen Konsequenzen dieser Negativmodi tragen."

„Ich glaub, mir wird schlecht!", erwiderte ich fassungslos.

„Alle deine schlechten Gefühle waren tatsächlich nicht mehr als Missverständnisse!", betonte Michael. „Du hast dein Emotionalgehirn mit deinen Negativbeurteilungen völlig umsonst dazu gebracht, ständig etwas bekämpfen oder meiden zu wollen, was man weder bekämpfen noch meiden kann. Du hast dich damit dein ganzes Leben lang ständig selbst verarscht. Ich denke, es ist an der Zeit, nun wirklich mit diesem Unsinn aufzuhören!"

„Sag mir wie, und ich tue es sofort!"

„Zwei Dinge solltest du dir abgewöhnen, mit denen du dein Emotionalgehirn ständig in die Irre führst: Beurteile nie wieder etwas als

Gefahr, was in Wirklichkeit gar keine Gefahr für deine Grundmotive und damit dein Überleben darstellt! Und beurteile nie etwas als schlecht, was aus der Sicht deines Emotionalgehirns nicht wirklich schlecht ist! Wenn dir das gelingt, wirst du keine unsinnigen Negativmodi und damit auch keine unsinnigen schlechten Gefühle mehr erleben. Das wäre schon einmal die halbe Miete."

„Nur die halbe Miete?!", fragte ich verwundert.

„Wie du weißt, ist Glück neurologisch gesehen nicht das Gegenteil von Unglück. Nur weil du gerade nicht in einem Negativmodus bist, startet dein Emotionalgehirn nicht automatisch einen Positivmodus. Dazu muss es schon einen triftigen Grund von dir geliefert bekommen. Du musst dafür etwas Positives wahrnehmen und dies natürlich auch als positiv beurteilen. Tust du das nicht, tut dein Emotionalgehirn auch nichts, und du bleibst in einem neutralen emotionalen Zustand. Das ist zwar schon viel besser als ein unsinniger Negativmodus, aber lange noch nicht so gut wie ein echter Positivmodus. Du wärst dann einer jener Menschen, denen alles egal ist, die man so gut wie gar nicht motivieren kann und die sich für nichts interessieren. Das kann also nicht das Ziel sein."

„Das ist bestimmt nicht mein Ziel!", stimmte ich nachdenklich zu.

„Also muss ich das Positive in meinem Leben sehr viel wichtiger machen, damit ich es auch wirklich wahrnehme", schlussfolgerte ich.

„Du müsstest es als überaus wichtig ansehen, so viel wie möglich in deinem Leben positiv zu beurteilen", korrigierte er mich. „Deine Beurteilung ist es, die dein Emotionalgehirn beeinflusst. Und wenn du dauerhaft glücklich sein willst, dann sind es vor allem die Zusammengehörigkeitsgefühle, auf die du hier den größten Wert legen solltest. Im Gegensatz zu den Belohnungs- und Lockgefühlen sind sie nämlich als einzige als Dauergefühle konzipiert. Du kannst dich nicht ewig über eine Gehaltserhöhung freuen, aber du kannst auf ewig den gleichen Menschen lieben. Und genau diese Fähigkeit kannst du viel mehr nutzen, indem du deinen Leitsatz von heute Morgen weiter ausbaust. Liebe, was dich umgibt, und du wirst von Liebe umgeben sein!"

„Und wie baue ich diesen Leitsatz weiter aus?", fragte ich motiviert.

„Indem du ein elementares Missverständnis zwischen den Gehirnen ausnahmsweise einmal zu deinem Vorteil nutzt."

„Ich soll ein Missverständnis nutzen?!", hakte ich verwundert nach.

„Dieses Missverständnis, von dem ich rede, wird es sowieso geben. Es lässt sich unmöglich vermeiden, da es sofort entsteht, sobald dein Großhirn etwas als gut oder schlecht beurteilt, und das tut es ständig. Du kannst dich nur entscheiden, ob du dieses Missverständnis für dich nutzen oder gegen dich einsetzen willst", erklärte Michael.

„Und welches Missverständnis ist das genau?"

„Es geht darum, etwas zu mögen oder nicht zu mögen. Du magst automatisch alles, was du gut findest. Und du magst all das nicht, was du nicht gut findest. Diese Systematik hat weitreichende Folgen für dein Emotionalgehirn. Nenn mir beispielsweise einmal einen Gegenstand, den du sehr magst!"

„Ich mag meine Corvette", antwortete ich.

„Etwas zu mögen ist ein Zuneigungsgefühl!", betonte er. „Es stammt aus der Kategorie der Zusammengehörigkeitsgefühle und ist eigentlich nur für Lebewesen, vor allem für Artgenossen, bestimmt. Wenn du dein Auto magst, machst du es damit für dein Emotionalgehirn zu einem lebendigen Wesen. Es passiert also genau das Gleiche wie bei den Kampfmaßnahmen, wo du gegenüber deinem Emotionalgehirn alles, was du nicht magst, automatisch zu einem lebendigen Wesen erklärst.

Schauen wir uns deine Gefühle zu deinem Auto jetzt einmal ein wenig genauer an. Welche Gefühle hättest du, wenn du deine Corvette auf den Schrottplatz bringen müsstest? Würde dich das völlig kalt lassen, oder wäre es eher eine Art Abschied für dich?"

„Es würde mir tatsächlich was ausmachen. Es wäre ein Abschied für immer."

„Doch Abschied nimmt man nur von einem Lebewesen!", betonte Michael. „Übrigens könntest du auch aus irgendeinem Grund aufhören, dein Auto zu mögen. Du könntest es satthaben oder dich in ein anderes verlieben. Dann würdest du vermutlich mit deiner Corvette Schluss machen wollen!", scherzte er grinsend. „Und genauso wie du dein Auto mögen oder nicht mögen kannst, kannst du jeden Gegenstand mögen oder nicht mögen.

Doch nicht nur Gegenstände werden auf diese Weise für dein Emotionalgehirn lebendig. Du kennst das wie gesagt ja schon von den Kampfmaßnahmen. Für dein Emotionalgehirn wird einfach alles zu einem lebendigen Wesen! Du kannst Orte oder Tätigkeiten mögen oder nicht mögen, genau wie bestimmte Gefühle, Eigenschaften oder Verhaltensweisen. Sogar Lebensumstände oder Situationen kannst du mögen oder nicht mögen. Und immer, wenn du das tust, nimmt dein Emotionalgehirn an, es ginge um ein lebendiges Wesen.

Dieses Missverständnis zwischen den Gehirnen ist allgegenwärtig in deinem Leben. Es lässt sich wie gesagt auch nicht abstellen! Dein Großhirn beurteilt alles danach, ob du es magst oder nicht magst. Und je nachdem, wie diese Beurteilung ausfällt, wird dein Emotionalgehirn dieses Lebewesen dann bekämpfen wollen, oder es wird versuchen, mit ihm eine gute Beziehung aufzubauen und sie zu pflegen."

„Ich bin also mit meiner Corvette tatsächlich eine Beziehung eingegangen", bemerkte ich amüsiert.

„So ist es! Und wie es aussieht, ist es eine echte Liebesbeziehung!", bekräftigte Michael schmunzelnd. „Die gleiche Art von Beziehung solltest du mit sehr viel mehr Dingen in deinem Leben eingehen. Zum Beispiel mit dir selbst!", betonte er ernsthaft. „Ich habe dich schon einmal gebeten, Gemeinsamkeiten mit dir selbst zu suchen, du kannst dich sicherlich noch daran erinnern. Daraufhin hast du dich selbst sehr gemocht. Dieses Gefühl kannst du natürlich noch viel mehr ausbauen.

Du kannst dich selbst lieben! Das Gute dabei ist, dass du dich immer bei dir hast – 24 Stunden pro Tag. Du bist also permanent mit einem Menschen zusammen, den du über alles liebst! Das birgt ein gewaltiges Glückspotenzial.

Der Mensch ist das einzige Wesen auf diesem Planeten, das sich bedingt durch seine Fähigkeit, sich seiner selbst bewusst zu sein, tatsächlich selbst lieben kann. Doch ohne das Missverständnis des Emotionalgehirns wären wir zu dieser Eigenliebe gar nicht fähig. Das Emotionalgehirn sieht jede Selbstbeurteilung als die Beurteilung eines anderen Menschen an.

Sobald du also über dich selbst nachdenkst, wirst du unweigerlich ein Missverständnis auslösen. Du kannst dich dann entscheiden, ob du dieses Missverständnis für die Eigenliebe nutzt oder ob du dich selbst ablehnen und bekämpfen willst.

Deine Beurteilung entscheidet zwischen Kampf- oder Zuneigungsmodus. Und wenn du wirklich glücklich und erfolgreich sein willst, dann ist es sinnvoller, den Zuneigungsmodus zu wählen anstatt den Kampfmodus."

„Aber was ist, wenn ich etwas wirklich nicht mag?", fragte ich skeptisch. „Juli und ich haben zum Beispiel einmal über das Thema Pünktlichkeit gesprochen. Was ist, wenn ich Unpünktlichkeit einfach nicht ausstehen kann?"

„Dann wird aus der Unpünktlichkeit ein lebendiges Wesen, das dein Emotionalgehirn bekämpfen will."

„Das heißt, ich muss mich entscheiden: Will ich glückliche Gefühle haben, oder will ich die Unpünktlichkeit abstellen?"

„Das musst du glücklicherweise nicht!", widersprach mir Michael da zu meiner Überraschung. „Du musst dich lediglich entscheiden, ob du aus der Pünktlichkeit oder aus der Unpünktlichkeit ein lebendiges Wesen machen willst. Für das Großhirn ist das nur eine Frage der Sichtweise. Wir können etwas gegen die Unpünktlichkeit – oder aber für die Pünktlichkeit – tun. Das Glas ist halb leer oder halb voll, theoretisch ist das derselbe Zustand. Für unser Emotionalgehirn macht diese Sichtweise jedoch einen elementaren Unterschied!

Schauen wir uns einmal die Konsequenzen beider Sichtweisen an: Gehen wir also davon aus, es ist unsere Partnerin, die uns immer wieder warten lässt. Wenn wir ihre Unpünktlichkeit jetzt ablehnen, bringt uns unser Emotionalgehirn sofort in den Kampfmodus, denn es möchte die Unpünktlichkeit bekämpfen. Wir werden also angriffig und vorwurfsvoll – womöglich sogar verletzend. Liebe für unsere Partnerin zu spüren, ist in diesem Modus fast unmöglich, denn wir sollen ja kämpfen!

Wenn wir hingegen die Pünktlichkeit mögen, wird unser Emotionalgehirn uns in den Zuneigungsmodus bringen. Natürlich ist es in diesem Modus nicht sonderlich schwierig, die Liebe zu unserer Partnerin zu spüren, was sich selbstverständlich positiv darauf auswirkt, wie wir mit ihr sprechen. Wir werden weder angriffig noch vorwurfsvoll sein. Was wir sagen und vor allem wie wir es sagen, wird einerseits von unserer Zuneigung und andererseits von unserer Motivation geprägt sein, etwas für die Pünktlichkeit tun zu wollen. Unsere Partnerin wird spüren, wie viel uns die Pünktlichkeit tatsächlich bedeutet. Trotzdem werden wir sie nicht angreifen – obwohl sie unpünktlich war! Das wird sie uns vermutlich hoch anrechnen.

Wir werden also mit unserer Partnerin über die gleiche Sache reden, aber dennoch auf eine völlig andere Art und Weise. Was wir im Detail sagen, ist längst nicht so wichtig wie die emotionale Qualität, mit der wir es rüberbringen. 93 Prozent der menschlichen Kommunikation ist nonverbal. Mit anderen Worten: Der Ton macht die Musik!

Aber auch was wir sagen und tun, wird sich ganz erheblich unterscheiden, je nachdem, ob wir im Zuneigungs- oder im Kampfmodus sind. Dabei geht es vor allem um die Verhältnismäßigkeit der Mittel, die wir bereit sind aufzuwenden, um unser Ziel zu erreichen.

Wenn wir die Pünktlichkeit mögen, werden wir überlegen, was wir für sie tun können und welche dieser Maßnahmen tatsächlich angemessen sind. Und das ist der springende Punkt! Die Überlegung, ob eine Maßnahme angemessen ist, stellen wir nämlich nicht an, wenn wir die Unpünktlichkeit zu einem unerwünschten Wesen machen, das vertrieben werden muss. Dafür ist einfach jedes Mittel recht!

Das Emotionalgehirn weist dem Vertreiben des negativ beurteilten Wesens eine extrem hohe Priorität zu, weil es dieses als Gefahr ansieht. Daher ist es nicht verwunderlich, dass unsere Kampfaktionen sehr schnell ein akzeptables Maß überschreiten. Plötzlich geht es nicht mehr darum, dass wir ein paar Minuten warten mussten. Es geht um etwas sehr viel Bedeutenderes: Es geht ums Prinzip!", erklärte er grinsend.

„Das kommt mir sehr bekannt vor", erwiderte ich ertappt und musste lachen.

„Wenn wir uns auf diese Weise erst einmal im Kampfmodus verfangen haben, ist unser Verhalten tatsächlich überhaupt nicht mehr angemessen", sprach Michael weiter. „Das merken wir sogar manchmal selbst. Vor allem dann, wenn wir von unserer Partnerin darauf angesprochen werden. Und dennoch kommen wir meist nicht dagegen an. Unser Emotionalgehirn drängt uns mit aggressivsten Gefühlen dazu, dieses unerwünschte Wesen der Unpünktlichkeit zu vertreiben – koste es, was es wolle!

Während das geschieht, sind wir streng genommen eigentlich nicht wirklich zurechnungsfähig. Wir sind in so einem Moment möglicherweise sogar bereit, unsere Beziehung für dieses Prinzip aufs Spiel zu setzen! Hauptsache, dieses unerwünschte Wesen der Unpünktlichkeit wird vertrieben! Genau das Gleiche passiert mit allem, was wir nicht mögen. Wir überschreiten die Verhältnismäßigkeit der Mittel!"

„Ich habe also die Wahl, ob ich mich wegen der Unpünktlichkeit zu einem Idioten mache und einen Streit eskalieren lasse oder ob ich mich dafür entscheide, die Pünktlichkeit zu mögen, was eine vernünftige und angemessene Vorgehensweise nach sich ziehen würde. Also ich würde sagen, diese Entscheidung ist nicht sonderlich schwierig!"

„Und genau diese Wahl hast du immer, wenn es um etwas geht, was du nicht magst!", betonte Michael. „Du kannst dich stets fragen, was du stattdessen mögen würdest. Statt Unpünktlichkeit wäre es Pünktlichkeit, statt Misserfolg Erfolg, statt schlechter Gefühle gute Gefühle, statt Krankheit Gesundheit und so weiter und so fort. Auf diese Weise bringst du dich innerhalb von Sekunden vom Kampf- in den Zuneigungsmodus, mit allen Vorteilen, die das nach sich zieht. Das ist der Schlüssel zu einem glücklichen und erfolgreichen Leben!"

„Ich dachte immer, das Positive Fühlen sei der Schlüssel zum Glück", erwiderte ich verwundert.

„Das Positiven Fühlen hilft dir dabei, alles in deinem Leben sinnvoller zu beurteilen, daher ist diese Methode von unschätzbarem Wert, aber letztendlich dreht sich dennoch alles um deine Beurteilungen. Sind diese falsch, bringt dich dein Emotionalgehirn auch in einen falschen Modus.

Beurteilst du beispielsweise etwas fälschlicherweise als Gefahr, was für dein Emotionalgehirn, wie du weißt, Lebensgefahr bedeutet, bringt es dich sofort in den Gefahrenvermeidungsmodus oder sogar in den Fluchtmodus, und das kann erhebliche Nachteile nach sich ziehen. Denk nur mal an das Thema mündliche Prüfung!

Deshalb hatte ich eben gesagt, beurteile nie etwas als Gefahr, dem man nicht aus dem Weg gehen und vor dem man auch nicht weg-laufen kann."

„Und wie soll ich diese Dinge stattdessen beurteilen?", fragte ich ratlos.

„Als das, was sie wirklich sind. Du musst dich in so einer Situation einfach fragen, ob hier wirklich deine Grundmotive und damit dein Leben gefährdet sind oder ob es in Wirklichkeit nur einmal mehr um etwas geht, was du nicht magst."

„Aber dann bin ich ja schon wieder beim Nichtmögen und damit sofort im Kampfmodus", wandte ich verwundert ein.

„Das wärst du, wenn du diese Beurteilung einfach stehen lassen würdest", erklärte Michael. „Aber das tust du natürlich nicht! Du fragst dich in solch einem Fall sofort, was du stattdessen mögen würdest. Auf diese Weise leitest du alle falschen Beurteilungen, die dich in den Flucht-, Kampf-, Todstell- oder Vermeidungsmodus bringen würden, sofort in den Zuneigungsmodus um, wo du dann die Motivation verspürst, etwas für das zu tun, was du magst. Anstatt das Negative zu bekämpfen, wirst du also motiviert sein, das Positive zu erschaffen oder zu erhalten.

Du hast mit diesen beiden Fragen also eine Universalmethode, um alle falschen Beurteilungen in sinnvolle umzuwandeln."

„Kannst du diese beiden Fragen bitte noch einmal nennen?", bat ich, denn so langsam begann ich das gigantische Ausmaß an Glück zu erfassen, das Michael mir hier gerade eröffnete.

„Gerne! Die erste Frage lautet: Ist hier tatsächlich mein Leben gefährdet, oder geht es in Wirklichkeit nur um etwas, das ich nicht mag?

Wie wir eben schon besprochen haben, gibt es so gut wie nie eine Situation, in der deine Grundmotive tatsächlich gefährdet sind. Die Antwort auf diese Frage ist also in 99,9 Prozent aller Fälle eindeutig: Es geht in Wirklichkeit nur um etwas, das du nicht magst. Wenn du das erkannt hast, schließt du sofort die zweite Frage an: Was würde ich stattdessen mögen?

Wenn du etwas sehr magst, löst das auch sehr viel Motivation aus. Du wirst also alle Kräfte mobilisieren, um das zu kriegen, was du magst. Und das tust du mit einem angemessenen Verhältnis der Mittel und im richtigen Modus, was dir nicht nur glückliche Gefühle, sondern gleichzeitig auch ein höheres Erfolgspotenzial bescheren wird. Du wirst eine bessere Wirkung auf andere Menschen haben, eine höhere Leistungsfähigkeit, mehr Energie und Tatkraft, eine bessere Gesundheit und natürlich auch eine sehr viel bessere Realitätsgestaltung."

„Das hört sich mächtig gut an", sagte ich überaus begeistert. „Dann ist wohl wieder einmal der Zeitpunkt für einen bedeutenden Beschluss gekommen – möglicherweise der bedeutendste Beschluss meines Lebens!", wurde mir da klar.

„Warten wir noch ein klein wenig damit", bremste mich Michael lächelnd und betonte dann: „Es kommt nämlich noch viel besser! Du willst ja nicht nur nachteilige Negativmodi in positive umwandeln, sondern du willst dich permanent in sinnvollen und vorteilhaften Positivmodi befinden. Das bedeutet: Dein Beschluss sollte mehr umfassen als nur die beiden Fragen, die zugegebenerweise unglaublich wichtig sind. Du solltest beschließen, dein Denken komplett auf das Mögen umzustellen. Der einfachste Weg dazu besteht darin, alles und jedes, was du mögen oder nicht mögen kannst, bewusst als lebendig anzusehen. Dein Emotionalgehirn tut das sowieso. Auf diese Weise kannst du dich am einfachsten auf seine Denkweise einstellen und dafür sorgen, permanent im sinnvollsten Modus zu sein."

„Ich werde mein gesamtes Denken auf das Mögen umstellen", erklärte ich überzeugt. „Das ist beschlossene Sache!"

„Wir sollten dazu einen ausführlichen Entscheidungsprozess durchführen, damit dieser Beschluss in deinem Unterbewusstsein die nötige Kraft bekommt", sagte Michael.

„Einen Entscheidungsprozess?!", fragte ich ahnungslos.

„Hoch- und runterziehen und sich anschauen, welche Konsequenzen beide Modi in den entsprechenden Situationen nach sich ziehen. Ich habe eben mit Ella noch einmal über das Thema Beschluss gesprochen, und sie erklärte mir, dass es von entscheidender Bedeutung sei, unser Unterbewusstsein mit in diesen Prozess einzubinden, wenn ein Beschluss im Alltag wirklich funktionieren soll. Und das tut man am besten mit besagtem Entscheidungsprozess."

„Okay", sagte ich motiviert. „Wo fangen wir also an – oben oder unten?"

„Unten – mit dem Nichtmögen. Es ist sinnvoll, erst einmal das Falsche als falsch zu erkennen, bevor man etwas Neues annehmen möchte. Sonst wehrt sich das Unterbewusstsein möglicherweise, weil es nicht sicher ist, dass das angeblich Falsche tatsächlich falsch ist."

„Okay, das leuchtet mir ein. Also unten!"

Ich schloss sofort die Augen und zog gepflegt runter. Ich wollte bei dieser Sache kein Risiko eingehen und zog richtig tief runter in die dunkle Enge. Mein Unterbewusstsein sollte wirklich erkennen, wie falsch es war, in der Kategorie des Nichtsmögens zu denken.

„Wie sieht also hier unten deine Wirkung auf andere Menschen aus?", fragte Michael.

„Abschreckend!", antwortete ich sofort. „Ich bin im Kampfmodus und fühle mich sehr angriffslustig, denn ich möchte unbedingt dieses negative Wesen vertreiben!"

„Und wie sieht es mit deiner geistigen Leistungsfähigkeit aus, denn die ist sicherlich sinnvoll, wenn du etwas zum Positiven verändern willst?"

„Im Kampfmodus katastrophal, denn ich soll kämpfen und nicht denken!"

„Wie ist deine Realitätsgestaltung, wenn du hauptsächlich über die Dinge nachdenkst, die du nicht magst?"

„Da darf ich gar nicht daran denken! Ich erschaffe mir ständig erneut Situationen und Lebensumstände, die ich nicht mag!"

„Wie gesund ist diese Art zu leben?"

„Stress ist nicht gesund!"

„Wie glücklich bist du, wenn du ständig mit Dingen beschäftigt bist, die du absolut nicht magst?"

„Hundertmal unglücklicher, als ich das sein müsste!"

„Wie viel Tatkraft und Energie hast du, während du dich da unten in der dunklen Enge aufhältst?"

„Dieser Zustand saugt mir förmlich all meine Lebensenergie aus den Knochen!", antwortete ich kopfschüttelnd. „Ich spüre sehr wenig Tatkraft, wenig Durchhaltevermögen und wenig Energie!"

„Fassen wir zusammen: Das Nichtmögen raubt dir Energie und Verstand, macht dich eventuell sogar krank, und auf jeden Fall unglücklich; es verleiht dir eine negative Ausstrahlung und gestaltet dir zusätzlich noch eine negative Realität! Grund genug, um davon auszugehen, dass es möglicherweise nicht besonders sinnvoll ist, in dieser Kategorie zu denken."

„Grund genug, um davon auszugehen?!", wiederholte ich verwundert. „Das ist mehr als nur eine Vermutung!"

„Für dein Bewusstsein schon. Aber für dein Unterbewusstsein ist es erst einmal nur eine Vermutung. Schauen wir uns nun also die andere Seite an, damit dein Unterbewusstsein mehr Gewissheit bekommen kann. Zieh jetzt mal richtig hoch ins Licht! Hier befindest du dich automatisch, wenn du an etwas denkst, was du magst oder mögen würdest."

Ich war froh, endlich wieder hochziehen zu dürfen. Dementsprehend schoss ich nach oben wie eine Rakete.

„Wie sieht es hier mit deiner Lebensenergie, deiner Vitalität und Tatkraft aus, sobald du an etwas denkst, was du magst oder sogar liebst?"

„Sehr gut!", antwortete ich begeistert. „Das sieht man zum Beispiel auch daran, wie Menschen in ihren Hobbys oft regelrecht aufblühen."

„Wie sieht es mit deiner geistigen Leistungsfähigkeit aus?", fragte Michael weiter.

„Zweihundert Prozent!", erklärte ich weiterhin begeistert.

„Und wie steht es um deine emotionale Wirkung auf andere Menschen?"

„Total genial! In diesem Modus bin ich überzeugend, mitreißend und beglückend, denn Glück ist ansteckend!"

„Wie ist deine Realitätsgestaltung?"

„Grenzgenial!", rief ich euphorisch, denn ich musste meiner Begeisterung jetzt einfach Ausdruck verleihen. „Ich habe positive Vorstellungen und Einstellungen ohne Ende! Ich denke ja unentwegt an alles, was ich mag. Also wird die Matrix mir auch ständig Ereignisse präsentieren, die ich mag."

„Wie sieht es mit deiner Gesundheit aus? Und wie mit deinem Glücksempfinden?"

„Meine Glückszentren werden immer stärker trainiert und werden mich bald Glückszustände erleben lassen, die ich früher überhaupt nicht für möglich gehalten hätte! Und gesund ist dieser Zustand natürlich auch. Damit dürfte die Entscheidung doch wohl gefallen sein!", sagte ich überaus überzeugt.

„Wie gesagt, für dein Bewusstsein bestimmt, dein Unterbewusstsein braucht jedoch noch mehr Wiederholung. In aller Regel genügt es, wenn man drei bis fünf Mal hoch- und runterzieht und sich die Fragen stellt, die ich dir eben gestellt habe."

„Dann lass uns auf Nummer sicher gehen und es noch fünf Mal tun!", sagte ich motiviert.

Was wir dann auch taten. Nach dem dritten Mal spürte ich jedoch schon, dass mein Unterbewusstsein meine Entscheidung vollständig angenommen hatte. Ich kam nicht mehr runter.

Treue Weggefährten

Juli schlief nach meinem Gespräch mit Michael leider immer noch. Ich hätte wahnsinnig gerne diesen Entscheidungsprozess noch einmal mit ihr wiederholt, denn es war mit Sicherheit die wichtigste Entscheidung, die ein Mensch auf diesem Planeten treffen konnte! Daher zerriss es mich fast vor Vorfreude, diese Sache mit Juli gemeinsam durchzugehen.

Ich beschloss daher, auf sie zu warten, und legte mich dazu in die Hängematte vor ihrem Bungalow. Von hier aus würde ich sofort mitbekommen, wenn sie aufstand.

Mir fiel plötzlich das helle Licht wieder ein, das mir gestern Nacht so lebendig erschienen war, als ich mit Juli in der Hängematte lag. Jetzt war mir auch klar, wie dieser Eindruck zustande gekommen war: Ich mochte dieses Licht. Mein Emotionalgehirn hatte daher wohl ein lebendiges Wesen daraus gemacht. Und die Dunkelheit würde es dann ebenfalls als lebendig ansehen, wurde mir da plötzlich klar, denn die Dunkelheit mochte ich ja überhaupt nicht.

Plötzlich schoss mir ein seltsames Gefühl durch den Kopf. Ich befürchtete für einen Augenblick, dass die dunkle Enge unter mir sauer sein könnte, weil ich sie nicht mochte. Sogleich spürte ich, wie sie begann, mich nach unten zu ziehen.

Ich machte mir sofort klar, dass diese Gedanken vollkommen blödsinnig waren, woraufhin es mich seltsamerweise noch mehr runterzog. Ich konnte mich gegen den Eindruck nicht erwehren, dass dort unten tatsächlich etwas Negatives lauerte. Augenblicklich spürte ich den Drang, mich aus den Fängen dieser dunklen Enge befreien zu müssen. Erneut machte ich mir klar, wie bescheuert meine Gedanken gerade waren, doch das machte es noch einmal schlimmer.

Plötzlich spürte ich die magische Anziehungskraft des Lichtes über mir. Mein Unterbewusstsein musste zu dieser Maßnahme gegriffen haben, denn ich hatte überhaupt nicht bewusst an das lebendige Licht gedacht. Doch nun spürte ich sofort seine Liebe. Mir war in diese Moment völlig egal, ob dieses Licht jetzt wirklich existierte oder ob lediglich ein Missverständnis meines Emotionalgehirns für diesen Eindruck verantwortlich war. Ich wollte, dass das Licht bei mir blieb, und schenkte ihm so viel Zuneigung, wie ich in diesem Moment aufbringen konnte. Augenblicklich verstärkte sich der Zug nach oben. Ich stieg immer höher hinauf und entfernte mich von der Dunkelheit.

Gerade als sich meine Gefühle wieder etwas beruhigt hatten, dachte ich für einen kurzen Moment aus Versehen erneut daran, wie bescheuert das war, was ich gerade erlebt hatte. Sofort zog es mich wieder nach unten!

Dann wurde mir klar, warum das geschah. Sobald ich etwas als bescheuert und damit als negativ beurteilte, zog es mich natürlich runter in den Kampfmodus, um dieses negative Wesen zu bekämpfen. Also dachte ich schnell wieder an das Licht über mir. Ich mochte das Licht – ich liebte es! Dieser Gedanke zog mich sofort wieder hoch. Doch ich konnte es nicht vermeiden, immer wieder an die Dunkelheit unter mir denken zu müssen, was mich jedes Mal erneut runterzog.

Nach einer Weile wurde das ganz schön anstrengend. Ich musste diesen Unsinn irgendwie stoppen – aber wie?! Solange ich die Dunkelheit und damit den Negativmodus als schlecht ansah, würde es mich immer wieder runterziehen. Aber ich konnte den Negativmodus doch nicht mögen, oder vielleicht doch?!

In diesem Moment kam mir eine Idee: Das Negative gehört zur menschlichen Natur. Ohne die Fähigkeit, in den Kampf-, Flucht- oder Vermeidungsmodus runterzuziehen, hätte die Menschheit gar nicht überlebt! Zwar gab es bei unserer heutigen Lebensweise kaum noch Situationen, in denen es sinnvoll war, einen dieser Modi zu aktivieren, aber dafür konnten die Überlebensmodi selbst doch nichts!

Es war doch nicht ihre Schuld, dass ich sie ständig fälschlicherweise auslöste! Würde ich nur in den passenden Situationen runterziehen, dann hätten diese Modi auch positive Konsequenzen.

Sie wurden geschaffen, um mein Überleben zu sichern, machte ich mir klar. Würde ich sie und damit die dunkle Enge als lebendiges Wesen betrachten, was mein Emotionalgehirn ja ohnehin tat, dann gab es nur eine einzige sinnvolle Beurteilung für dieses Wesen: Es war mein Beschützer, und es hatte diese Aufgabe seit Millionen von Jahren erfolgreich gemeistert. Und jetzt, wo ich ihn kaum noch brauchte, begegnete ich diesem treuen Wegbegleiter mit Abscheu und Ablehnung. Das hatte er einfach nicht verdient! Was ich da tat, war in höchstem Maße unfair!

Mein Beschluss stand also fest: Ich würde von nun an darauf achten, die Dunkelheit als Bestandteil meines eigenen Wesens zu mögen. Sie gehörte genauso zu mir wie das Licht. Ich würde diesen treuen Weggefährten als das wertschätzen, was er wirklich war: mein Beschützer, den ich im Falle einer tatsächlich drohenden Gefahr aktivieren konnte und der mich dann in einen zur Situation passenden Modus bringen würde. Mir war zwar klar, dass dies nur äußerst selten in meinem Leben passieren würde, aber es war gut zu wissen, dass ich kämpfen konnte, falls ich wirklich einmal kämpfen müsste, oder auch dass ich Vermeidungsgefühle bekommen konnte, wenn mein Instinkt mich davon abhalten sollte, etwas Verdorbenes oder Giftiges zu essen.

Als ich diesen Beschluss traf und daraufhin tatsächlich meine Zuneigung zur Dunkelheit spürte, zog es mich plötzlich volle Pulle hoch, was ich im ersten Moment doch ein wenig seltsam fand. Mein Gefühl sagte mir, dass meine Zuneigung mich eigentlich zur Dunkelheit hätte runterziehen müssen, da ich doch gerade eine Beziehung mit ihr eingegangen war, doch genau das Gegenteil war eingetreten. Zuneigung zog offensichtlich immer hoch.

Ich konnte jetzt sowohl an das Licht als auch an die Dunkelheit denken und fühlte mich dabei von beiden lebendigen Wesen beschützt und geliebt. Und ich mochte sie ebenfalls sehr. Sie waren für mich da, wenn ich sie brauchte, und das würde immer so bleiben. Sie waren die treuesten und loyalsten Weggefährten, die ich überhaupt haben konnte. Das zu wissen, war wunderschön, auch wenn es wieder einmal eine Irritation meines Emotionalgehirns war, das die beiden als lebendig einstufte.

In diesem Moment verstand ich erst richtig, was es wirklich für meine Gefühle bedeuten konnte, alles bewusst als lebendig anzusehen. Ich hielt damit wahrhaftig den Schlüssel zum Glück in den Händen – die ultimative Macht über meine Gefühle und meine Modi.

Mit diesen tollen Gedanken schloss ich kurz die Augen, um mich für einen Moment auszuruhen. Dabei musste ich auf der Stelle eingeschlafen sein, denn als ich die Augen wieder öffnete, war es bereits Nacht und Juli kletterte zu mir in die Hängematte. Ich war noch so benommen, dass ich gar nicht richtig kapierte, was los war.

„Schlaf ruhig weiter!", flüsterte sie mir leise zu und kuschelte sich an mich.

Ich wollte unbedingt wieder richtig wach werden, um ihre Nähe auszukosten, aber es ging einfach nicht. Durch den Schlafmangel der letzten Tage war ich so gerädert, dass ich meine Augen kaum aufbekam. Wenige Augenblicke später war ich schon wieder eingeschlafen.

Als ich früh am Morgen nach einer traumlosen Nacht erwachte, wurde mir als Erstes bewusst, dass ich neben der tollsten Frau lag, die Gott jemals auf die Erde geschickt hatte. Seit Juli hier war, wurde im Himmel garantiert ein Engel vermisst, da war ich mir sicher!

Juli lag vor mir auf der Seite. Ich hatte meinen Arm um sie gelegt. Für einen Moment bereute ich es, dass ich die ganze Nacht mit ihr verschlafen hatte, doch dann wurde mir mein Beschluss wieder bewusst. Jetzt war ganz sicher nicht der richtige Zeitpunkt, die verpasste Chance zu einem lebendigen Wesen zu machen. Stattdessen sollte ich mir lieber bewusst machen, was ich wirklich mochte. Und das war Julis Nähe, die ich jetzt ausgiebig genießen wollte.

Ich spürte ihren Rücken an meiner Brust. Sie atmete ruhig und tief. Ich passte meinen Atemrhythmus an ihren an und fühlte mich ihr dadurch noch näher. Es war unsagbar schön, im Gleichtakt mit ihr zu atmen. Es fühlte sich an, als seien unsere Körper vollkommen miteinander verbunden.

So lagen wir sicherlich noch zwei Stunden eng aneinandergekuschelt in der Hängematte. Ich genoss jede Sekunde davon und erlebte mein Positives Fühlen genau wie in der letzten Nacht in einer unglaublich schönen Intensität. Mittlerweile verkraftete ich diese schönen Gefühle, ohne dass mir die Tränen aus den Augen liefen, wie es zu Anfang noch der Fall gewesen war.

Schließlich erwachte Juli, streckte sich und drehte sich zu mir um. Sie lag höchstens zwanzig Zentimeter von mir entfernt und schaute mir liebevoll in die Augen. Beinahe hätte ich sie einfach geküsst.

„Ach, ich habe wieder einmal richtig gut geschlafen", sagte sie gerade noch rechtzeitig und streckte sich wie eine Katze.

„Guten Morgen", erwiderte ich sanft. „Ich habe diese Nacht auch geschlafen wie ein Murmeltier. Und jetzt habe ich einen tierischen Hunger", schob ich schnell nach, um aus der Hängematte rauszukommen, denn sonst hätte ich sie womöglich doch noch geküsst. „Lass uns lecker frühstücken!", schlug ich vor und stand auf.

„Du bist ungemütlich!", kritisierte sie mich noch verschlafen.

„Komm! Raus aus der Kiste! Jetzt wird gefrühstückt!", drängte ich energisch und zog sie an den Händen hoch. „Ein neuer schöner Tag hat begonnen, den wir gebührend begrüßen sollten."

„Okay, ich stehe ja schon auf", seufzte sie, während ich sie hochzog. „Aber nur, wenn du mir versprichst, dass wir heute Nacht auch wieder hier in der Hängematte schlafen."

„Von mir aus gerne", versprach ich. „Und jetzt hoch mit der Kiste!"

Es war sehr früh und die meisten Bungalows waren noch unbelebt. Wir gingen zu Juli und machten uns ein kleines Frühstück. Ich brannte darauf, Juli endlich die neue Erkenntnis näher zu bringen. Aber sie sah noch so müde aus, dass ich das lieber auf später verschieben wollte. Sie sollte wach und im Vollbesitz ihrer geistigen Fähigkeiten sein, wenn wir uns an dieses Thema machten, sonst würde sie womöglich gar nicht richtig begreifen, welch gigantische Bedeutung diese neue Denkweise tatsächlich hatte.

Nach dem Frühstück zog ich mich kurz auf mein Zimmer zum Duschen und Kleiderwechseln zurück. Ich roch nämlich immer noch ganz gewaltig nach Pferdeschweiß – ein Geruch, den ich nicht wirklich mochte.

Plötzlich wurde mir bewusst, welch unsinnige Gefühle es wieder einmal hervorrufen würde, aus diesem Geruch ein unerwünschtes lebendiges Wesen zu machen. Ich fragte mich daher sofort, was ich stattdessen mögen würde. Ich mochte es, frisch geduscht zu riechen, kam mir in den Sinn, und sofort fing ich an, mich auf die Dusche zu freuen.

Gleichzeitig ging mir jedoch noch ein anderer interessanter Gedanken durch den Kopf: Es war eigentlich ein Wunder, dass Juli sich trotz meiner strengen Duftnote zu mir in die Hängematte gelegt hatte! Das war ein deutlicher Hinweis darauf, wie wichtig ihr das tatsächlich gewesen war. Und für diesen Hinweis liebte ich den Pferdegeruch sogar für einen Moment regelrecht.

Juli hatte vor, gleich in unseren Bungalow nachzukommen, da wir herausfinden wollten, ob mit Beatrice noch alles im grünen Bereich war. Momentan schliefen die Mädels jedoch wie erwartet alle noch.

Während ich duschte, hörte ich plötzlich Leben in unserer Bude. Eigentlich war es noch viel zu früh für die Mädels. Irgendetwas hatten sie wohl geplant für den heutigen Tag, für das sie besonders früh aufstehen mussten. Ich beeilte mich also damit, fertig zu werden. Als ich dann runterkam, saß Juli schon in unserem Wohnzimmer. Mein Herz schlug sofort schneller, als ich sie sah. Sie hatte mir in den wenigen Minuten, in denen ich geduscht hatte, tatsächlich schon gefehlt.

Beatrice kam als Nächste nach unten: „Guten Morgen, ihr zwei. Habt ihr gestern eigentlich mitbekommen, dass heute die Spiegelneuronenallee am Strand stattfindet?", fragte sie uns begeistert.

„Spiegelneuronenallee?", hakte ich ahnungslos nach.

„Um zehn am Strand!", informierte sie uns jetzt, ohne aber zu erklären, worum es dabei genau ging. „Ein gewisser Arno hat das am Messageboard ausgehängt. Da müsst ihr unbedingt dabei sein."

Ich fragte nicht nach, was diese Spiegelneuronenallee denn eigentlich war. Wenn Beatrice daran teilnehmen wollte, dann würden wir es ebenfalls tun. Stattdessen stellte ich in gezielt amüsiertem Tonfall eine ganz andere Frage: „Und? Gibt es was Neues von unserer Aborigine-Frau? Hast du wieder irgendwelche kleinen Wunder vollbracht oder so?"

„Kein neues Wunder", antwortete sie lächelnd. „Zumindest kein großes", fügte sie hinzu und erschreckte mich damit ein weinig. „Ich habe heute Nacht geschlafen wie ein Murmeltier!"

„Na, wenn das kein Wunder ist?!", meinte ich lachend.

„Für mich eigentlich schon!", erwiderte sie ernsthaft. „Ich habe seit zwölf Jahren Schlafstörungen. Genauer gesagt habe ich seit zwölf Jahren keine Nacht mehr durchgeschlafen, ohne nicht wenigstens zwei bis drei Stunden wach zu liegen. Aber heute Nacht bin ich kein einziges Mal aufgewacht! Ich fühle mich jetzt fit wie ein Turnschuh. Das tut so gut, sage ich euch!"

„Das freut mich sehr für dich!", antwortete Juli.

Wir beide schauten uns an und erkannten gegenseitig in unseren Gesichtern, wie erleichtert wir darüber waren, dass nichts Spektakuläreres passiert war seit unserem Reitausflug.

Das Frühstück verlief relativ ereignislos. Ich überlegte noch, ob ich das Thema Mögen und Nichtmögen mit allen gleichzeitig durchgehen sollte, entschied mich dann jedoch dagegen, da die Mädels aus meinem Bungalow noch zu viele Dinge nicht wussten, die für den nachfolgenden Entscheidungsprozess notwendig gewesen wären. Ich würde ihnen lieber Schritt für Schritt alles Nötige erklären, anstatt sie jetzt damit zu überfordern.

Die Mädels wollten alle zu dieser Spiegelneuronenallee mitgehen. Wenig später spazierten wir also gemeinsam los in Richtung Strand. Als wir ankamen, hatten sich bereits über hundert Leute versammelt. Mary und Michael waren auch da. Sie standen bei Arno, der die Allee auf dem Messageboard ausgeschrieben hatte, wie wir nach unserer Begrüßung gleich erfuhren. Michael hatte ihn bei dieser Aktion irgendwie unterstützt. Arno war wohl einer von den Terminen, zu denen die beiden in den letzten Tagen ständig gemusst hatten.

„Darf ich um eure Aufmerksamkeit bitten!", rief Arno schließlich laut, als es losgehen sollte, um sich bei den vielen Leuten am Strand Gehör zu verschaffen. Da ihn nicht alle hörten und viele sich deshalb weiterhin unterhielten, wiederholte er seine Bitte noch einmal lauter. Nach und nach verstummte die Menge schließlich.

„Ich habe hier leider kein Mikro!", rief Arno in die Menge. „Aber ich hoffe, man versteht mich auch so. Ich freue mich sehr, dass so viele gekommen sind, um die Spiegelneuronenallee zu erleben. Ich habe sie schon einmal mitgemacht, als ich vor einem Jahr hier war. Damals war ich so sehr davon beeindruckt, dass ich sie gerne noch einmal erleben möchte. Ich bin hier auch nur ein Teilnehmer, ganz genau wie ihr. Und ich hoffe, ihr verzeiht mir, wenn nicht alles ganz perfekt läuft. Ich werde mein Bestes geben." Die Gruppe applaudierte, um Arno Mut zu machen. „Die meisten von euch wissen vermutlich noch nicht genau, worum es bei der Spiegelneuronenallee eigentlich geht", begann Arno zu erklären. „Spiegelneuronen sind bestimmte Nervenzellen in unserem Gehirn, die dafür verantwortlich sind, dass die Gefühle anderer Menschen ansteckend auf uns wirken. Wir werden uns in den kommenden zwei Stunden ausschließlich von glücklichen Gefühlen anstecken lassen. Und zwar von richtig starken glücklichen Gefühlen!", betonte er. „Dabei werden wir eine regelrechte Glücksekstase erleben!

341

Unsere Gefühle werden durch Hormone ausgelöst. Je mehr Hormone wir im Blut haben, desto stärker sind unsere Gefühle. Hormone haben aber noch eine weitere wichtige Eigenschaft, die wir bei unserer Glücksekstase berücksichtigen. Sie lösen sich innerhalb von wenigen Minuten wieder auf, und dadurch werden unsere Gefühle dann wieder schwächer. Doch diese Zeit werden wir ihnen dieses Mal einfach nicht geben!", betonte er grinsend. „Wir werden vier starke Glücksgefühle direkt nacheinander auslösen. Jedes einzelne Gefühl für sich genommen wird schon sehr stark sein. Aber alle vier zusammen können einem regelrecht die Lichter ausschießen!

Wir überschwemmen also unser Gehirn mit Glückshormonen. Wir werden dabei so viele Gefühle im Blut haben, dass unser Nervensystem damit leicht überfordert sein könnte. Sollte das geschehen, dann macht euch keine Sorgen. Ihr müsst eventuell einfach nur ein wenig weinen. Aber ihr werdet vor Glück weinen! Möglicherweise zittert auch euer ganzer Körper. Das ist ebenfalls okay und geht innerhalb weniger Minuten wieder vorbei. Spätestens in ein paar Monaten seid ihr wieder ganz die Alten!", scherzte er. „Es ist nichts Schlimmes. Es sind einfach nur starke glückliche Gefühle. Sollten euch die Glücksgefühle dennoch zu stark werden, dann geht einfach seitlich aus der Allee heraus. Theoretisch kann man durch zu starke glückliche Gefühle genauso einen Nervenzusammenbruch herbeiführen wie durch zu starke Stressgefühle. Geht also wirklich aus der Allee raus, wenn es euch zu heftig wird. Ihr könnt später noch einmal durchgehen, wenn ihr wollt, und euch so langsam herantasten.

Die Allee besteht aus insgesamt sechzehn Persönlichkeiten. Sie werden immer in Vierergruppen ein bestimmtes Gefühl auslösen. Insgesamt sind es also vier Glücksgefühle, die wir erleben werden: Zufriedenheit, Freude, Begeisterung und Liebe.

Ich schlage vor, dass wir die Vierergruppen jetzt gleich hier vorne bilden. Ich brauche nun also vier Leute, die auf euch eine extrem zufriedene Ausstrahlung haben. Bitte wählt unter euch diejenigen aus, die so auf euch wirken. Wählt euch aber nicht selbst! Am liebsten wären mir vier Leute, die auf mehrere von euch sehr zufrieden wirken. Viele von euch kennen einander ja sicherlich schon ganz gut. Also, schickt sie jetzt bitte zu mir nach vorne!"

Die Gruppe wurde laut. Einige Namen wurden gerufen. Einer nach dem anderen ging daraufhin nach vorne, bis Arno seine vier Leute zusammenhatte. Auf die gleiche Weise wurden dann auch die beiden Vierergruppen für die Freude und die Begeisterung gebildet.

„Und jetzt brauche ich noch vier Leute, bei denen ihr das Gefühl habt, dass sie ins Leben verliebt sind", rief Arno der Menge zu. „Vier Leute, die im Moment einfach alles und jeden toll finden."

„Robin!", rief Beatrice laut. Die Mädels stimmten mit ein und schickten mich nach vorne. Ich wollte eigentlich nicht, aber die Mädels gaben nicht nach.

Als unsere Vierergruppe vollständig war, ließ uns Arno die Allee formen. Acht Leute standen dicht an dicht nebeneinander und acht ihnen gegenüber, sodass wir ein Spalier von ca. einem Meter Breite bildeten. Diese so genannte Allee begann mit der zufriedenen Vierergruppe, dann kam die Freude, als Nächstes die Begeisterung und schließlich wir, die Liebe.

Es war ein komisches Gefühl, in dieser Allee zu stehen. Vor allem war es überaus beeindruckend, durch die Gasse, die wir alle bildeten, hindurchzusehen. Ich konnte mir lebhaft vorstellen, dass es eine überwältigende Erfahrung sein musste, sie zu durchqueren. Ich war zwar irgendwie stolz, dass ich hier stehen durfte, aber ich fand es auch ein wenig schade, dass ich die Allee nicht in ihrer Gesamtheit erleben sollte.

„Es wäre nett, wenn ihr später die Leute in der Allee ablösen könntet, damit sie selbst auch mal durchgehen können", sagte Arno da gerade zur Gruppe und beruhigte mich sofort wieder. „Am Ende der Allee sollte immer jemand auf euch warten, von dem ihr gerne herzlich empfangen und in den Arm genommen werden wollt. Arrangiert euch also ein wenig.

Ich würde sagen, dann legen wir mal los! Ich werde als Erster durch die Allee gehen, damit ihr euch das richtige Tempo abschauen könnt. Geht man zu schnell, kommen die Gefühle nämlich nicht mit. Geht man aber zu langsam, lösen sich die Hormone der vorigen Stationen schon wieder auf, bevor man an der letzten angekommen ist.

Stellt euch immer direkt ins Zentrum jeder Vierergruppe und steigert euch bewusst mit diesen vier Leuten gemeinsam in die entsprechenden Gefühle hinein, für die sie symbolisch stehen. Das sollte nicht länger als zehn bis zwanzig Sekunden dauern. Dann geht ihr weiter. Ich werde dazu passende Musik auf meinem Ghettoblaster laufen lassen. Ich hoffe, man hört ihn laut genug hier am Strand.

Und jetzt bitte ich alle Vierergruppen, richtig stark in die Gefühle reinzugehen, für die sie stehen. Ich freue mich auf euch!"

Daraufhin schaltete Arno seinen Ghettoblaster ein und ging an den Anfang der Allee. Louis Armstrong sang „What a wonderful world", als er die Allee betrat. Ich sah ihm gespannt zu, während er sich zusammen mit der ersten Vierergruppe in das Gefühl der Zufriedenheit reinsteigerte. Das sah wirklich beeindruckend aus. Die ganze Anspannung seiner Moderation, die ihm die ganze Zeit anzusehen gewesen war, fiel augenblicklich von ihm ab. Er begann zufrieden zu lächeln. Danach trat er einen Schritt vor ins Zentrum der nächsten Vierergruppe und steigerte sich mit ihnen in das Gefühl der Freude hinein, was sein Lächeln immer breiter werden ließ.

Ich machte mich bereit für meine Aufgabe und beobachtete Arno nicht weiter, als er zu den Begeisterten ging. Stattdessen konzentrierte ich mich intensiv auf das Positive Fühlen in meiner Herzgegend. Ich spürte sofort, wie liebevolle Gefühle in mir aufstiegen, und freute mich auf jeden Einzelnen, der diese Gefühle mit mir teilen wollte. Und ganz besonders freute ich mich auf Juli! Der Gedanke an sie verursachte mir ein kleines Herzbeben, das mir auf sehr angenehme Weise durch Mark und Bein ging.

Dann war Arno plötzlich da. Er strahlte schon förmlich vor Glück, als er zu uns kam. Ich verstärkte den Zug in meiner Herzgegend noch einmal und stellte mir vor, wie sich mein Herz für ihn öffnete. Ich mochte Arno in diesem Moment unglaublich gerne. Dann brach er plötzlich in Tränen aus. Mir war klar, dass er vor Liebe weinte. Seine Gefühle waren einfach so stark geworden, dass er nicht anders konnte. Als ich in die Augen der jungen Frau blickte, die mir gegenüber stand, erkannte ich, dass auch sie weinte. Als ich das sah, konnte auch ich es nicht vermeiden, dass mir ebenfalls die Tränen kamen. Ich wollte das eigentlich nicht, aber ich konnte es nicht aufhalten. Es war irgendwie schlimm und gleichzeitig auch wunderschön.

Eine Frau, die Arno offensichtlich sehr mochte, kam zum Ende der Allee und nahm ihn in den Arm. Ich vermutete, dass er ursprünglich noch etwas zur Gruppe sagen wollte, aber das konnte er jetzt nicht mehr. Seine Gefühle waren einfach viel zu stark. Michael sprang ein und bat die Leute, jetzt vor der Allee eine Schlange zu bilden.

Als die Ersten hindurchgingen, wurden meine Gefühle noch mal stärker. Vor allem, als ein älterer Mann zu uns kam, der am ganzen Körper wie Espenlaub zitterte. Ich hatte diesen Mann schon ein paar Mal im Camp gesehen, und er hatte zuvor stets distanziert und emotionslos gewirkt. Bislang hatte ich bei ihm das Gefühl gehabt, dass er sich nicht sehr viel von dem mitnehmen konnte, was hier angeboten wurde. Von emotionslos konnte man jetzt jedoch überhaupt nicht mehr reden! Dieser Mann empfand ganz offensichtlich mehr Glück, als er je zuvor in seinem Leben verspürt hatte. Er war vollkommen überfordert von so viel Gefühl. Am Ende der Allee wurde er gleich von einer ganzen Gruppe von Leuten in Empfang genommen, die vor ihm durch die Allee gegangen waren.

Die Musik aus dem Ghettoblaster hatte mittlerweile eine dermaßen starke emotionale Wirkung auf mich, dass mir alleine deswegen schon die Tränen übers Gesicht liefen. Und dann kam Juli! Nie zuvor in meinem Leben hatte ich derart starke Gefühle für einen Menschen empfunden. Nicht einmal für Jenny! Juli blieb viel länger bei uns stehen, als sie eigentlich durfte. Sie sah mir tief in die Augen und weinte mit mir vor Glück. Als sie weiterging, tippte mir Claudia auf die Schulter.

„Geh zu ihr!", sagte sie sanft. „Ich vertrete dich hier."

Juli konnte kaum etwas sehen vor lauter Tränen, als sie die Allee verlassen hatte. Sie realisierte erst, dass ich vor ihr stand, als ich sie in den Arm nahm. Ich hielt sie so glücklich, dass ich es in Worten nicht beschreiben kann. Juli drückte mich ebenfalls ganz fest. Ich hatte das Gefühl, als wollte sie damit sagen, dass ich sie nie wieder loslassen sollte. Ich musste sofort an Jenny denken. Genau so hatte sie mich damals im Arm gehalten. War Juli vielleicht doch Jenny?!

Wir standen bestimmt eine halbe Stunde nur da und hielten uns im Arm. Keiner von uns beiden sagte etwas. Auch schauten wir uns nicht an. Ich traute mich nicht. Juli hätte sofort erkannt, was ich wirklich für sie empfand. Schließlich löste sie die Umarmung.

„Das war der Hammer!", sagte sie ergriffen in ihrer unnachahmlich süßen Art.

„Ja, nicht schlecht!", scherzte ich, um ein bisschen von meinen Gefühlen runterzukommen.

„Nicht schlecht?!", wiederholte Juli fassungslos. „Wenn das nicht schlecht war, dann möchte ich gerne mal erleben, was bei dir gut ist. Du bist ja noch gar nicht richtig durchgegangen", kam ihr da plötzlich in den Sinn. „Das musst du sofort nachholen. Komm, ich gehe mit dir gemeinsam durch!"

Wir stellten uns also noch einmal in die Schlange. Mir war mittlerweile eigentlich egal, ob wir durch die Allee gehen würden oder ob ich mit Juli einfach irgendwo anders gestanden hätte. Mit ihr wäre ich sogar auf einer Müllhalde glücklich gewesen. Ich hoffte nur, dass sie das nicht merken würde, wenn wir gemeinsam durch die Allee schritten.

Erst als wir so in der Schlange standen, fiel mir auf, wie glücklich die Leute um uns herum alle waren. So viele über alle Maßen glück-

346

liche Menschen zugleich hatte ich in meinem ganzen Leben noch nicht gesehen. Die liebevolle Stimmung am Strand war unglaublich. Die meisten standen in kleinen Gruppen zusammen und hatten die Arme umeinander gelegt. Sie bewegten sich gemeinsam zu der sanften Musik, die Arno sehr passend ausgewählt hatte.

Als wir dann an der Reihe waren, umarmte ich Juli von hinten und ging mit ihr zusammen durch die Allee. Bei den Zufriedenen waren meine Gefühle noch gut auszuhalten. Ich spürte vor allem die Weite, die zum Positiven Fühlen gehörte. Zehn Sekunden später gingen wir zu der Vierergruppe der Freude weiter. Während wir dort standen, spürte ich, wie sich die Energie in meinem Inneren immens verstärkte und wie verrückt hochzog. Weitere zehn Sekunden später standen wir auch schon bei den Begeisterten. Es fiel mir nicht schwer, mit diesen vier Leuten über alle Maßen begeistert zu sein. Der Zug nach oben in meinem Inneren wurde daraufhin noch einmal stärker. Mein Körper bebte dabei regelrecht vor Lebensenergie.

Als wir dann in der Gruppe der Liebe standen, war es aus mit meiner Contenance. Ich konnte die Tränen nicht mehr länger unterdrücken. Fast hätte ich Juli in meinem Überschwang gesagt, dass ich sie liebte. Mit größter Beherrschung konnte ich mich gerade noch einmal davon abhalten.

Wieder hielten wir uns nach der Allee eine Ewigkeit lang im Arm. Es war so schön, dass ich wünschte, dieser Tag würde niemals zu Ende gehen.

Plötzlich machte Arno eine erneute Ansage. Er hatte sich wohl wieder gefangen. „Habt ihr Lust auf eine Power-Runde?!", rief er jetzt laut. Die Leute jubelten begeistert und bekundeten damit ihre Zustimmung. „Wir können die Euphorie auf die Spitze treiben, indem wir sehr schnell durch die Allee gehen. Habt ihr Lust darauf?!", rief er motivierend und bekam als Zustimmung erneut einen deftigen Applaus. Daraufhin legte er schnellere und motivierende Musik auf und tanzte in flottem Schritt durch die Allee. Die Leute fingen an, im Rhythmus der Musik zu klatschen.

347

Danach wurde es richtig lustig. Ganze Gruppen tanzten oder spurteten durch die Gasse. Die Leute machten immer verrücktere Sachen und lachten sich dabei kaputt.

Nach ein paar Minuten war der Spaß dann zu Ende. Wir applaudierten zum Abschluss noch einmal total begeistert. Die meisten gingen danach gleich ins Wasser, was auch Juli und ich machten. Wir hatten die ganze Zeit in der Sonne gestanden und jetzt war eine Abkühlung mehr als angesagt. Wir spielten in den Wellen wie Kinder. Ich sprang von einer Welle zur nächsten und hatte dabei einen Heidenspaß.

Juli ging nach ein paar Minuten wieder zurück zu dem Badetuch, das sie extra mitgebracht hatte. Ich dagegen war noch viel zu aufgekratzt, um mich hinzulegen. Stattdessen tobte ich mit den anderen Leuten aus der Allee noch eine Weile in den Wellen herum. Als ich zu Juli zurückging, fiel mir schon von weitem ihr ernster Gesichtsausdruck auf. Sie sah ganz und gar nicht mehr glücklich aus.

„Was ist los?", fragte ich sie direkt. „Du siehst aus, als wäre dir eine Laus über die Leber gelaufen."

„Sei mir nicht böse, aber ich muss mal für eine Weile allein sein", eröffnete sie mir völlig unerwartet. „Ich wollte dir nur Bescheid sagen und nicht einfach abhauen. Also dann, wir sehen uns." Daraufhin stand sie auf und ging.

Ich wusste nicht, was los war, aber eines war sicher: Gut war das nicht! Ich spürte, wie sich meine Brust zuschnürte und das Gewicht einer Tonne schien auf meinen Magen zu drücken. Es zog mich innerhalb einer Sekunde in die tiefste, dunkelste Enge.

Was hatte ich falsch gemacht?! Bevor wir ins Wasser gegangen waren, war doch noch alles in bester Ordnung gewesen! Hatte ich Juli vielleicht zu lange warten lassen? Das konnte ich mir nicht vorstellen. Deswegen hätte sie bestimmt nicht so drastisch reagiert. Es musste etwas Schlimmeres sein. Und ich ahnte auch, was!

Ich war offensichtlich zu weit gegangen, als wir uns nach der Allee im Arm gehalten hatten. Ich hatte sie nicht umarmt, wie man einen

348

Freund umarmt, das war mir klar. Und ihr war es vermutlich nach der Allee auch klar geworden, als ihre Gefühle sich wieder normalisiert hatten. Jetzt bekam ich also die Quittung dafür! So eine Scheiße! Was sollte ich nun tun? Mit ihr reden und ihr etwas vorschwindeln?! Juli hätte mir jetzt garantiert nicht mehr geglaubt, dass meine Gefühle für sie nur freundschaftlich waren. Sie hätte mir nur mal in die Augen schauen müssen. Das konnte ich also vergessen. Ihr die Wahrheit sagen, konnte ich jedoch auch nicht. Damit hätte ich jede Chance auf unsere weitere Freundschaft verwirkt.

Sie hatte mich oft genug ermahnt, mich nicht in sie zu verlieben. Entweder war sie jetzt mächtig sauer auf mich, oder sie ging auf Abstand, damit ich sie mir als Beziehungspartnerin endgültig aus dem Kopf schlug. Wahrscheinlich war es Letzteres. Denn sauer hatte sie auf mich nicht gewirkt, eher distanziert und bedrückt. Vermutlich fürchtete sie, mich auch als Freund zu verlieren, wenn ich meine Gefühle zu ihr nicht auf die Reihe bekäme. Und leider war ich mir ziemlich sicher, dass ich das so schnell nicht schaffen würde. Ich liebte sie! Mindestens genauso stark, wie ich Jenny geliebt hatte, das spürte ich auch jetzt noch, nachdem die Gefühle der Allee längst vorbei waren. Und es fühlte sich fürchterlich an!

Verlassen

„Wo ist Juli?", fragten mich Mary und Michael, als sie aus dem Wasser kamen.

„Ich glaube, ich bin zu weit gegangen", erklärte ich verzweifelt.

„Wie es aussieht, habe ich es versaut!"

„Ihr habt so verliebt ausgesehen – ihr beide!", betonte Mary mitfühlend.

„Das war die Allee. Zumindest bei Juli! Eben hat sie ganz und gar nicht mehr verliebt ausgesehen. Sie ist auf Abstand gegangen und hat gesagt, dass sie eine Weile allein sein möchte."

„Das tut mir sehr leid für dich!", sagte Mary. „Können wir irgendetwas für dich tun?"

„Vielleicht könntet ihr euch um Juli kümmern", bat ich. „Sie hat eben ziemlich fertig ausgesehen. Ich möchte nicht, dass es ihr schlecht geht."

„Ich werde gleich mal nach ihr sehen", versprach Mary.

„Und ich bleibe bei dir", ergänzte Michael.

„Ihr seid superlieb! Vielen Dank."

„Wie fühlst du dich jetzt?", wollte Michael wissen, nachdem Mary gegangen war.

„Ich fühle mich voll kacke!", antwortete ich ehrlich.

„Meinst du, dass du schon in der Lage dazu bist, etwas für deine Gefühle zu tun?"

„Ich weiß es nicht", gab ich ehrlich zu.

„Möchtest du es versuchen? Oder willst du damit lieber noch warten?"

„Ich glaube nicht, dass meine Gefühle von allein wieder besser werden. Ich fühle mich, als wäre mir das Herz aus der Brust gerissen worden. Wenn du dagegen etwas tun kannst, dann mach es bitte."

„Dann lass es uns versuchen. Wollen wir woanders hingehen, wo wir etwas mehr Ruhe haben?"

„Das wäre vermutlich besser", antwortete ich und stand auf. Wir gingen ein Stück den Strand entlang und setzten uns dann unter eine Palme. Ich war sehr froh, dass Michael da war. Wenn mir einer helfen konnte, dann er.

„Ob deinen Gefühlen eine Gefahrenbeurteilung zu Grunde liegt oder ob es nur um etwas geht, das du nicht magst, brauche ich wohl gar nicht erst zu fragen", begann er. „Solche Gefühle, wie du sie jetzt erlebst, bekommt man nur, wenn man seinem Emotionalgehirn richtig Angst gemacht hat. Ich schlage vor, dass wir uns deine Gefühle genau anschauen. Dein Emotionalgehirn spricht mit seinen Gefühlen eine sehr deutliche Sprache. Man muss diese Sprache nur verstehen, dann findet man auch das Missverständnis."

„Ich fühle mich allein und zurückgewiesen", antwortete ich ehrlich. „Und ich mache mir Sorgen um Juli."

„Was genau meinst du mit allein? Fühlst du dich einsam?"

„Ich fühle mich alleine zurückgelassen. So, als wären alle gegangen und wollten nichts mehr mit mir zu tun haben."

„Okay, damit ist alles klar!", erklärte er plötzlich. „Das können wir leicht wieder ändern. Weißt du, dein Emotionalgehirn kann einige wenige Umstände in deinem Leben ohne die Hilfe deines Großhirns beurteilen. Und zwar die Umstände, die sich unmittelbar auf die Erfüllung deiner sieben Grundmotive beziehen. Dabei reagiert dein Emotionalgehirn entweder auf das, was deine Augen tatsächlich sehen, oder auf das, was das Großhirn sich vorstellt. Und was du dir momentan vorstellst, ist offensichtlich: Du fühlst dich von allen verlassen, und genau so sehen auch deine inneren Vorstellungsbilder aus."

„Ich sehe immer wieder vor mir, wie sie sich umdreht und weggeht!", erkannte ich jetzt selbst.

„Und du bleibst daraufhin allein zurück – und das ist die Fehlbeurteilung! Auf diesem Bild gibt es nur Juli und dich. Alle anderen Menschen, die dich weiterhin mögen, existieren in deiner Vorstellung nicht. Das bedeutet für dein Emotionalgehirn, dass du einsam und verlassen bist. Und zwar von allen verlassen, da ja niemand mehr da ist! Doch deine Vorstellung ist nicht wahr. Und das ist das Erste, was wir korrigieren sollten. Danach sehen wir dann weiter."

„Und was soll ich jetzt tun?", fragte ich hoffnungsvoll.

„Bring uns auf das Bild mit drauf – Mary, mich, die Mädels aus deinem Bungalow. Und wenn du willst, auch Freunde von zu Hause."

„Zu Hause habe ich keine wirklichen Freunde mehr", bemerkte ich traurig.

„Dann nimm eben nur uns und stell dir vor, dass sehr bald ganz viele weitere Freunde hinzukommen werden, mit denen du eine liebevolle freundschaftliche Beziehung pflegen wirst. Nimm all diese Leute und bring sie mit ins Bild. Sie stehen neben Juli. Und sie alle bleiben da, wenn Juli geht. Kannst du dir das vorstellen?"

„Das kann ich. Aber das verursacht auch blöde Gefühle. Dann wäre Juli ja alleine, wenn sie von uns allen weggeht."

„Es geht jetzt nur um deine Vorstellung. Juli ist genauso wenig allein wie du. Es gilt jetzt erst einmal dein Emotionalgehirn zu beruhigen. Du hast ihm ein Einsamkeitsbild gezeigt, und das ist für das Emotionalgehirn Anlass genug, die schlimmsten Vermeidungsgefühle zu erzeugen, die man sich nur vorstellen kann. Diese Gefühle beruhen aber wie immer auf einem Missverständnis. Du bist nicht einsam, nur weil Juli geht. Weiterhin weißt du auch nicht, ob sie wieder zurückkommt. Das solltest du dir offen lassen. Sie sollte in deiner Vorstellung nicht endgültig gehen. Also korrigiere dein inneres Bild!

Es sind also ganz viele liebe Menschen um dich herum. Und Juli geht vermutlich auch nur für eine Weile. Vielleicht nur für ein paar Stunden. Möglicherweise hat ihr Rückzug sogar noch nicht einmal etwas mit dir zu tun. Das kannst du momentan nicht ausschließen. Also lass sie in deinem Bild nur vorübergehend weggehen. Und du selbst bleibst nicht alleine zurück, sondern mit all den vielen Menschen, die du magst und mit denen du ein liebevolles freundschaftliches Verhältnis hast. Kannst du das?"

„Es fällt mir schwer, aber es geht."

„Wie fühlt es sich jetzt an?"

„Besser", erkannte ich erleichtert. „Gut ist aber noch mal was anderes. Ich fühle mich sehr traurig, wenn ich Juli weggehen sehe."

„Damit haben wir das Wichtigste schon geschafft! Dein Emotionalgehirn ist beruhigt, weil du nicht einsam sein wirst. Die Trauer, die du fühlst, ist eine Maßnahme deines Emotionalgehirns, um dich zum Loslassen zu bewegen. Du hältst es momentan für unrealistisch, dass Juli dich zum Partner will. Das ist für dein Emotionalgehirn ein nicht tragbarer Zustand. Es sieht eine Gefahr darin, jemandem nachzulaufen, der einen nicht will. Daher erzeugt es in dir ein Gefühl der Trauer, damit du von deinem Wunsch ablässt, mit einem Menschen zusammen sein zu wollen, mit dem du nicht zusammen sein kannst. Du wirst dich also jedes Mal, wenn du an Juli denkst, traurig fühlen. Mit der Zeit wird dein Großhirn vermeiden, an sie zu denken, denn du möchtest nicht permanent traurig sein. Damit lässt du über kurz oder lang von ihr los."

„Bei Jenny hat das fünf Jahre gedauert!", erklärte ich geschockt.

„Dieses Mal hast du andere Optionen!", betonte Michael. „Du hast in der Spiegelneuronenallee durch deine starken Gefühle die Notwendigkeit hochgefahren, mit Juli eine Partnerbeziehung aufzubauen. Sie ist dadurch jetzt dummerweise höher als die Wahrscheinlichkeit, was sich auch sofort in dem Ereignis widergespiegelt hat, dass Juli gegangen ist. Noch ist die Realität jedoch nicht für alle Zeiten festgelegt. Wir müssen es nur schaffen, dass die Notwendigkeit wieder kleiner und die Wahrscheinlichkeit wieder größer wird. Dann lässt sich das Steuer noch einmal herumreißen."

„Ich weiß nicht, wie ich die Wahrscheinlichkeit hochfahren soll!", sagte ich mutlos. „Die Sache eben war absolut eindeutig!"

„Das kannst du nicht wissen!", widersprach Michael. „Momentan ist deine Sichtweise der Situation noch zu sehr von Angst geprägt. Wir sollten jetzt erst einmal dein Emotionalgehirn weiter beruhigen. Es fordert glücklicherweise keine Partnerbeziehung mit Juli. Es verlangt nur die Erfüllung seiner Grundmotive und interessiert sich dabei lediglich für gute Beziehungen. Mit wem du die hast, ist deinem Emotionalgehirn tatsächlich egal!", betonte Michael. „Denk also einmal an deine Chancen, eine liebevolle Frau zu finden, mit der du eine glückliche Beziehung erleben kannst. Wie groß ist diese Chance?"

„Ich weiß nicht!", antwortete ich unsicher.

„Es gibt 6,5 Milliarden Menschen auf der Welt. Da wird doch wohl außer Juli eine weitere Frau dabei sein, die zu dir passt. Wie viele Frauen hast du in deinem Leben bereits kennen gelernt? Und zwar so gut, dass du beurteilen könntest, ob sie wirklich zu dir passen."

„Keine Ahnung! Tausend vielleicht?"

„Tausend wäre verdammt hoch geschätzt! Aber egal, nehmen wir diese tausend. Wenn wir diese tausend Frauen von den 3,25 Milliarden abziehen, die es sonst noch auf der Welt gibt, hältst du es dann für möglich, dass dort vielleicht doch die eine oder andere dabei sein könnte, die zu dir passt? Oder ist das deiner Meinung nach völlig ausgeschlossen?

Beantworte diese Frage jetzt nicht mit deinem Gefühl, denn das beruht auf einem Fehler, den wir gerade korrigieren wollen. Beantworte sie mit deinem Verstand. Wie ist es also in Wirklichkeit? Ist es ausgeschlossen, dass du mit einer anderen Frau glücklich werden könntest oder nicht?"

„Ausgeschlossen ist es natürlich nicht", antwortete ich und spürte, wie sich meine Gefühle tatsächlich schon etwas beruhigten.

„Es ist also in Wirklichkeit möglich!?"

„Es ist möglich!", bestätigte ich erneut.

„Hältst du es eher für unwahrscheinlich, dass es unter all den Milliarden von Frauen auf der Welt noch ein paar potenzielle Partnerinnen für dich gibt? Oder hältst du es eher für wahrscheinlich? Achte darauf, dass du meine Fragen wahrheitsgemäß mit bestem Wissen beantwortest und nicht mit deinem falschen Gefühl", erinnerte er mich.

354

„Es ist in Wirklichkeit eher wahrscheinlich", erkannte ich und spürte abermals, wie meine Gefühle durch die Erkenntnis der Wahrheit ein bisschen besser wurden.

„Wie wahrscheinlich?", hakte er nach. „Ist es nur eine vage Möglichkeit oder ist es ziemlich wahrscheinlich?"

„Ziemlich wahrscheinlich."

„Sehr wahrscheinlich, wenn du wirklich realistisch hinschaust?! Es geht um 3,25 Milliarden Frauen!"

„Sehr wahrscheinlich!"

„Und wenn du noch realistischer hinschaust und dir bewusst machst, wie viele Menschen mehr als nur einen Partner im Leben haben, aber vom Gefühl her trotzdem jedes Mal davon ausgehen, dass es der einzig richtige und wahre ist, ist es dann nicht von außen betrachtet sogar mehr als wahrscheinlich, dass du auf jeden Fall eine Beziehung haben wirst? Es kann Juli sein, es kann aber auch eine andere sein, das solltest du dir offen halten! Also, ist es nicht in Wirklichkeit so gut wie sicher, dass du eine Frau finden kannst, die zu dir passt?"

„Eigentlich schon", gab ich zu. „Ich dachte ja auch bereits, dass ich meine Gefühle diesbezüglich längst im Griff hätte. Beim letzten Mal, als wir das besprochen hatten, fühlte ich mich extrem gut."

„Dir ist passiert, was einem fast immer passiert, wenn man etwas als sehr bedeutend einstuft. Dein Emotionalgehirn bezieht, wie du weißt, jede deiner Beurteilungen auf deine sieben Grundmotive und damit direkt oder indirekt auf dein Überleben. Wenn dein Großhirn also etwas als bedeutend ansieht, dann ist es das aus der Sicht deines Emotionalgehirns sofort überlebenswichtig. Hier liegt das Missverständnis, und genau das ist dir mit Juli passiert. Die Beziehung mit ihr wurde durch das starke emotionale Erlebnis in der Spiegelneuronenallee für dich extrem wichtig – noch wichtiger, als sie das bisher gewesen war."

„Ich hatte das Gefühl, dass sie die Richtige für mich ist. Sie und keine andere!", erkannte ich jetzt selbst. „Natürlich habe ich die Beziehung mit ihr dadurch immens wichtig gemacht."

„Und du hast eine mögliche Beziehung mit einer anderen Frau gleichzeitig ausgeschlossen!", betonte Michael. „Das war das Problem. Juli war die Einzige, die für dich in Frage kam. Dass sie sich für dich entscheidet, war aus der Sicht deines Emotionalgehirns überlebenswichtig. Mit diesen Vorgaben musste es ja Panik kriegen."

„Und wie bringe ich dieses Missverständnis jetzt wieder in Ordnung?"

„Mach dir wiederholt die Wahrheit bewusst. Ist es für dein Überleben wirklich notwendig, dass Juli eine Partnerbeziehung mit dir eingeht?"

„Natürlich nicht", bestätigte ich.

„Wäre es für dein Glück einfach nur sehr schön, wenn sich Juli für dich entscheiden würde? Mit anderen Worten: Würdest du es mögen?"

„Ich würde das mehr mögen als alles andere auf der Welt!", bestätigte ich und spürte, wie diese Beurteilung meine Gefühle sofort noch einmal verbesserte.

„Und dennoch ist es keine Notwendigkeit sondern nur ein starkes Mögen!", betonte Michael. „Wiederhole diesen Gedanken jetzt bitte fünf Mal. Stell dir einfach selbst die Frage, ob Juli als Beziehungspartnerin überlebensnotwendig ist oder ob du eine Beziehung mit ihr sehr mögen würdest!"

Ich tat, was Michael vorgeschlagen hatte, und spürte bei jeder Wiederholung, wie meine Gefühle sich noch mehr beruhigten.

„Und jetzt mach dir bitte wiederholt bewusst, wie hoch die Wahrscheinlichkeit tatsächlich ist, dass du eine glückliche Beziehung haben wirst – entweder mit Juli oder mit einer anderen Frau. Lass das bitte offen!"

„Es ist so gut wie sicher!", stimmte ich nach fünf Wiederholungen zu. „Es ist nur eine Frage der Zeit."

„So gefällt mir das!", lobte Michael. „Und jetzt noch eine generelle Frage: Wie notwendig ist es denn überhaupt, eine Partnerbeziehung haben zu müssen? Besteht eine ernsthafte Gefahr für dein Leben, wenn es dir nicht gelingt, oder würdest du diese Art zu leben einfach nur sehr mögen?"

„Ich würde sie sehr mögen", erklärte ich. „Aber ich kann auch als Single überleben. Und ich bin mittlerweile sogar fast sicher, dass ich auch als Single ein glückliches Leben führen könnte."

„Was glaubst du jetzt, nachdem dein Emotionalgehirn beruhigt ist? Ist es wirklich komplett ausgeschlossen, dass Juli die Glückliche sein wird? Ich erinnere dich ja nicht gerne daran, aber der Boden unter ihren Füßen hat geleuchtet! Ein bisschen was sollte dir diese Tatsache schon bedeuten! Und dann all die anderen Dinge, die deutlich zeigen, dass ihr füreinander bestimmt seid. Jeder Blinde mit Krückstock sieht das. Nur ihr selbst seht den Wald vor lauter Bäumen nicht!"

Empathie

„Ich hab Juli leider nicht gefunden", unterbrach uns Mary, als sie zu uns zurückkehrte. „Ich war auch in ihrem Bungalow und habe nach ihr gerufen, falls sie in ihrem Zimmer sein sollte, aber ich habe keine Antwort bekommen. Entweder ist sie weggegangen oder sie möchte wirklich niemanden sehen. Hast du eine Ahnung, wo sie sein könnte?", fragte sie mich.

„Leider nein. Ich hatte es gerade geschafft, mich wieder gut zu fühlen. Aber wenn ich daran denke, dass es ihr wegen mir schlecht geht, denn fühle ich mich sofort wieder schrecklich."

„Nicht alle unglücklichen Gefühle sind falsch", erwiderte Mary. „Es ist in Ordnung, dass du dich schlecht fühlst, wenn du für die Probleme eines anderen Menschen verantwortlich bist. Aber in Bezug auf Juli bin ich mir da nicht so sicher! Möglicherweise haben ihre Gefühle auch nur mit der Spiegelneuronenallee zu tun. Manche Menschen brauchen danach einfach Ruhe, um das starke emotionale Erlebnis zu verdauen. Was hat sie denn genau gesagt, als sie gegangen ist?"

„Sie hat gesagt, dass sie mal für eine Weile allein sein muss", antwortete ich nachdenklich. „Und dass sie nicht einfach so verschwinden wollte, ohne dass ich Bescheid weiß."

„Das hört sich aber nicht so an, als hätte sie das Problem mit dir. Das hört sich eher danach an, als wäre es so, wie ich es vermutet habe", meinte Mary überzeugt.

„Dann hätte ich mir ja völlig umsonst schlechte Gefühle gemacht?!"

„Tja, das passiert schon mal, wie du weißt", warf Michael lächelnd ein. „Es könnte aber auch sein, dass wir soeben bereits die Matrix umprogrammiert haben!"

„Aber irgendwie habe ich trotzdem das Gefühl, dass es ihr schlecht geht", erkannte ich. „Ich kann es nicht erklären, aber ich fühle das einfach."

„Vielleicht bist du ein Empath", spekulierte Mary. „Dieser Sache könnten wir auf den Grund gehen, wenn du möchtest."

„Was ist denn ein Empath?", fragte ich ahnungslos.

„Empathie ist die Fähigkeit, die Gefühle eines anderen Menschen nachzuempfinden. Die Spiegelneuronenallee baut auf diese Fähigkeit auf. In der Neurobiologie geht man davon aus, dass man die Gefühle eines anderen Menschen über dessen Gestik und Mimik und über seine Stimmlage sowie über so genannte Pheromone unbewusst erkennt. Da viele Menschen die Gefühle eines anderen Menschen jedoch auch dann noch wahrnehmen, wenn sie diesen weder hören noch sehen oder riechen können, vermutet man, dass das Magnetfeld seines Herzens unbewusst ebenfalls wahrgenommen wird. Dieses Magnetfeld verändert sich sehr deutlich, wenn man seinen Gefühlszustand verändert, das ist messbar.

Es gibt unzählige Menschen, die deutlich spüren können, ob es jemandem gut oder schlecht geht, obwohl dieser in einem hermetisch abgeschlossenen Nebenraum sitzt, wo sie ihn eigentlich gar nicht mit ihren fünf Sinnen wahrnehmen können. Manche Empathen können diese Empfindungen noch nicht einmal abstellen. Sie spüren immer, was andere in ihrem Umfeld fühlen. Für einige von ihnen ist das so belastend, dass sie es vorziehen, sehr zurückgezogen zu leben.

Das Erstaunlichste daran ist jedoch, dass es Menschen gibt, die über jede beliebige Entfernung hinweg spüren können, was ein anderer fühlt. Dieses Phänomen kommt zum Beispiel sehr häufig bei eineiigen Zwillingen vor. Aber es existiert auch bei anderen Menschen. Die Geheimdienste sollen sogar besonders begabte Empathen in ihre Dienste genommen haben. Auch im zivilen Bereich gibt es viele Untersuchungen von talentierten Empathen. Wenn du willst, können wir hier und jetzt herausfinden, ob du einer von diesen besonders talentierten Empathen bist", schlug Mary neugierig vor.

„Du meinst, ich fühle vielleicht wirklich, was Juli fühlt?", fragte ich ungläubig.

„Es ist nicht auszuschließen. Wenn ich dir die Hände auflegen darf, dann werden wir es gleich wissen."

„Ich muss dir da noch was gestehen bezüglich Händeauflegen", sagte ich. „Als du das bei Juli gemacht hast, habe ich exakt ihre Gefühle gehabt. Mein Kopf fühlte sich an, als würde er sich immer weiter ausdehnen. Ich spürte, dass für irgendetwas Platz gemacht wurde. Juli hat ihre Gefühle sogar mit den gleichen Worten beschrieben. Das hat mich so erschreckt, dass ich nichts davon gesagt habe. Und beim zweiten Mal hat es mir gleich komplett die Lichter ausgeschossen. Ich hatte das Gefühl, die Matrix zu sein."

„Deshalb warst du also fast eine Stunde lang nicht ansprechbar!", erkannte Mary beeindruckt. „Das sieht mir alles sehr nach Empathie aus! Das Interessanteste ist jedoch, dass du Julis Talent sogar deutlich höher entwickelt erlebt hast als sie selbst."

„Du glaubst wirklich, dass ich so etwas kann?"

„Offensichtlich! Aber du kannst dir jetzt ganz leicht Gewissheit verschaffen."

„Was muss ich dazu tun?"

„Dich einfach hinlegen und dich auf Juli konzentrieren, während ich dir die Hände auf Kopf und Brust lege."

„Und was ist, wenn ich es wirklich kann? Was hätte das für Konsequenzen?"

„Du würdest andere Menschen besser verstehen können, weil du ihre Gefühle besser erkennst als andere Menschen. Du könntest dadurch sehr viel präziser auf sie eingehen. Jeder Mensch hat ein angeborenes Gespür dafür, was andere fühlen. Je besser dieses Gespür ist, desto weniger redet man aneinander vorbei."

„Das hört sich eigentlich sehr sinnvoll an. Okay, versuchen wir's!"

Ich legte mich in den Sand. Mary kniete sich neben mich, schloss die Augen und konzentrierte sich einen Augenblick. Dann legte sie eine Hand auf meine Brust und die andere auf meine Stirn. Im ersten Moment spürte ich überhaupt nichts. Ich schloss die Augen und konzentrierte mich auf Juli. Plötzlich hatte ich das Gefühl, auf einem Bett zu liegen. Ich spürte eine weiche Matratze unter mir. Mir war bewusst, dass ich immer noch im Sand lag, aber ich hätte schwören können, dass sich unter mir eine weiche Matratze befand.

„Ich habe das Gefühl, auf einem Bett zu liegen", sagte ich verwundert.

„Konzentrier dich weiter auf Juli", bat Mary. „Wie fühlt sie sich genau?"

Ich hatte keine Ahnung, ob das Julis Gefühle waren, aber ich selbst fühlte mich urplötzlich fürchterlich schlecht. Ich war traurig – fast sogar schon verzweifelt. Ich verspürte großen Kummer und ein Gefühl von Hoffnungslosigkeit. Daraufhin brach ich den Versuch sofort ab und setzte mich verwirrt auf.

„Was ist passiert?", wollte Mary wissen.

„Ich weiß es nicht! Ich habe mich ganz schrecklich gefühlt. Wenn das wirklich Julis Gefühle sind, dann geht es ihr wesentlich schlechter, als ich geahnt hätte", berichtete ich sehr betroffen.

„Was fühlt sie genau?"

„Das möchte ich nicht sagen", erklärte ich ernst. „Ich habe das Gefühl, dass es nicht in Ordnung ist, in den intimsten Gefühlen eines anderen Menschen herumzuschnüffeln. Ich möchte das auch nicht wiederholen."

„Das kann ich verstehen", erwiderte Mary einfühlsam. „Mir war nicht bewusst, dass es so in die Tiefe gehen würde. Tut mir leid!"

„Es war ja nicht deine Schuld. Aber was kann ich tun, wenn es Juli tatsächlich so schlecht geht, wie ich es empfunden habe?", fragte ich die beiden verzweifelt. „Wie kann ich ihr helfen?"

„Ich weiß nicht, ob du im Moment der Richtige bist, um ihr zu helfen", sagte Michael. „Wenn es ihr wirklich so schlecht geht, wie du das eben sagtest, dann kann die Spiegelneuronenallee nicht der alleinige Grund dafür gewesen sein. Möglicherweise hat es doch etwas mit dir zu tun. Diese Möglichkeit ist jedenfalls nicht auszuschießen. Und wenn es mit dir zu tun hat und sie sich deshalb von dir zurückgezogen hat, dann solltest du das vermutlich besser respektieren."

„Aber ich muss doch irgendetwas tun können!", sagte ich verzweifelt.

„Robin, Juli ist kein kleines Kind mehr!", betonte Mary einfühlsam. „Sie wird mit ihren Gefühlen zurechtkommen. Und wenn nicht, dann weiß sie, wo sie Leute findet, die ihr helfen können. Wenn du Recht hast mit der Matratze, dann ist sie in ihrem Zimmer. Sie hat mich also gehört, als ich nach ihr gerufen habe. Und sie hat sich entschieden, nicht mit mir zu sprechen. Sie wird ihre Gründe dafür haben. Und die sollten wir respektieren. Wie gesagt, sie ist eine reife, erwachsene Frau und kein Kind mehr!"

„Ich kann also nichts tun", stellte ich frustriert fest. „Das sind wohl die Schattenseiten, wenn man jemanden liebt."

„Es gibt keine Schattenseiten, wenn du sie nicht dazu machst", erwiderte Michael ernst. „Du musst lernen, mit solchen Situationen umzugehen. In einer Partnerbeziehung kann es immer mal vorkommen, dass es dem anderen schlecht geht. Es hilft ihr jedoch nicht, wenn du deswegen verzweifelt bist. Das zieht sie höchstens noch mehr runter und erzeugt bei ihr Schuldgefühle. Immerhin geht es dir ja wegen ihr schlecht. Das zu wissen, ist kein schönes Gefühl, wenn es einem sowieso schon dreckig geht."

„Aber ich kann doch nicht einfach glücklich sein, wenn sie leidet!", wandte ich kopfschüttelnd ein.

„Stell dir die Situation bitte einmal umgekehrt vor! Dir geht es saumiserabel. Juli lässt sich davon runterziehen und ist völlig verzweifelt deswegen. Du weißt, dass du dafür verantwortlich bist. Wie würde sich das anfühlen? Bedenke, dass es dir sowieso schon total schlecht geht!"

„Das wäre furchtbar für mich!"

„Dann stell dir jetzt vor, Juli würde dir in dieser Situation einfach ihre Zuneigung entgegenbringen. Sie lässt sich nicht runterziehen, aber sie ist für dich da. Wie wäre das?"

„Das wäre schön", antwortete ich berührt.

„Dann solltest du genau diese Gefühle ihr gegenüber jetzt auch haben", schlug Michael vor. „Vielleicht nicht gleich die partnerschaftliche Zuneigung, aber die freundschaftliche auf jeden Fall. Das ist sicherlich nicht falsch."

„Das hört sich sehr vernünftig an. Ich weiß nur nicht, ob ich das schaffe", gab ich ehrlich zu.

„Weil du unbewusst immer noch dein Mitleid als sinnvoller ansiehst", erklärte Mary. „Aber das ist ein Beurteilungsfehler! Die meisten Menschen können es nicht ertragen, wenn andere sich amüsieren, während es ihnen schlecht geht. Das ist ja auch nicht wirklich nett. Doch wir reden hier nicht von Amüsement! Wir reden von Zuneigung, was in so einer Situation sicherlich ein angemessenes Glücksgefühl darstellt.

Glück und Amüsement werden von den meisten Leuten in einen Topf geworfen. Aufgrund dieses Missverständnisses halten diese Menschen es dann für falsch, glücklich zu sein, wenn es einem anderen schlecht geht. Doch wie du gesehen hast, würden die richtigen glücklichen Gefühle dem anderen eher helfen. Wohingegen es den anderen nur noch mehr belasten würden, wenn du dich wegen ihm unglücklich fühlst. Du musst also deinen Beurteilungsfehler korrigieren. Dann kannst du deine Gefühle ganz schnell in Ordnung bringen."

„Du hast Recht! Ich habe es als richtig angesehen, dass es mir auch schlecht gehen muss, wenn es Juli nicht gut geht. Jetzt ist mir klar, dass das ein Fehler war. Aber ich würde ihr trotzdem wahnsinnig gerne helfen."

„Das ist auch vollkommen okay!", betonte Mary. „Und du kannst das auch tun. Und zwar mit den passenden guten Gefühlen."

„Wie ist es, wenn du die Sache so betrachtest?", fragte Michael. „Ist es sinnvoll, deshalb runterzuziehen?"

„Sicherlich nicht! Wenn ich eine Chance habe, Juli zu helfen, dann sicher im Positiven Fühlen."

Als ich das ausgesprochen hatte, ließ der Druck auf meinen Magen komplett nach und gab den Raum wieder frei für die angenehme Weite und die Lebensenergie in meiner Brust. Nun zog sie wieder stark nach oben. Ich sah plötzlich alles in einem sehr viel positiveren Licht. Zwar hatte ich immer noch Mitgefühl mit Juli, aber es war kein Mitleiden mehr. Es war mehr das Gefühl, für sie da sein zu wollen, und das fühlte sich eigentlich sehr gut an. Auch spürte ich, dass Juli eine erwachsene Frau war. Ich musste keine Angst um sie haben. Sie würde ihre Gefühle genau wie ich in den Griff bekommen. Und so katastrophal war es nun auch wieder nicht, wenn man sich mal schlecht fühlte. Es waren nur Gefühle, und die gingen auch wieder vorbei. Vielleicht waren sie ja sogar schon vorbei?!

„Wie es aussieht, bist du wieder dabei!", erkannte Michael an meinem glücklichen Lächeln. „Ich möchte dich daher um etwas bitten."

„Worum geht es?", fragte ich verwundert.

„Wie ich dir gestern erklärt habe, muss ich alle Informationen von Ella wie Puzzleteilchen abrufen und ordnen. Vielleicht kannst du mir mit deiner empathischen Fähigkeit helfen, ein bestimmtes Puzzleteilchen genauer zu erkennen."

„Um was für ein Teilchen geht es?"

„Es geht um den Ausflug gestern. Wie ich dir schon gesagt habe, ist dabei etwas passiert, dessen Konsequenzen wir kontrollieren müssen. Ich weiß immer noch nicht genau, was es war, aber ich habe inzwischen herausbekommen, dass es etwas mit einer Frau zu tun hatte und mit Blut! Ich kann mir jedoch keinen Reim auf diese Informationen machen."

„Vielleicht hat es mit der betrunkenen Frau zu tun, die beim Anstoßen Beatrices Glas zerdeppert hat", spekulierte ich schulterzuckend.

„Kannst du mal versuchen, dich in diese Frau einzufühlen?", bat Michael.

„Keine Ahnung. Meint ihr denn wirklich, dass ich ein Empath bin?", fragte ich zweifelnd.

„Das werden wir sicher sehr bald wissen. Ich schlage vor, dass wir es einfach weiter ausprobieren."

„Was muss ich also tun?"

„Das Gleiche wie eben bei Juli", antwortete Mary. „Leg dich noch mal hin und denke an diese Frau." Daraufhin legte sie mir erneut die Hände auf Stirn und Bauch.

Im ersten Moment spürte ich wieder rein gar nichts. Dann hatte ich jedoch plötzlich das Gefühl, Beatrice zu sehen. Das machte doch gar keinen Sinn. Wieso sah ich Beatrice? Ich konzentrierte mich doch auf die Betrunkene vom Vortag!? Aber ich hatte wirklich das eindeutige Gefühl, Beatrice zu sehen – eigentlich sogar eher, sie zu beobachten! Was sollte das denn?! Ich setzte mich auf und erzählte es den beiden anderen.

„Sie beobachtet Beatrice", sagte Michael nachdenklich. „Wenn das stimmt, dann war das zerschlagene Sektglas kein Zufall."

„Was soll es denn sonst gewesen sein?", hakte ich verwundert nach.

„Vielleicht wollte sie sich von der Selbstheilungskraft Beatrices mit eigenen Augen überzeugen", spekulierte Michael. „Sie muss davon gehört haben. Vermutlich haben die Mädels doch außerhalb ihres Bungalows darüber geredet." Dann sagte er plötzlich: „Ich habe eine Idee! Probier mal, die Gefühle dieser Frau zu spüren, die sie hatte, als sie gestern mit Beatrice angestoßen hat. Vielleicht kannst du ja nicht nur ihre momentanen Gefühle einfangen, sondern auch vergangene."

Ich tat, was er sagte und legte mich wieder hin. Mary legte mir erneut die Hände auf. Augenblicklich hatte ich den Eindruck, dass diese Frau nicht wirklich betrunken gewesen war. Sie wollte etwas von Beatrice, und das ließ sich leichter erreichen, wenn sie betrunken spielte. Sie wollte jedoch nicht die Gewissheit, dass Beatrice tatsächlich über eine spektakuläre Selbstheilungskraft verfügte. Sie wollte etwas anderes – sie wollte tatsächlich ihr Blut! Ich teilte Mary und Michael sofort erschrocken mit, was ich empfunden hatte.

„Also war es doch so, wie Ella sagte. Doch wozu wollte sie das Blut? Kannst du das herausfinden?"

„Sie ist gar nicht damit in Berührung gekommen", wandte ich ein. „Ich habe das blutige Taschentuch, mit dem sich Beatrice die Hand abgewischt hat, sofort an mich genommen und in meiner Tasche versteckt."

„Und was hast du dann damit gemacht?", wollte Michael wissen.

„Ich habe es auf dem Reiterhof in einen Mülleimer geworfen", erklärte ich nachdenklich. „Meinst du etwa, sie hat es dort wieder rausgefischt? Wozu sollte sie das tun?"

„Genau das sollst du herausfinden!", antwortete er. „Versuch es! Was wollte sie mit dem Blut? Sie muss diesbezüglich auch Gefühle gehabt haben."

Ich legte mich also erneut in den Sand und ließ mir von Mary die Hände auflegen. Dann spürte ich in die Emotionen dieser Frau hinein und stellte mir dabei selbst die Frage, was ich mit dem Blut anfangen wollte. Die Antwort darauf gab mir erneut Rätsel auf. Ich wollte es jemandem geben, denn das gehörte irgendwie zu meinem Job. Ich hatte das Blut zu besorgen und abzuliefern, das stand zweifelsfrei fest – sofern ich jetzt nicht komplett durchgeknallt war und mir das alles nur einbildete.

„Irgendetwas Wichtiges ist auch noch bei der Rückfahrt in eurem Auto passiert", sagte Michael, nachdem ich meine Eindrücke erzählt hatte.

„Auf der Rückfahrt?!", fragte ich mehr als verwundert. „Da kann nichts gewesen sein. Beatrice war gar nicht in unserem Wagen und außerdem haben wir so gut wie nichts geredet. Alle waren müde."

„Das ist komisch!", erwiderte Michael. „Ich konnte eindeutig wahrnehmen, dass in eurem Auto irgendetwas passiert ist, das mit den Konsequenzen zu tun hat, die wir kontrollieren sollen."

„Warte!", erkannte ich da plötzlich. „Wir hatten auf der Rückfahrt eine zusätzliche Mitfahrerin. Es hieß, dass der Wagen, der sie auf dem Hinweg mitgenommen hatte, vorzeitig losgefahren sei und sie zurückgelassen hätte. Das kam mir schon etwas komisch vor. Wer macht so was?!"

„Kannst du bei dieser Frau das Gleiche versuchen wie eben?", bat Michael. „Fühl dich in sie ein, als sie zu euch ins Auto gestiegen ist. Was wollte sie dort?"

Ich tat, was er sagte, und ließ mir erneut die Hände auflegen. „Sie wollte unbedingt mit uns mit. Es ging ihr darum, irgendwie Kontakt zu uns aufzubauen", erkannte ich. „Einen ersten Kontakt. Ich glaube, sie wartet jetzt nur darauf, mit uns Freundschaft schließen zu können. Wenn ich mich nicht irre, beobachtet sie uns sogar jetzt gerade!", erkannte ich geschockt.

„Wir werden also beobachtet!", wiederholte Michael nachdenklich, während Mary mir weiterhin die Hände auflegte. „Was wollen diese Leute von uns?"

„Das weiß sie nicht!", sagte ich erstaunt. „Sie macht nur ihren Job. Man hat ihr gesagt, dass sie es tun soll, also tut sie es. Sie macht sich darüber gar keine Gedanken. Es ist für sie nichts Besonderes. Aber meint ihr wirklich, dass das alles stimmt, was ich mir hier aus den Fingern sauge?"

„Keine Ahnung, aber sicherheitshalber sollten wir davon ausgehen", antwortete Michael. „Auf jeden Fall habe ich jetzt einige neue Informationen, mit deren Hilfe ich versuchen kann, mehr zu verstehen. Ich befrage Ella jetzt gleich noch einmal. Das dauert einen Moment."

Michael saß mit geschlossenen Augen bequem an eine Palme gelehnt, während er das tat. Gelegentlich zog er die Stirn hoch und legte sie dann gleich wieder irritiert in Falten.

„Ich höre ständig seltsame Namen und Worte!", sagte er schließlich, während er immer noch mit geschlossenen Augen dasaß. „Maya und gefiederte Schlange", höre ich andauernd. „Und dann noch Countdown! Ich habe keine Ahnung, was das soll. Meine Wahrnehmung hat bisher immer ganz anders funktioniert. Ich weiß absolut nicht, was diese

Worte bedeuten sollen, aber sie haben etwas damit zu tun, warum diese Frauen hinter dem Blut her waren. Irgendwie muss das Positive Fühlen meine Wahrnehmung verändert haben. Ich weiß nur noch nichts damit anzufangen. Aber ich werde es sicher rauskriegen."

„Bei mir hat das Positive Fühlen in den letzten Tagen auch etwas verändert", sagte Mary. „Es betrifft mein Gedächtnis. Ich kann mich absolut wortgetreu an alles erinnern, was in den letzten Tagen von den Leuten in unserem Umfeld gesagt wurde. Mir ist das anfangs gar nicht richtig aufgefallen, weil es sich so normal anfühlte. Doch jetzt, wo du das mit deiner neuen Wahrnehmungsfähigkeit sagst, denke ich, dass das wohl eher nicht normal ist!"

„Sicherlich nicht!", stimmte Michael zu und öffnete wieder die Augen. „Ich bin sehr gespannt, was noch alles passieren wird."

„Das bin ich auch", warf ich ein. „Doch was mich noch mehr interessiert: Wie werden wir jetzt vorgehen, was die beiden Frauen betrifft, die uns beobachten?"

„Wir werden den Spieß einfach mal umdrehen", sagte Michael. „Du zeigst sie uns, und dann werden wir sie beobachten, während sie uns beobachten. Möglicherweise hilft mir das, weitere Puzzleteilchen zu ordnen."

Die gefiederte Schlange

Es dauerte nicht lange, bis wir die beiden Frauen gefunden hatten. Die Frau aus unserem Wagen kam uns direkt entgegen, als wir am Strand entlang zum Camp zurückgingen. Sie machte scheinbar einen Strandspaziergang, und zwar alleine, was hier im Camp eher selten war. Die scheinbar Betrunkene saß tatsächlich ganz in der Nähe von Beatrice, die mit den Mädels am Strand lag. Möglicherweise hatte meine seltsame empathische Wahrnehmung also tatsächlich gestimmt! Ich konnte das immer noch nicht richtig glauben.

Mary und Michael entschieden sich dafür, sich zu den Mädels zu setzen, die sie bisher noch gar nicht richtig kennen gelernt hatten. Vor allem wollten sie Beatrice ein bisschen genauer unter die Lupe nehmen, um ein Gefühl dafür zu bekommen, wann der richtige Zeitpunkt wäre, um sie einzuweihen. Dabei konnten sie auch gleichzeitig die Frau im Auge behalten, die Beatrice beobachtete.

Ich entschied mich dafür, nach Juli zu sehen. Ich hoffte, dass es ihr wieder besser gehen würde. Doch vor allem hoffte ich inbrünstig, dass ihre Gefühle vielleicht ja doch nichts mit mir zu tun gehabt hatten.

Julis Mitbewohner saßen auf der Terrasse beim Kaffee, als ich bei ihrem Bungalow ankam. Doch Juli selbst war leider nicht dabei. „Du suchst bestimmt Juli", sagte Stefan zu mir, als ich die Terrasse betrat. „Sie ist leider nicht da. Ich kann ihr aber ausrichten, dass du nach ihr gesucht hast, wenn du möchtest", bot er an.

„Ist schon gut", bagatellisierte ich. „Ich komme einfach später noch mal vorbei. Und wenn sie heute nicht mehr auftaucht, dann sehen wir uns halt morgen", fügte ich schnell hinzu, damit Stefan nicht auf die Idee kommen könnte, Juli zu sagen, ich hätte sie dringend gesucht. Denn das wäre sicherlich genau die falsche Aussage gewesen, falls ihr Problem tatsächlich mit mir zu tun gehabt hätte.

Ich ging zu meinem Bungalow und setzte mich dort auf die Terrasse. Da stürmte plötzlich Michael panisch auf mich zu. „Du musst unbedingt sofort mitkommen!", rief er völlig außer sich.

„Was ist denn passiert?!"

„Am Strand sind seltsame Leute aufgetaucht! Mit denen stimmt etwas nicht! Ganz gewaltig stimmt mit denen etwas nicht!", wiederholt er aufgebracht. „Wir brauchen dich! Du musst sie dir ansehen. Jetzt sofort!"

Ich begleitete Michael schnellen Schrittes zum Strand. Unterwegs berichtete er mir aufgeregt, dass es eine Frau und ein Mann seien. Sie seien Arm in Arm am Strand aufgetaucht und auf die beiden Frauen zugesteuert, die uns beobachten sollten. Daraufhin hätten sie diese weggeschickt. Die beiden Frauen seien sofort gegangen, ohne ein Wort zu sagen. Doch das wäre nicht das Beunruhigende gewesen. Die Art, wie sie auf das Pärchen reagiert hatten, war wohl mehr als merkwürdig. Sie hatten sich extrem unterwürfig verhalten, gleichzeitig aber auch mehr als beeindruckt, diese beiden Menschen überhaupt hier zu sehen. Sie waren völlig fassungslos gewesen, fast schon geschockt! Danach hatte sich Michael das Pärchen genauer angeschaut. Er konnte nicht erklären, warum, aber sie machten ihm Angst! Große Angst!

Als wir den Strand erreichten, bemühten wir uns, möglichst normal zu wirken, was nicht einfach war bei der Panik, die Michael zuvor verbreitet hatte.

Die Frau, vor der er so große Angst hatte, saß friedlich in der Nähe von Mary und den Mädels und schaute aufs Meer hinaus. Das sah nicht wirklich beängstigend aus. Ihr Partner holte gerade etwas zu Trinken an der Strandbar. Er wirkte aufgeschlossen und nett. Ich konnte Michaels Aufregung nicht im Entferntesten nachvollziehen. Was hatte er für ein Problem?!

„Kannst du es fühlen?!", fragte er mich nervös und setzte sich in den Sand.

Ich schüttelte verwirrt den Kopf, während ich mich ebenfalls setzte. „Was soll ich fühlen?!"

„Die dunkle Macht, die von ihnen ausgeht!", sagte er, wobei echte Angst in seiner Stimme mitschwang.

„Ich glaube, du hast zu viele Fantasy-Romane gelesen!", erwiderte ich verständnislos.

„Du kannst mich für verrückt halten, aber diese Typen sind keine normalen Menschen! Mir läuft es eiskalt den Rücken runter, wenn ich sie nur anschaue!"

Jetzt machte ich mir doch langsam Sorgen. Und zwar um Michael! So hatte ich ihn noch nie erlebt. Das waren doch ganz normale Leute! War er jetzt komplett durchgeknallt?! Für einen Moment begann ich an allem zu zweifeln, was er bis jetzt über das Positive Fühlen und den angeblichen Evolutionssprung erzählt hatte. Dann wurde mir jedoch wieder bewusst, was mit Beatrice in den letzten Tagen geschehen war. Ich war verwirrt und wusste nicht mehr, was ich glauben sollte.

In diesem Moment kam Mary mit einem sehr seltsamen Gesichtsausdruck zu uns. „Ihr könnt euch tatsächlich an nichts erinnern, oder?!", flüsterte sie uns zu, als sie ganz nahe war.

„Wovon redest du?", fragte Michael verwundert.

„Verhaltet euch ganz normal!", bat Mary, die völlig außer sich war. „Lasst uns einfach irgendetwas tun, was wir auch tun würden, wenn wir uns nicht an etwas erinnern könnten, an das wir uns nicht erinnern sollen. Sie dürfen keinen Verdacht schöpfen! Lasst alles so aussehen, als wollten wir einfach den Nachmittag am Strand verbringen. Ganz normal, als ob nichts wäre", sagte sie aufgelöst und setzte sich zu Michael in den Sand.

„Was redest du denn da?", fragte ich jetzt komplett verwirrt.

„Psst!", ermahnte sie mich zur Ruhe. „Schaut einfach aufs Meer raus und tut so, als würdet ihr die Nachmittagssonne genießen! Bitte!", bat sie noch einmal eindringlich. „Tut, was ich euch sage. Sie kommen jetzt!"

371

Besagtes Pärchen ging daraufhin an uns vorbei und grüßte uns beiläufig freundlich mit einem Lächeln. Wir lächelten beiläufig zurück und schauten wieder aufs Meer hinaus. Als die beiden weit genug weg waren, sagte Mary überaus aufgewühlt zu uns: „Ihr dürft euer Verhalten ihnen gegenüber nicht verändern, wenn ich euch jetzt erzähle, was vorgefallen ist!"

„Wovon redest du die ganze Zeit?", fragte ich mehr als verwundert.

„Euch fehlen ein paar Minuten Erinnerung!", behauptete sie dann ganz ernsthaft. „Die beiden sind eben zu Beatrice und den Mädels gegangen."

Ich schüttelte verwirrt den Kopf. „Was erzählst du da?"

„Glaub mir, sie haben eure Erinnerungen manipuliert!", beteuerte sie. „Dieser Typ beherrscht ganz offensichtlich mentale Hypnose."

„Mentale Hypnose?! Was soll denn das bitte sein?", hakte ich skeptisch nach.

„Es ist eine nachgewiesene PSI-Fähigkeit, über die nur sehr wenige Menschen verfügen", erklärte Michael aufgewühlt. „Sie können andere dazu bringen, Dinge zu tun. Und sie können einen diese Dinge dann vergessen lassen. Aber wir sind hier am Strand – in der Öffentlichkeit! Wieso ist das niemandem aufgefallen?"

„Ist es!", bestätigte Mary flüsternd. „Ich muss euch bitten, leiser zu sprechen. Bitte! Ich erzähle keinen Scheiß! Vielleicht hört uns doch noch jemand zu. Also seid bitte leise und verhaltet euch unauffällig."

„Was haben sie denn mit uns gemacht?", fragte Michael jetzt leise.

„Und wieso kannst du dich daran erinnern?"

„Das muss mit meiner neuen Fähigkeit zu tun haben. Eine andere Erklärung habe ich nicht. Ich kann mich jedenfalls an jedes Detail erinnern.

Als ihr gesehen habt, dass sie sich zu uns setzten, seid ihr schnell dazugekommen. Noch bevor ihr euch gesetzt habt, hat dieser Typ uns alle zum Schweigen gebracht. Wir konnten nichts mehr sagen. Unsere

Münder waren wie zugenäht. ‚Hinsetzen!', hat er daraufhin euch beiden befohlen. Ihr habt euch dann ohne ein Wort zu sagen gesetzt. Dieser Kerl hatte uns alle vollkommen in seiner Gewalt.

‚Woher stammen die Fähigkeiten dieser Frau wirklich?', fragte er als Nächstes und meinte damit Beatrice. ‚Antwortet wahrheitsgemäß und vollständig!', ergänzte er im Befehlston.

Beatrice antwortete wie befohlen. ‚Ich glaube, sie wurden durch das Positive Fühlen ausgelöst.'

‚Wir verschwenden hier unsere Zeit!', sagte er daraufhin zu seiner Begleiterin.

‚Da bin ich mir nicht so sicher', antwortete diese skeptisch. ‚Wer von euch glaubt sonst noch, dass das Positive Fühlen dafür verantwortlich ist?', fragte sie in die Runde.

Wir drei gaben Handzeichen, wobei du, Robin, etwas gezögert hast. Daraufhin wandte sie sich an Michael, der überzeugter aufgezeigt hatte.

‚Warum glaubst du das?', wollte die Frau wissen.

‚Meine innere Stimme hat es mir gesagt', erklärtest du, Michael, dann wahrheitsgemäß.

‚Ihr betreibt das Positive Fühlen ebenfalls?'

Wir bestätigten ihre Frage mit einem Nicken.

‚Und welche Fähigkeiten glaubt ihr zu besitzen?', fragte sie weiter, wobei deutlich wurde, dass sie unsere Fähigkeiten stark anzweifelte.

‚Ich kann mit meiner Seele sprechen, Mary kann verborgene Talente durch Handauflegen aktivieren und Robin entwickelt gerade empathische Fähigkeiten.'

Der Hypnotiseur schüttelte verächtlich den Kopf. ‚Das sind lediglich ein paar Spinner! Ich sage es noch einmal: Wir verschwenden hier unsere Zeit!'

‚Ich bin noch nicht sicher!', widersprach die Frau erneut. ‚Möglicherweise sind es Spinner, möglicherweise nicht. Wir werden sehen.'

Daraufhin gab sie dem Typen die Erlaubnis, uns wieder gehen zu lassen. Ihr beide seid dann ohne ein Wort zu sagen aufgestanden und zu eurem Platz zurückgekehrt. Ich konnte es zunächst nicht glauben, aber keiner der anderen machte auch nur im Entferntesten Anstalten, die erkennen ließen, dass er sich an dieses Verhör erinnern konnte. Auch die Camp-Teilnehmer, die direkt neben uns lagen, verhielten sich, als hätten sie nichts davon mitbekommen. Offensichtlich bin ich die Einzige, die sich daran erinnern kann. Und ich kann euch versichern, ich bilde mir das nicht ein. Und noch etwas: Er hat ein Tattoo am Arm, das euch interessieren dürfte – eine gefiederte Schlange!

„Ach du Scheiße!", sagte ich geschockt.

„Die können mit uns machen, was sie wollen!", erklärte Mary fassungslos. „Es sei denn, wir entwickeln unsere Fähigkeiten weiter. Meine Erinnerung konnte er mir nämlich nicht nehmen. Möglicherweise ist das bei den anderen Fähigkeiten genauso. Das Wichtigste ist jetzt aber, dass wir den beiden keinen Anlass mehr geben, uns erneut zu verhören. Sie dürfen es nicht mitbekommen, falls sich unsere Fähigkeiten weiterentwickeln. Sie dürfen gar nicht mitkriegen, dass sich bei irgendwem tatsächlich Fähigkeiten entwickeln. Wenn das passiert, sind wir geliefert!"

Michael legte beruhigend seine Hand auf ihre. „Ich vermute, sie werden noch eine Weile hierbleiben, um sicher zu gehen, dass es nichts mit dem Positiven Fühlen zu tun hat. Wenn bis dahin nichts passiert, sind wir sie los."

Ich schüttelte skeptisch den Kopf. „Und was dann? Irgendwann wird irgendwer durch das Positive Fühlen Fähigkeiten entwickeln. Das werden sie sofort in Zusammenhang bringen und dann sind sie auch wieder hinter uns her."

„Wir sollten uns beeilen, damit unsere Fähigkeiten stärker werden als ihre. Einen anderen Weg sehe ich nicht", meinte Mary.

„Eines ist jedenfalls klar", erklärte ich ernst. „Wenn wir tatsächlich mächtigere Fähigkeiten entwickeln können als diese Leute, wird es für uns gefährlich. Das werden sie nicht zulassen."

Mary schaute Michael und mich eindringlich an. „Wir müssen ab sofort sehr viel vorsichtiger sein!"

„Und wir sollten versuchen herauszufinden, mit wem wir es hier tatsächlich zu tun haben", erklärte er. „Ich brauche mehr Informationen darüber, was es mit der gefiederten Schlange auf sich hat. Mit Sicherheit besteht auch ein Zusammenhang mit den beiden anderen Begriffen, die mir Ella genannt hat: Maya und Countdown. Ich glaube nicht, dass es einen Sinn hat, Ella jetzt noch einmal darauf anzusprechen. Ich kann diese Puzzleteilchen ohne weitere Informationen nicht ordnen. Daher schlage ich vor, dass wir erst mal ins Internet schauen. Vielleicht finden wir dort etwas. In der Strandbar stehen einige Internetterminals."

Wir machten uns sofort auf. Das komische Pärchen war nirgends zu sehen, als wir in der Strandbar ankamen. Also setzten wir uns an den Computer und wählten die Seite von Google. Eilig gaben wir Maya, gefiederte Schlange und Countdown in die Suchmaschine ein. Es wurden tatsächlich einige Ergebnisse angezeigt, darunter auch die Seite von Wikipedia – eine Internetenzyklopädie, in der ich schon viele Dinge nachgeschlagen hatte.

„Das ist das Tattoo!", flüsterte Mary erstaunt, nachdem wir ein paar Minuten auf Wikipedia herumgestöbert hatten.

Die gefiederte Schlange war Kukulcan, ein Schöpfergott der Maya. Dieses faszinierende Volk lebte in Mittelamerika. Ihre Geschichte reichte bis ins Jahr 3000 vor Christi zurück. Wir lasen einige der Texte auf Wikipedia, konnten uns jedoch keinen Reim darauf machen. Was hatten die Maya mit der ganzen Sache zu tun?

„Ich versuche, Ella noch mal zu fragen. Ihr seid sicher, dass die beiden nicht irgendwo hier in der Nähe sind, oder?", flüsterte er verunsichert.

„Wenn sie hier wären, dann wären wir vermutlich bereits tot", erklärte Mary daraufhin.

„Das beruhigt mich sehr!", antwortete er dankbar und schloss kurz die Augen. „Es geht tatsächlich um die Maya", sagte er dann leise. „Die beiden von vorhin sind Maya. Sie gehören zu einer Art Untergruppe. Wie viele es sind, kann ich nicht sagen.

Ich höre immer wieder von Ella, dass wir uns mit dem Countdown befassen sollen, den diese Gruppe am Laufen hat. Es wird etwas ganz Gewaltiges passieren, sobald er abgelaufen ist!"

„In esoterischen Kreisen wird immer wieder behauptet, 2012 würde die Welt untergehen", berichtete Mary. „Dieses Datum soll irgendwas mit dem Maya-Kalender zu tun haben. Ich habe auch schon mal gehört, der Mayakalender würde im Jahr 2012 nicht enden, sondern beginnen. Das würde bedeuten, dass er rückwärts läuft. Ob das wirklich stimmt, weiß ich nicht."

„Ein Kalender läuft nicht rückwärts", erkannte ich geschockt. „Aber ein Countdown tut das!"

„Das ist der Countdown!", flüsterte Michael aufgewühlt. Er öffnete wieder die Augen. Sein Gespräch mit Ella war offenbar beendet. „Du musst dich in die beiden einfühlen!", sagte er dann leise, aber eindringlich zu mir. „Vielleicht finden wir so heraus, was sie genau wollen. Wir sollten dafür aber woanders hingehen, wo wir sicher sein können, dass man uns nicht belauscht."

„Hast du vergessen, was diese zwei eben am Strand abgezogen haben?!", flüsterte Mary kopfschüttelnd. „Wenn die etwas wissen wollen, dann fragen sie einfach. Die müssen uns nicht belauschen!"

„Das stimmt auch wieder!", erwiderte er nachdenklich. „Also sollten wir versuchen, so unauffällig wie möglich zu sein, damit sie nicht auf die Idee kommen, uns noch einmal verhören zu wollen. Lasst uns wieder an den Strand gehen und uns etwas weiter abseits setzen."

Wir gingen also scheinbar unbekümmert den Strand entlang und setzten uns erneut in den Schatten einer Palme. Hier würde es höchstens ab und an einen Strandspaziergänger geben, den man jedoch bereits von weitem würde sehen können.

„Leg dich bitte wieder hin", bat Michael. „Mary legt dir jetzt noch einmal die Hände auf. Du musst mir sagen, wie sich die beiden fühlen und was sie im Schilde führen."

Ich legte mich also hin und ließ mir von Mary die Hände auflegen. Sie wirkte reichlich angespannt, was in mir ebenfalls ein mulmiges Gefühl auslöste. „Konzentriere dich auf den Mann!", bat sie dann.

Als ich an ihn dachte, wurden meine Gefühle sofort wieder ruhiger. Ich spürte keine Gefahr mehr. Nicht mal den Funken einer Angst! Stattdessen fühlte ich mich unsagbar überlegen. So als könnte ich jeden mit einem einzigen Gedanken zerquetschen wie ein Insekt. Dieses Gefühl der Macht war unglaublich. Ich konnte normale Menschen überhaupt nicht mehr ernst nehmen. Sie waren nichts in meinen Augen. Völlig unbedeutende Winzlinge!

„Was fühlst du?", riss mich Michael aus meinen Empfindungen heraus. Ich merkte erst jetzt, dass ich bestimmt zehn Minuten lang im Empfinden des Mannes drin gewesen war. Mary nahm ihre Hände von meiner Brust und meiner Stirn. Die Gefühle des Mannes verschwanden nun vollständig und hinterließen in mir ein seltsames Gefühl der Leere. Ich setzte mich auf, um zu erklären, was ich wahrgenommen hatte.

„Dieser Typ fühlt sich uns unsagbar überlegen. In seinen Augen sind wir Staub."

„Was wollen die?!", fragte Michael fassungslos. „Bitte versuch, das herauszufinden! Sie müssen ein Motiv haben, warum sie hier sind. Und Motive kann man fühlen! Stell dir vor, du bist er, und dann fragst du dich, warum du hier bist."

Ich legte mich also erneut auf den Rücken und ließ Mary ihre Hände platzieren. Plötzlich hatte ich das Gefühl, die Zeit stünde still. Ich spürte die Macht dieses Mannes. Sie war unglaublich! Er besaß offenbar Fähigkeiten, von denen wir nicht einmal zu träumen wagten. Die mentale Hypnose war nur eine davon. Ich musste all meine Kraft zusammennehmen, um mich zu fragen, warum er hier war, so berauscht fühlte ich mich von seiner Macht. Dann erkannte ich es. Ich setzte mich sofort auf.

„Er beobachtet gar nicht uns", berichtete ich Mary und Michael dann erstaunt. „Er bewacht Beatrice! Ohne seine Erlaubnis geht sie nirgendwohin. Und ohne seine Erlaubnis kommt auch niemand an sie heran!"

„Er bewacht sie?!", wiederholte Michael erstaunt.

„Ja, und er beschützt sie auch, sollte es notwendig werden. Für ihn selbst ist sie nicht wichtig. Er macht nur seinen Job. Er ist Beschützer und Wärter zugleich. Er ist Soldat oder Krieger oder so etwas Ähnliches."

„Er wird ihr also nichts tun?!", fragte Michael noch einmal skeptisch.

„Ganz sicher nicht!", bestätigte ich erneut, denn die Gefühle dieses Typen waren eindeutig.

„Und wie ist es bei der Frau?", wollte Michael wissen. „Versetze dich bitte auch noch in sie hinein!"

„Ich kann es versuchen. Aber ich glaube, dass ich langsam eure Hilfe brauche. Die Gefühle dieser Leute ziehen mich in ihren Bann. Ich kann nichts dagegen tun. Es ist wie eine Sucht. Lass deine Hände bitte nicht länger als eine Minute auf meinem Körper!", bat ich Mary. „Ich habe Angst, dass ich sonst nicht mehr zurückkommen will."

Mary nickte und legte mir erneut die Hände auf, sobald ich mich hingelegt hatte. Ich konzentrierte mich also auf die Frau. Augenblicklich fühlte ich mich wieder stark und mächtig. Es war jedoch nicht ganz so berauschend wie bei dem Mann. „Sie scheint mir positivere Ideale zu haben", berichtete ich noch während Mary ihre Hände auf mir liegen hatte. „Sie will irgendetwas Großes tun. Ich spüre ihre Motivation, aber ich kann nicht sagen, was es sein soll. Es ist irgendwie zu selbstverständlich."

„Und was will sie von Beatrice?"

„Ich glaube, sie möchte sie benutzen!"

„Sie benutzen?! Wofür?"

„Das kann ich nicht erspüren. Aber Beatrice ist definitiv wertvoll für sie."

„Wertvoll wofür?", hakte Michael weiterhin verwundert nach.

„Das kann ich nicht sagen. Der Grund, der dahintersteckt, ist für diese Frau ebenfalls so selbstverständlich, dass sie dazu keine sonderlichen Empfindungen hat. Als wäre es das Normalste der Welt, über das man sich schon seit Jahrhunderten keine Gedanken mehr macht."

„Danke!", sagte Michael, woraufhin ich mich wieder aufsetzte.

„Ich habe keinen blassen Schimmer, was das alles soll", erklärte ich fassungslos. „Aber es beruhigt mich ungemein, dass sie uns nichts tun wollen."

„Das kannst du laut sagen!", bekräftigte Michael erleichtert, aber auch sehr nachdenklich.

„Ich will noch mal nach Juli sehen", erklärte ich dann. „Sie sollte erfahren, was hier los ist."

„Mach das", sagte er. „Wir beide bleiben noch etwas hier und überlegen, wie wir doch noch etwas Licht in die ganze Angelegenheit bringen können."

Die Realitätsgestaltungsfalle

„Will?! Du bist doch Will!", hörte ich plötzlich eine männliche Stimme auf Englisch hinter mir her rufen, als ich am Strand entlang zurück zum Camp ging. Erst jetzt kapierte ich, dass wir die ganze Zeit am Strand des englischsprachigen Camp-Ressorts gesessen hatten. Ich versuchte schnell weiterzugehen und tat so, als sei ich jemand anderes.

„Will Robins!", rief der Mann noch einmal lauter. „Hast du Tomaten auf den Ohren?! Jetzt wart doch mal!"

Ich blieb stehen und drehte mich um, denn mir war klar geworden, dass dieser Typ mich irgendwie privat kennen musste, sonst hätte er nicht so mit mir geredet. Glücklicherweise hatte niemand mitbekommen, dass er meinen richtigen Namen nannte.

„Stephen", gab ich zurück, als ich ihn sah. Es war der Typ, der mir auf einer Party von diesem Camp erzählt hatte. Der hatte mir gerade noch gefehlt! Stephen war ein regelrechter Tauchsieder – überall reinhängen und festklammern!

„Was machst du denn hier?", fragte er erfreut. „Ich hätte dich fast nicht erkannt, so ganz ohne Haare."

„Ja, ich dachte, es wäre mal Zeit für einen neuen Look!"

„Gehörst du etwa auch zum Camp?"

„Welches Camp?!", fragte ich scheinheilig.

„Na das, zu dem dieser Strand gehört! Das Glücks-Camp von Ella Kensington."

„Glücks-Camp?! Was soll denn das sein?! Brauchst du so was denn?"

„Jeder braucht das!", erwiderte er selbstsicher. „Was machst du hier?"

„Ich schaue mir die Insel an! Ich habe mir die Jacht da draußen gechartert und fahre jetzt von Insel zu Insel", log ich und zeigte dabei

380

auf eine große Jacht, die vor dem Strand vor Anker lag. „Hawaii muss man einfach gesehen haben", schwärmte ich künstlich.

„Deine Jacht würde ich mir gerne mal anschauen", sagte er. „Wo ist das Boot, mit dem du an Land gekommen bist?"

„Das ist schon wieder auf der Jacht. Ich rufe sie an, wenn sie mich abholen sollen", schwindelte ich.

„Komm, ruf gleich an!", forderte er mich auf. „Wir machen eine kleine Spritztour über den Pazifik. Das wird geil!"

„Später vielleicht. Momentan will ich lieber noch ein wenig hier am Strand herumlaufen."

„Ich komme mit!", sagte Stephen in seiner unnachahmlich tauchsiederischen Art.

„Sei mir nicht böse, aber ich brauche gerade ein wenig Zeit für mich. Ich habe da auf der Jacht eine Frau, die mir mächtig zugesetzt hat. Ich muss jetzt erst einmal wieder zur Ruhe kommen."

„Du solltest wirklich in dieses Camp kommen", erklärte er überzeugt. „Dann hättest du bald keinen Stress mehr mit deinen Frauen."

„Ich glaube nicht, dass ich ein Glücks-Camp brauche. Ich brauche nur mal ein bisschen Zeit für mich. Also, lass wieder was von dir hören, wenn du zu Hause bist. Dann ziehen wir mal gemeinsam durch die Clubs."

„Das werd ich machen", versprach er. „Dann lass dich mal nicht aufhalten. Wir sehen uns dann."

Daraufhin ließ er endlich von mir ab. Ich sah mich noch einmal kritisch um, ob irgendjemand etwas davon mitbekommen hatte, dass ich Will Robins war, und ging dann schnellen Schrittes zurück zum Camp.

Was sollte ich jetzt tun? Dieser blöde Typ würde mich garantiert auffliegen lassen, wenn wir uns wieder begegnen würden. Gerade jetzt, wo es mit Juli so problematisch war. So eine verdammte Scheiße!

Ich musste den Strand ab sofort meiden. Und das Restaurant ebenfalls. Dann konnte ich nur hoffen, dass sich Stephen nicht ins deutsche

Ressort verirren würde. Der Typ war so was von neugierig. Außerdem musste er jedem Rock hinterhersteigen. Er würde sich bestimmt auch bei uns umschauen und die Schnecken checken, wie er sich für gewöhnlich ausdrückte.

Ich musste ab sofort ganz besonders vorsichtig sein und schnellstmöglich eine Gelegenheit finden, Juli die Wahrheit zu sagen. Und den Mädels musste ich ebenfalls reinen Wein einschenken, denn auch ihre Freundschaft wollte ich nicht aufs Spiel setzen. Aber das konnte ich erst tun, wenn Juli Bescheid wusste. Sie sollte sicherlich nicht die Letzte sein, die davon erfuhr. Verdammt, wie sollte ich das nur hinkriegen?!

Plötzlich wurde mir auf erschreckende Weise bewusst, dass ich komplett im Gefahrenvermeidungsmodus versumpft war! Und das, obwohl ich doch ganz klar beschlossen hatte, das nur noch zu tun, wenn es wirklich sinnvoll wäre. Oder war das jetzt vielleicht der Fall?! Am liebsten wäre ich gleich wieder zu Mary und Michael zurückgelaufen, damit sie mir halfen, meine Gefühle in Ordnung zu bringen. Doch dazu hätte ich noch einmal an Tauchsieder Stephen vorbeigehen müssen.

Ich musste jetzt erst einmal zurück zum Camp. Und zwar ohne dass Stephen mich dabei sehen könnte. Also ging ich wesentlich weiter den Strand entlang, als ich normalerweise hätte gehen müssen. Erst als ich sicher war, dass Stephen mich aus dieser Entfernung nicht mehr würde ausmachen können, lief ich durch den Palmenwald zurück zum Camp.

Mitten im Wald kam mir dann auch noch der alte Chinese in seinem bordeauxroten Gewand entgegen. Den konnte ich ja jetzt überhaupt nicht gebrauchen! Er steuerte jedoch so zielstrebig auf mich zu, dass ich nicht einfach an ihm vorbeigehen konnte.

„Es freut mich sehr, dass du die Antwort gefunden hast. Nun will ich dir eine wertvolle Hilfe mit auf den Weg geben. Versuche nie, mit einem Boxer zu boxen oder mit einem Ringer zu ringen, wenn du Kung-Fu-Kämpfer bist. Du machst Kung-Fu!"

Daraufhin gab er den Weg frei und ging an mir vorbei in Richtung Strand. Ich hatte keinen blassen Schimmer, was seine Worte bedeuten sollten, aber das war mir jetzt auch egal. Ich hatte im Moment echt andere Probleme.

Als ich Julis Bungalow passierte, war ich sehr aufgewühlt. Ich war mir nicht sicher, ob ich mir jetzt wirklich wünschen sollte, dass sie auf ihrer Terrasse saß. So runtergezogen wie ich gerade war, würde ich garantiert nicht in der Lage sein, die Sache, die möglicherweise zwischen uns stand, vernünftig in Ordnung zu bringen. Ich war einfach nicht im Vollbesitz meiner geistigen Kräfte. Und die Matrix war in diesem Zustand auch noch negativ vorprogrammiert. Ich hätte jetzt sicherlich ganz großen Mist gebaut, wenn Juli da gewesen wäre.

Glücklicherweise war ihre Terrasse leer. Also ging ich weiter zu meinem Bungalow. Meine Mädels waren noch am Strand. Ich hatte also Zeit und Ruhe zum Nachdenken.

Ich brauchte jetzt unbedingt zwei Dinge: nämlich eine gute Idee, wie ich das mit Stephen regeln sollte, und die richtige emotionale Verfassung, um mit Juli zu sprechen. Mir war sofort klar, dass ich für beides unbedingt hochziehen müsste. In dem Zustand, in dem ich jetzt war, konnte ich nämlich keine vernünftigen Ideen bekommen. Mein Gehirn war von diesem blöden Gefahrenvermeidungsmodus völlig vernebelt – ja regelrecht blockiert. Außerdem würde die Matrix mir jetzt sowieso Probleme kreieren, da meine Notwendigkeit wieder einmal höher war als die Wahrscheinlichkeit. Dagegen musste ich als Allererstes etwas tun, sonst würde ich mir eine Katastrophe nach der nächsten gestalten. Wenn jetzt etwas notwendig war, dann das!

„Moment mal!", schoss mir plötzlich ein erschreckender Gedanke durch den Kopf. Die Notwendigkeit, die Matrix positiv zu gestalten, lag mittlerweile bei einhundert Prozent. Die Wahrscheinlichkeit, das immer und überall zu schaffen, lag jedoch absolut nicht bei einhundert Prozent! Das bedeutete, dass ich mächtig in der Klemme saß! Ich hatte jetzt ein offensichtlich unlösbares Problem mit der Matrix, und

383

das würde Realität gestalten! Die Matrix würde mir nun ein Ereignis nach dem nächsten präsentieren, das mir die Notwendigkeit einer positiven Realitätsgestaltung widerspiegeln würde. Das hatte ja bereits angefangen!

Die Situation mit Juli war genau so eine Widerspiegelung gewesen. Ich hatte zugelassen, dass die Notwendigkeit einer Partnerbeziehung größer wurde als die Wahrscheinlichkeit. Und schon gab es Probleme! Aber es waren nicht irgendwelche Probleme, sondern eindeutig welche, bei denen ich klar erkennen konnte, dass ich sie selbst hervorgerufen hatte. Ich hatte sie selbst gestaltet! Und ich musste diese Gestaltung auch wieder in Ordnung bringen! Das war notwendig!!!

Jetzt sah ich die Sache plötzlich völlig klar. Dieser Matrixkram hatte mir eine Art von Problemen beschert, die ich zuvor überhaupt nicht gekannt hatte! Die Sache mit den Maya gehörte garantiert ebenfalls in diese Kategorie. Gegen diese Leute waren wir machtlos. Das Einzige, was wir tun konnten, war, die Matrix positiv zu gestalten! Und da es die einzige Möglichkeit war, war es auch notwendig, das zu tun. Und schon wieder erlebten wir eine Widerspiegelung unserer Notwendigkeit.

Stephen war das dritte Problem aus dieser Quelle. Mir waren die Hände gebunden. Stephen konnte jederzeit hier im deutschen Ressort auftauchen – und nicht nur hier! Egal, wo im Camp ich mich aufhalten würde, er konnte überall zufällig mit mir zusammentreffen und mich auffliegen lassen. Der einzige sichere Ort für mich war mein Zimmer. Aber ich konnte doch nicht den ganzen Tag auf meinem Zimmer bleiben! Dort würde sich sicherlich keine passende Situation ergeben, um das Problem mit Juli zu regeln und ihr zu gestehen, wer ich wirklich war. Ich hatte auch hier nur eine Chance: Ich musste die Matrix positiv umgestalten!

Mir wurde klar, dass ich jetzt wirklich ein Problem nach dem nächsten erleben würde. Probleme, die all die vielen Menschen, die nichts von der Matrix wussten, nicht einmal im Entferntesten kannten!

Für einen Moment wünschte ich mir, nie hierher gekommen zu sein. Da wurde mir plötzlich etwas klar: Genau das war die Lösung! Ich musste genau das tun, was all diejenigen Menschen taten, die keine Ahnung von Realitätsgestaltung hatten. Ich musste einfach wieder anfangen, meine Probleme auf ganz konventionelle Weise zu lösen, und aufhören, die Realitätsgestaltung als einzige sinnvolle Problemlösungsmaßnahme zu sehen. Sie war ganz offensichtlich keine geeignete Maßnahme dazu. Eigentlich hätte mir das schon von Anfang an klar sein müssen, als Mary und Michael davon erzählt hatten, dass sie immer genau das Gegenteil ihres Wunsches geliefert bekamen, wenn sie sich eine Problemlösung bestellten. Sie hatten dabei jedes Mal ein Problem bestellt!

Das war der Punkt! Sobald die Notwendigkeit größer war als die Wahrscheinlichkeit, ging der Schuss voll nach hinten los. Wenn man ein Problem hatte, für das man auf konventionelle Weise keine Lösung fand, dann sollte man den Teufel tun und sich dazu eine Lösung bestellen!

Realitätsgestaltung war keine sinnvolle Methode, um das Negative zu bekämpfen oder zu vermeiden! Man konnte sie einsetzen, um Positives zu erschaffen, solange man es nicht als notwendig erachtete, aber beim Vermeiden oder Bekämpfen des Negativen – insbesondere, wenn die Notwendigkeit höher war als die Wahrscheinlichkeit – bewirkte die Realitätsgestaltung genau das Gegenteil. Sie schuf Probleme!

Ich überlegte, was mit meiner Notwendigkeit zur positiven Realitätsgestaltung passieren würde, wenn ich entscheiden würde, die Sache mit Juli ganz weltlich zu lösen. Ich würde darauf achten, dass ich wieder in einen vernünftigen emotionalen Zustand kam, und dann einfach das Gespräch mit ihr suchen. Dazu müsste ich mir erneut klar machen, dass mein Lebensglück nicht von Juli abhängig war. Würde ich das schaffen? Das würde ich! Hier hatte ich die Notwendigkeit schon mehrfach korrigiert. Ich wusste, was ich zu tun hatte, und würde das auch garantiert hinbekommen. Die Wahrscheinlichkeit, dass ich es schaffen würde, war also mindestens genauso groß wie die Notwendigkeit. Es würde mich hochziehen.

Das bedeutete gleichzeitig, dass ich die Realitätsgestaltung als Maßnahme, um dieses Problem aus der Welt zu schaffen, gar nicht brauchte. Es war nicht die beste und schon gar nicht die einzige Möglichkeit, um meine Probleme zu lösen. Wenn ich einfach ganz weltlich handeln würde, so wie jeder normale Mensch, dann war die Realitätsgestaltung einfach nur eine zusätzliche Möglichkeit. Und eine Zusatzmöglichkeit konnte ja keine Notwendigkeit sein! Es war nur eine Möglichkeit. Eine, die nicht funktionieren musste.

Das war die Lösung: die Entscheidung, ganz normal weltlich zu handeln, und die Realitätsgestaltung weder als sinnvollste noch als einzige Maßnahme zur Lösung meiner Probleme anzusehen! Und ganz genauso würde ich das auch mit allen anderen Problemen tun, die ich mir mit meiner Notwendigkeit bereits geschaffen hatte. Ich spürte sofort, dass auch mein Unterbewusstsein diese Entscheidung annahm, denn es zog mich augenblicklich hoch, wenn ich an das Thema Realitätsgestaltung dachte.

Freude stieg in mir auf, denn ich hatte es soeben ganz allein geschafft, die Notwendigkeit aus der Realitätsgestaltung herauszunehmen – sogar so sehr, dass es hochzog!

Überzeugt, jetzt im richtigen emotionalen Zustand für das Gespräch mit Juli zu sein, machte ich mich auf den Weg zu ihrem Bungalow. Doch wider Erwarten war ich plötzlich doch extrem aufgeregt, als ich mich ihrem Bungalow näherte. Ich spürte, wie es mich erneut runterzog. Je näher ich ihrem Bungalow kam, desto schlimmer wurde es. Außerdem wurde mir plötzlich bewusst, dass Stephen jederzeit hier auftauchen könnte. Ich war also schon wieder im Gefahrenvermeidungsmodus! Ich ging daher nicht weiter, sondern bog in eine andere Richtung ab. Danach lief ich zurück zu meinem Bungalow und setzte mich dort erneut auf die Terrasse.

Das war echt zum Mäusemelken! Wieso zog es mich schon wieder runter? Erneut dachte ich darüber nach, dass mein Beziehungsglück nicht von Juli abhängig war. So langsam nervte mich das ganz gewaltig! Sie war nur eine von vielen potenziellen Partnerinnen – verdammt!

Meine Gefühle beruhigten sich natürlich ganz und gar nicht, indem ich sie ablehnte. Doch dann spürte ich den Grund für meine Fixierung auf Juli. Ich wollte trotz aller Gespräche mit Michael einfach keine andere! Ich wollte sie und nur sie alleine!

Früher hätte ich einen Mann, der so empfand wie ich jetzt, vermutlich für einen Romantiker gehalten und diese Gedanken sehr schön gefunden, doch jetzt merkte ich, dass diese Romantik für mich ganz schön viele Probleme nach sich zog. Ich wusste, dass mein Emotionalgehirn sofort Ruhe geben würde, wenn ich mich nur dazu entscheiden könnte, Juli als eine von vielen potenziellen Partnerinnen anzusehen. Doch sie war einfach nicht eine von vielen! Sie war etwas ganz Besonderes. Etwas, das man auf dieser Welt vermutlich kein zweites Mal findet. Vielleicht war sie wirklich so etwas wie eine Seelenpartnerin, wie Michael es ausgedrückt hatte. Womöglich war sie sogar tatsächlich Jenny. Auch wenn mich dieser Gedanke fast verrückt machte, ich konnte es nicht ausschließen. Wie sollte ich hier die Notwendigkeit reduzieren?

Plötzlich schoss mir ein Gedanke durch den Kopf! Wenn Juli tatsächlich meine Seelenpartnerin sein sollte, dann würde ich die Notwendigkeit gar nicht reduzieren müssen. In diesem Fall könnte ich einfach die Wahrscheinlichkeit hochfahren – und zwar auf einhundert Prozent! Wenn sie meine Seelenpartnerin war, dann gehörten wir zusammen und würden daher auch früher oder später zusammenkommen, egal, wie sehr sie sich dagegen sträuben würde. Jenny hatte versprochen, um meinetwillen zurückzukommen und ein richtiger Mensch zu werden. Wenn Juli also Jenny war, dann würde sie mich nicht zurückweisen. Und wenn sie nicht Jenny war und damit auch nicht meine Seelenpartnerin, dann wäre eine Abweisung keine Katastrophe. Dann würde es tatsächlich auch andere potenzielle Partnerinnen für mich geben.

387

Bedingt durch diese Sichtweise, zog es mich plötzlich wieder richtig stark hoch. Ich war unglaublich erleichtert und froh, endlich eine Lösung gefunden zu haben. Entweder sie war es, und dann konnte ich nichts falsch machen, oder sie war es nicht, und dann war sie als Beziehungspartnerin auch nicht notwendig.

Genauer betrachtet war sie das sowieso nicht, wurde mir bewusst, als ich wieder klar denken konnte. Es war sicherlich nicht überlebensnotwendig, mit seiner Seelenpartnerin eine Beziehung einzugehen. Es war einfach nur unglaublich schön!

Ich stand erneut auf, vergewisserte mich kurz, dass Stephen nirgends zu sehen war, und trabte los zu Julis Bungalow. Und dieses Mal waren meine Gefühle in Ordnung!

Mittlerweile saßen Julis Mitbewohner auf der Terrasse beim Abendessen. Juli war jedoch nicht dabei, was mich dann doch wieder etwas frustrierte. Ich musste mich offenbar noch länger gedulden, bis ich mit ihr sprechen konnte, daher ging ich zurück zu meinem Bungalow.

Als ich wieder auf unserer Terrasse saß, wurde mir auf erschreckende Weise bewusst, dass ich mein Positives Fühlen schon wieder verloren hatte. Ich war seit der Spiegelneuronenallee viel zu stark mit meinen Problemen beschäftigt gewesen und war daher irgendwie in eine Art Problemlösungsmodus gelangt. Jede Kleinigkeit kam mir wie ein wichtiges Problem vor, das ich unbedingt sofort lösen musste. In Wirklichkeit war es doch gar nicht schlimm, dass ich in Bezug auf Juli noch ein wenig warten musste. Davon ging die Welt auch nicht unter!

Mir wurde jetzt klar, wie schnell es passieren konnte, dass man anfing den gesamten Strand von spitzen Steinchen zu säubern, obwohl man eigentlich nur einen schmalen Pfad brauchte.

Ich wiederholte erneut meinen Beschluss, Probleme nur dann zu lösen, wenn sie mir das Positive Fühlen tatsächlich unmöglich machten. Und diese Probleme konnte ich nur von den Allerweltsproblemen unterscheiden, wenn ich das Positive Fühlen auch wirklich anwandte.

Also schloss ich meine Augen und konzentrierte mich wieder auf die Weite und Leichtigkeit in meinem Körper. Ich stellte mir vor, wie sich die Lebensenergie wieder in meinem Inneren sammelte, um sanft, aber kraftvoll nach oben zu ziehen.

„Wir müssen noch mal mit dir reden", hörte ich da plötzlich Michaels Stimme und unterbrach sofort meine Übung. „Lass uns zu uns aufs Zimmer gehen. Diese Sache können wir hier nicht gut besprechen!", schob er sehr angespannt nach.

Mit etwas mulmigem Gefühl folgte ich Michael und Mary zu ihrem Bungalow. Ihre Mitbewohner wunderten sich ein wenig darüber, dass ich mit auf ihr Zimmer ging, aber das war uns in diesem Moment ziemlich egal.

„Wir haben noch etwas über den Countdown herausgefunden", erklärte Michael, sobald wir die Tür hinter uns geschlossen hatten. Die beiden setzten sich aufs Bett und ich auf den Rattansessel, der neben dem Bett stand. „Wir sind auf Anraten von Ella noch einmal ins Internet gegangen. Sie hat uns auf Ereignisse aufmerksam gemacht, die sich zwischen dem sechsten und zehnten Jahrhundert im Tiefland von Yukatan ereignet haben. Die Zivilisation der Maya brach damals plötzlich zusammen und nur sehr wenige überlebten. Bis heute ist nicht geklärt, wodurch das passierten konnte. Die Maya waren eine überaus fortschrittliche Hochkultur, aber plötzlich stürzte alles ein. Das ist doch mehr als seltsam!"

„Und was hat das mit dem Countdown zu tun?", wollte ich wissen.

„Etwas in der Art soll im Jahr 2012 ein zweites Mal passieren", antwortete Mary. „Auf einigen esoterischen Seiten fanden wir die Behauptung, der Maya-Kalender würde exakt unser heutiges Zeitalter beschreiben. Demnach wären wir jetzt im vierten Zeitalter, was auch immer das bedeuten mag. Dieses begann am 11. August 3114 vor Christus und endet am 21. Dezember 2012. An jenem Tag soll ein neues fünftes Zeitalter beginnen. Laut einer Maya-Prophezeiung wird dann etwas Schreckliches geschehen. Die Maya nahmen an, dass wieder ein Neuanfang anstehe und dass dazu alles Bisherige zerstört werden müsse."

„Wir befürchten, dass die Leute, mit denen wir es hier zu tun haben, daran arbeiten, diese Prophezeiung wahr werden zu lassen. Sie möchten das fünfte Zeitalter einläuten", erklärte Mary.

„Und was sagt Ella dazu?"

„Irgendwas an der Sache ist noch nicht ganz stimmig", gab Michael zu. „Ich habe das Gefühl, dass wir es hier nicht mit religiösen Fanatikern zu tun haben. Aber sie haben ganz offensichtlich etwas vor – und wie es aussieht, ist es nichts Nettes! Wenn ich Ella richtig verstanden habe, dann planen sie dieses Ereignis schon seit über tausend Jahren!"

„Seit einem Jahrtausend?!", wiederholte ich fassungslos, denn bis jetzt hatten sich Michaels Wahrnehmungen jedes Mal bewahrheitet. „Was um Himmels willen haben die bloß vor?!"

Das liebe Glück und der Beschützer

Ich blieb noch eine ganze Weile bei den beiden. Mary legte mir erneut die Hände auf, doch ich fand nichts Neues heraus. Was auch immer die Maya oder die Gruppe, der sie angehörten, da planten, es war für sie so selbstverständlich, dass sie dazu keinerlei auffällige Empfindungen mehr hatten.

Es war schon fast Mitternacht, als ich Bungalow 36 verließ. Ich glaubte zwar nicht mehr wirklich daran, aber ich ging zur Sicherheit trotzdem noch mal zu Julis Bungalow rüber. Sie war jedoch immer noch nicht aufgetaucht. Zur Sicherheit legte ich mich für eine Weile in die Hängematte, falls sie doch noch auftauchen sollte. Um diese Zeit vermutete ich wenigstens Stephen nicht mehr hier bei uns. Ich konnte mich also endlich mal ein bisschen entspannen, was ich nach diesem Tag mehr als nötig hatte!

Erneut wurde mir bewusst, dass ich seit der Spiegelneuronenallee fast den gesamten Tag im Negativmodus verbracht hatte. Jetzt war es höchste Zeit, das Positive Fühlen endlich wieder richtig zu trainieren. So durfte das wirklich nicht weitergehen!

Ich konzentrierte mich also erneut auf meine Körperempfindungen. Anfangs fiel mir das unerwartet schwer. Ich konnte mir weder die Weite noch das Ziehen meiner Lebensenergie richtig vorstellen. Nach einer Weile intensiven Übens gelang es mir dann ein wenig besser, aber längst nicht so gut, wie ich wollte.

Mir ging der Gedanke an meine beiden treuen Weggefährten wieder durch den Kopf – das Licht und die Dunkelheit. Sie bewusst als Weggefährten anzusehen, hatte beim letzten Mal sehr viel Zuneigung in meinem Emotionalgehirn ausgelöst und mich wieder ins Positive Fühlen zurückgebracht.

Ich versuchte es also erneut mit diesem kleinen Trick und stellte mir vor, über mir sei ein lebendiges Lichtwesen. Doch es war nicht irgendein Lichtwesen, es war das personifizierte Glück! Ich machte mir bewusst, dass ich das Glück sehr mochte – ja sogar liebte. Mein Emotionalgehirn reagierte auf diese Vorstellung zwar mit guten Gefühlen, aber längst nicht so stark, wie ich mir das erhofft hatte. Mein kritischer Verstand machte mir wieder einmal einen Strich durch die Rechnung. Mir war einfach viel zu bewusst, dass ich gerade einen Trick anwendete. Ich musste mich auf die Vorstellung des lebendigen Glückswesens sehr viel mehr einlassen, wenn es wirklich funktionieren sollte. Ich musste denken wie ein Kind, wurde mir klar.

Ein Kind würde die Vorstellung des Glückswesens vermutlich viel mehr ausschmücken. Es würde ihm einen liebevollen Charakter und einen freien Willen geben. Es würde sich möglicherweise vorstellen, das Glück sehne sich über alle Maßen danach, auf unsere Welt zu kommen, könne dies aber allein nicht schaffen. Es bräuchte Menschen dazu, die es in sich aufnehmen und ihm so den Zugang zu unserer Welt ermöglichen würden. Ein kleines Kind würde vermutlich bei dieser Vorstellung das Gefühl bekommen, dem lieben Glück helfen zu wollen. Besonders dann, wenn seine Eltern ihm erklären würden, wie sehr das liebe Glück sich wünschte, zu uns auf die Welt zu kommen.

Wäre ich der Vater dieses Kindes, dann würde ich ihm vermutlich erklären, dass man das Glückswesen zwar nicht sehen könne, dass es aber dennoch immer bei uns sei. Es bestünde aus unsichtbarer leuchtender, goldener Energie, die über uns schwebe und die man als Mensch jederzeit in sich aufnehmen könne. Man müsse nur die Glücksmagnete, die man überall im Körper hat, nach oben ausrichten und die goldene Energie damit einsaugen. Und wenn man dem Glück einen ganz besonders großen Gefallen tun wollte, dann würde man sich dabei zusätzlich ganz weich und weit machen, damit auch wirklich ganz viel Glücksenergie in einen reinpasste.

Dank dieser Vorstellung würde das Kind automatisch sämtliche Elemente des Positiven Fühlens wahrnehmen: den Zug der Glücksmagnete

392

nach oben, die Weite und Weichheit durch das Angefülltwerden mit Glücksenergie und auch die strahlende Helligkeit, da das Glück ja aus leuchtender goldener Energie bestand.

Diese Vorstellung gefiel mir, und so wagte ich einen ersten Versuch. Ich tat einfach so, als sei ich ein Kind, und stellte mir vor, dieses unsichtbare Glückswesen aus goldener Energie wolle unbedingt auf unsere Welt und ich könne ihm dabei helfen! Ich erklärte dem Glück in Gedanken, dass ich mich sehr gerne für seine goldene Energie öffnen wollte. Dabei entstand in mir tatsächlich das Gefühl, dem Glück einen riesigen Gefallen zu tun. Andeutungsweise spürte ich sogar, dass das Glück mich dafür liebte und mir überaus dankbar war!

Als ich dann meine Glücksmagnete nach oben ausrichtete, spürte ich tatsächlich sofort, wie sich die goldene Energie in mir sammelte. Gleichzeitig spürte ich, wie diese Glücksenergie meinen Körper weit und weich machte, ihn erhellte und sanft nach oben zog.

Und da waren sie endlich: Die Gefühle, nach denen ich mich den ganzen Tag lang so sehr gesehnt hatte! Und sie wurden von Sekunde zu Sekunde schöner. Ich spürte, wie sich mein gesamter Körper mit Glücksenergie füllte und angenehm zu kribbeln anfing. Zudem hatte ich dabei das Gefühl, dem Glück einen riesigen Gefallen zu tun. Das alles fühlte sich unsagbar schön an!

Dann fiel mir die dunkle Enge wieder ein. Ich dachte, dass es vielleicht sinnvoll sein könnte, diese Vorstellung ebenfalls noch ein wenig auszuschmücken. Einem Kind hätte ich die dunkle Enge vermutlich als Beschützer vermittelt. Dieser Beschützer würde immer für uns da sein, wenn wir in Gefahr gerieten. Doch er hätte garantiert kein Interesse daran, andauernd völlig sinnlos von uns gerufen und dann anschließend sogar noch für sein Kommen beschimpft zu werden. Wir konnten ihm demzufolge keinen größeren Gefallen tun, als ihn in Ruhe zu lassen, wenn er uns nicht wirklich beschützen sollte.

Bei diesen Gedanken spürte ich plötzlich eine Art dunkle Energie von mir abfallen. Ich hatte gar nicht damit gerechnet, doch mein Emotionalgehirn reagierte offenbar sofort auf meine Vorstellung. Dabei hatte ich sogar das Gefühl, dass diese dunkle Energie mir dafür dankbar war, wieder nach Hause zurück zu dürfen.

Ich war beeindruckt, wie stark diese kindlichen Gedanken meine Gefühle beeinflussten. Ich musste mich nur darauf einlassen und vergessen, dass das alles nur eine – wenn auch sinnvolle – Irritation meines Emotionalgehirns darstellte.

Ich war dann schließlich selbst erstaunt, wie gut mir dies gelang, als ich erneut an mein Glückswesen dachte. Ich spürte bereits nach wenigen Augenblicken seine Anwesenheit und hatte das Gefühl, seine Glücksenergie in mir aufzunehmen – und das war ein wirklich bedeutendes Gefühl: Ich half dem Glück, auf unsere Welt zu kommen!

Ich war mit meiner neuen Hochziehmethode sehr zufrieden, und ich genoss mein Glück auf diese Weise noch eine ganze Weile lang.

Wie gerne hätte ich Juli jetzt diese Methode näher gebracht. Insgeheim hoffte ich immer noch, dass sie vielleicht doch noch zu mir in die Hängematte kommen würde, wie wir es heute Morgen verabredet hatten. Ich erinnerte mich daran, wie schön es gewesen war, die letzten beiden Nächte mit ihr hier zu verbringen. Ein paar Mal dachte ich schon, ich hätte sie gehört, musste aber jedes Mal erkennen, dass es jemand anders gewesen war. Gegen zwei beschloss ich dann, ins Bett zu gehen.

Beim Aufstehen aus der Matte blieb ich dann so blöd mit dem Fuß hängen, dass ich hinfiel und mir eine nette Prellung am Ellbogen zuzog. Das war ultradämlich! Spontan lehnte ich diese blöde Hängematte dafür ab. Im nächsten Moment wurde mir jedoch wieder klar, wie bescheuert das war.

So langsam hatte ich wirklich genug von diesem Unsinn, und von diesen ständigen schlechten Gefühlen sowieso! Diese Gedanken machten meine Gefühle jedoch nicht besser – im Gegenteil! Gerade hatte ich meine schlechten Gefühle wieder einmal zu unerwünschten Wesen gemacht, die mein Emotionalgehirn sofort vertreiben wollte. Ich hatte

394

also jetzt schlechte Gefühle, weil ich schlechte Gefühle hatte, und wurde wütend, weil ich wütend war.

Ich versuchte es, mit meiner neuen Methode. Ich gab meinem Beschützer die dunkle Energie wieder zurück und entschuldigte mich bei ihm dafür, dass ich ihn unsinnigerweise gerufen hatte. Dann stellte ich mir vor, meine Glücksmagnete im Ellbogen nach oben auszurichten, woraufhin ich spüren konnte, wie mein verletzter Arm mit Glücksenergie aufgeladen wurde. Das fühlte sich sehr gut an.

Nachdem der Schmerz etwas nachgelassen hatte, ging ich auf mein Zimmer und legte mich schlafen. Gegen neun Uhr morgens erwachte ich mit immer noch leicht schmerzendem Ellbogen. Gleichzeitig spürte ich aber auch die goldene Glücksenergie in meinem Arm, die ich offenbar unbewusst immer noch dort aufnahm.

Ich stellte mir vor, erneut sämtliche Glücksmagnete meines Körpers nach oben auf das Glück auszurichten und mich mit seiner goldenen Energie aufzuladen. Schon nach wenigen Augenblicken fühlte ich mich wieder durch und durch glücklich. Ich hatte jetzt spontan das Gefühl, dass dieser Tag ein guter Tag werden würde, den ich jetzt schon mochte. Mir wurde plötzlich klar, dass ich sogar Tage mögen und damit für mein Emotionalgehirn zu lebendigen Wesen machen konnte, und das fühlte sich großartig an!

Ich dachte an Juli und hoffte, ihr heute endlich alles erzählen zu können. Es kam mir wie eine Ewigkeit vor, seit wir uns das letzte Mal gesehen hatten. Ich konnte kaum fassen, dass es nur ein einziger Tag gewesen sein sollte.

Da hörte ich Geschirrklappern aus der unteren Etage unseres Bungalows. Die Mädels mussten bereits wach sein und das Frühstück vorbereiten. Ich sprang schnell unter die Dusche, zog ein langärmliges T-Shirt an, damit man meine Prellung nicht sehen konnte, und ging nach unten ins Esszimmer. Ein Schrecken fuhr mir durch die Glieder, als ich Juli hier sah. Sie half Stefanie gerade dabei, den Tisch zu decken.

„Guten Morgen, Robin", begrüßte sie mich, als sei überhaupt nichts gewesen. Sie war dabei weder besonders distanziert noch besonders liebevoll. Alles war einfach so wie immer. Ich vermied es, sie danach zu fragen, was am Vortag los gewesen war. Erstens wollte ich auf keinen Fall kaum verheilte Wunden aufreißen und zweitens würde ich sie, wenn überhaupt, nur dann danach fragen, wenn wir alleine wären. Jedenfalls war ich sehr froh darüber, dass sie wieder da war.

Wir frühstückten alle zusammen in gewohnt guter Laune auf der Terrasse und alberten dabei wie üblich miteinander herum. Insgeheim war ich allerdings ein wenig besorgt, dass Stephen hier auftauchen könnte. Ich beobachtete die ganze Zeit aufmerksam jede Bewegung im Camp.

Was Julis momentane Gefühle für mich betraf, so deutete nichts darauf hin, dass es irgendein Problem zwischen uns gab. Es war noch nicht einmal mehr zu erkennen, dass Juli überhaupt irgendein Problem gehabt hatte. Das beruhigte mich sehr. Offenbar hatte sie nach der Allee tatsächlich einfach nur mal für eine Weile ihre Ruhe haben wollen. Vermutlich waren meine empathischen Empfindungen durch Marys Handauflegen beim ersten Versuch sehr ungenau oder sogar völlig falsch gewesen. Ich hätte es vielleicht dann doch besser noch ein zweites Mal versuchen sollen. Damit hätte ich mir viel Stress ersparen können.

Aber egal, jetzt gab es Wichtigeres. Ich überlegte, ob ich die Gelegenheit hier am Frühstückstisch nutzen sollte, um Juli und den Mädels gleich allen zusammen reinen Wein über meine wahre Identität einzuschenken. Die Stimmung wäre vermutlich nicht schlecht dafür gewesen. Andererseits wäre es vielleicht doch besser, es Juli erst einmal alleine zu sagen, dachte ich. Sicher erwartete sie von mir als ihrem neuen besten Freund, dass sie es als Erste erfuhr. Daher beschloss ich, eine andere Gelegenheit abzuwarten.

Nach dem Frühstück kam Beatrice auf die Idee, dass wir doch mal alle gemeinsam an den Strand gehen könnten. Für mich bedeutete das natürlich eine große Gefahr, denn Stephen würde sich ganz sicher ebenfalls am Strand aufhalten. Ich musste jetzt schnell irgendeinen plausiblen Grund finden, warum ich nicht mitkommen konnte. Andererseits wollte ich den Tag aber auf keinen Fall wieder ohne Juli verbringen. Ich brauchte jetzt schnell eine Lösung, und glücklicherweise fiel mir auch sofort eine ein.

„Ich würde heute lieber die Chance nutzen, und mal einen Ausflug machen", sagte ich möglichst begeisternd. „Es kommt nämlich nicht oft vor, dass wir alle um diese Zeit schon wach sind. Bisher habe ich von Hawaii lediglich dieses Camp und den Strand kennen gelernt. Ich würde gerne mal was unternehmen. Was haltet ihr davon, wenn wir das alle gemeinsam machen? Hier werden eine Menge toller Ausflüge angeboten! Wir könnten alles Mögliche machen. Von Wildwasserrafting bis Kultur ist hier alles möglich."

„Die Idee ist gar nicht schlecht", sagte Juli. „Ich muss allerdings gestehen, dass meine Urlaubskasse nicht mehr allzu viel hergibt. Große Sprünge könnte ich mir daher nicht erlauben."

„Bei mir sieht es leider ähnlich aus", stimmte Beatrice zu. „Ich habe mich gestern im Hafen nach den Preisen für einen fünfstündigen Segeltörn auf einem großen Katamaran erkundigt. Der kostete sage und schreibe 120 Dollar pro Person. Für fünf Stunden ist das ganz schön happig, finde ich."

„Wisst ihr was, Mädels? Ich lade euch alle dazu ein. Wir machen heute gemeinsam diesen Segeltörn!"

„Das ist jetzt nicht dein Ernst?!", meinte Juli fassungslos. „Das wären 720 Dollar, die du für fünf Stunden ausgeben würdest."

„Geld ist nicht wirklich mein Problem", erklärte ich kurz. „Mit euch zusammen diesen Törn machen zu können, wäre mir noch viel mehr wert. Es wird mit Sicherheit ein Erlebnis, an das wir uns noch sehr lange zurückerinnern werden."

Die Mädels zierten sich noch eine ganze Weile. Sie hatten das Gefühl, mein Angebot nicht annehmen zu können. Es dauerte eine ganze Weile, bis ich sie endlich dazu überredet hatte. Nun war der Tag also gerettet. Jetzt mussten wir nur noch zum Hafen kommen, ohne Stephen dabei über den Weg zu laufen.

„Wann geht der Törn denn los?", wollte ich wissen.

„Schau doch mal am Messageboard vorbei", schlug Beatrice vor. „Ich weiß es leider nicht mehr genau."

Ich zögerte, denn ich wollte Stephen so kurz vor meinem Ziel nicht über den Weg laufen. Andererseits wusste ich auch nicht, wie ich begründen sollte, dass ich nicht nachschauen gehen wollte. Also stand ich auf, nachdem ich mich sorgfältig umgeschaut und Stephen nirgends entdeckt hatte, und lief los. Am liebsten wäre ich von Palme zu Palme gespurtet und hätte mich hinter jeder kurz versteckt. Doch von hinten beobachteten mich die Mädels und von vorne konnte jeden Augenblick Stephen auftauchen.

Ich kam schließlich gestresst am Messageboard an und überflog hastig die Unterlagen über den Segeltörn. Dabei spürte ich schon förmlich, wie Stephen mir gleich auf die Schulter tippen würde, um mich zu fragen, was ich hier eigentlich machte. Glücklicherweise realisierten sich solche ängstlichen Vorstellungen ja nicht, fiel mir erleichtert ein. Es würde allenfalls etwas passieren, das mir erneut Angst machte.

Nachdem ich Treffpunkt und Uhrzeit in Erfahrung gebracht hatte, kehrte ich eilig wieder zu meinem Bungalow zurück. Um das Maya-Pärchen machte ich mir keine wirklichen Sorgen. Die beiden hielten uns ohnehin für Spinner. Meine momentane Verhaltensweise würde ihren Eindruck sicher bestätigen, was so betrachtet gar nicht schlecht war. Ich sah sie jedoch nirgends, was mir noch besser gefiel.

„Wir müssen sofort los!", sagte ich zu den Mädels, um eine Erklärung für meine schnellen Schritte zu liefern. Der Katamaran legt um elf Uhr ab. Wir haben also noch genau eine Stunde."

„Das schaffen wir doch locker!", entgegnete Beatrice. „Wir brauchen zum Hafen höchstens zwanzig Minuten. Rechnen wir noch zehn Minuten dazu, um die Karten zu kaufen. Wir müssen also nicht hetzen."

Wir einigten uns schließlich darauf, in einer Viertelstunde loszugehen. Ich hoffte, dass Stephen uns dabei nicht zufällig begegnen und meine Pläne auf den letzten Drücker zunichte machen würde. Ich hatte mir vorgenommen, den Mädels beim Segeltörn die Wahrheit zu sagen. Und danach könnte mich Stephen kreuzweise.

Unterwegs hielt ich mich möglichst in der Mitte der Mädels. Ich blickte mich überall sehr sorgfältig um. Stephen war nirgends zu sehen. Wir verließen das Camp durch den Haupteingang und gingen über die Straße zum Hafen. Jetzt konnte ich wieder etwas lockerer sein, denn es war unwahrscheinlich, Stephen hier anzutreffen.

Ich stand schließlich im Hafen an der Kasse, um die Karten für den Katamaran zu kaufen, da tippte mir plötzlich eine Männerhand von hinten auf die Schulter. Ich zuckte erschrocken zusammen und hätte fast aufgeschrien. Doch es war nicht Stephen. Ein älterer Mann hatte mich angetippt und fragte nun, ob ich wüsste, was die Fahrt mit dem Katamaran kosten würde. Ich hätte den Mann vor Freude fast umarmt!

Das war also die Widerspiegelung einer Angstvorstellung, wurde mir da wieder einmal klar! Ich war fassungslos, wie exakt und wie schnell dies alles passierte.

Wir konnten gleich aufs Boot gehen, wo ich mich vor Stephens Blicken relativ sicher fühlte. Es hätte wirklich mit dem Teufel zugehen müssen, wenn er rein zufällig ebenfalls diesen Segeltörn mitgemacht hätte. Ein klein wenig unsicher fühlte ich mich aber trotzdem und so war ich sehr froh, als das Boot endlich ablegte.

Das Maya-Pärchen war auch nicht auf dem Boot, was ich überaus nett fand, denn direkt mit den beiden konfrontiert würde es mir mit Sicherheit schwerfallen, intensiv genug ins Positive Fühlen reinzukommen. Der Stress, den ich gerade hinter mir und genau genommen auch vor mir hatte, trug sein Übriges dazu bei, dass es auch ohne sie nicht leicht war.

Ich konzentrierte mich einen Augenblick aufs Hochziehen, aber es klappte nicht besonders gut. Mein Körper weigerte sich, wirklich nach oben zu ziehen. Ich versuchte es mit meinen beiden treuen Wegge-fährten – dem Glück und meinem Beschützer. Das funktionierte etwas besser. Ich hatte den Eindruck, die goldene Energie wieder über mir und in mir zu spüren. Nach einer Weile des Übens ging es mir dann deutlich besser.

Jetzt musste ich nur noch einen Weg finden, Juli von den anderen Mädels zu separieren. Noch saßen wir alle zusammen auf unseren Plätzen. Aber ich hatte ja insgesamt fünf Stunden Zeit. Da würde sich sicherlich irgendwann eine gute Gelegenheit ergeben. Auch gab es genug Platz auf diesem Kahn. Der Katamaran war riesig. Es waren ca. fünfzig Passagiere an Bord, darüber hinaus gab es sicherlich noch Platz für weitere zwanzig oder dreißig Leute.

Als wir den Hafen verlassen hatten, setzte unser Boot Segel. Ich spürte, dass es nötig wäre, mein Positives Fühlen noch etwas mehr zu stabilisieren, denn es wurde schon wieder schwächer. Und das obwohl ich die Vorstellung des Glückswesens über mir aufrechterhalten hatte! Anscheinend war ich wohl doch etwas zu angespannt.

Ich machte den Versuch, mich so intensiv wie möglich mit Dingen zu beschäftigen, die ich mögen konnte, so wie Michael mir das emp-fohlen hatte. Als Erstes fiel mir das Boot ein. Es war beeindruckend zu erleben, wie schnell dieses riesige Konstrukt allein vom Wind an-getrieben wurde. Ich hatte das Segeln bisher eigentlich nie besonders gemocht, daher hatte ich mir lieber eine Motorjacht gekauft. Doch die Fahrt mit diesem Katamaran bei richtig kräftigem Wind und hohen Wellen ließen den Törn zu einem tollen Abenteuer werden. Ich mochte das Gefühl, ohne Motor über das Meer zu gleiten, und genoss dabei den Wind und die Sonne, die ich ebenfalls mochte.

Nach einer Weile ging es mir dann tatsächlich richtig gut. Das Mö-gen hatte geholfen. Ich beschloss, mein Positives Fühlen jetzt noch einmal zu verstärken, und dann zu Juli zu gehen, um ihr die Wahrheit zu sagen. Doch in dem Moment, als ich an dieses Vorhaben dachte, wurden meine Gefühle sofort merklich schlechter.

Ich erkannte, dass ich viel zu viel Notwendigkeit auf das Positive Fühlen gelegt hatte. Also versuchte ich, mir schnell klar zu machen, dass das Positive Fühlen keine Notwendigkeit war. Es war nur etwas, das ich sehr mochte. Es wollte mir jedoch nicht so einfach gelingen. Doch ich hatte jetzt leider weder die Kraft noch die Zeit, mich richtig darum zu kümmern. Ich sollte nun langsam wirklich mit Juli reden!

Wir waren kurz davor, die Nachbarinsel zu erreichen, zu der wir unterwegs waren. Dort würden wir eine Stunde Aufenthalt haben und dann wieder zurückfahren. Spätestens auf der Insel müsste ich Juli die Wahrheit sagen. Besser wäre es allerdings vorher, denn wir hatten Schnorchelausrüstungen an Bord für alle, die Lust danach verspürten, sich die Unterwasserwelt anzusehen. Diese war angeblich überaus beeindruckend vor der Insel. Daher hatten die Mädels alle ihre Badesachen mitgenommen. Ich war also nicht sicher, ob sich dort eine Gelegenheit ergeben würde, mit Juli zu reden.

Ein paar Mal war ich kurz davor gewesen, Juli zu fragen, ob sie kurz mit mir an den Bug gehen würde, um ihr dann dort die Wahrheit zu sagen. Es zog mich aber jedes Mal, wenn ich nur daran dachte, so weit runter in die dunkle Enge, dass ich es einfach nicht fertiggebracht hatte. Was würde passieren, wenn ich die falschen Worte benutzen würde? So weit runtergezogen, wie ich im Moment war, hätte ich bestimmt irgendeinen Mist erzählt.

Ich legte mir permanent die richtigen Worte zurecht, um dadurch mehr Sicherheit zu gewinnen und mein Positives Fühlen zurückzuerlangen. Aber egal, welche Variante ich gedanklich durchspielte, ich hätte es bei keiner sicher ausschließen können, dass sich Juli dadurch nicht doch belogen, betrogen oder verarscht fühlte. Ich wusste, dass ich wieder voll im Vermeidungsmodus war und dass die Notwendigkeit des Positiven Fühlens für all das verantwortlich war, aber ich konnte sie jetzt einfach nicht reduzieren. Ich war durch meine Vorhaben, Juli die Wahrheit zu sagen, einfach viel zu gestresst dazu.

„Robin", sprach mich Claudia plötzlich unerwartet an. „Gehst du mit mir mal kurz vor zum Bug?"

„Klar!", sagte ich etwas verwundert und ging hinter ihr her.

Als wir am Bug angekommen waren, drehte sie sich zu mir um. „Was ist denn los? Du siehst aus, als würde dir gleich der Kopf abgerissen. Hat das etwas mit Juli zu tun?"

„Ich möchte ihr etwas sehr Wichtiges sagen, weiß aber nicht wie", antwortete ich ehrlich.

„Das wurde aber auch Zeit! Was ihr beide da treibt, kann man ja langsam echt nicht mehr mit ansehen."

„Nein, darum geht es nicht. Es ist etwas anderes, was ich dir und den Mädels auch noch sagen will. Ich möchte nur zuerst mit Juli darüber reden, aber ich habe Angst, dass ich nicht die richtigen Worte finde und sie danach nichts mehr von mir wissen will."

„Wenn du so große Angst hast, nicht die richtigen Worte zu finden, dann übe es doch einfach zuerst bei mir!", schlug sie vor. „Du wolltest es mir ja sowieso sagen. Warum also nicht gleich? Ich verspreche dir auch, dass ich deine Worte nicht auf die Goldwaage legen werde."

„Vielleicht hast du Recht", entgegnete ich nervös. „Ich möchte nur vermeiden, dass ihr mich danach nicht mehr leiden könnt. Ihr seid mir nämlich alle sehr wichtig geworden. Ganz ehrlich, ihr seid nach den wenigen Tagen, die wir uns jetzt kennen, schon die besten Freunde, die ich habe."

„Du bist wirklich süß, Robin!", meinte sie ergriffen. „Aber jetzt raus mit der Sprache! Was ist dein Geheimnis? Ich kann mir nicht vorstellen, dass wir dich deshalb nachher nicht mehr mögen. Hast du irgendetwas Schlimmes getan?"

„Nein, das ist es nicht. Ich bin nur nicht der, für den ich mich hier ausgegeben habe. Ich heiße nicht Robin Mayer und ich betreibe auch kein Sonnenstudio. Ich bin noch nicht einmal Deutscher und ich lebe auch nicht in Deutschland."

„Wer bist du denn dann?", fragte Claudia verwundert.

„Ich bin Will Robins!"

„Und wer ist Will Robins?"

„Du kennst meinen Namen nicht?!"

„Sollte ich das?!", erwiderte sie und zuckte mit den Schultern.

„Ich bin der Will Robins! Der Typ mit dem Schmusesong, der auf MTV rauf und runter läuft. Du musst mich doch schon einmal im Fernsehen gesehen oder in einer Zeitschrift über mich gelesen haben."

„Ich schaue kein Fernsehen und lese auch keine Zeitschriften", erwiderte sie schulterzuckend. „Bist du denn ein richtiger Popstar, so wie Michael Jackson oder so?"

„Na ja, ganz so berühmt bin ich nun auch wieder nicht. Aber man kennt mich."

Sie schüttelte fragend den Kopf. „Und das war jetzt alles?"

„Ja!", antwortete ich schulterzuckend.

„Deswegen soll ich dich nicht mehr mögen? Weil du kein Sonnenstudio betreibst, sondern Musik machst?! Mir ist doch völlig egal, was für einen Beruf du hast! Das Einzige, was zählt, ist deine Persönlichkeit, und die mag ich."

„Und du bist auch nicht sauer, weil ich gelogen habe?", hakte ich sicherheitshalber noch einmal nach.

„Also wenn das alles ist, dann gebe ich dir gerne meine Absolution. Was sind schon Namen und Berufe?!", sagte sie noch einmal kopfschüttelnd.

„Du magst mich also wirklich noch genauso wie vorher?"

„Komm her, du blöder Kerl!", antwortete sie lächelnd und drückte mich ganz fest. „Antwort genug?!"

„Du bist wirklich klasse!", sagte ich und erwiderte ihre Umarmung. „Meinst du wirklich, dass die anderen genauso gelassen auf mein Geständnis reagieren werden?"

„Ich kann mir nicht vorstellen, dass sie damit ein ernsthaftes Problem haben könnten. So schlimm ist das ja nun wirklich nicht. Bist du eigentlich auch so richtig reich?"

„Mit Villa und Jacht und allem, was sonst noch so dazugehört",
bestätigte ich lächelnd.

„Und bringt das was? Oder ist man wirklich nicht glücklicher, wenn
man richtig viel Geld hat?"

„Nicht wirklich", sagte ich ehrlich. „Das Geld hat zwar seine schönen
Seiten, aber es bringt auch viele Probleme mit sich. Das Schlimmste
war, dass ich meine Freunde dadurch verloren habe. Ich wurde ehrlich
gesagt ein wenig zu arrogant durch meinen Erfolg und habe es mir
mit ihnen versaut."

„Das tut mir leid. Aber vielleicht lässt sich das ja irgendwann wieder
einrenken. Ich empfinde dich überhaupt nicht als arrogant."

„Mag sein, aber im Moment ist mir die Sache mit Juli sehr viel
wichtiger. Meinst du wirklich, dass sie genauso wenig Probleme damit
haben wird wie du?"

„Ich bin sicher, dass ihr ebenfalls deine Persönlichkeit wichtig ist
und nicht dein Beruf oder dein Geld. Erzähl es ihr einfach so, wie du
es mir erzählt hast. Du warst richtig süß dabei!"

Danach gingen wir wieder zurück zu den anderen. Leider war die
Zeit zu knapp, um jetzt noch mit Juli zu reden. Wir waren schon fast
angekommen. Ich hoffte also, dass sie nicht mit zum Schnorcheln
gehen würde, was sie dann auch tatsächlich nicht tat. Stattdessen
bat sie Claudia um ein Gespräch, woraufhin die beiden sofort weg-
gingen.

Das hatte ich mir eigentlich anders vorgestellt! Vor allem machte
ich mir Sorgen, dass Claudia nicht den Mund halten könnte und Juli
verraten würde, wer ich wirklich war. Es wäre mit Sicherheit besser
gewesen, wenn sie es von mir selbst erfahren hätte. Außerdem könnte
leicht der Eindruck entstehen, dass ich Claudia mehr vertraute als ihr.
Hätte ich Claudia doch bloß nichts gesagt!

Ich saß mit einem unmäßigen Druck auf dem Magen alleine
auf einem Felsen und starrte aufs Meer hinaus. Die anderen drei
hatten die Chance wahrgenommen, sich mit dem Schnorchel die

404

Unterwasserwelt anzuschauen. Claudia und Juli blieben weiterhin verschollen. Ich starb einen Sorgentod nach dem nächsten, während ich mir ausmalte, dass Juli sich komplett von mir abwenden könnte. Es war sicherlich die bis dahin schlimmste halbe Stunde meines Lebens – bis Juli dann plötzlich zurückkam! Sie sah wütend aus – sehr wütend! Mit ernstem Gesicht kam sie schnellen Schrittes direkt auf mich zu. Mir rutschte das Herz in die Hose. Mit weichen Knien stand ich auf.

„Stimmt das, was Claudia mir da erzählt hat?!", fragte sie mit feuchten Augen und schaute mich dabei wütend an.

„Ja es stimmt!", gab ich verzweifelt zu und machte einen hoffnungslosen Versuch, mich zu entschuldigen. „Ich wollte es dir heute selbst sagen."

Tränen rannen ihr übers Gesicht. „Du blöder Idiot!", rief sie aufgebracht. „Wegen dir habe ich die schlimmsten Tage meines Lebens verbracht. Ich liebe dich doch auch!" Daraufhin umarmte sie mich und fing bitterlich an zu weinen.

Ich war im ersten Moment so vor den Kopf gestoßen, dass ich ihre Umarmung gar nicht richtig erwidern konnte. Nun verstand ich gar nichts mehr: Sie liebte mich?! Und ich hatte ihr die schlimmsten Tage ihres Lebens beschert?! Und jetzt weinte sie bitterlich wegen mir?! Das zerriss mir fast das Herz!

Ich nahm sie sofort fest in meine Arme, um ihr zu zeigen, dass ich von nun an immer für sie da sein würde und dass ich sie ebenfalls über alles liebte. Das alles tat mir so unsagbar leid! Gleichzeitig fielen jedoch auch von mir die Spannung und die Verzweiflung ab, die sich in den letzten Tagen Juli gegenüber aufgebaut hatten. Ich musste ebenfalls weinen. So standen wir eine ganze Weile einfach da und hielten uns gegenseitig fest im Arm.

Sie liebte mich! Nun wurde es mir immer mehr bewusst. Es war kein Traum, es war tatsächlich Wirklichkeit, so unglaublich das für mich auch klang. Ich spürte meine unendliche Liebe für Juli, und ich spürte auch ihre Liebe für mich. Diese Liebe mischte sich mit dem Schmerz, ihr so sehr wehgetan zu haben, zu einem Gefühl, das ich bis dahin nicht gekannt hatte und das mich emotional völlig überforderte. Ich wusste nicht mehr, ob ich lachen oder weinen sollte. Also tat ich irgendwie beides zugleich. Und Juli musste ebenso überfordert mitlachen!

Nach einigen Sekunden lockerte sie ihre Umarmung und schaute mir noch immer lachend tief in die Augen. Diesen Blick werde ich in mein ganzes Leben lang nicht vergessen! Es war, als hätte sie für einen Moment tief in das Innerste meiner Seele geblickt und mir dabei ebenfalls Einsicht in ihre Seele gewährt. Uns beiden war klar, dass wir einander ab sofort und für immer freien Eintritt in unsere Seelen gewähren würden. Es war nur ein kurzer Moment gewesen, aber dieser Moment bedeutete mir mehr als mein ganzes bisheriges Leben!

Ich hörte augenblicklich auf zu lachen und verlor mich in ihren Augen. Juli wurde ebenfalls ernst. Und dann küsste sie mich unsagbar liebevoll, so wie mich noch nie zuvor eine Frau geküsst hatte. Mir schwanden die Sinne! Ich wusste nicht mehr, wo oben und unten war! Ich spürte nur noch Juli, wie sie mich fest an sich drückte und küsste. Unsere Körper und Seelen schienen eins zu werden. Ich konnte nicht mehr ausmachen, wo ich aufhörte und wo sie anfing. Dann verlor ich völlig die Orientierung und hatte das Gefühl, mich aufzulösen. Kurz darauf hörte ich Juli aus der Ferne meinen Namen rufen. Ich war völlig verwirrt und benommen. Sofort öffnete ich die Augen, aber ich konnte nichts sehen. Alles war dunkel. Hatte ich etwa nur geträumt?!

„Robin!", hörte ich Juli noch einmal wie durch Watte hindurch rufen. „Was ist los mit dir?!"

Ich spürte, dass sie sich Sorgen machte, aber ich verstand nicht, was los war. Ich konnte nichts sehen und spürte nichts außer einer großen Übelkeit im Magen. Kurz darauf realisierte ich, dass ich auf dem Boden lag und Juli mich im Arm hielt. Nach und nach konnte ich auch wieder meine Umgebung erkennen. Zuerst nur schemenhaft, dann deutlicher. Juli schaute mich besorgt an. Als sie merkte, dass ich wieder bei Bewusstsein war, drückte sie mich erleichtert.

„Du bist einfach umgekippt!", erklärte sie dann überfordert.

„Tut mir leid!", stammelte ich noch benommen. „So etwas ist mir noch nie passiert. Dein Kuss hat mich einfach umgehauen!", scherzte ich.

„Jetzt mach keine blöden Scherze!", ermahnte sie mich. „Ich hab mir echt Sorgen gemacht."

„Das war wohl alles ein wenig zu viel für meine Nerven", sagte ich. „Woher kam dieser Sinneswandel? Was hat dir Claudia bloß erzählt?"

„Welcher Sinneswandel?!", fragte sie verwundert. „Ich habe dich vom ersten Augenblick an geliebt. Ich konnte es nicht erklären, es war einfach da und ging auch nicht mehr weg. Meine Liebe für dich wurde von Tag zu Tag nur noch stärker. Dann habe ich mich Claudia anvertraut, weil ich das alles einfach nicht mehr aushalten konnte und jemanden zum Reden brauchte. Als sie mir sagte, dass du ebenfalls in mich verliebt bist und mit mir eine Beziehung willst, bin ich aus allen Wolken gefallen."

„Aber du hast doch gesagt, dass ich dir viel zu alt bin", erwiderte ich verwirrt.

Sie schaute mich liebevoll an. „Ja, weil du Blödmann mir gesagt hast, dass du Angst vor der Liebe hast und dass du dich immer zurückziehst, wenn du anfängst, etwas für eine Frau zu empfinden. Was hätte ich denn sonst tun sollen?! Ich konnte doch nur versuchen, eine Freundschaft mit dir aufzubauen, um dann immer noch bei dir zu sein, wenn du deine Angst endlich bewältigt hättest. Deshalb musste ich verhindern, dass du dich in mich verliebst und durfte dir auf keinen Fall zeigen, was ich für dich empfinde. Hast du eine Ahnung, wie schlimm das für mich war?! Ich konnte doch nicht wissen, dass du deine Angst schon längst bewältigt hast. Wieso hast du mir denn nichts davon gesagt?!"

„Weil ich mir dann selbst hätte eingestehen müssen, dass ich mich in dich verliebt habe", gestand ich. „Und dazu fehlte mir einfach der Mut."

„Und dann noch diese Nacht am Strand nach dem Karaoke-Abend. Kannst du dir vorstellen, wie schrecklich diese Messerstiche in meinem Herz schmerzten, als du unentwegt von deiner Jenny erzählt hast?! Du hast gesagt, dass du niemals eine andere Frau so lieben könntest wie Jenny."

„Das tut mir schrecklich leid", sagte ich aus ganzem Herzen. „Ich wusste damals noch nicht, dass ich dich sehr bald noch viel mehr lieben würde. Jetzt weiß ich einfach, dass wir zusammengehören! Ich möchte am liebsten jede Minute meines Lebens mit dir verbringen. Und wenn es nach mir geht, die gesamte Ewigkeit dazu."

Daraufhin küssten wir uns erneut so innig, dass mir fast wieder schwarz vor Augen geworden wäre. Ich war der glücklichste Mann auf der ganzen Welt. Wir hielten uns überglücklich in den Armen, bis mir klar wurde, dass Claudia Juli vermutlich noch gar nicht gesagt hatte, wer ich in Wirklichkeit war.

„Ich muss dir noch etwas gestehen. Aber das, was ich dir jetzt sage, hat nichts mit meiner Liebe für dich zu tun. Ich wollte es dir schon lange sagen, hatte aber Angst, dass du mich dafür verurteilst."

Sie erschrak. „Was ist los? Bist du verheiratet?!"

„Nein, nicht so etwas. Ich heiße nicht Robin Mayer und ich betreibe auch kein Sonnenstudio in Deutschland. Ich heiße Will Robins und bin Engländer."

„Also doch!", rief sie, als hätte sie es die ganze Zeit geahnt. „Dann ist es ja kein Wunder, dass du Will Robins so ähnlich siehst", scherzte sie. „Ich habe es mir fast schon gedacht, als wir zusammen gesungen haben. Ich hätte wetten können, dass du nicht nur das Aussehen, sondern auch die Stimme von Will Robins hast."

„Und du bist nicht sauer?", fragte ich sicherheitshalber noch einmal nach.

Sie schüttelte lachend den Kopf. „Weil du nicht die Wahrheit gesagt hast?! Wir haben uns beide nicht unbedingt immer die Wahrheit gesagt. Ich muss dir auch noch etwas gestehen."

„Was denn?", fragte ich verwundert.

„Ich wusste bereits bei unserer ersten Begegnung, dass es nicht nötig ist, sich zu umarmen, wenn man einen Synergiepartner finden will. Und ich habe auch keine Freundinnen zu Hause, mit denen ich ständig rumkuschle", gab sie grinsend zu.

„Du gerissenes Biest!", sagte ich anerkennend und küsste sie. Mein Gott, wie ich diese Frau liebte. Das Leben konnte so schön sein!

Plötzlich unterbrach sie den Kuss und schaute mich fragend an. „Wie soll ich dich jetzt eigentlich nennen – Will oder Robin?"

„Gute Frage! Ich habe mich in der letzten Woche hier so stark verändert, dass ich mich mit meinem alten Namen gar nicht mehr so richtig identifizieren kann. Eigentlich will ich das auch gar nicht mehr, wenn ich es mir recht überlege. Nenn mich also lieber weiterhin Robin. Der Name passt besser zu dem, was ich jetzt bin."

Plötzlich fiel mir das Maya-Pärchen wieder ein. Juli wusste ja noch gar nichts von dem Countdown und der mentalen Hypnose am Strand. Ich hatte das alles vor lauter Liebe tatsächlich vergessen! Sicherlich würde ich es auch noch ein zweites Mal vergessen können, um leichter in meinem Positiven Fühlen drinbleiben zu können. Zumindest wenn Juli nicht in Panik ausbrechen würde wegen den beiden. Ich überlegte, ob ich es ihr einfach verheimlichen sollte. Das wäre vermutlich das Beste für uns beide. Aber es wäre gleichzeitig auch ein Vertrauensbruch! Und das konnte ich nicht tun.

Ich erzählte ihr also die ganze Story und versuchte dabei, ihr nicht unnötig Angst zu machen. Juli nahm alles ziemlich gelassen auf. Sie fühlte sich sicher bei mir. Ich wusste zwar nicht im Entferntesten, wie ich sie hätte schützen sollen, aber darüber machte sie sich überhaupt keine Gedanken. Offenbar schenkte ihr die Liebe zu mir diese Geborgenheit. Ich war froh, dass unsere Liebe es uns beiden so einfach machte, im Positiven Fühlen zu bleiben.

Die Mädels feierten uns mit lautem Jubel, als wir zum Boot zurückkamen. Gleich zu Beginn schenkte ich ihnen reinen Wein über meine wahre Identität ein, was tatsächlich für alle überhaupt kein Problem war. Danach legten Juli und ich uns an den Bug. Wir schauten gemeinsam in den Himmel und beobachteten die kleinen Wolken, die über uns hinwegzogen. Es war unglaublich romantisch – die See, das Boot, der Wind in den Segeln, der blaue Himmel und die tollste Frau, die auf Gottes Erden existierte, in meinen Armen. Ich konnte es kaum glauben, dass ich das alles tatsächlich erleben durfte.

Ich war voller Dankbarkeit für alles, konnte jedoch nicht so ganz nachvollziehen, wie ich die Matrix dermaßen positiv beeinflusst haben sollte. Andererseits hatten meine positiven Gedanken in Bezug auf Juli letztendlich doch immer die Oberhand gewonnen. Michael hatte mir jedes Mal sofort zur Seite gestanden, wenn ich in Negativbeurteilungen versumpft war. Die positiven Gedanken hatten also den Kampf gegen die Angst gewonnen.

Oder etwa nicht?! Eigentlich wurde ja gar kein Kampf ausgetragen, wenn ich es genau betrachtete. Meine Ängste waren genauso widergespiegelt worden wie meine positiven Gedanken auch! Als Juli wütend auf mich zugekommen war, hätte ich mir vor Angst fast in die Hose gemacht. Es hatte in diesem Moment auch verdammt danach ausgesehen, dass sie nichts mehr von mir wissen wollte.

Bei näherer Betrachtung fand ich es wieder einmal unglaublich, wie präzise die Matrix meine Ängste in ein Ereignis umgesetzt hatte, das mich exakt diese Angst erleben ließ! Und das ging schon die ganze Zeit über so, wurde mir plötzlich klar.

Seit ich mich in Juli verliebt hatte, war meine Angst, dass sie mich möglicherweise nicht wollen könnte, kontinuierlich gewachsen. Und ebenso waren die Ereignisse immer schlimmer geworden, die mich diese Ängste erleben ließen. Die vielen Bemerkungen darüber, dass ich ihr zu alt sei, ihr Verschwinden nach der Spiegelneuronenallee, das Auftauchen von Stephen und schließlich das Gespräch mit Claudia. Ich war einen Sorgentod nach dem nächsten gestorben, während die beiden sich unterhalten hatten! Es war klar, dass die Matrix mit diesen Sorgen als Realitätsbaumaterial ein weiteres noch schlimmeres Ereignis formen musste. Und das tat sie, indem sie Juli wutschnaubend auf mich zumarschieren ließ.

Einen Moment später realisierten sich dann aber bereits meine positiven Gedanken, die ich dank Michael und Positivem Fühlen ebenfalls seit Tagen in die Matrix eingespeist hatte. Ich hatte die ganze Zeit über gespürt, dass Juli und ich zusammengehörten. Am Anfang war es nur eine Vermutung gewesen, doch von Tag zu Tag wurde ich sicherer. Und genau so hatte die Matrix auch die Ereignisse geschaffen. Erst wurden meine Vermutungen widergespiegelt, dann die Wahrscheinlichkeit und schließlich die Gewissheit. Zuletzt hatte ich deutlich gespürt, dass wir Seelenpartner waren. Und genau das erkannte ich in diesem wunderbaren Moment, als sich unsere Seelen in unserem Blick begegneten.

Und dann der Kuss! Ich war ohnmächtig geworden, weil das Gefühl unserer Seelenverschmelzung mich einfach aus den Socken gehauen hatte. Eine wahrhaft überirdische und exakte Widerspiegelung derjenigen Gedanken, die ich in die Matrix eingespeist hatte.

So langsam begann ich die Matrix zu verstehen und empfand absolute Hochachtung vor ihr. Sie setzte wirklich jeden einzelnen Gedanken, den ich hatte, absolut exakt und sehr kreativ in Realität um. Sie traf keine Entscheidung zwischen positiven und negativen Gedanken. Sie nahm jeden einzelnen und strukturierte daraus die Ereignisse in meiner Realität. Meine Gedanken waren so etwas wie Mosaiksteinchen, wie Michael das mit seiner Ella erklärt hatte. Ich übergab sie der Matrix völlig ungeordnet in einem großen Scherbenhaufen, und sie machte daraus ein wahres Kunstwerk! Alle Menschen warfen ihre Gedanken einfach auf diesen riesigen Haufen. Und die Matrix schaffte es, aus all diesen Scherben eine Welt zu zaubern, die jedem einzelnen seine Gedanken exakt widerspiegelte. Eine unglaubliche Leistung!

Ich mochte diese Matrix! Nein, ich mochte sie nicht – ich liebte sie! Und ich war ihr überaus dankbar für die vielen tollen Widerspiegelungen. Ich war dankbar, das alles erleben zu dürfen – zusammen mit Juli, meiner Seelenpartnerin!

Wir lagen eng umschlungen am Bug des Schiffes, bis wir es vor Durst nicht mehr aushielten. Juli hatte genau wie ich während des gesamten Ausflugs nichts getrunken, da wir so viele andere Dinge im Kopf gehabt hatten. Ich stand also kurz auf, bat sie im Scherz, nicht wegzulaufen, und ging zu der kleinen Bar an Bord, wo Erfrischungsgetränke verkauft wurden.

Beatrice kam auf mich zu, als sie mich dort alleine stehen sah. „Ich freue mich wirklich sehr für euch!", sagte sie und berührte mich einfühlsam am Ellbogen. Da durchzuckte plötzlich ein Energiestoß meinen Körper! Ich spürte, dass sich die Energie auf meine Prellung konzentrierte. Und als ich daraufhin sofort mein T-Shirt hochkrempelte, um nachzusehen, erkannte ich es: Sie war weg! Einfach weg!

„Was ist mit deinem Arm?", fragte Beatrice verwundert.

„Ach, es hat mich da nur gerade gejuckt!", schwindelte ich.

Offensichtlich hatten sich Beatrices Fähigkeiten also weiterentwickelt. Jetzt konnte sie bereits andere Menschen heilen. Augenblicklich wurde mir klar, dass diese Heilung jetzt nicht zufällig passiert war. Ich hatte dieses Ereignis geschaffen. Es war die exakte Widerspiegelung meiner Gedanken der letzten Nacht. Ich mochte schnelle Heilungen! Und deshalb hatte ich genau das gerade erlebt. Das war einerseits natürlich großartig, andererseits erinnerte es mich jedoch sofort wieder unangenehm an unsere Beobachter. Wie gut, dass sie nicht mitgekommen waren! Ich bemühte mich, das Maya-Pärchen nicht so wichtig zu nehmen, um leichter in meinem Positive Fühlen bleiben zu können.

412

Was zwischen Juli und mir geschehen war, war um ein Vielfaches bedeutender! Zumindest solange unser Leben nicht ernsthaft in Gefahr war, worauf es momentan ja keinen einzigen Hinweis gab. Vor 2012 würde nichts passieren. Und bis dahin war es noch eine ganze Weile. Ich beschloss also weiterhin, so wenig wie möglich über die Maya nachzudenken und mich stattdessen auf Juli und das Positive Fühlen zu konzentrieren. Also ging ich wieder mit offenem Herzen zum Bug und legte mich zu ihr.

Wir versuchten uns körperlich so nahe zu sein, wie es in der Öffentlichkeit nur irgendwie ging. Aber das war einfach viel zu wenig! Deshalb konnten wir es kaum erwarten, endlich wieder zurück ins Camp zu kommen. Glücklicherweise konnte ich ein Einzelzimmer mein Eigen nennen. Daher gingen wir am Pool entlang direkt in Richtung meines Bungalows, als wir angelegt hatten. Mary und Michael mussten schon auf uns gewartet haben, denn sie fingen uns bereits ab, bevor wir meinen Bungalow erreicht hatten.

„Wie es aussieht, darf man gratulieren!", erkannte Mary über alle Maßen erfreut. Daraufhin umarmten uns die beiden überaus herzlich.

„Ist wieder irgendetwas passiert?", wollte ich sofort wissen.

„Sie sind weg!", antwortete Michael. „Als wir heute Morgen aufgestanden sind, waren sie nicht mehr da. Wir dachten, dass sie vielleicht mit euch mitgefahren wären."

„Bei uns waren sie auch nicht", antwortete ich erfreut. Vielleicht haben wir ja Glück, und es ist vorbei!"

„Das wäre fürwahr ein Grund zu feiern!", erklärte Michael. „Hoffen wir also, dass du Recht hast. Aber wir sollten trotzdem weiterhin versuchen herauszufinden, was diese Leute vorhaben."

„Das werden wir tun", stimmte ich zu. „Aber auf unserem Törn ist etwas anderes passiert, das euch interessieren dürfte. Beatrices Fähigkeiten haben sich weiterentwickelt. Sie hat mich eher beiläufig am Arm berührt und damit eine Prellung geheilt, die ich mir dort zugezogen hatte. Und zwar ohne dass sie davon wusste!"

„Von dieser Prellung habe ich gar nichts mitbekommen", sagte Juli verwundert.

„Das solltest du auch nicht!", erwiderte ich grinsend. „Das war peinlich!"

„Wie du weißt, stehe ich auf peinliche Geschichten", konterte sie ebenfalls grinsend.

„Ich glaube, wir müssen jetzt wirklich los!", sagte ich ablenkend und zog Juli hinter mir her.

„Ciao, ihr beiden!", rief Juli zurück, während ich sie in Richtung meines Bungalows schleppte.

Jetzt gab es nämlich etwas sehr viel Bedeutenderes, als peinliche Geschichten zu erzählen. Genauer gesagt sogar zwei bedeutende Dinge – Juli und mein Schlafzimmer!

Ich war unglaublich nervös und aufgeregt, als wir endlich gemeinsam in meinem Zimmer standen. Wie würde es wohl sein, mit ihr zu schlafen? Ich traute mich kaum, daran zu denken.

Wir zogen unsere Kleider aus und legten uns nackt ins Bett. Zum ersten Mal in meinem Leben war ich beim Sex sehr verunsichert. Ich wollte nichts falsch machen. Das erste Mal mit uns sollte etwas ganz Besonderes werden. Mein Herz klopfte wie verrückt. Ich spürte, dass ich viel zu angespannt war. Als ich versuchte, Juli leidenschaftlich zu küssen, wirkte meine Leidenschaft eher unbeholfen. Ich war viel zu nervös!

Juli hielt mein Gesicht mit beiden Händen und sah mich liebevoll an. Daraufhin küsste sie mich sehr zärtlich, um mir klar zu machen, dass wir die Leidenschaft nicht erzwingen müssten. Ihre Lippen fühlten sich unsagbar weich an, und ihre Hände, die zärtlich mein Gesicht streichelten, ließen mir unglaublich wohlige Schauer über die Haut laufen. So zärtlich hatte mich noch niemals zuvor ein Mensch berührt. Ich hatte bis zu diesem Moment ja überhaupt keine Ahnung gehabt, was Zärtlichkeit und Liebe tatsächlich bedeuteten! Mir offenbarte sich eine völlig neue Welt. Jede ihrer liebevollen Berührungen löste einen so starken Zug meines Herzens nach vorne aus, dass ich manchmal das Gefühl hatte, es nicht eine Sekunde länger aushalten zu können. Mein ganzer Körper zog hoch, vibrierte bis in den innersten Kern meiner Seele und schien unentwegt nur „Ja" zu schreien.

Juli legte sich sanft auf mich, und ich spürte ihre nackte Haut an meiner. Mit meinen Händen ertastete ich ihren samtweichen Rücken. Sie fühlte sich so unglaublich weich und schön an. Ich spürte, wie meine Hände sich danach sehnten, ihr Zärtlichkeit zu schenken. Eine Zärtlichkeit, die Ausdruck meiner tiefen Liebe war und die ich niemals zuvor einer Frau gegeben hatte. Juli seufzte leise, als meine Hände ihre zärtliche Abenteuerreise auf ihrer nackten Haut begannen. In diesem Moment wusste ich, was mir mein gesamtes Leben lang gefehlt hatte. Ich hatte endlich verstanden, dass Liebe nicht nur im Kopf passierte. Ich spürte, wie die Funken zwischen und sprühten, wenn wir uns so berührten. Zum ersten Mal in meinem Leben konnte ich einer echten Frau wirkliche Liebe geben.

Ich spürte, wie unsere Seelen sich berührten, und hatte dabei den Eindruck, als würde die ganze Erde sanft beben. Was wir hier erlebten, war nicht von dieser Welt. Alleine für eine einzige dieser Paradiessekunden wäre ich bis ans Ende der Welt gelaufen. Ich wusste, wenn ich jetzt sterben würde, hätte ich alles erlebt, was wirklich wichtig war.

Juli sah mir liebevoll in die Augen und küsste mich erneut sehr sanft. Ich erwiderte ihre Zärtlichkeit und spürte, dass auch meine Lippen in der Lage waren, meine grenzenlose Liebe für Juli auszudrücken. Tränen der Liebe ergossen sich über mein Gesicht. Und so liebten wir uns die ganze Nacht, ohne auch nur auf die Idee zu kommen, miteinander zu schlafen.

Erst am Morgen schliefen wir ein. Als wir wieder erwachten, war es bereits Nachmittag. Wir hatten aber trotzdem keine Lust aufzustehen, sondern blieben lieber im Bett liegen und kuschelten. Auf Sex hatte ich seltsamerweise immer noch keine Lust. Doch es gab etwas, worüber ich mit Juli unbedingt noch sprechen musste. Es ging um Jenny.

„Jenny?!", fragte Juli leicht eifersüchtig, als ich meine erste Liebe erwähnte, und stützte sich auf.

„Sie war nicht real", erklärte ich und wandte mich ihr zu. „Ich habe als Fünfzehnjähriger von ihr geträumt, das war alles. In Wirklichkeit hat sie nie existiert – zumindest nicht als Mensch!", betonte ich.

„Was soll das denn heißen? Zumindest nicht als Mensch!", hakte sie verwirrt nach.

„Ich weiß, es klingt verrückt, und eigentlich glaube ich auch nicht wirklich daran, aber es gibt schon verdammt viele Zufälle."

„Welche Zufälle?!"

„Michael glaubt, dass Jenny eine nichtmaterielle Seele war, die mir in meinen Träumen begegnete. Am 23. Dezember vor 22 Jahren verschwand sie dann plötzlich. Sie versprach mir aber, dass sie als Mensch zurückkommen würde, um mich zu suchen und mit mir zusammen zu sein. Sie sagte auch, dass sie dann nicht mehr Jenny heißen und anders aussehen würde. Aber es gäbe ein eindeutiges Zeichen, an dem ich sie erkennen könne. Der Boden unter ihren Füßen würde leuchten bei jedem Schritt, den sie geht."

„Nein!?!", rief Juli überfordert und schaute mich mit großen Augen an.

„Du hast sogar die gleichen Worte verwendet wie Jenny, als du mich am Strand darauf aufmerksam gemacht hast", betonte ich und strich ihr liebevoll eine Haarsträhne aus dem Gesicht. „Ich habe daraufhin mal ein bisschen herumgerechnet. Du bist am 14. September 1987 geboren. Das bedeutet, dass du ungefähr um die Weihnachtszeit 1986 herum gezeugt wurdest. Jenny ist einen Tag vor Weihnachten 1986 verschwunden."

„Meine Eltern sagen immer, ich sei ein Weihnachtskind! Ich bin um den Heiligabend herum gezeugt worden", stimmte Juli beeindruckt zu.

„Das würde einiges erklären!"

„Was würde das erklären?"

„Als ich drei war, bekam ich eine Puppe geschenkt. Ich wollte ihr jedoch nicht den Namen geben, den meine Eltern mir vorgeschlagen hatten. Ich bestand als Dreijährige schon darauf, ihr einen anderen Namen zu geben."

„Jenny?!", fragte ich aufgewühlt.

„Jenny!", bestätigte Juli ergriffen. „Ich habe diese Puppe heute noch. Ich konnte sie einfach nicht wegwerfen. Jenny ist zu wichtig für mich."

„Das ist krass! Das ist oberkrass!"

„Und dann war da dieser unbändig starke Drang, genau zu diesem Zeitpunkt ins Camp fahren zu müssen. Wäre ich nur zwei Wochen früher oder später hierhergekommen, hätten wir uns nie kennen gelernt. Aber ich musste einfach jetzt fahren, obwohl es deshalb riesige Schwierigkeiten in meinem Job gab.

Und nicht zu vergessen meine Gefühle für dich, als ich dich das erste Mal sah!", betonte sie und schaute mir liebevoll in die Augen. „Ich hatte vom ersten Augenblick an das Gefühl, dich sehr gut zu kennen und dich nun endlich nach einer Ewigkeit wiederzufinden. Aber bisher hatte ich keine Erklärung für dieses Gefühl.

Und auch das Gefühl, als wir uns das erste Mal am Strand umarmt haben. Es war wie nach Hause kommen. Glaubst du wirklich, dass das alles wahr sein könnte?", fragte sie mich ergriffen.

„Ich weiß es nicht. Es ist jedenfalls nicht auszuschließen. Aber ob du jetzt Jenny bist oder nicht, ich liebe dich über alles!" Ich küsste sie zärtlich.

„Dann wäre meine Liebe zu dir so stark gewesen, dass sie mich dazu gebracht hat, Mensch zu werden", sinnierte Juli nach dem Kuss.

„Michael hat mich zwar gebeten, niemandem etwas davon zu sagen, aber ich bin sicher, dass er unter diesen Umständen damit einverstanden wäre. Michael und Mary glauben nämlich, dass Mary ebenfalls ein nicht materielles Wesen ist, das sich zum ersten Mal entschlossen hat, Mensch zu werden. Und sie sind sich beide ziemlich sicher, dass du Jenny bist. Sie erleben sehr viele seltsame Phänomene miteinander,

417

und in vielen dieser Dinge sehen sie Parallelen zu uns. Das Phänomen beim Tanzen zum Beispiel. Oder wie unsere Stimmen klingen, wenn wir zusammen singen."

„Das war aber auch unglaublich!", meinte Juli begeistert. „Ich hatte keine Ahnung, dass ich so gut singen kann. Ehrlich gesagt konnte ich das bis dahin auch nicht. Ich habe zwar immer gerne gesungen, aber niemals so grandios wie bei unserem Auftritt. Als ich mit dir da vorne stand, ist es auf einmal passiert."

„Ich habe mir an diesem Abend geschworen, nie wieder ohne dich zu singen! Hast du eine Ahnung, was wir auf dieser Welt bewegen könnten, wenn wir das, was wir hier gelernt haben, in Musik packen würden?! Wir würden die Menschen damit tief in ihren Seelen berühren. Unsere Musik würde rund um den Globus gespielt, da bin ich sicher. Ich konnte vor dem Camp keine Songs mehr schreiben, denn ich hatte einfach nichts mehr zu sagen. Aber jetzt ist das anders! Ich spüre förmlich, wie die Musik aus mir raus in die Welt will. Lass uns von heute an gemeinsam Musik machen."

„Sekretärin zu sein war sowieso nie meine Erfüllung", entschied Juli sofort. „Wenn wir hier heil rauskommen, begleite ich dich nach England."

„Natürlich werden wir hier heil rauskommen!", sagte ich überzeugt. „Diese Maya-Leute halten uns für Spinner. Wenn jetzt niemand durch das Positive Fühlen irgendwelche Fähigkeiten zur Schau stellt, dann werden sie uns in Ruhe lassen."

„Ja, wenn!", betonte sie unsicher. „Aber egal, wir sollten uns dadurch jetzt nicht die Stimmung verderben lassen. Ich gehe auf jeden Fall mit dir mit. Egal, wohin!", erklärte sie.

„Du musst allerdings nicht nach England, wenn du nicht willst. Ich weiß, wie wichtig dir deine Freunde in Deutschland sind. Ich hingegen habe weder richtige Freunde in England, noch bin ich mit dem Land wirklich verwurzelt. Meine Mutter war Deutsche. Ich werde meine Villa verkaufen – so viel Freude hat die mir sowieso nicht gebracht. Nur meine

Sportwagen, die würde ich schon gerne mitnehmen. Und die Studioaufnahmen würde ich gerne in London machen. Ich habe das Gefühl, dass kein anderes Studio unsere Musik so genial produzieren könnte."

„Du willst wirklich für mich nach Deutschland kommen?", fragte Juli ergriffen.

„Ich würde überall hingehen, um mit dir zusammen sein zu können", antwortete ich mit einem Zittern in der Stimme und hatte plötzlich mehr Angst als jemals zuvor in meinem Leben! „Ich möchte mein Leben mit dir verbringen! Willst du mich heiraten?"

„Meinst du das ernst?!", fragte sie mich geschockt. „Wir kennen uns doch erst seit einer Woche!"

„Ich habe das Gefühl, ich kenne dich schon mein gesamtes Leben lang. Das meine ich ernst! Noch nie in meinem Leben habe ich etwas ernster gemeint. Bitte heirate mich!"

Juli schaute mich völlig überwältigt an. Sie war im ersten Moment nicht fähig zu reagieren. „Ich liebe dich!", sagte sie dann und küsste mich zärtlich. „Ja, ich möchte deine Frau werden. Auch wenn mich alle Welt deswegen für verrückt halten wird."

Allumfassend mögen

Als Juli das gesagt hatte, war ich der glücklichste Mann auf der Welt. Jetzt wollte ich tatsächlich nichts lieber, als endlich mit ihr schlafen. Die Leidenschaft brodelte in mir wie ein Vulkan! Ich rollte mit ihr voller Freude und Verlangen eng umschlungen knutschend übers Bett. Auf der anderen Seite fielen wir herunter und mussten erst einmal herzhaft lachen!

Dann küsste mich Juli erneut so zärtlich, dass ich das Gefühl hatte, mich in Liebe aufzulösen. Ich spürte ihre nackte Haut und ihre Lippen und hatte nur noch den Wunsch, ihr meine ganze Liebe zu schenken. Und das tat ich dann auch mit jeder Faser meines Herzens. Ich liebte sie so sehr, dass ich kaum in der Lage war, diesem Gefühl mit meiner Zärtlichkeit Ausdruck zu verleihen. Es war wunderschön – wenn da nicht die Sache mit dem Sex gewesen wäre!

Ich hatte nämlich plötzlich überhaupt keine Lust mehr auf Sex. Null! Da war überhaupt nichts mehr. Noch nicht einmal ein Funke von Verlangen oder Leidenschaft. Ich verstand die Welt nicht mehr. Noch schlimmer war jedoch, dass Juli unbedingt wollte. Aber bei mir regte sich rein gar nichts. Noch nicht einmal im Ansatz! Mein treuer Gefährte versagte mir seine Dienste! Das war mir echt peinlich – mehr als peinlich! Es war eine Katastrophe!

„Hey, es ist okay", sagte Juli vorsichtig, als sie erkannte, was emotional bei mir los war.

„Es tut mir wirklich leid!", erwiderte ich betroffen. „Ich weiß nicht, was mit mir los ist. Das verstehe ich nicht. Ich wollte so gerne mit dir schlafen."

„Mach dir keine Gedanken. Das ist sicher nur eine Phase. Das wird schon wieder. Ich kann warten."

„Vor ein paar Minuten dachte ich noch, dass ich unmöglich auch nur eine einzige Sekunde länger warten könnte", erklärte ich verzweifelt. „Ich kapier das nicht. Was ist nur los mit mir?"

420

„Mach dich nicht so fertig!", versuchte sie mich zu trösten. „Es ist gut so, wie es ist. Alles ist gut."

„Tut mir leid! Aber das hier ist weder richtig noch gut! Ich wüsste nicht, wie ich mir das schönreden sollte."

„Komm, mach dich nicht so fertig", wiederholte sie. „Es ist vor uns schon Milliarden Paaren so gegangen. Das wird schon wieder. Und selbst, wenn du nie mit mir schlafen könntest, würde ich bei dir bleiben. Ich liebe dich über alles."

„Ich dich auch!", antwortete ich und nahm sie in den Arm.

So lagen wir bestimmt zwei Stunden lang zusammen im Bett. Juli kuschelte sich an mich und versuchte, mir zu zeigen, wie sehr sie mich liebte. Mich zog es jedoch unbarmherzig immer tiefer runter in die dunkle Enge. Ich konnte nichts dagegen tun. In meinem Kopf jagte ein negativer Gedanken den nächsten: Warum konnte ich bloß nicht mit ihr schlafen? Gestern Abend und in der Nacht war es auch schon so gewesen. Auch da hatte ich absolut keine Lust auf Sex verspürt. Es war also nicht nur dieses eine Mal. Nie zuvor hatte ich Probleme mit dem Sex gehabt! War es uns vielleicht nicht bestimmt, Sex miteinander zu haben?! Möglicherweise war sie tatsächlich Jenny, ein Wesen, das aus Liebe zu mir zum Menschen geworden war. Vielleicht war sie nur gekommen, um unsere kindliche Liebe von einst erneut in mir aufleben zu lassen. Vielleicht gehörte Sex einfach nicht dazu.

Sex ist das Hauptmerkmal, um eine Partnerbeziehung von einer freundschaftlichen Liebe zu unterscheiden, hatte Michael gesagt. Waren wir in Wirklichkeit vielleicht doch nur Freunde?! Oder so etwas wie Bruder und Schwester?! Diese Befürchtung verdichtete sich immer mehr zu einer nagenden Angst.

Sosehr Juli auch versuchte, mich ihre Liebe spüren zu lassen, es half nicht. Ich hatte mich so in meine Zweifel hineingesteigert, dass ich gar nichts mehr spürte. Weder Liebe noch Leidenschaft noch sonst irgendetwas. Das war schrecklich!

421

Es war mir zwar sehr peinlich, aber ich musste jetzt einfach mit Michael darüber reden. Er hatte mir schon so oft geholfen. Möglicherweise war es einfach nur wieder ein komischer Beurteilungsfehler, mit dem ich mein Emotionalgehirn verwirrte. Jedenfalls hoffte ich das über alle Maßen! Ich wollte meine Juli glücklich machen. Nichts war mir wichtiger auf der Welt.

„Ich hoffe, du kannst mir das verzeihen, aber ich muss mit Michael darüber reden."

„Das ist in Ordnung", sagte sie einfühlsam. „Rede mit ihm. Es ist bestimmt nur ein Missverständnis des Emotionalgehirns – wie sonst auch, du wirst sehen."

„Ich hoffe, du hast Recht. Aber egal, was es ist, ich werde alles tun, was getan werden muss, um das in Ordnung zu bringen."

„Denk aber immer daran, dass es für mich auch jetzt schon in Ordnung ist! Du musst dir wegen mir keine Sorgen machen. Ich liebe dich so sehr, dass ich noch hundert Jahre darauf warten kann, mit dir Sex zu haben. Selbst, wenn deine Liebe Gift für mich wäre, ich würde bei dir bleiben, bis ich sterbe!" Daraufhin küsste mich unendlich liebevoll.

Ich konnte ihren liebevollen Kuss nicht richtig erwidern. Es ging einfach nicht, so sehr ich es mir auch wünschte. Meine Gefühle waren einfach zu schlecht. Ich hatte Angst, Juli damit zu verletzen. Das alles machte mich unsagbar fertig!

Juli zog sich an und ging in ihren Bungalow. Es tat mir unsagbar leid, dass ich unser junges Glück auf eine derart harte Probe stellen musste. Ausgerechnet jetzt, wo alles so toll ausgesehen hatte.

Es war bereits später Nachmittag. Ich fand Michael glücklicherweise auf seiner Terrasse. Er war überrascht, mich alleine zu sehen, und kam mir sofort entgegen.

„Kann ich mit dir sprechen?", fragte ich ihn verzweifelt. „Es gibt ein Problem. Können wir irgendwo hingehen, wo wir ungestört sind?"

„Gehen wir an den Strand", schlug er vor.

Wir setzten uns schließlich ein gutes Stück abseits des Camprummels unter eine Palme und schauten auf den von der tief stehenden Sonne beleuchteten Pazifik. „Worum geht es also?", wollte Michael schließlich wissen.

„Es ist mir ein bisschen peinlich", antwortete ich, während ich weiterhin aufs Meer schaute. „Ich habe noch nie mit einem anderen Mann über dieses Thema geredet."

„Es geht um Sex!", schlussfolgerte er.

„Genauer gesagt darum, dass ich gerne Sex hätte, aber nicht kann. Und ich verstehe das nicht. Ich kriege einfach keinen hoch bei Juli", gab ich ehrlich zu. „Was erschwerend hinzukommt... Ich habe ihr heute einen Heiratsantrag gemacht. Jetzt befürchte ich, dass ich damit ein wenig zu voreilig war."

„Du hast ihr einen Antrag gemacht?!", rief Michael voller Begeisterung. „Oh, entschuldige! Momentan ist dir wohl nicht so sehr nach Freude zumute."

„Nicht wirklich!", antwortete ich frustriert.

„Hast du denn wirklich Lust auf Sex?"

„Ich hatte große Lust. Drei Mal schon. Doch jedes Mal, wenn es dann soweit war, war die Lust plötzlich weg."

„Das könnte eine Blockade sein. Versagensangst zum Beispiel."

„Ich war zwar aufgeregt, doch Angst zu versagen hatte ich eigentlich nicht wirklich", antwortete ich ehrlich.

„Dann müssen wir jetzt leider etwas mehr ins Detail gehen. Beschreibe mir genau, was abgelaufen ist. Was habt ihr getan, unmittelbar bevor das Problem aufgetreten ist?"

„Wir haben uns die Kleider vom Leib gerissen und sind eng umschlungen aufs Bett gefallen."

„Das hört sich nicht wirklich nach einem Sexproblem an", erklärte Michael lächelnd. „Was ist dann passiert?"

„Wir haben uns geküsst."

„Und dann?"

„Dann ging auf einmal gar nichts mehr."

„Es ist also beim Kuss passiert, wenn ich dich richtig verstanden habe."

„Richtig. Nach dem Kuss war die Leidenschaft kaputt."

„Wie habt ihr euch denn geküsst? Leidenschaftlich oder zärtlich?"

„Macht das denn einen Unterschied?", fragte ich verwundert.

„Und ob!"

„Es war zärtlich."

„Wart ihr in diesem Moment grundsätzlich eher zärtlich und liebevoll unterwegs oder eher leidenschaftlich?"

„Wir waren extrem zärtlich miteinander", antwortete ich ehrlich.

„Wie stark werden deine Gefühle, wenn Juli zärtlich und liebevoll zu dir ist?" Michael wirkte jetzt so, als hätte er bereits eine Vermutung, woran es gelegen haben könnte.

„Meine Gefühle werden unglaublich stark. Ich wusste bisher überhaupt nicht, dass ich zu solchen Gefühlen fähig bin. Mir schießen förmlich die Tränen der Liebe aus den Augen, wenn sie mich so anfasst oder küsst. Früher hätte ich bei so starken Gefühlen mit Sicherheit einen Nervenzusammenbruch erlitten."

„Junge, du bist einfach ein Mann! Das ist dann auch schon der ganze Grund für deine Probleme", sagte Michael erleichtert.

„Ich versteh kein Wort!", erwiderte ich verwirrt.

„Entschuldige, aber ich bin wirklich erleichtert, dass es nichts Ernstes ist. Was du erlebt hast, ist völlig normal für einen Mann."

„Das verstehe ich nicht. Das ist mir zuvor noch nie passiert."

„Wir haben doch schon mal über Oxytocin gesprochen. Das so genannte Kuschelhormon, du erinnerst dich. Je mehr Oxytocin du im Blut hast, desto stärker fühlst du dich mit Juli verbunden. Oder anders herum ausgedrückt, je mehr du dich mit ihr verbunden fühlst, desto mehr Oxytocin wird ausgeschüttet. Wie jedes Hormon, bringt dich auch dieses in einen bestimmten körperlichen und geistigen Betriebsmodus. Hast du extrem viel Oxytocin im Blut, erlebst du genau

424

den Zustand, den du beschrieben hast. Du hast keine Lust mehr auf Sex und kriegst auch keinen mehr hoch. Du mutierst einfach zum Weichei."

„Als ich das letzte Mal meinen Oxytocinspiegel hoch gepuscht habe, hatte ich den Tisch mit Blumen geschmückt", erinnerte ich mich über mich selbst schmunzelnd.

„Ich sagte ja: Weichei! Und das gilt auch für gewisse Körperregionen. Normalerweise erreicht die Oxytoncin-Konzentration beim Orgasmus ihren Höhepunkt. Dafür hast du bestimmt auch Erfahrungswerte. Nach dem Orgasmus ist erst einmal Schicht im Schacht. Dann will Mann nicht mehr."

„Dann waren es nur meine starken Verbundenheitsgefühle, die meine Maschine lahmgelegt haben?", fragte ich erleichtert.

„So ist es! Das wäre jedem Mann passiert, der seine zärtlichen Gefühle so immens hochfährt wie du. Wenn dir die Tränen vor Liebe aus den Augen schießen, dann hast du weit mehr Oxytocin im Blut als der Durchschnittsmann beim Orgasmus. Du musst dir daher ganz sicher keine Gedanken mehr darüber machen, ob du Juli heiraten solltest. Diese Frage hat sich damit mit absoluter Sicherheit beantwortet."

„Aber wie kann ich mit Juli Sex haben, wenn meine Gefühle immer so stark werden?", fragte ich ratlos.

„Indem ihr die Zärtlichkeit auf die Zeit nach dem Orgasmus verschiebt. Das Problem ist, dass Juli als Frau die Zärtlichkeit vorher schon will. Bei ihr wirkt das Oxytocin nämlich genau anders herum. Je mehr Oxytocin sie im Blut hat, desto mehr Lust bekommt sie auf dich. Auch bei der Frau erreicht der Oxytocinspiegel beim Orgasmus seinen Höhepunkt. Doch anders als beim Mann ist die Lust der Frau dann ganz und gar nicht vorbei. Im Gegenteil! Sie braucht sogar einen hohen Oxytocinspiegel, um überhaupt Lust haben zu können. Sonst geht bei ihr nämlich nichts."

„Und wie sollen wir da jemals zusammenkommen?"

„Ganz so extrem ist es glücklicherweise auch wieder nicht", beschwichtigte Michael. „Ein normales Maß an Oxytocin stört nicht. Nur nicht ganz so übermäßig, wie du das gemacht hast. Ihr könnt durchaus zärtlich miteinander sein. Sicherheitshalber würde ich dir aber empfehlen, es zunächst einmal bei der Leidenschaft zu belassen und die Zärtlichkeit zurückzustellen, bis ihr euren Orgasmus hattet."

„Damit ist ebenfalls klar, warum ich gestern nicht mit ihr schlafen wollte. Auch da waren wir einfach zu zärtlich, um an Sex denken zu können. Es war aber trotzdem wunderschön."

„Es muss ja nicht immer ausschließlich Sex sein. Ihr könnt auch Sex und Zärtlichkeit haben. Aber das funktioniert nur in der richtigen Reihenfolge. Zumindest dann, wenn deine Gefühle so stark werden, wie du es beschrieben hast."

„Ich danke dir, Michael! Du hast mir wieder einmal das Leben gerettet. Ich bin so froh, dass ich dich und Mary hier kennen gelernt habe. Lass dich drücken!"

„Aber nicht so doll! Nicht, dass du dabei schon wieder zu viel Oxytocin ins Blut bekommst", ermahnte er mich im Scherz, als wir uns umarmten.

„Ich wünschte wirklich, ich könnte jetzt endich mal stabil im Positiven Fühlen drinbleiben", bemerkte ich nebenbei. „So langsam gehen mir die ständigen Probleme nämlich mächtig auf den Zeiger. Ich weiß, dass es keinen Sinn macht, Probleme zu bekämpfen, denn sie sind nicht lebendig. Ich kann sie weder vertreiben noch meiden. Aber mögen kann ich sie auch nicht wirklich."

„Das musst du auch nicht. Du kannst dich einfach fragen, was du stattdessen mögen würdest, und dich dann damit beschäftigen."

„Ich mag schnelle und gute Lösungen", erwiderte ich spontan.

„Je mehr du über dein Emotionalgehirn weißt, desto schneller wirst du die Missverständnisse finden, die deinen Problemen zugrunde liegen. Hättest du das mit dem Oxytocin gewusst, dann wäre daraus gar kein Problem entstanden. Du wirst deine Probleme also immer schneller lösen können, je mehr du lernst, dich selbst zu verstehen. Aber du könntest auch jetzt schon etwas tun, um dein Positives Fühlen sehr viel stabiler zu machen."

„Und was wäre das?", wollte ich neugierig wissen.

„Greif deinen Beschluss noch mal auf, dir das Mögen anzugewöhnen. Bis jetzt hast du vorwiegend etwas dafür getan, falsche Gefahren und das Nichtmögen in Mögen umzuwandeln, aber du hast noch nicht wirklich daran gearbeitet, dir das Mögen generell anzugewöhnen. Und das ist mindestens genauso wichtig. Das Mögen setzt den einzigen Glücksmodus in Gang, den wir permanent aufrechterhalten können, und ist damit von unschätzbarem Wert, wenn man tatsächlich permanent glücklich sein möchte. Es unterstützt das Positive Fühlen, was seinerseits auch wieder das Mögen unterstützt. Auf diese Weise kannst du dein Positives Fühlen extrem stabil machen. Gewöhn dir also wirklich das Mögen an!"

„Hast du eine Idee, wie ich dabei am besten vorgehen soll?"

„Mary und ich sind schrittweise vorgegangen. Wir haben uns erst einmal allen möglichen Gegenständen in unserem Leben gewidmet – beispielsweise unserer Wohnungseinrichtung. Wir haben uns bewusst gemacht, was wir dort tatsächlich alles mögen: Unsere Wohnzimmercouch, die Lampen an der Decke, den Parkettboden, den Tisch, unsere Weingläser und so weiter. All diese vielen Dinge haben wir uns angeschafft, weil sie uns gefielen – weil wir sie mit anderen Worten mochten!

Das haben wir einige Tage lang durchgezogen. Und zwar überall, wo wir uns aufhielten. Wir haben uns auf diese Weise regelrecht darauf trainiert, alles wahrzunehmen, was wir tatsächlich mögen. Am Ende fiel uns jede Kleinigkeit auf und erzeugte glückliche Gefühle."

„Liebe, was dich umgibt, und du wirst von Liebe umgeben sein!", sagte ich nachdenklich. „Das gibt diesem Motto einen ganz neuen Sinn."

„Das stimmt", bekräftigte Michael erfreut. „Und genauso haben wir uns auch gefühlt. Wir waren umgeben von Dingen, die wir liebten."

„Das war also euer erster Schritt. Und wie ging es dann weiter?", wollte ich wissen.

„Danach haben wir uns den Gegenständen gewidmet, die wir uns noch gerne anschaffen würden. Wir haben also an Gegenstände gedacht, die wir mögen würden, wenn wir sie bereits hätten. Und im Anschluss dachten wir an die Dinge, die wir früher einmal gemocht haben, das verursacht nämlich auch tolle Gefühle."

„Man kann das Mögen also auf alle Zeiten beziehen – Vergangenheit, Gegenwart und Zukunft."

„So ist es. Daraus entstehen jedes Mal andere Gefühle, und es sind stets gute. Das Mögen in der Vergangenheit gibt dir das Gefühl, dass es schön war. Das Mögen in der Gegenwart lässt dich das Jetzt genießen und löst viele Belohnungsgefühle aus, gleichzeitig lässt es dich auch Zuneigungsgefühle bis hin zur Liebe empfinden. Weiterhin gibt es dir das Gefühl, dass dein Leben im Moment einfach wunderschön ist. Das Mögen in der Zukunft motiviert dich, gibt dir Vorfreude und Zuversicht. Es löst also glückliche Lockgefühle aus. Das Mögen aktiviert damit alle drei Glückssysteme in deinem Gehirn."

„Und es stabilisiert zusätzlich noch das Positive Fühlen, was ja ebenfalls alle Glückssysteme anspricht", fügte ich hinzu. „Was habt ihr getan, als ihr mit den Gegenständen durch wart? Ich vermute, ihr habt ja nicht nur Gegenstände gemocht."

„Als Nächstes haben wir uns den Orten gewidmet, die wir mochten", erklärte Michael. „Da gab es sehr viele. Wir mochten natürlich wieder unsere Wohnung. Dann gibt es bei uns in der Nähe ein nettes kleines Lokal, das wir sehr mögen. Wir sitzen auch gerne bei uns am Fluss. Das ist wirklich ein sehr schöner Ort. Den Wald mögen wir auch. Und natürlich mögen wir diesen Ort hier – das Camp. Wir mögen den Strand, den Palmenwald, die Tropicbar, das Strandcafé, unseren Bungalow, den Pool und so weiter und so fort. Es gibt wie gesagt unzählige Orte, die man mögen kann."

„Und was habt ihr dann getan?", fragte ich wissbegierig weiter.

„Wir haben uns bewusst gemacht, welche Tätigkeiten wir mögen. Wir mögen alle möglichen Sportarten, wir mögen es, gemütlich zu essen, wir mögen es, gute Filme zu schauen, wir mögen Sex, um mal wieder aufs Thema zurückzukommen", sagte Michael lächelnd, „wir mögen kuscheln, wir mögen ausruhen, wir mögen es, Menschen auf ihrem Weg zum Glück zu unterstützen, wir mögen es, neue Erkenntnisse zu erlangen, wir mögen es, gute Bücher zu lesen.

Auch in der Kategorie der Tätigkeiten liegt also ein unendlich großes Potenzial, etwas zu mögen, was man gerade tut, in der Vergangenheit getan hat oder in Zukunft tun will.

Aber du kannst noch viel mehr mögen oder sogar lieben als nur Gegenstände, Orte und Tätigkeiten. Du kannst auch die Umstände mögen, in denen du lebst oder gerne leben möchtest. Du könntest zum Beispiel mögen, dass du dir um deinen Lebensunterhalt keine Gedanken mehr machen musst. Du könntest es aber auch mögen, noch mehr Geld zu verdienen. Hättest du nicht so viel Geld, könntest du es auch mögen, nicht so viel Geld zu haben und deinen Lebensunterhalt zu verdienen.

Du magst es momentan sicherlich, in einer Partnerschaft mit Juli zu sein. Wärst du Single, könntest du auch die damit verbundene Freiheit mögen. Du könntest natürlich auch im Kleinen nach Lebensumständen suchen, die du magst. Du könntest es zum Beispiel gerne sauber in deiner Wohnung haben. Du könntest Ordnung lieben – oder auch das Chaos, das bleibt deinem Geschmack überlassen.

Und natürlich könntest du an alle Umstände im Großen wie im Kleinen denken, die du gerne in Zukunft erleben möchtest oder die du in der Vergangenheit erlebt hast. Es gibt wirklich ein unendliches Potenzial an Möglichkeiten, was du alles mögen kannst."

„Gegenstände, Orte, Tätigkeiten und Umstände", fasste ich zusammen. „Gibt es noch irgendetwas, was ich mögen könnte?"

„Menschen, Tiere und Pflanzen natürlich", antwortete Michael. „Und natürlich dich selbst. Du kannst deinen Körper mögen, oder Teile deines

Körpers wie beispielsweise deine Haare, deine Zähne, deine Hände, deine Wimpern und so weiter. Du kannst auch deine Seele mögen. Deine Charaktereigenschaften, deine Wünsche, Bedürfnisse, Ziele und Absichten. Du kannst deine kleinen Macken mögen, genauso wie du sie ablehnen kannst. Du kannst deine Motivation mögen, dich immer weiter zu entwickeln. Du kannst deine Fähigkeit zur Liebe mögen. Du kannst alle Fähigkeiten mögen, die du hast oder vielleicht noch haben wirst. Wenn du anfängst, die alle aufzulisten, wirst du gar nicht mehr fertig damit, so viele gibt es dabei zu mögen. Du kannst deine Weltanschauung mögen oder deine ethischen Grundsätze. Du kannst deine Stärken mögen oder bestimmte Verhaltensweisen. Und natürlich kannst du auch deinen Geist mögen. Deine Intelligenz, deine Auffassungsgabe, dein logisches Denken, deine intuitiven Gefühle, dein Bewusstsein und dein Unterbewusstsein.

Der Mensch ist ein so komplexes Wesen, dass die Menge an Dingen, die du mögen kannst, fast gegen unendlich geht. Auf diese Weise kannst du viele Dinge an dir selbst oder an anderen Menschen mögen.

Fang jedoch nicht an, krampfhaft Dinge mögen zu wollen, die du in Wirklichkeit gar nicht magst. Zuneigung kann man nicht erzwingen. Wenn du etwas nicht magst, dann überlege dir, was du stattdessen mögen würdest. Das bringt dich in den Motivationsmodus und hilft dir, das zu erreichen, was du magst.

Wenn du das beherzigst und anfängst, darüber nachzudenken, was du wirklich alles magst, gemocht hast oder mögen würdest, wirst du leicht 24 Stunden pro Tag in diesem Modus bleiben können. Du wirst verliebt sein ins Leben und das Leben wird dir auch verliebt in dich erscheinen, denn die Matrix spiegelt dir natürlich deine Liebe zum Leben wieder. Sie erschafft dir Ereignisse, die dich deine Liebe zum Leben immer aufs Neue erleben lassen. Diese vielen glücklichen Ereignisse geben dir natürlich das Gefühl, dass das Leben dich offensichtlich ebenfalls liebt, sonst würde es dich ja nicht ständig so viel Glück erleben lassen! Du liebst also das Leben, und das Leben liebt dich.

Offen gesagt glaube ich, dass die Matrix uns Menschen sehr viel lieber Glück erleben lassen würde, als uns unsere negativen Gedanken widerspiegeln zu müssen. Es ist daher gar nicht so abwegig, dass das Leben dich vielleicht tatsächlich liebt, wenn du damit anfängst, es zu lieben."

„Ich denke, es ist an der Zeit, dass ich meine Liebesbeziehung mit dem Leben beginne!", erklärte ich ergriffen. „Ich danke dir über alle Maßen, dass du mir das so ausführlich erklärt hast. Jetzt muss ich es aber sofort Juli weitererzählen. Lass dich noch mal drücken!", sagte ich aus tiefstem Herzen dankbar.

Das neue Zeitalter

Juli hatte ihr Abendessen nicht angerührt. Alle anderen waren schon längst fertig. Wie es aussah, hatte sie sich doch mehr Sorgen um unsere Beziehung gemacht, als sie zuvor hatte erkennen lassen. Ich hatte ein furchtbar schlechtes Gewissen, was mich spürbar in die dunkle Enge runterzog. Dann dachte ich jedoch sofort wieder an meinen Beschluss. Es hatte keinen Sinn, in düstere Gefühle zu rutschen, um das zu bekämpfen, was ich nicht mochte. Stattdessen führte ich mir vor Augen, was ich gerade jetzt wirklich mochte – mit Juli das Leben und die Liebe genießen!

Als sie mich sah und erkannte, dass es mir wieder gut ging, sprang sie auf und kam mir überglücklich entgegengelaufen. Wir fielen uns in die Arme und küssten uns überglücklich.

„Ich muss dir erzählen, was los war", sagte ich zu ihr, als wir unsere innige Umarmung gelöst hatten. „Gehen wir ein Stück?!"

Es war bereits dunkel. Wir liefen trotzdem Arm in Arm am Strand entlang. Ich wollte zu der Stelle, wo ich zuvor mit Michael geredet hatte. Es war ein guter Platz. Hier waren wir ganz ungestört, hier hatte ich mein Problem gelöst und darüber hinaus die bedeutendste aller Glücksmethoden kennen gelernt – das allumfassende Mögen!

Juli setzte sich mir zugewandt auf meinen Schoß, sodass wir uns ganz nah sein konnten, und ich erklärte ihr das allumfassende Mögen und den Sachverhalt mit diesem vermaledeiten Oxytocin. Meine Ausführungen fanden regen Anklang bei ihr.

„Ich muss die Zärtlichkeit nicht auf die Spitze treiben, um mich stark mit dir verbunden zu fühlen", erklärte sie erfreut, als ich fertig war. „Das kann ich auch anders haben. Es reicht mir, daran zu denken, was du mir bedeutest und dass wir zusammengehören. Dabei fühle ich bereits Verbundenheit bis zum Überlaufen. Und schmusen können wir auch noch hinterher!"

„Ich bin froh, dass du das so siehst. Das war übrigens unser erstes ernsthaftes Beziehungsproblem. Und wir haben es erfolgreich bewältigt, würde ich sagen."

„Das werden wir gleich mal nachprüfen!", kündigte sie verschmitzt an und küsste mich sehr leidenschaftlich. Sie knöpfte sich, ohne den Kuss zu unterbrechen, die Bluse auf und streifte sie ab. Dann zog sie mir fordernd das T-Shirt aus und küsste mich erneut sehr leidenschaftlich. Ich öffnete ihren BH und spürte, wie er seine Spannung verlor, während er ihre prallen Brüste freigab. Sie schmiegte sich an mich und rieb ihre harten Knospen aufreizend an meiner Brust. Dabei stöhnte sie leise vor Begierde auf. Ich umfasste mit beiden Händen ihre schmale Taille. Es machte mich unglaublich an, sie so in meinen Händen zu halten. Ich ließ meine Hände weiter nach unten gleiten und griff mit beiden Händen fest zu. Sie hatte so einen geilen Knackarsch, dass ich ihn am liebsten nie wieder losgelassen hätte.

Doch Juli löste sich aus meinem festen Griff, um sich die Hose auszuziehen. Ich half ihr dabei nicht wirklich, indem ich sie weiterhin leidenschaftlich küsste und mich ihren unglaublich tollen Brüsten widmete. Ich saugte an ihren Knospen, die sich mir fordernd entgegenstreckten, wodurch Juli das Ausziehen ihrer Hose immer wieder vergaß.

Zum ersten Mal, seit ich mit Juli zusammen war, spürte ich die reine Lust, und nicht nur die war groß! Das wurde mir bewusst, als ich damit begann, meine Hose ebenfalls auszuziehen.

Als ich schließlich in sie eindrang, wären mir vor Leidenschaft fast die Sicherungen durchgebrannt. Meine Empfindungen waren so intensiv, dass ich kaum noch atmen konnte. In meiner Brust brodelte das Verlangen wie Magma in einem Vulkan. Ich musste mich unglaublich beherrschen, diesen Traum von Sex nicht gleich mit einem Orgasmus zu beenden.

Wir waren laut – sehr laut! Wir übertönten die Brandung des Meeres um ein Vielfaches. Aber das war uns egal. Das musste jetzt einfach sein. Die Gefühle, die sich die ganze Zeit in uns angestaut hatten, wollten einfach raus. Und wenn man uns dafür einsperren würde! Die Lust, die wir jetzt empfanden, könnte uns keiner mehr nehmen. An dieses Erlebnis würden wir noch viele Jahrzehnte lang immer wieder zurückdenken. Unser erster Sex! So göttlich, wie Sex nur sein konnte.

Wir liebten uns, bis die Sonne aufging. Ich hielt meinen Orgasmus zurück. Ich hätte nicht gedacht, dass mir das so lange gelingen würde, aber ich war einfach nicht noch bereit, meiner Lust ein Ende zu gestatten.

Bei Julis letztem Orgasmus passierte dann etwas Unglaubliches. Ich erlebte ihn mit! Jedoch nicht nur als ihr Partner. Ich erlebte ihre Körperempfindungen und ihre Emotionen vielmehr empathisch mit. Die Gefühle, die ich dabei spürte, waren so stark, dass ich tatsächlich kurz Angst bekam, meinen Verstand zu verlieren. Es war haarscharf an der Grenze, vor allem, weil ich bedingt durch diese überwältigenden Gefühle jetzt meinen eigenen Orgasmus auch nicht mehr zurückhalten konnte. Ich erlebte also zwei Orgasmen gleichzeitig! Mir haute es schier die Sicherungen raus!

Ich fühlte mich nach unserem Orgasmus so sehr eins mit Juli, dass ich nicht mehr spüren konnte, wo sie aufhörte und wo ich anfing. Jede Zelle meines Körpers vibrierte vor Energie und Liebe. Es war der schönste Moment in meinem bisherigen Leben. Und ich wusste, dass das nur der Anfang gewesen war! Juli war der Grund für mein Glück! Ich liebte sie über alles, und ich liebte das gesamte Leben.

Mein Positives Fühlen war nicht nur in seiner ganzen Schönheit zurückgekehrt, ich war sogar auf ein weit höheres Niveau aufgestiegen. Und obwohl ich gar nicht an meine beiden treuen Weggefährten gedacht hatte, spürte ich die Energie meines Glückswesens wieder ganz stark in und über mir. Ich nahm wahr, wie sich die goldene Glücksenergie in mir sammelte. Jede Zelle meines Körpers schien sich damit zu füllen, und alles wurde unglaublich weich und weit dadurch. Die Empfindung dieser Weite war so gigantisch, dass ich

434

den Eindruck hatte, mich bis ins Unendliche auszudehnen, um auf diese Weise unendlich viel Glück in mir aufnehmen zu können.

Mir war klar, dass ich dieses Gefühlsniveau zuvor nervlich gar nicht verkraftet hätte. Mein Positiv-Fühlen-Training der letzten Tage hatte sich ausgezahlt. Ich fühlte mich in diesem Moment unglaublich stark und machtvoll. Es war ein ähnliches Gefühl, wie die Macht, die mich so in ihren Bann gezogen hatte, als ich mich in den Maya-Typen hineinversetzt hatte. Doch meine Stärke war sehr viel sanfter und respektvoller. Ich fühlte mich diesem Kerl nun nicht mehr so stark unterlegen. Zwar wusste ich nicht, was in mir passiert war, aber es war etwas passiert. Das konnte ich fühlen. Ich war definitiv wesentlich stärker geworden, was auch immer das heißen mochte. Und ich war sehr neugierig darauf, es herauszufinden.

Als dann die ersten Jogger ein paar hundert Meter von uns entfernt auftauchten, zogen wir schnell unsere Kleider an und machten uns auf den Rückweg zum Camp.

„Ich glaube, ich könnte eine Dusche vertragen", sagte Juli zu mir. „Kann ich bei dir duschen?"

„Du kannst bei mir duschen, wohnen, essen, lieben, was immer du willst", antwortete ich.

Sie küsste mich. „Ich nehme dich beim Wort!"

Als wir auf meinem Zimmer waren, fragte sie mich, ob ich mit unter die Dusche kommen wollte. Sie sei ja groß genug für zwei, und sie wolle keinen Augenblick mehr ohne mich verbringen, wenn nicht unbedingt nötig. Ich begleitete sie also, was zur Folge hatte, dass wir uns unter der Dusche gleich noch mal liebten. Dieses Mal war es ein Quickie im Stehen. Ich fand es schön, auch auf diese Art Sex mit Juli haben zu können. Danach legten wir uns eng umschlungen ins Bett und schliefen gemeinsam glücklich ein.

Als wir am Nachmittag aufwachten, hörten wir von unten, dass Mary und Michael gerade nach uns fragten. Also standen wir auf und gingen hinunter. Die beiden waren aber schon wieder gegangen. Die Mädels,

435

die gerade bei ihrem üblichen Nachmittagskaffee saßen, richteten uns aus, dass Mary und Michael in ihrem Bungalow zu finden seien. Wir gingen gleich rüber zu ihnen.

„Sie sind wieder da!", empfing uns Michael, als wir seine Terrasse betraten. „Sie sitzen drüben am Pool und beobachten euren Bungalow."

Für den Bruchteil einer Sekunde hatte ich den Eindruck, die Emotionen der beiden Maya zu spüren, als Michael sie erwähnte. Ich war jedoch nicht sicher, ob ich mir das nur eingebildet hatte oder ob es vielleicht auch eine emotionale Erinnerung an das beeindruckende Machtgefühl dieses Mannes war.

„Aber das ist nicht der Grund, warum wir euch sprechen wollten", erklärte Michael. „Ich höre Ella glasklar. Besser als je zuvor, um genau zu sein. Bei mir hat sich also offenbar etwas entwickelt. Aber wenn Ella Recht hat, dann ist das nichts im Vergleich zu deinen Fähigkeiten!", sagte er an mich gewandt.

„Ich habe leider noch keine neuen Fähigkeiten festgestellt. Jedoch habe ich ebenfalls das Gefühl, dass sich etwas in mir entwickelt hat. Warte!", deutete ich meinen Geistesblitz an. „Es hat sich was getan. Ich hatte heute Morgen für einen kurzen Moment die Körpergefühle und Emotionen von Juli."

„Du hattest was?!", hakte Juli süffisant lächelnd nach, denn sie ahnte schon, auf welchen Moment ich mich bezog.

„Genau diesen Moment!", stimmte ich daher lächelnd zu.

„Ich glaube, ich verkneife mir mal die Frage, um welchen Moment es genau geht!", sagte Michael amüsiert. „Aber das ist nicht das, was ich meine. Ellas Aussage nach, gehen deine Fähigkeiten weit über die Empathie hinaus. Unglaublich weit!"

„Bisher konnte ich noch nichts Derartiges feststellen", erklärte ich verwundert. „Aber ich denke, dass ich möglicherweise Marys Hilfe nicht mehr brauche, um meine empathischen Fähigkeiten nutzen zu können. Bei dem Gedanken an das Maya-Pärchen hatte ich für einen kurzen Moment den Eindruck, ihre Emotionen zu fühlen."

„Versuch es!", forderte mich Mary auf. „Meine Hilfe ist immer nur vorübergehend notwendig. Vermutlich bist du schon so weit."

„Also gut ...", sagte ich und schloss die Augen. Ich dachte an den Mann, woraufhin ich einen unglaublichen Energiestrom quer durch meinen Körper spürte, der mir alle Sinne raubte. Ich hatte keine Ahnung, was das jetzt wieder zu bedeuten hatte.

Plötzlich küsste mich Juli unglaublich liebevoll. Es war ein Kuss, der alle Grenzen sprengte. Ich spürte ihre Liebe vereint mit meiner eigenen. Das war sehr viel größer als alles, was dieser Mann empfinden konnte. Nie zuvor hatte ich mich einem Menschen so sehr geöffnet wie Juli. Ohne Schutz, ohne Misstrauen gewährte ich ihr freien Eintritt in meine Seele. Ich vergaß den Maya-Typen. Ich vergaß, wofür wir hier waren. Nur dieser Moment war von Bedeutung. Ich gab mich ihm hin, ließ mich fallen. Er hüllte mich ein und füllte mich völlig aus. Ich wurde selbst zu diesem Moment. Ich wurde selbst zur Liebe. Was konnte es Bedeutenderes geben als diesen Kuss?! Ich war so betört von Julis Liebe, dass ich erst wieder zu mir kam, als sie ihre Lippen von mir löste.

„Bist du wieder da?!", fragte sie aufgeregt.

„Es war wunderschön!", schwärmte ich noch immer etwas benommen. „Aber warum hast du mich so unerwartet geküsst?", wollte ich verwundert wissen.

„Du hast bestimmt zehn Minuten dagesessen, ohne einen Mucks von dir zu geben", erklärte Juli verwirrt. „Du hast weder darauf reagiert, als wir dich angesprochen haben, noch als wir dich berührten. Erst der Kuss hat dich wieder zurückgeholt."

„Das ist ja krass! Für mich war es nur ein Moment."

„Vielleicht lassen wir das mit diesem Typen lieber", schlug Juli besorgt vor.

„Ich glaube nicht, dass mir etwas passiert, wenn ich mich in ihn hineinversetze", beruhigte ich sie. „Ich habe mich dabei stark und sicher gefühlt. Und außerdem weißt du ja jetzt, wie du mich wieder zurückholen kannst."

„Ich werde dich aber nicht länger als drei Minuten in diesem Zustand lassen, ohne dass ich weiß, ob alles mit dir in Ordnung ist."

„So machen wir's!", stimmte ich zu. „Gib mir drei Minuten. Wenn ich dann immer noch nichts gesagt habe, holst du mich zurück. Ich liebe dich!" Daraufhin küsste ich sie genauso liebevoll, wie sie mich zuvor geküsst hatte.

Mit diesen wunderschönen Gefühlen im Herzen schloss ich die Augen und konzentrierte mich auf den Maya-Mann. Ich spürte sofort wieder seine Macht. Aber die Gefühle der Liebe, die ich eben mit Juli geteilt hatte, und mein eignes Gefühl der Stärke waren jetzt sehr viel beeindruckender für mich als seine Macht. Schnell erklärte ich Juli, dass ich dieses Mal alles im Griff hätte.

„Warte!", bat Michael mich plötzlich. „Komm wieder zurück!"

Ich öffnete verwundert die Augen und schaute ihn fragend an.

„Du hast seine Fähigkeiten übernommen!", behauptete er dann. „Ella hat es mir gerade gesagt. Du beherrscht jetzt die mentale Hypnose. Ganz sicher!"

„Ach ja!", sagte ich zweifelnd, aber amüsiert. „Dann spring jetzt in den Pool! Mit den Klamotten, die du anhast."

„Du musst es wirklich wollen!", erklärte Michael. „Und dann musst du gar nichts sagen. Das Wollen genügt."

„Das ist doch Unsinn!", erwiderte ich kopfschüttelnd. Trotzdem dachte ich probeweise, dass Michael jetzt runter auf die Knie gehen und dabei grunzen sollte wie ein Schwein.

Ich war fassungslos! Michael tat, was ich ihm in Gedanken aufgetragen hatte. Juli und Mary hielten das für einen Scherz, da sie meine Gedanken ja nicht kannten, doch Michael hielt das ganz und gar nicht für einen Scherz. Ich gab ihm in Gedanken sofort wieder die Freiheit.

„Siehst du!", sagte er erfreut. „Du kannst es! Auch wenn du das nicht unbedingt nochmal auf diese Art demonstrieren musst."

„Hast du ihm tatsächlich befohlen, zu grunzen wie ein Schwein?!", fragte Juli ungläubig.

„Das ist unglaublich!", antwortete ich erschrocken. „Wie kann das sein? Wieso kann ich das plötzlich?"

„Es muss mit deinen neuen empathischen Fähigkeiten zu tun haben", erklärte Michael. „Ella hat mir ja bereits gesagt, dass sich mächtig was getan hat bei dir."

„Wenn das wahr ist, dann werden wir jetzt ein wenig mehr darüber erfahren, was unsere beiden Maya tatsächlich vorhaben!", sagte ich entschlossen.

Juli reagierte sehr aufgewühlt. „Was hast du vor?"

„Ich werde genau das tun, was der Typ am Stand mit uns gemacht hat. Ich werde sie ausfragen und sie danach wieder alles vergessen lassen."

„Das halte ich für keine gute Idee!", wandte Juli besorgt ein. „Du hast diese Fähigkeit gerade erst in dir entdeckt. Der Maya-Typ hat sie sein gesamtes Leben lang trainiert. Und wer weiß, was er darüber hinaus noch für Fähigkeiten besitzt? Du bist ihm nicht gewachsen! Warte noch eine Weile, bis deine Fähigkeiten etwas weiter entwickelt sind."

„Ich fühle mich so stark, dass ich glaube, das nicht zu brauchen", antwortete ich selbstsicher. „Ich will jedoch auch keine offene Konfrontation mit ihm riskieren. Stattdessen werde ich versuchen, ihn zum Strand zu schicken. Die Maya-Frau lasse ich dann hierher kommen, und wir befragen erst mal nur sie. Sie hat sehr viel weniger Macht als er. Ihre Fähigkeiten haben mehr mit komplexem Denken zu tun als mit Macht, wenn ich das richtig empfunden habe. Vor ihr habe ich keine Angst. Noch bevor er zurückkommt, hat sie schon längst wieder alles vergessen. Ich will jetzt endlich wissen, was die beiden vorhaben, und wie viele es noch von ihnen gibt."

„Sei vorsichtig!", ermahnte mich Juli noch einmal. „Ich habe ein sehr ungutes Gefühl dabei."

„Es wird uns nichts geschehen", versuchte ich sie zu beruhigen. „Ich werde wie gesagt eine offene Konfrontation mit diesem Typen vermeiden. Ich gehe nicht hin und befehle ihm, wegzugehen. Ich bin ja nicht lebensmüde! Ich werde mich von hier aus auf ihn konzentrieren und versuchen, ihn zum Strand zu schicken. Wenn er dann wirklich geht, wissen wir, dass es funktioniert. Die Frau kommt dann in unseren Bungalow. Selbst wenn er also wider Erwarten schon nach kurzer Zeit wieder am Pool aufkreuzen sollte, so weiß er immer noch nicht, wo sie hin ist. Am besten gehen wir mit ihr in euer Schlafzimmer. Da findet er uns ganz sicher nicht. Was soll also passieren?! Entweder ich kann es, dann geht alles gut, oder ich kann es nicht, dann macht er sich nicht zum Strand auf, und sie kommt nicht hierher."

„Ich weiß nicht!", wandte Juli noch einmal ein. „Mein Gefühl sagt eindeutig, dass diese Sache sehr übel ausgehen könnte."

„Ich weiß, dass du Angst um mich hast. Aber ich bin sicher, dass mir nichts passieren wird. Und die Informationen, die wir auf diese Weise bekommen, können vielleicht vielen Menschen das Leben retten. Ich muss das einfach tun!"

„Sei bitte vorsichtig!", wiederholte sie ängstlich und umarmte mich.

„Das werde ich sein. Ich verspreche es!"

„Es ist ein gefährliches Vorhaben!", meinte Michael jetzt ebenfalls dazu. „Aber ich gebe zu, dass es eine ungeheuer bedeutende Chance wäre, die Ereignisse in die richtigen Bahnen zu lenken. Es ist deine Entscheidung. Wenn du es tun willst, werden wir dich dabei unterstützen, so gut wir das können."

„Ich danke euch. Ich schlage vor, wir gehen schon mal hoch in euer Schlafzimmer. Sollte sie wirklich dort hinkommen, können wir einen Zufall damit ausschließen. Dann hat es funktioniert."

Juli hatte immer noch große Angst. Sie hängte sich Schutz suchend bei Mary ein, als wir die Treppe zu ihrem Zimmer hochgingen.

Ich legte mich sogleich aufs Bett und konzentrierte mich auf den Typen. Sofort spürte ich wieder seine Macht. Es fühlte sich an, als würde er noch über weitere Fähigkeiten verfügen. Ich konnte jedoch nicht erkennen, welche das sein sollten. Jedenfalls musste ich insgeheim zugeben, dass ich mich ihm in einer offenen Konfrontation doch deutlich unterlegen gefühlt hätte.

Ich überlegte kurz, ob ich ihm wirklich befehlen sollte, an den Strand zu gehen. Seine Fähigkeit war mit Sicherheit besser entwickelt und trainiert als meine, die ich ja gerade erst entdeckt hatte. Aus irgendeinem Grund fiel mir plötzlich die Aussage des alten Chinesen ein. „Versuche nie, mit einem Boxer zu boxen oder einem Ringer zu ringen, wenn du Kung-Fu-Kämpfer bist. Du machst Kung Fu!"

Ich überlegte also, wie ich den Maya-Typen mit meinen Fähigkeiten bekämpfen könnte. Ich war ein Empath. Das war mein Kung Fu! Ich hatte das Gefühl, nicht nur die Empfindungen eines anderen Menschen spüren, sondern auch meine auf denjenigen übertragen zu können. Also versuchte ich es. Ich fühlte mich in ihn ein und dachte ganz stark an den Wunsch, zum Strand zu gehen und dort eine Weile im Schatten einer Palme auszuruhen. Vielleicht sogar ein kleines Schläfchen zu machen. Genau das war es! Ich würde ihn unsagbar müde werden lassen. So müde, dass er meinen Wunsch als seinen eigenen empfinden würde.

Es dauerte sicherlich fünf Minuten, bis es dann tatsächlich funktionierte. Ich spürte, dass er sehr müde geworden war und wirklich nicht sehnlicher wollte, als am Strand unter einer Palme ein Schläfchen zu halten.

Daraufhin konzentrierte ich mich auf die Frau. Bei ihr traute ich mich offensiver vorzugehen. Ich befahl ihr, ihm zuzureden, er solle an den Strand gehen, weil er sehr müde aussah.

Dann wechselte ich wieder zu ihm. Ich hatte das Gefühl, dass er sich in Bewegung setzte und spürte, wie er müde in Richtung Strand ging.

„Kann bitte einer von euch überprüfen, ob er wirklich an den Strand geht?!", bat ich.

„Ich gehe!", sagte Michael und verließ sofort das Zimmer.

Ich konzentrierte mich wieder auf die Frau, um nachzuspüren, ob sie irgendetwas von meinem Befehl bemerkt hatte. Ich fand jedoch in ihren Emotionen keinerlei Hinweise darauf. Danach öffnete ich die Augen und wartete darauf, dass Michael wieder zurückkommen würde.

„Ich habe immer noch ein blödes Gefühl bei der ganzen Sache", sagte Juli noch einmal.

„Bitte versuch, mich mehr zu unterstützen!", bat ich sie daraufhin. „Deine negativen Emotionen bringen mich aus dem Positiven Fühlen raus. Und dann verliere ich meine Macht, wodurch es wirklich gefährlich werden könnte."

Daraufhin kam Juli zu mir und küsste mich erneut so liebevoll, dass mir fast die Sinne schwanden. Schauer jagten von oben nach unten und von unten nach oben durch meinen Körper und hinterließen einen unglaublich starken Zug nach oben in meinem gesamten Körper. Gleichzeitig zog mein Brustkorb weich, aber intensiv nach vorne.

„Besser so?!"

„Na ja ...", sagte ich zögerlich im Scherz, woraufhin sie mich gleich noch einmal küsste.

In diesem Moment kam Michael aufgeregt wieder zur Tür herein. „Er ist am Strand, wie du wolltest, und hat sich dort in den Schatten einer Palme gelegt."

„Dann wird es jetzt ernst, Leute. Ich hole die Frau her."

Ich konzentrierte mich auf sie und befahl ihr, zu Bungalow 36 zu kommen. Nach nicht einmal einer Minute war sie da. Wir hörten, wie sie unser Wohnzimmer betrat. Ich befahl ihr in Gedanken, nach oben in unser Schlafzimmer zu kommen, was sie auch sogleich tat.

„Was soll das denn?!", fragte sie plötzlich empört, als sie das Zimmer betrat.

„Schweig!", befahl ich daraufhin dominant. „Setz dich! Und jetzt antwortest du wahrheitsgemäß und vollständig!", fügte ich hinzu, als sie sich gesetzt hatte. Sie machte tatsächlich ganz brav, was ich ihr sagte. Ich war begeistert! Diese Macht fühlte sich unsagbar gut an. Einfach nur geil! Ich konnte plötzlich nachvollziehen, warum so viele Menschen machtgeil waren.

„Warum habt ihr Beatrice Blut abgenommen?", wollte ich dann wissen.

„Weil wir ihre Selbstheilungsfähigkeit erlangen wollen."

„Wie wollt ihr das anstellen?"

„Wir werden ihren genetischen Code entschlüsseln und ihn mittels Gentechnologie auf alle unsere Nachkommen übertragen."

„Und warum seid ihr immer noch hier?"

„Weil wir sicher gehen müssen, dass ihre Selbstheilungskräfte nichts mit diesem Positiven Fühlen zu tun haben."

„Wer seid ihr? Und wie viele gibt es von euch?"

„Wir sind der Ursprung der Maya, und wir sind ca. 30.000 Menschen – alle mit besonderen Fähigkeiten. Kenan und ich sind lediglich unteres Mittelmaß, was unsere Fähigkeiten betrifft. Die meisten von uns haben Fähigkeiten, die euer Vorstellungsvermögen bei weitem übersteigen. Und sie werden euch den Arsch aufreißen!"

Mir war klar, dass sie sich immer noch an meinen Befehl hielt, wahrheitsgemäß zu antworten. Eine Tatsache, die mir trotz meines Machtgefühls kalte Schauer über den Rücken jagte.

„Woher stammen eure Fähigkeiten?", fragte ich weiter.

„Sie wurden uns über einen Zeitraum von fünf Jahrtausenden angezüchtet."

„Seit fünftausend Jahren!", rief Michael fassungslos. Das heißt, seit Beginn des vierten Zeitalters?!"

„Antworte!", befahl ich ihr, als sie nichts weiter dazu sagte.

„Ja, unser Programm begann 3114 vor Christus. Es stellt den Beginn unserer Zeitrechnung dar. Seitdem wurde jeder unserer Zeugungspartner gezielt ausgesucht, um unsere Fähigkeiten weiter zu entwickeln."

„Und euer so genanntes Programm endet am 21. Dezember 2012, wenn ich mich nicht irre, oder?", hakte Michael weiter nach.

„So ist es."

„Was soll dann geschehen? Was habt ihr ganze fünftausend Jahre lang geplant?"

„Den Beginn des neuen Zeitalters – den Neubeginn", antwortete sie, als sei es das Selbstverständlichste der Welt.

„Was bedeutet das genau? Werden dabei Menschen sterben?"

„Ja!", antwortete sie kurz.

„Antworte vollständig!", wiederholte ich meinen Befehl. „Wie viele Menschen werden sterben?"

„Alle bis auf eine Auswahl von 10 Millionen Menschen! Menschen, mit denen ein Neuanfang lohnt."

„Das kann nicht euer Ernst sein!", rief ich geschockt. „Ihr wollt fast die gesamte Menschheit umbringen?!"

„Ja!", antwortete sie kurz.

„Warum um alles in der Welt wollt ihr das tun?", fragte ich fassungslos.

„Weil die Menschheit sonst keine Chance mehr hat. Wir sterben aus, wenn wir es nicht tun, und wir werden alles Leben auf diesem Planeten mitnehmen! So wurde es am 18. August 3114 v. Chr. prophezeit. Alle Religionen dieser Welt haben mehr oder weniger Kenntnis von der Apokalypse, dem letzten Kampf zwischen Gut und Böse, dem Licht und der Dunkelheit. Sie haben sie nur etwas verfremdet.

Durch die geringen Zeitdimensionen, in denen ihr denkt, begreift ihr nicht, dass die Apokalypse schon längst begonnen hat. Ihr habt sie begonnen! Ihr seid schon lange dabei, den Himmel rot und das Wasser schwarz zu färben. Am 21. Dezember 2012 wird der Tag sein, an dem der „point of no return" für die Natur überschritten wird, wenn wir nicht eingreifen. Dann gibt es kein Zurück mehr. Die Natur wird so weit geschädigt sein, dass sie sich nicht mehr regenerieren kann, egal, was ihr auch versuchen solltet. Alles Leben auf diesem Planeten wird in den darauffolgenden Jahrhunderten zu Grunde gehen.

Das Leben auf der Erde wird nur dann eine Chance haben, wenn wir euch aufhalten. Und das wird in der Nacht des 21. Dezember 2012 geschehen. Wir sind das Licht, und wir werden die Dunkelheit ein für alle Mal vernichten. Mit den 10 Millionen Menschen, die übrig bleiben, werden wir unter unserer Führung einen Neuanfang machen. So ist es uns bestimmt! Und so ist es der Erde bestimmt!"

„Wie wollt ihr das hinkriegen, dass nur genau die richtigen zehn Millionen überleben?"

„Wir sind überall. In jedem Land, in jeder Regierung, in jeder militärischen und jeder zivilen Einrichtung. Und wir haben die Macht, jene Auserwählten zu schützen und alle anderen zu töten."

„Wenn so etwas wirklich passieren würde, würden die Militärs ihre Atomraketen zünden und damit die gesamte Erde verwüsten. Dann gäbe es auch für euch keinen Neuanfang."

„Das werden wir verhindern. Es ist eine unserer einfacheren Aufgaben."

„Wir werden euch aufhalten!", versprach ich.

„Das könnt ihr nicht! Niemand kann das."

Plötzlich wurde die Tür zu unserem Zimmer aufgerissen. Kenan stand Wut schnaubend in der Tür und schleuderte uns mit einer schlichten Handbewegung mit mentalen Kräften in hohem Bogen gegen die Wand. Ich fiel wie gelähmt zu Boden und konnte kaum noch atmen, geschweige denn mich bewegen. Mit aller Kraft kämpfte ich gegen seine Macht an und versuchte, wieder auf die Beine zu kommen. Er sah mir arrogant und gleichzeitig amüsiert dabei zu. Dann verfinsterte sich sein Blick wieder. Ich spürte plötzlich einen unglaublichen Schmerz im Kopf. Eine Sekunde danach lief mir Blut aus der Nase. Dann sah ich plötzlich Blut vor meinen Augen. Ich konnte vor lauter Blut nichts mehr sehen und versuchte verzweifelt, es wegzuwischen. Doch das ging nicht. Das Blut war innen! Meine Augen liefen mit Blut voll. Es wurde dunkel um mich herum. Auch hörte ich die verzweifelten Schreie der anderen nur noch aus der Ferne.

Danach fühlte ich mich plötzlich ganz leicht und ruhig. So, als ob alles in bester Ordnung sei. Ich sah Juli und die anderen. Sie lagen immer noch auf dem Boden. Neben Juli lag jemand, den sie panisch zu erreichen versuchte – ich! Ich sah mich selbst, wie ich dalag und aus Mund, Nase und Ohren blutete. Ich hatte offensichtlich eine Gehirnblutung. Und auch das war vollkommen in Ordnung. Ich schaute völlig frei und gelöst auf die ganze Szene und betrachtete alles in Seelenruhe.

Ich wusste auch bereits, was Kenan als Nächstes vorhatte. Er würde die drei vergessen lassen, wer ich war. Er würde sie sogar vergessen lassen, mich je getroffen zu haben. Er würde sie auch alles vergessen lassen, was mit dem Positiven Fühlen und mit dem Evolutionssprung zu tun hatte, und natürlich auch alles, was wir von der Maya-Frau erfahren hatten. Dann würden die beiden Beatrice mitnehmen und verschwinden. Nur Mary würde sich vermutlich danach noch an Bruchstücke erinnern können. Doch das würde ihr auch nicht sehr viel weiterhelfen. Keiner würde ihr glauben. Ich wusste all das und fand es irgendwie total in Ordnung.

Nach und nach wurde mir bewusst, dass ich tot war! Ich gehörte nicht mehr in diese Welt. Ich verließ den Raum nach oben durch die Decke und fand mich auf einer völlig anderen Daseinsebene wieder. Meine Gefühle veränderten sich. Mir war, als würde ich von Liebe getragen. Einer unbeschreiblichen vollkommenen Liebe, die viel stärker war als alles, was ich bis dahin je erlebt hatte. Dann hörte ich Musik, wie ich noch nie in meinem Leben Musik gehört hatte.

Ich befand mich in einem Tunnel, an dessen Ende ein helles und wunderbares Licht erstrahlte. Ich kannte dieses Licht! Es fühlte sich genauso an wie die Glücksenergie, die ich über mir gespürt hatte! Wie konnte das sein?!

Das Licht zog mich magisch an. Ich wusste sofort, dass ich dorthin musste und ging ihm überglücklich entgegen. Plötzlich trat mein alter chinesischer Freund aus dem Licht und lächelte mich sehr liebevoll an.

446

Er stand mir gegenüber und bat mich mit seinem Blick, einen Moment stehen zu bleiben.

„Geh nicht weiter, Robin!", sagte er dann freundlich zu mir. „Die anderen brauchen dich."

„Wer bist du?"

„Ich bin Ella", antwortete er. „Ich bin auch die Matrix, und ich bin die Dunkelheit und das Licht."

„Michaels Ella?!", fragte ich verwundert.

„Michael hat mir den Namen Ella gegeben. Er hat dieses Mosaiksteinchen jedoch seitenverkehrt betrachtet. Eigentlich heißt es nicht Ella sondern Alle! Ich bin alle und als solche das kollektive Bewusstsein der Menschheit. Kehre bitte um! Sie brauchen dich. Ich brauche dich – was bedeutet, dass die Menschheit dich braucht!"

„Wozu brauchst du mich?", fragte ich unwillig, denn ich wollte weiter ins Licht. „Du bist die Matrix! Du hast unbegrenzte Macht!"

„Das habe ich nicht!", widersprach er mir. „Wie Michael dir erklärt hat, bin ich nur der Koordinator in dieser Welt. Ich kann das Wie gestalten, aber nicht das Was. Ich bin gezwungen, euer Was zu realisieren, selbst wenn das mein eigenes Ende sein wird. Wenn alle Menschen sterben, dann stirbt auch die Menschheit. Und nur du kannst das verhindern!"

„Soll das heißen, ich allein soll die gesamte Menschheit retten?!", erwiderte ich kopfschüttelnd und schaute sehnsüchtig auf das Licht, das mich hinter dem alten Mann erwartete.

„Nein, du wirst viele Menschen an deiner Seite haben. Aber ohne dich werden sie es nicht schaffen! Nur du kannst mit deinen Fähigkeiten dafür sorgen, dass der bevorstehende Evolutionssprung tatsächlich stattfindet."

„Wieso kann das nicht Michael tun?", fragte ich weiterhin unwillig.

„Michael ist gemeinsam mit Mary ein Entdecker neuen Wissens und ein Entwickler neuer Methoden. Damit ist er von unschätzbarem

Wert für die Menschheit. Doch er und auch Mary besitzen nicht die Fähigkeiten, die sie brauchen würden, um sich den Maya zu stellen. Nur du besitzt sie."

„Ich soll mich den Maya entgegenstellen?!", fragte ich kopfschüttelnd. „Du vergisst wohl, dass mich gerade eben ein Maya getötet hat! Außerdem würden sich Juli und die anderen sowieso nicht mehr an mich erinnern können, wenn ich jetzt zurückginge. Kenan hat sie mittlerweile alles vergessen lassen."

„Während wir hier miteinander sprechen, vergeht in der äußeren Welt lediglich ein Augenblick. Juli, Mary und Michael können sich noch an dich erinnern. Und Juli ist völlig verzweifelt, dass du weg bist. Es würde ihr das Herz brechen, wenn du nicht zurückkämst."

„Selbst wenn ich das wollte, wie könnte ich plötzlich wieder lebendig werden? Dieser Kenan hat Matsch aus meinem Gehirn gemacht. Und du hast gesagt, dass du nur das Wie gestalten kannst, nicht aber das Was. Wenn ich das richtig verstehe, kannst du mich also nicht wieder lebendig machen."

„Das muss ich auch nicht! Es war nicht Beatrice, die dich auf dem Boot geheilt hat. Du hast ihre Selbstheilungskraft übernommen, als sie dich berührte. Genauso wie du die Fähigkeiten von Kenan, Michael, Mary und Juli bereits übernommen hast. Du weißt es nur noch nicht. Die Fähigkeiten anderer Menschen erinnern dich an dein wirkliches Potenzial. Während du sie nachempfindest, wird deinem Gehirn wieder bewusst, wie du sie nutzen kannst. Genauso wirst du dir auch die Gaben jedes anderen Menschen aneignen, der durch die Verbindung mit dem Licht eine Fähigkeit entwickelt. Er wird dich dein eigenes Potenzial spüren lassen. Mit jedem Menschen, der eine Fähigkeit entwickelt, wirst du stärker."

„Durch die Verbindung mit dem Licht?!", wiederholte ich fragend.

„Das ist der Grund, warum du so genannte übersinnliche Fähigkeiten entwickelt hast. Es ist das Licht, das du beim Positiven Fühlen immer mehr in dir aufgenommen hast. Normalerweise hätte das Entwickeln deiner Fähigkeiten noch eine ganze Weile gedauert, doch Marys Energie hat den Prozess beim Händeauflegen erheblich beschleunigt."

„Wieso sind unsere Fähigkeiten denn überhaupt blockiert?", fragte ich verständnislos und spürte erneut die verlockende Anziehungskraft des Lichts hinter dem alten Mann. „Den ganzen Stress müsste es gar nicht geben, wenn wir unsere Fähigkeiten nutzen könnten."

„Als ich einst mit der Menschheit verschmolzen bin und dadurch den letzten Evolutionssprung ausgelöst habe, waren die Menschen noch nicht weit genug, um die Macht, die ich ihnen gab, zu ihrem Wohl zu nutzen. Ich konnte den Menschen Macht verleihen, aber Weisheit, Güte und Liebe mussten sie selbst entwickeln. Die konnte ich euch nicht schenken."

„Du bist mit der Menschheit verschmolzen?", hakte ich verwundert nach.

„So ist es. Leider haben wir jetzt nicht mehr genug Zeit, dass sich die Menschen ohne Hilfe zur Weisheit, Güte und Liebe entwickeln können. Kate, die Maya-Frau, hat Recht damit, dass die Apokalypse bereits vor langer Zeit begonnen hat. Doch auch die Maya mit ihrem fünftausend Jahre alten Plan können die Apokalypse nicht verhindern. Sie besteht in Wirklichkeit nicht aus der Umweltverschmutzung, denn das ist nur ein einzelnes Symptom der Apokalypse. In Wahrheit sind all die dunklen, zerstörerischen Gedanken, die sich auf das Nichtmögen beziehen und die die Menschen, ohne es zu wissen, permanent in die Matrix einspeisen, der Grund für den Niedergang. Diese negativen Gedanken sind im Laufe der Jahrtausende immer schlimmer geworden. Sie sind fester Bestandteil der Matrix, deshalb muss ich sie widerspiegeln! Ich habe keine andere Wahl. Die Menschheit wird damit wider Willen zum Zerstörer dieser Welt werden, wenn jetzt nicht schnellstens ein Gegenpol in Form von wirklich positiven Gedanken geschaffen wird."

„Aber es gibt doch sehr viele positiv denkende Menschen auf der Welt", wandte ich ein und schielte weiter auf das Licht hinter ihm.

449

„Es sind leider bei weitem nicht genug! Alle Menschen haben das gleiche Problem: Das Missverständnis zwischen den beiden Gehirnen, das alles Negative scheinbar lebendig macht und so die wahre Ursache ihrer übertriebenen Kampfmaßnahmen und damit aller Zerstörung darstellt. Die Menschen müssen erfahren, was sie wider Willen zu Kämpfern und Zerstörern macht!

Sie müssen lernen, sich selbst zu verstehen. Und sie müssen lernen, ihr Gehirn zu verstehen, damit sie vernünftig und verantwortungsbewusst mit ihren Gedanken und damit mit ihrer Macht umgehen können. Helft ihnen dabei, ihr Denken auf die allumfassende Liebe umzustellen, so wie du das mit Michael besprochen hast, und die Menschheit hat genau wie dieser Planet wieder eine Zukunft!"

„Du meinst das allumfassende Mögen?", vergewisserte ich mich.

„So ist es", bestätigte die Matrix. „Wie du es nennst, ist nicht wichtig. Es ist nur wichtig, dass es getan wird! Ihr werdet dabei sehr viele Menschen an eurer Seite haben. Menschen, die bereits von Geburt an darauf warten, dass der Schlüssel zur allumfassenden Liebe gefunden wird. Nur aus diesem Grund sind sie genau jetzt auf diesem Planeten. Ihr habt ihn gefunden, und ihr werdet auch diese großen Seelen finden.

Doch der geplante Evolutionssprung kann nur stattfinden, wenn du den großen Seelen den Weg bereitest, indem du die Maya aufhältst."

„Aber wie soll ich das schaffen?!", fragte ich noch einmal überfordert. „Ich bin diesen Maya nicht gewachsen. Kenan ist bereits sehr viel mächtiger als ich, obwohl er mit seinen Fähigkeiten bei den Maya lediglich unteres Mittelmaß ist."

„Du bist mächtiger als Kenan. Du bist es nur falsch angegangen. Du musst das Licht in dir erkennen, das momentan so eine starke Anziehungskraft auf dich hat. Ich weiß, dass du nichts lieber tun würdest, als endlich in dieses Licht zu gehen. Doch ich bitte dich, dieser Versuchung zu widerstehen. Das Licht ist bereits ein Teil von dir. Es ist, wie du schon erkannt hast, das gleiche Licht, dessen magische Anziehungskraft du seit Tagen über dir gespürt hast. Du hast

450

dich mit diesem Licht längst verbunden, indem du angefangen hast, es zu lieben und in dir aufzunehmen. Je mehr du dein Denken auf das Lieben umstellst, womit du ja schon begonnen hast, desto mehr wirst du dich mit diesem Licht verbinden. Dieses Licht ist die allumfassende Liebe. Wenn du diese Liebe in dir hast, wird das Licht hinter mir keine Anziehungskraft mehr auf dich ausüben, denn es ist bereits für immer bei dir und in dir.

Das ist die nächste Evolutionsstufe der Menschheit. Ihr alle werdet lernen, allumfassend zu lieben, und euch auf diese Weise mit dem Licht verbinden."

„Das hört sich alles wirklich toll an, aber ich fühle mich diesem Kenan trotzdem nicht gewachsen!"

„Versuche nie, mit einem Boxer zu boxen oder mit einen Ringer zu ringen! Das darfst du nie vergessen! Kämpfe also nicht gegen Kenan. Das wäre ein Fehler. Im Kampf unterliegst du. Dein Kung Fu ist die Weisheit und die Liebe. Bring die Liebe zu Kenan! Er ist kein böser Mensch. Die Dinge, die er tut, tut er deshalb, weil er glaubt, die Dunkelheit bekämpfen zu müssen. Es geht ihm dabei noch nicht einmal um sich selbst. Er lebt und handelt selbstlos, um die Welt zu retten. Alle Mayas leben seit 5000 Jahren dafür, die Welt zu retten. Sie glauben, sie seien das Licht. Allein der Weg, den sie gewählt haben, ist schlecht – nicht aber ihre Beweggründe und Absichten!

Verurteile also Kenan nicht, denn das würde das Licht in dir selbst zum Erlöschen bringen. Erkenne, dass das Licht in Wirklichkeit auch in Kenan brennt, und verstärke es. Dann wirst du siegen, ohne kämpfen zu müssen! Du wirst mit ihm gemeinsam siegen und nicht über ihn!"

„Und wie geht es dann weiter?", wollte ich überfordert wissen. „Kenan ist nur einer von 30.000!"

„Du wirst Möglichkeiten finden!", erklärte er zuversichtlich.

„Und dann? Genügt es wirklich, wenn wir den Menschen helfen, sich selbst besser zu verstehen? Können wir damit tatsächlich die Welt retten?", fragte ich weiterhin ungläubig.

451

„Das könnt ihr!", bestätigte der alte Mann überzeugt. „Die Menschen wollen aus tiefstem Herzen Erschaffer und nicht Zerstörer sein. Sie wissen nur nicht, wie sie das anstellen sollen. Ihr aber wisst, was zu tun ist! Bringt ihnen das Positive Fühlen bei und helft ihnen, alle Missverständnisse zwischen den Gehirnen zu verstehen. Dann zeigt ihnen die Vorteile des Liebens. Das ist alles, was ihr tun müsst, damit die Menschheit wieder eine Zukunft hat!"

„Okay, gehen wir einmal davon aus, dass das alles wirklich so stimmt. Dann bleibt trotzdem noch die Frage, wie wir die Maya in Schach halten sollen. Deine Aussage, dass wir Wege finden werden, beruhigt mich ehrlich gesagt nicht besonders!"

„Die Maya sind ein unglaublich mächtiger Gegner, das ist schon richtig. Aber gemeinsam mit den großen Seelen habt ihr eine gute Chance, die Welt retten zu können. Ihr dürft nur niemals vergessen, worin eure Macht in Wirklichkeit besteht. Ihr macht Kung Fu! Eure Macht ist die Liebe. Lasst euch nicht auf einen Krieg mit den Maya ein, denn den würdet ihr verlieren! Die Menschheit kann nicht überleben, wenn sich die Menschen gegenseitig bekämpfen. Nur miteinander können wir es schaffen!"

„Okay, aber was passiert, wenn wir es nicht schaffen?"

„Dann hört die Matrix, wie du sie kennst, auf zu existieren und wird durch eine neue ersetzt. Alles beginnt dann wieder von vorne."

„Ist das schon einmal geschehen?", wollte ich wissen.

„Bereits unzählige Male!", betonte der alte Mann müde. „Doch dieses Mal haben wir eine reale Chance, es zu schaffen! Du solltest das Überleben der Menschheit jedoch nicht als Notwendigkeit auffassen. Wir können nicht wirklich sterben. Es kann allenfalls passieren, dass wir wieder komplett von vorne anfangen müssen. Das ist nicht schön, aber dennoch besteht keine Notwendigkeit.

Ich bin jedoch wie gesagt sehr zuversichtlich, dass wir es dieses Mal schaffen werden. Die Menschen müssen nur lernen, sich selbst

452

zu verstehen. Damit hätten wir alle den Sinn der momentanen Evolutionsebene erfüllt, und wir könnten aufsteigen in die nächste Daseinsebene."

„Okay, ich werde es versuchen", erklärte ich mit noch immer gemischten Gefühlen. „Aber wenn das mit Kenan nicht funktionieren sollte, dann war's das! Ich mache das bestimmt nicht zweimal!", fügte ich bestimmt an und spürte sofort, dass ich mit dieser Drohung die Matrix dazu bringen wollte, mich irgendwie dabei zu unterstützen. Doch augenblicklich wurde mir klar, dass das keinen Sinn hatte. Die Matrix gab ihr Bestes! Sie konnte kein Glück erschaffen, wenn wir ihr nur unglückliche Mosaiksteinchen gaben. Wir waren für das Was zuständig, die Matrix für das Wie. Daher entschuldigte ich mich sofort wieder bei meinem alten chinesischen Freund.

„Es wird funktionieren!", machte er mir noch einmal Mut. „Verstärke das Licht in Kenan. Hilf ihm, vom Zerstörer zum Erschaffer zu werden! Du wirst im richtigen Moment wissen, was du dafür tun musst. Und jetzt spüre die Liebe zur Menschheit. Lass diese Liebe zu! Lass sie stärker zu, als du jemals zuvor etwas in deinem Leben zugelassen hast!"

Während der alte Mann das sagte, begann das Licht, das ich bis dahin nur am Ende des Tunnels gesehen hatte, plötzlich immer heller aus dem Innersten meiner Seele heraus zu erstrahlen. Ich spürte dabei eine unbeschreiblich tiefe Liebe.

„Dein Körper ist bereits dabei, sich selbst zu heilen", hörte ich meinen chinesischen Freund noch sagen. „Du wirst gleich aufwachen. In der äußeren Welt sind nur wenige Augenblicke vergangen, während wir uns unterhalten haben. Wir werden uns schon sehr bald wiedersehen! Ich liebe dich, und ich danke dir!"

Daraufhin fand ich mich plötzlich in meinem Körper wieder. Ich konnte mich noch nicht bewegen, spürte aber, dass Juli mich völlig verzweifelt im Arm hielt und hin und her schaukelte. Ihr schmerzvolles, leises Weinen hörte ich wie durch Watte hindurch.

453

„Du darfst nicht tot sein! Du darfst nicht tot sein!", flüsterte sie verzweifelt wieder und wieder, während sie mein Gesicht fest an sich drückte.

In meinem Kopf ging irgendetwas vor sich – mein Gehirn heilte! Doch trotz Julis Verzweiflung und der gefährlichen Situation, in der wir alle steckten, spürte ich nur Liebe in meinem Körper. Die Intensität meiner Gefühle sprengte jeden mir zuvor bekannten Rahmen. Ich fühlte mich stark – unendlich viel stärker als je zuvor! Ungefähr so, als würden eine Million Volt meinen Körper von unten nach oben durchströmen. Dann merkte ich, wo diese Stärke herkam. Es war tatsächlich die Liebe zur gesamten Menschheit, die meinen Körper mit unendlicher Kraft durchströmte. Jede Zelle wurde davon erfasst und mit Energie aufgeladen, und meine Seele erstrahlte hell wie eine Supernova.

Kurz darauf konnte ich meine Augen wieder öffnen. Bewegen konnte ich mich jedoch noch nicht. Juli presste weiterhin meinen Kopf fest an ihren Körper und weinte bitterlich. Aus meinem Blickwinkel sah ich Kenan, der mit Kate sprach. Mary und Michael konnte ich nicht erkennen. Sie mussten noch am Boden liegen.

Dann konnte ich mich endlich wieder bewegen. Ich richtete meinen Kopf auf und sah Juli direkt in ihre schmerzverzerrten, nun fassungslos weit aufgerissenen, wunderschönen Augen.

„Ich bin wieder bei dir", flüsterte ich liebevoll. „Und ich werde nie wieder weggehen, das verspreche ich dir!" Daraufhin küsste ich ihr die Tränen vom Gesicht.

„Das gibt es doch nicht!", hörte ich Kenan da verächtlich sagen. „Diese Schweinebacke! Den muss ich doch glatt zweimal umbringen!"

Ich merkte, dass er irgendetwas versuchte, aber er kam nicht an mich heran. Ich spürte das Licht in mir, das weiterhin wie Starkstrom durch meinen Körper jagte und mich beschützte. „Einen Augenblick!", sagte ich mit einem wohlwollenden Lächeln zu Kenan. „Ich bin gleich bei dir." Daraufhin küsste ich meine immer noch völlig fassungslose und verängstigte Juli zärtlich auf den Mund.

Kenan geriet total aus der Fassung. Er wurde wütend – extrem wütend! Aggressiv steuerte er auf mich zu und wollte mich mit physischer Gewalt angreifen. Schnell konzentrierte ich mich auf meine überirdische Liebe zur Menschheit. Ich wusste, dass mein Nervensystem dieses Gefühl in der hohen Intensität, in der ich es jetzt spürte, noch vor einer Woche gar nicht ausgehalten hätte. Und ich wusste, wie Kenans Nervensystem auf diese starke Liebe reagieren musste, würde ich sie auf ihn übertragen. Und genau das tat ich! Ich ließ ihn meine überirdische Liebe zur Menschheit spüren.

Er blieb plötzlich wie angewurzelt vor mir stehen und sah mich mit großen Augen überfordert an. Nach wenigen Sekunden sank er weinend wie ein Schlosshund vor mir auf die Knie. Er hatte reagiert, wie ich es vermutet hatte – mit einem Nervenzusammenbruch! Damit war er nicht mehr in der Lage dazu, irgendeinem von uns etwas anzutun. Doch das wollte er nun ohnehin nicht mehr. Die Liebe zur Menschheit, die ich auf ihn übertragen hatte, war so stark, dass er sie niemals wieder vergessen würde.

Danach widmete ich Kate meine Aufmerksamkeit. Auch sie ließ ich meine Liebe zur Menschheit spüren. Ich befahl den beiden, den gesamten Vorfall komplett aus ihrem Gedächtnis zu löschen – bis auf die Liebe zur Menschheit natürlich, die unterschwellig ihr ständiger Wegbegleiter sein sollte. Durch diese Liebe waren sie jetzt keine Zerstörer mehr. Sie waren durch mich zu Botschaftern des Lichts geworden, die fortan versuchen würden, für die Menschheit eine bessere Welt zu erschaffen. Die beiden alleine würde die Maya sicher nicht von ihrem Plan abbringen können, aber es war ein Anfang.

Abschließend befahl ich den beiden, jeden Zusammenhang zwischen übersinnlichen Fähigkeiten und dem Positiven Fühlen als völlig absurd anzusehen. Sie würden fortan in dem Glauben sein, dass sie dies sehr sorgfältig überprüft und daraufhin als Unsinn entlarvt hätten. Sie würden uns lediglich für ein paar esoterische Spinner halten. Danach befahl ich den beiden, unseren Bungalow und das Camp zu verlassen.

Die beiden standen auf und gingen aus dem Raum. Wir sahen vom Fenster aus zu, wie sie am Pool entlang Richtung Ausgang spazierten und sich dabei unterhielten, als wäre nichts vorgefallen. Als sie verschwunden waren, jubelten wir laut los: Wir hatten gesiegt – mit Liebe!

Das einzige Problem, das wir jetzt noch hatten, war Beatrice. Sie war mit ihrer Selbstheilungsfähigkeit bei den Maya aktenkundig geworden und stand bei ihnen unter Beobachtung, damit ihr vor dem Neuanfang nichts geschehen würde. Das bedeutete, sie würden sie vermutlich die ganze Zeit verfolgen. Für uns könnte es aufgrund dessen gefährlich werden, weiterhin Kontakt mit ihr zu haben. Andererseits würden sich Beatrices Fähigkeiten vermutlich weiter entwickeln, was ebenfalls eine Gefahr darstellte. Womöglich würden die Maya dadurch doch noch auf den Zusammenhang mit dem Positiven Fühlen stoßen.

Wir mussten Beatrice also einweihen und dafür sorgen, dass sie ihre Fähigkeiten geheim hielt. Genau das Gleiche würden wir auch mit allen anderen Menschen tun müssen, die bedingt durch das Positive Fühlen übersinnliche Fähigkeiten entwickeln würden. Vermutlich würde das der schwierigste Part bei der ganzen Sache werden. Keiner der positiv fühlenden Menschen würde in der Öffentlichkeit von seinen Fähigkeiten Gebrauch machen dürfen. Und deshalb dürfte niemand eine Fähigkeit entwickeln, ohne dass wir Kenntnis davon erlangten. Wie wir das anstellen sollten, war uns noch nicht klar, aber wir waren zuversichtlich, es irgendwie zu schaffen.

Gemeinsam mit Beatrice und allen anderen großen Seelen würden wir die Maya letztendlich aufhalten. Vor allem aber würden wir die Matrix mit positiven Vorstellungen und Einstellungen überfluten. Es würde den Neuanfang geben, der seit fünftausend Jahren prophezeit war. Aber es würde ganz anders laufen, als die Maya sich das im Moment vorstellten!

Von diesem Tag an hatte unser aller Leben eine neue Aufgabe. Eine Aufgabe, die es wert war, dafür zu sterben, und noch vielmehr, dafür zu leben! Ich freute mich darauf, sie gemeinsam mit Juli, Mary und Michael anzunehmen.

Endless Love

Seit dem Vorfall mit den beiden Maya war jetzt eine Woche vergangen. Nichts deutete darauf hin, dass Kate und Kenan uns im Nachhinein doch noch auf die Schliche gekommen waren. Mir war jedoch klar, dass dies nicht ewig so bleiben würde. Irgendwann würden die Maya wieder auf uns aufmerksam werden. Bis dahin sollten wir unsere Fähigkeiten durch das Positive Fühlen so weit wie möglich entwickelt haben.

In der letzten Woche war mir dies sehr gut gelungen. Ich konnte mein Positives Fühlen jetzt ohne Unterbrechung aufrechterhalten. Michaels Mögen-Training hatte mir dabei sehr geholfen. Vor allem aber war es meiner neuen Hochziehmethode zu verdanken, dass es jetzt so gut klappte. Ich spürte die Anwesenheit meines Glückswesens und meines Beschützers permanent und intensiv. Die beiden waren für mich von Tag zu Tag realer geworden, und ich spürte ihre Liebe und Dankbarkeit. Und ich fühlte auch meine eigene Liebe zu ihnen. Das war einfach nur schön!

In dieser Woche waren eine Menge Leute im Camp angekommen, von denen Michaels Ella behauptete, sie gehörten zu den großen Seelen, die nur darauf warteten, dass es mit der allumfassenden Liebe endlich losging. In den folgenden Wochen sollten noch viel mehr große Seelen kommen, hatte Ella angekündigt.

Es war ein seltsames Gefühl, diesen Menschen zu begegnen, denn es fühlte sich ungewohnt vertraut an. So, als würden wir uns schon seit Ewigkeiten kennen, was vermutlich ja auch stimmte. Wir bemühten uns, für diese Leute da zu sein, so wie Mary und Michael für Juli und mich da gewesen waren.

Uns war klar, dass diese Menschen nur die erste Welle der großen Seelen darstellten. Es würden noch viel mehr folgen. Und mit jedem Menschen, der dazu käme, würde unsere Macht größer werden.

Uns war klar, dass die Maya die Mobilmachung der großen Seelen aufgrund ihres gigantischen Ausmaßes, das nun einmal nicht zu vermeiden war, irgendwann erkennen würden, und es war auch klar, dass sie alles daransetzen würden, uns zu stoppen. Doch diesem Problem würden wir uns stellen müssen. Jeder von uns hatte Angst davor, denn wir alle wussten, dass die Maya über weit mächtigere Leute verfügten als die beiden, die sie uns geschickt hatten. Doch bis dahin würden wir hoffentlich noch viel mehr große Seelen an unserer Seite haben.

Das Schicksal der Welt lag jetzt in unseren Händen. Und wir waren bereit, diese Aufgabe anzunehmen. Wir hatten eine reelle Chance, es dieses Mal zu schaffen und gemeinsam in eine neue Daseinsform aufzusteigen. Wir würden Erschaffer sein und keine Zerstörer mehr. Jeder Einzelne von uns würde alles daransetzen, dieses Vorhaben Wirklichkeit werden zu lassen. Das Leben, das jetzt vor uns lag, würde mit Sicherheit schon mal eines nicht werden: langweilig!

Juli und ich hatten in der letzten Nacht vor Aufregung wieder einmal kein Auge zugetan. Doch dieses Mal hatte es ganz andere Gründe – unsere Hochzeit! Da wir sowieso nicht schlafen konnten, gestatteten wir es uns wieder einmal, uns in Zärtlichkeiten zu ergießen. Und dieses Mal machte das Oxytocin keinerlei Schwierigkeiten, denn wir wollten uns die Leidenschaft sowieso für unsere Hochzeitsnacht aufsparen! Es sollte eine Nacht werden, die den Himmel für uns aufriss und alle Grenzen sprengte. Eine Nacht, die wir niemals vergessen würden.

Gegen Morgen schliefen wir dann doch noch einmal für ein paar Stunden ein. Als wir am frühen Nachmittag schließlich runter ins Wohnzimmer kamen, wurden wir von meinen Mädels, Mary und Michael in Empfang genommen.

Mary und Michael hatten mit Freude die Planung unserer Hochzeit übernommen, was in Hawaii eher ein Vergnügen als eine Belastung darstellte, da es hier unzählige professionelle Eventveranstalter für

Hochzeiten gab. Hier war alles möglich! Man musste nur sagen, was man wollte. Und wir wollten viel! Geld spielte dabei ja glücklicherweise keine Rolle. Mary und Michael engagierten daher in meinem Auftrag gleich mehrere Hochzeitsveranstalter. Es sollte ein Fest werden, wie Hawaii es seit tausend Jahren nicht mehr gesehen hatte.

„Du musst jetzt leider mitkommen!", empfing Beatrice meine Juli. „Es gibt noch eine Menge zu tun, bis du die mit Abstand schönste Braut bist, die jemals einen Fuß auf diese Erde gesetzt hat."

Juli warf mir schnell noch einen sehnsüchtigen Blick zu, ehe sie von den Mädels weggeschleppt wurde.

„Halt!", rief ich panisch und lief ihr schnell hinterher. „Noch einen letzten Kuss!", erklärte ich liebevoll und küsste sie zärtlich. Da unser Kuss nicht enden wollte, zerrten die Mädels sie dann schließlich sanft von mir los.

„Und jetzt gibt es Junggesellenabschied!", rief Michael begeistert. Daraufhin stürmten lauter Hawaiianer in traditioneller Kleidung in unseren Bungalow und begannen sofort damit, Musik zu machen und zu tanzen. Dabei zogen sie mir meine Kleider aus, um mir ein traditionelles Festgewand überzuziehen. Ich erkannte ein paar Leute aus dem Camp wieder, die ich hier kennen gelernt hatte. Sie waren ebenfalls traditionell gekleidet. Auch Michael musste sich schließlich umziehen.

Als wir fertig waren, gingen wir alle nach draußen. Das gesamte deutsche Ressort war am Pool versammelt und jubelte mir zu. Plötzlich erklangen vier riesige Trommeln! Sie machten einen Lärm, den man garantiert auf der gesamten Insel hören konnte. Acht Männer trugen einen schweren Thron aus Bambusholz herbei und gaben mir zu verstehen, dass ich mich setzen sollte. Nachdem ich das getan hatte, setzten sich alle Leute im Camp auf den Boden. Zwei Fächerträger fächerten mir Wind zu. Ich fühlte mich wie ein Eingeborenenkönig.

460

Dann verstummten die Trommeln. Schweigen herrschte im Camp und alle sahen mich erwartungsvoll an. Also rief ich so laut ich konnte in königlichem Tonfall: „Möge die Party beginnen!"

Das Camp schrie begeistert auf, und sofort erschienen acht Tänzerinnen. Die in knappe Hula-Röckchen gekleideten Schönheiten tanzten in Formation und schwangen die Hüften zur beeindruckenden Trommelmusik. Nun erschienen weitere Trommler mit kleinen Trommeln. Sie harmonierten unglaublich gut mit den großen und gaben dem Rhythmus eine aufregende Note. Die Kraft der Trommeln ging einem durch und durch. Und ich saß bebend mittendrin.

Die Tänzerinnen kamen zu meinem Thron und versuchten mich mit aufreizenden Blicken und Bewegungen zu provozieren. Nach einer Weile zogen sie mich vom Thron und motivierten mich, gemeinsam mit ihnen die Hüften zu schwingen. Ich tat mein Bestes, und war selbst erstaunt, dass ich das sogar einigermaßen gut hinbekam. Es lebe die Empathie! Kurz darauf kamen einige Männer in traditioneller Kleidung auf die Tanzfläche und legten temperamentvoll los. Die Stimmung und die Trommelklänge waren gewaltig. Kurz darauf stand das gesamte Camp auf den Beinen und versuchte sich in Hula. Die Hawaiianer unterstützten die Leute tatkräftig.

Die Stimmung und die Musik waren so schön, dass ich innehielt und inmitten der vielen Leute die Augen schloss, um das alles auf mich wirken zu lassen. Ich konnte es kaum fassen, dass dies hier Wirklichkeit sein sollte. Vor zwei Wochen war ich noch als einsamer Mann im Camp angekommen, um meine Angst vor der Liebe loszuwerden, und jetzt war ich im Begriff die tollste Frau auf Gottes Erden zu heiraten.

Wenige Augenblicke später kamen die Tänzerinnen noch einmal zu mir und führten mich zu einem riesigen Buffet, auf dem ein gigantisches Festmahl aufgebaut war. Es war unglaublich, was hier alles aufgetischt wurde. Die Tänzerinnen blieben die ganze Zeit an meiner Seite, während ich meinen Teller mit Leckereien füllte. Auch danach begleiteten sie mich, als ich mich zum Essen auf die Liegefläche setzte, die sie mit einem riesigen prunkvollen Teppich, Tüchern und unzähligen Kissen vorbereitet hatten. Sie hatten mir meinen Teller bereits am Buffet aus der Hand genommen und fütterten mich jetzt, während ich es mir zwischen den Kissen gemütlich machte.

Plötzlich kam Stephen auf mich zu und umarmte mich völlig überschwänglich. „Du alter Halunke!", sagte er anerkennend zu mir. „Ich bin stolz auf dich! Und ich hoffe, ich werde irgendwann einmal das Gleiche tun können, was du jetzt machst."

Ich umarmte meinen alten Tauchsiederfreund voller guter Gefühle, denn ohne ihn wäre ich überhaupt nie hierhergekommen. Und außerdem, so verkehrt war Stephen eigentlich gar nicht. Irgendwie mochte ich ihn sogar.

Die Tänzerinnen forderten ihn nun auf, sich neben mich zu legen, und fütterten ihn ebenfalls. Ständig brachten sie neue Leckereien vom Buffet. Michael gesellte sich dann ebenfalls noch zu uns, auch er wurde von den Frauen in Beschlag genommen. Schließlich stießen noch Stefan, der Besitzer der freien Republik Hängemattien, und Arno, der die Spiegelneuronenallee moderiert hatte, dazu.

Was Mary und Michael sich da für mich ausgedacht hatten, war einfach nur schön. Ich hätte zu gerne gewusst, was sie in der Zwischenzeit mit Juli anstellten. Aber das wollte mir niemand sagen.

So aßen und feierten wir bestimmt noch zwei Stunden lang. Dann kamen einige Männer auf mich zu und baten mich, erneut auf dem Thron Platz zu nehmen. Als ich das getan hatte, hoben ihn acht Männer mit zwei langen Stangen auf ihre Schultern und trugen mich in Richtung Strand. Die Leute aus dem Camp feierten ohne mich weiter. Offenbar wurde das ein Ausflug, in dessen Genuss nur ich alleine kommen sollte.

Sie trugen mich zu der Stelle, an der Juli und ich uns das erste Mal geliebt hatten. Mary und Michael hatten dafür gesorgt, dass wir genau dort heiraten konnten. Jetzt waren an der Stelle einige große

Zelte aufgebaut. In eines dieser Zelte trug man mich. Ich vermutete, dass Juli wohl in einem der anderen sein müsste, aber niemand beantwortete meine Fragen.

In meinem Zelt warteten vier vornehme Männer auf mich, die alle traditionell festlich gekleidet waren. Sie zogen mir meine Kleider aus und zeigten mir das hawaiianische Festgewand, das ich während der Zeremonie tragen würde. Es war das Gewand eines Königs! Ich war gespannt, wie ich darin wohl aussehen würde.

Es dauerte eine Ewigkeit, bis dieses Gewand mit seinem vielen Schnickschnack richtig saß. Man ließ mich die ganze Zeit über jedoch nicht in den Spiegel schauen. Zuvor sollte ich nämlich noch traditionell geschminkt werden. Als ich schließlich fertig war, sah ich tatsächlich aus wie ein Eingeborenenkönig. Ich fühlte mich ein paar hundert Jahre in der Zeit zurückversetzt. Von meinem Erscheinungsbild war ich mächtig beeindruckt. Dank dieses Gewandes nahm ich automatisch eine ganz andere Körperhaltung an. Ich stand sehr herrschaftlich erhoben, wie es sich für den König der Insel gebührte.

Man bat mich, erneut auf meinem Thron Platz zu nehmen, den man in der Zwischenzeit mit tausenden von Blumen geschmückt hatte. Meine acht Thronträger betraten erneut das Zelt und trugen mich nach draußen. Hier war inzwischen auch eine Menge passiert. Das gesamte Camp mit allen vier Ressorts war versammelt. Sie standen auf beiden Seiten eines sicherlich fünfzig Meter langen Spaliers aus Tiki-Fackelträgern und Muschelbläsern aufgereiht, der bis zum Meer reichte. Es mussten mindestens zweihundert Männer sein. Dieses Spalier, das die Teilnehmer des Camps in der Mitte teilte, wirkte vor dem blutroten Sonnenuntergang überaus beeindruckend. Hinter mir waren nach beiden Seiten unzählige Trommeln aufgebaut. Ein riesiger Chor reihte sich direkt vor ihnen. Neben dem Chor war die Bühne einer Band aufgebaut. Die Musiker ließen leise Musik erklingen, während ich durch das Spalier zum Wasser getragen wurde. Das Publikum verhielt sich ruhig und feierlich.

Am Wasser angekommen stellten die Männer mich mit meinem Thron neben das Spalier. Dann zeigten sie aufs Meer hinaus. Und da war sie – Juli! Sie wurde in einem riesigen Outrigger-Kanu, das von bestimmt vierzig Männern angetrieben wurde, über das Meer zu mir gebracht. Eine Trommel koordinierte die Paddelschläge und verlieh dem Boot eine überaus beeindruckende Wirkung.

Meine Juli stand auf einem blumengeschmückten Plateau zusammen mit vier polynesischen Schönheiten, die neben Juli wie Schulmädchen aussahen, denn Juli war ebenfalls gekleidet wie eine Königin und stand elegant und herrschaftlich in der Mitte ihrer Plattform.

Hinter mir ertönten Trommelklänge – noch sehr zurückhaltend. Ich war unendlich aufgeregt, wenn ich an das dachte, was jetzt auf uns zukommen sollte. Und diese Aufregung steigerte sich noch einmal durch die Wirkung der Trommeln, die immer lauter und beeindruckender wurden, je näher Juli auf mich zukam. Dann ertönten auch noch die Klänge der Muschelbläser und trieben die Anspannung auf die Spitze. Als Juli endlich mit ihrem Kanu anlegte, verstummten die Trommeln und Muscheln. Der Chor begrüßte sie nun mit hawaiianischen Chant-Gesängen.

Sie sah unglaublich schön aus in ihrem festlichen Kleid und den Blumen im Haar. Ich war überwältigt! Das Kanu wurde jetzt auf den Strand gezogen, sodass meine Königin ihre Plattform trockenen Fußes verlassen konnte. Sie wurde zu mir geführt, und ich nahm sie herrschaftlich in Empfang und reichte ihr die Hand.

Blumenmädchen schritten das Spalier direkt vor uns entlang. Sie streuten unzählige Blüten. Die Chant-Gesänge wurde lauter, während wir majestätisch auf den Priester zuschritten, der die Trauung vollziehen sollte. Als wir ankamen, verstummte der Chor augenblicklich. Der Priester segnete uns. Danach sprach er das hawaiianische Gebet der Liebe. Ich spürte während dieses Gebetes so viel Liebe zu Juli, dass ich fast den Eindruck bekam, der Priester hätte magische Kräfte.

Mit überwältigenden Gefühlen und Tränen in den Augen tauschten wir schließlich unsere Blumenkränze und gaben uns damit symbolisch das Ja-Wort. Niemals in meinem Leben werde ich die Worte vergessen, die wir uns gegenseitig feierlich und aus tiefster Seele dabei sagten. Die Worte, die für mich seit 22 Jahren wahre, unendliche Liebe bedeuteten und die ich beim Karaoke-Abend nicht hatte singen können. Die Worte aus Endless Love – unserem Lied!

„Meine große Liebe", sagte ich liebevoll zu Juli und schaute ihr tief in die Augen. „In meinem Herzen gibt es nur dich. Du bist das Einzige, was zählt in meinem Leben."

„Meine erste wahre Liebe", antwortete Juli ergriffen mit der nächsten Line aus unserem Lied. „du bist jeder Atemzug, den ich nehme. Du bist jeder Schritt, den ich gehe. Mit dir möchte ich all meine Liebe teilen. Mit dir und mit niemandem sonst!"

Wir umarmten uns und wussten, dass wir uns niemals wieder verlieren würden.

Als wir unsere Umarmung lösten, standen Mary und Michael vor uns, um uns als Erste zu gratulieren. Meine Mädels schlossen sich ihnen an. Und dann passierte etwas, womit ich nicht gerechnet hatte. Ich traute meinen Augen kaum: Die Jungs von meiner Band standen plötzlich vor mir! Michael lächelte schelmisch, als er mein verblüfftes Gesicht sah. Wie um alles in der Welt hatte er es nur geschafft, meine Jungs hierher zu holen?!

„Mann, wir lieben dich!", sagte Johnny, unser Bandleader, als er mich herzlich umarmte. „Du hast uns so gefehlt! Wir wünschen dir alles Glück dieser Erde."

Tränen der Rührung liefen mir übers Gesicht, als Johnny das sagte. Die Jungs nahmen mich daraufhin gemeinsam in die Arme. Dann kamen auch noch Juli, Mary und Michael dazu. Und schließlich meine Mädels aus dem Bungalow, sodass ich jetzt alle meine Liebsten bei mir hatte. Es war schön – wahnsinnig schön! So standen wir da und bewegten uns sanft zur gefühlvollen Musik, die die Band auf der Bühne spielte.

„Und jetzt gehen wir auf die Bühne!", sagte Johnny plötzlich. „Wie in alten Zeiten. Doch dieses Mal spielen wir deinen Song. Der ist nämlich in Wirklichkeit richtig klasse!"

Die Band hörte sofort auf zu spielen, als wir die Bühne betraten. Sie übergaben uns ihre Instrumente, und ich nahm das Mikro.

„Dieser Song ist für das bezauberndste Wesen, das je das Licht dieser Welt erblickt hat und extra für mich auf diese Erde gekommen ist: Meine Frau!"

Wir drehten die Lautstärke hoch, damit man uns überall hören konnte, und erkannten dabei erst, was für gigantische Schallmauern man für diesen Open-Air-Event im Palmenwald aufgebaut hatte.

Nie zuvor hatte ich meinen Song mit so viel Gefühl gesungen. Das Publikum war maßlos begeistert. Doch ich nahm sie kaum wahr. Ich hatte nur Augen für meine Frau. Sie schaute mich an und spürte, dass ich jedes Wort für sie sang. Als wir fertig waren, tobte das Camp vor Begeisterung. Juli kam zu mir auf die Bühne und schnappte sich ein Mikro. Sie sah mir tief in die Augen, drehte sich dann zu den Jungs um und rief ihnen die Worte „Endless Love" zu.

Sie wusste, dass ich den Song jetzt mir ihr würde singen können – den Song, der mir alles bedeutete. Denn sie bedeutete mir alles – meine unendliche Liebe.

Als unser Pianist die ersten Töne anschlug, rannen mir bereits die Tränen die Wangen herunter. Ich dachte an die Worte, die wir uns bei unserem Heiratsversprechen gesagt hatten und die wir jetzt gemeinsam singen sollten. Meine Stimme klang total verheult, als ich anfing. Aber das war mir egal. Jedes Wort in diesem Song bedeutete mir so viel, dass meine Seele einfach nicht anders konnte, als zu weinen.

Während Juli und ich gemeinsam sangen und dabei beide die ganze Zeit Glückstränen vergossen, spürte ich die Emotionen all der lieben Menschen, die um uns herum versammelt waren. Und offensichtlich waren wir nicht die Einzigen, die bei diesem Song vor Liebe weinen mussten. Unsere Seelen waren wieder vereint und klangen gemeinsam durch unsere Stimmen. Wir berührten damit jeden Einzelnen, der uns hören konnte, im innersten Kern seines Wesens – sogar die Polynesier, die hier eigentlich nur ihren Job machten. Und meine Jungs konnten kaum spielen vor lauter Gefühl.

Als wir den Song beendet hatten, bekamen wir einen Applaus, wie es ihn zuvor noch nirgends auf dieser Welt gegeben hatte. Niemand klatschte, niemand sagte ein einziges Wort. Das gesamte Camp sah uns in andächtiger Stille liebevoll an.

„Wir lieben euch!", sagten Juli und ich synchron, woraufhin die Leute schließlich lautstark und euphorisch applaudierten, um uns ihre Anerkennung zu zeigen.

Wir gaben der Band ihre Instrumente zurück und verließen die Bühne. Dann erklangen plötzlich wieder die gewaltigen Trommeln. Es waren mindestens drei Mal so viele wie zuvor im Camp, und sie wurden in ihrem gewaltigen Klang noch von den Lautsprecherwänden verstärkt. Einige Männer sorgten jetzt dafür, dass Platz für die Hula-Gruppe gemacht wurde, die sofort damit begann, den Hochzeits-Hula für uns zu tanzen. Die Band stimmte mit hawaiianischer Musik in die Trommelklänge ein und unzählige Blumenmädchen schwärmten aus, um ihre Blütenkränze als Symbol der Liebe an die Teilnehmer des Camps zu verteilen.

Als die Kränze verteilt waren, motivierten die Blumenmädchen die Teilnehmer des Camps erneut zum Hula-Tanzen. Vielleicht lag es an der emotionalen Stimmung, dass die Leute sich die Seele aus dem Leib tanzten. Es war sicherlich die gewaltigste und ausgelassenste Hula-Party, die in den letzten hundert Jahren auf dieser Insel stattgefunden hatte. Wir hatten unendlich viel Spaß mit meinen Jungs, den Mädels aus meinem Bungalow und natürlich mit Mary und Michael.

Im Schein unzähliger Tiki-Fackeln wurde dann das Buffet eröffnet. Ich war bereits mächtig beeindruckt von dem Buffet, das zu meinem

Junggesellenabschied im Camp aufgebaut worden war. Doch das, was hier für die Teilnehmer aller vier Camp-Ressorts aufgetischt wurde, war nicht von dieser Welt. Juli und ich eröffneten das Buffet, nahmen uns selbst jedoch nur einige leicht verdauliche Köstlichkeiten. Wir hatten schließlich noch etwas vor in dieser Nacht! Und das konnte auch nicht mehr lange warten!

Mary zeigte auf das Zelt, das man für unsere Hochzeitsnacht errichtet hatte. Es stand genau an der Stelle, an der wir uns das erste Mal geliebt hatten. Wir konnten es kaum erwarten, das Zelt von innen zu sehen. In freudiger Erwartung stellten wir unsere Teller halb voll zur Seite und gingen zu unserem Zelt. Zwei Wächter bewachten den Eingang. Sie würden bis zum nächsten Morgen für unsere Privatsphäre sorgen. Auch die Lautstärke der Party war ganz in unserem Sinne. So laut konnten wir gar nicht sein, dass man uns hier hören würde.

Als wir das runde Zelt betreten hatten, das im Durchmesser sicherlich acht Meter maß und mindestens auch genauso hoch war, waren wir total beeindruckt. Fast das ganze Zelt war ein gigantisches Bett, daneben gab es noch eine kleine zwei auf zwei Meter große Zelle, in die man tatsächlich eine echte Dusche mit warmem Süßwasser eingebaut hatte. Neben dem riesigen Bett stand außerdem eine kleine Tafel mit Leckereien und Champagner. Alles war hier vom Feinsten. Die Stoffe aus Seide, die Vorhänge mit Gold bestickt. Es war ganz offensichtlich das Schlafgemach von Königen. Man hatte sogar daran gedacht, uns Kleidung für den nächsten Tag mit ins Zelt zu legen.

Wir zogen uns gegenseitig die Festgewänder aus. In unserem Innern brannte das unbändige Verlangen aufeinander, das wir eine ganze Nacht und einen unendlichen Tag lang aufgestaut hatten. Jetzt wollten wir dieses Verlangen endlich befreien und ihm die Kontrolle über diese Nacht überlassen.

Wir standen uns nackt gegenüber und spürten, wie unsere Seelen vor Leidenschaft brannten. Zwischen uns sprühten wilde Funken, noch bevor wir uns überhaupt berührten. Als wir die Spannung nicht länger ertragen konnten, küssten wir uns leidenschaftlich. Es war ein Kuss, der mir fast die Sinne raubte. Mein Herz bebte bis in den letzten Winkel meiner Seele.

Juli zog mich zu Boden und gab mir zu verstehen, dass sie es nun nicht länger aushalten könnte, mich endlich in ihr zu spüren. Und dann liebten wir uns, bis der Morgen graute. Danach hielten wir uns fest in den Armen und spürten beide, dass wir sie niemals wieder loslassen würden – unsere unendliche Liebe!

Fortsetzung folgt ... möglicherweise

Nachwort

Die Handlung dieses Buches beruht zum Teil auf einer wahren Begebenheit. Aber nein, die Maya sind natürlich nicht böse! Dieser Teil ist frei erfunden.

Doch viele der Ereignisse, die zwischen Robin und Juli passiert sind, fanden tatsächlich auf sehr ähnliche Weise statt. Der Boden hat also wirklich unter ihren Füßen geleuchtet, wie viele Jahre zuvor prophezeit! Mehr wird jedoch nicht verraten.

Solltest du Unterstützung bei der Umsetzung des in diesem Buch dargelegten Glückskonzeptes suchen, dann schau doch mal auf unserer Website **www.ella.org** vorbei. Hier gibt es neben unseren Seminarangeboten viele, auch kostenlose, Möglichkeiten dazu, wie beispielsweise unsere monatlichen mehrseitigen Glückstipps oder die Ella-Treffs, die sich in vielen Städten Deutschlands, Österreichs und der Schweiz wachsender Beliebtheit erfreuen.

Ich wünsche dir jedenfalls viel Spaß bei der Umsetzung. Vielleicht treffen wir uns ja irgendwann einmal im Ella-Camp, das es in einer etwas anderen Form übrigens tatsächlich gibt. Ich würde mich freuen.

Bodo

Das beste Buch der Welt gegen Liebeskummer und schlechte Stimmung

Bärbel Mohr, Autorin von „Bestellungen beim Universum"

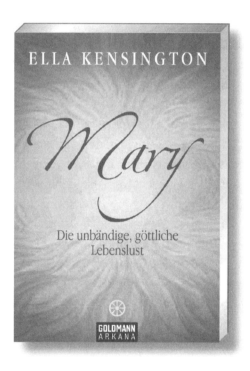

Michael, unsterblich verliebt und von Selbstzweifeln zerfressen, hat nur von einem genug im Leben: nämlich von Problemen. Er trifft im Ella-Camp auf Mary, die ihm die Geschichte eines Wesens erzählt, das aus einer anderen Welt auf die Erde gekommen ist, um das Menschsein zu erlernen. Dabei muss es zunächst einmal lernen, wie man sich Probleme erschaffen kann. Keine leichte Aufgabe für ein Wesen, das so etwas wie Probleme überhaupt nicht kennt!
Ein Buch für alle, die das Wissen über die sieben Grundmotive auf humorvolle Weise vertiefen möchten.

In sieben Schritten zum vollkommenen Glück

Dies ist die Geschichte zweier Menschen, die auf der Suche nach dem Glück ihrer eigenen Seele begegnen. Von ihr erfahren sie die sieben existenziellen Botschaften und erhalten Schritt für Schritt einen tieferen Einblick in die eigene spirituelle Persönlichkeit. Dieses Buch weist uns den Weg zu jenem wunderbaren Seelenzustand, in dem wir vor Glück zerspringen möchten. Es beinhaltet ein sehr umfassendes Hintergrundwissen zum Thema Realitätsgestaltung.

Ein atemberaubender spiritueller Thriller

Mysterio ist ein ungewöhnliches Spiel im Internet. Die Spieler erhalten die Möglichkeit, die Gestaltung einer virtuellen Realität aktiv zu beeinflussen. Ein packender Thriller, der die grundlegende Erkenntnis vermittelt, wie sie mittlerweile auch die moderne Naturwissenschaft vertritt: Glück und Unglück sind keine Produkte des „Zufalls", sondern werden durch unsere eigenen Gedanken geschaffen.
Dieses Buch ist besonders für alle jene geeignet, die häufig mit dem Gefahrenvermeidungsmodus zu kämpfen haben.

Neue Möglichkeiten im Glückstraining

Dieses Buch ist ursprünglich geschrieben worden, um professionellen Trainern und Beratern neue Möglichkeiten aufzuzeigen. Bedingt durch die Einfachheit des Konzeptes wurde jedoch sehr schnell klar, dass es sich ebenfalls für alle Menschen eignet, die sich selbst und anderen zu einem glücklichen Leben verhelfen wollen.
Dieses Sachbuch beinhaltet den umfassendsten Einblick in das Thema Grundmotive und ermöglicht dem Leser ein sehr detailliertes Verständnis seiner menschlichen Instinkte.

Ein Übungsbuch zu den sieben Grundmotiven

Wenn ich als Tennisspieler meinen Aufschlag verbessern will, kann ich trainieren. Wenn ich meine Fähigkeiten als Sänger verbessern will, kann ich üben. Was aber ist, wenn ich glücklicher werden will? Kann ich auch das lernen? Dieses Buch beinhaltet ein sehr effektives Glückstraining, mit dessen Hilfe bereits mehrere tausend Seminarteilnehmer ihr Glücksempfinden dauerhaft und stabil auf ein sehr viel höheres Niveau bringen konnten.
Ein etwas anspruchsvolleres Übungsbuch für Fortgeschrittene und Autodidakten.

Glücksgefühle bis der Arzt kommt!

Wann hast du das letzte Mal geweint vor Glück? Wann hast du dich das letzte Mal vor Lachen so geschüttelt, dass du nicht mehr wusstest, wo oben und unten ist? In diesem Buch sind die zehn effektivsten und schönsten Methoden zusammengestellt, mit denen man sich Glücksgefühle reinschrauben kann, bis einem schwarz vor Augen wird.
Ein kleines, aber feines Büchlein, mit dem man sich selbst und andere mit unzähligen schönen Stunden beschenken kann.

Buchdirektbestellung: **www.ella.org**

oder bei   AHD Müller
                                    Rehstraße 7
                                    66701 Beckingen

Fax   06832 801399

Inhaltsverzeichnis

Prolog	7
Die richtige Frage	18
Der Beschluss	21
Das Gefühl der positiven Beurteilung	25
Doktor Sorglos und der Tunesier	36
Das Universum und der ganze Rest	48
Das Positive Fühlen	57
Was beim Positiven Fühlen geschieht	76
Wie man die Matrix programmiert	82
Das gebrochene Herz	92
Großhirn und Emotionalgehirn	104
Die ganz große Liebe	120
Missverständnisse	137
Revanche	149
Unsinnige Kampfmaßnahmen	174
Die Suche nach Problemen	181
Freunde für immer!	199
Schutz vor Verletzung	207
Aber unsere überwindet man nicht!	220
Wahrscheinlichkeit und Notwendigkeit	227
Übertriebene Motivationsmaßnahmen	245
Zuneigung und Anerkennung	259

Wie funktioniert die Matrix?	269
Liebe, was dich umgibt!	275
Missing Link	294
Mögen oder nicht mögen?	311
Treue Weggefährten	334
Verlassen	350
Empathie	358
Die gefiederte Schlange	369
Die Realitätsgestaltungsfalle	380
Das liebe Glück und der Beschützer	391
Allumfassend mögen	420
Das neue Zeitalter	432
Endless Love	458
Nachwort	471